A FONTE DA AUTOESTIMA

TONI MORRISON

A fonte da autoestima
Ensaios, discursos e reflexões

Tradução
Odorico Leal

Copyright © 2019 by Toni Morrison

Grafia atualizada segundo o Acordo Ortográfico da Língua Portuguesa de 1990, que entrou em vigor no Brasil em 2009.

Título original
The Source of Self-Regard: Selected Essays, Speeches, and Meditations

Capa
Alceu Chiesorin Nunes

Imagem de capa
Detalhe de *Escravidão! Escravidão! Apresentando uma viagem panorâmica GRANDE e REALISTA à pitoresca escravidão do sul ou "A vida no 'buraco da Virgem' (esboços de Vida na plantação)" Veja a Instituição Peculiar como nunca antes! Tudo recortado em papel preto pela mão habilidosa de Kara Elizabeth Walker, uma negra emancipada e líder em sua causa*, Kara Walker, 1997, corte de papel na parede, 370 cm × 2590 cm.

Preparação
Ana Cecília Agua de Melo

Revisão
Ana Maria Barbosa
Isabel Cury

Dados Internacionais de Catalogação na Publicação (CIP)
(Câmara Brasileira do Livro, SP, Brasil)

Morrison, Toni
    A fonte da autoestima : Ensaios, discursos e reflexões / Toni Morrison ; tradução Odorico Leal. — 1ª ed. — São Paulo : Companhia das Letras, 2020.

    Título original: The Source of Self-Regard : Selected Essays, Speeches, and Meditations
    ISBN 978-85-359-3325-3

    1. Discursos 2. Ensaios 3. Ensaios norte-americanos I. Título.

20-33489	CDD-814

Índice para catálogo sistemático:
1. Ensaios : Literatura norte-americana 814

Cibele Maria Dias – Bibliotecária – CRB-8/9427

[2020]
Todos os direitos desta edição reservados à
EDITORA SCHWARCZ S.A.
Rua Bandeira Paulista, 702, cj. 32
04532-002 — São Paulo — SP
Telefone: (11) 3707-3500
www.companhiadasletras.com.br
www.blogdacompanhia.com.br
facebook.com/companhiadasletras
instagram.com/companhiadasletras
twitter.com/cialetras

Sumário

Riscos 9

PARTE I: O LAR DO ESTRANGEIRO

Os mortos do Onze de Setembro 15
O lar do estrangeiro 17
Racismo e fascismo 28
Nosso lar 31
Papo de guerra 36
Guerra ao erro 43
Com uma raça em mente: A imprensa em ação 52
Habitantes morais 63
O preço da riqueza, o custo da assistência 72
O hábito da arte 79
O artista singular 84
Defesa das artes 91
Um discurso de formatura 95

O corpo escravizado e o corpo negro 104
Harlem on My Mind: Contestando a memória —
Reflexões sobre museus, cultura e integração 110
Mulheres, raça e memória 119
Literatura e vida pública 132
O discurso do Nobel de literatura 140
As meias-irmãs de Cinderela 150
O futuro do tempo: Literatura
e expectativas reduzidas 153

INTERLÚDIO: BLACK MATTER(S)

Tributo a Martin Luther King Jr. 173
Questão de raça 175
Black Matter(s) 187
Coisas indizíveis não ditas: A presença
afro-americana na literatura americana 213
Sussurros acadêmicos 260
Gertrude Stein e a diferença que ela faz 269
Difícil, verdadeiro e duradouro 287

PARTE II: A LINGUAGEM DE DEUS

Eulógia para James Baldwin 297
O sítio da memória 302
A linguagem de Deus 318
Grendel e sua mãe 329
A escritora diante da página 339
O problema com *Paraíso* 350
Sobre *Amada* 362
Chinua Achebe 368

Apresentação de Peter Sellars 371
Tributo a Romare Bearden 374
Faulkner e as mulheres 383
A fonte da autoestima 392
Rememória 413
Memória, criação e ficção 417
Adeus a tudo aquilo: Raça, barriga de aluguel e adeus 427
Tinta invisível: Ler a escrita e escrever a leitura 442

Fontes... 449

Riscos

Déspotas e ditadores são, não raro, tolos. Mas nunca a ponto de conceder plena liberdade para que escritores perceptivos e dissidentes publiquem seus juízos ou sigam seus instintos criativos. Sabem dos riscos. Não são estúpidos a ponto de abrir mão do controle (escancarado ou dissimulado) da mídia. Seus métodos incluem a vigilância, a censura, o encarceramento e até mesmo o assassinato daqueles que se dedicam a informar e instigar o público — escritores que perturbam, questionam e examinam as coisas com profundidade redobrada. Jornalistas, ensaístas, blogueiros, poetas e dramaturgos são capazes de solapar a opressão social que atua como uma espécie de coma sobre a população — uma letargia que os regimes autoritários chamam de paz — e podem estancar o fluxo de sangue da guerra, que comove abutres e especuladores.

Esse é o risco que eles correm.

O nosso é de outro tipo.

Quão tenebrosa, irrespirável, insuportável se torna a existência quando somos privados de obras de arte. A vida e o trabalho de escritores sob risco são algo a ser protegido com urgência, mas, junto com essa urgência, devemos lembrar que a ausência deles, o estrangulamento da obra de um escritor, sua cruel amputação, também representa um risco para nós mesmos. O resgate que oferecemos a eles é uma generosidade com a gente mesmo. Todos conhecemos nações facilmente identificáveis pela debandada de seus escritores. São regimes nos quais o medo da escrita não monitorada se justifica, pois a verdade traz problemas — problemas para o senhor da guerra, para o torturador, para o ladrão corporativo, o político picareta, o sistema de Justiça corrupto, o público em estado de coma. Escritores desimpedidos, fora do cárcere, não intimidados, são um problema para o ignorante provocador, para o racista disfarçado e para os predadores que se alimentam das reservas do mundo. O sobressalto e a inquietação que os escritores estimulam são instrutivos, pois são abertos e vulneráveis; quando não policiados, são uma ameaça.

Por tudo isso a supressão histórica de escritores é o primeiro prenúncio da espoliação de direitos e liberdades que se seguirá. A história dos escritores perseguidos é tão antiga quanto a da própria literatura. E os esforços para nos censurar, regular e aniquilar são sinais nítidos de que algo importante está em marcha. Forças políticas e culturais varrem tudo, exceto a arte "inofensiva", com selo de aprovação do Estado.

Ouço dizer que há duas respostas humanas à percepção do caos: nomeá-lo ou sucumbir à sua violência. Quando o caos é simplesmente o desconhecido, nomeá-lo é algo que se faz sem esforço — uma nova espécie, uma nova estrela, uma fórmula, uma equação, um prognóstico. Há também o mapear, o esquadrinhar, o divisar nomes próprios para geografias, paisagens ou populações sem nome — ou despojadas de seus nomes. Já quando o caos resiste, reformando-se ou rebelando-se contra a ordem estabelecida, entende-se a violência como a resposta mais frequente e mais racional no confronto com o desconhecido, com o catastrófico, o selvagem, o arbitrário ou incorrigível. Censura, encarceramento em campos de concentração, prisões podem ser respostas racionais; ou a morte, tanto individualmente quanto na guerra. Há, entretanto, uma terceira resposta ao caos, que não ouço muito: a quietude. Essa quietude pode ser passividade e perplexidade; ou medo paralisante. Mas também pode ser arte. Escritores exercendo seu ofício, próximos ou distantes dos tronos da força bruta, do poder militar, dos empreendimentos imperiais e das casas de contabilidade, escritores que constroem significado diante do caos devem ser nutridos, protegidos. E é justo que essa proteção se inicie por meio de outros escritores. Isso é imperativo não apenas para salvar os escritores sitiados, mas para salvar a nós mesmos.

O pensamento que me faz contemplar com horror o apagamento de outras vozes, os romances nunca escritos, os poemas apenas sussurrados ou engolidos por medo de serem ouvidos pelas pessoas erradas, os idiomas clandestinos florescendo no subterrâneo, as indagações nunca articuladas de ensaístas que desafiam a autoridade, as peças jamais encenadas, os filmes cancelados — esse pensamento é um pesadelo. Como se um universo inteiro estivesse sendo descrito com tinta invisível.

Certos tipos de trauma que se abatem sobre os povos são tão profundos, tão cruéis, que, ao contrário do dinheiro, da vingança, e até mesmo da justiça, ou dos direitos, ou da boa vontade dos outros, apenas escritores são capazes de traduzi-los, transformando tristeza em significado e afiando nossa imaginação moral.

A vida e o trabalho de um escritor não são um presente para o gênero humano, mas uma necessidade imprescindível.

PARTE I
O LAR DO ESTRANGEIRO

Os mortos do Onze de Setembro

Alguns têm a palavra de Deus, outros têm canções para consolo dos desolados. Se a coragem não faltar à minha voz, quero aqui falar diretamente aos mortos — os mortos de setembro, descendentes de ancestrais de todos os continentes, Ásia, Europa, África, Américas; ancestrais que usavam kilts, obis, sáris, turbantes, chapéus de palha, quipás, peles de cabra, tamancos de madeira, penas e lenços para cobrir os cabelos. Mas eu não diria nada antes de pôr de lado tudo o que sei e em que acredito sobre nações, guerras, líderes, governados e ingovernáveis; tudo o que suspeito sobre o tema das armaduras e das entranhas. Primeiro, prepararia minha língua, abandonando frases lapidadas para apontar o mal — o mal arbitrário ou calculado, explosivo ou mudamente sinistro, o mal que nasce do apetite saciado ou da fome, da vingança ou da simples compulsão de se erguer antes de cair. Expurgaria minha língua das hipérboles, de sua ânsia de analisar os patamares de crueldade, de ranqueá-los, calculando seu status mais ou menos elevado.

Falar aos alquebrados e aos mortos é tarefa difícil demais

para uma boca cheia de sangue. Um ato sagrado demais para pensamentos impuros. Pois os mortos são livres, absolutos; não se deixam seduzir pelo espetáculo.

Para me dirigir a vocês, mortos de setembro, não posso fingir intimidade ou evocar um coração comovido, pronto para a pose diante dos fotógrafos. Preciso ser firme e compreensível, consciente a todo instante de que não tenho nada a dizer — nenhuma palavra mais forte que o aço que os trespassou; nenhuma escritura mais antiga ou mais elegante do que os átomos imemoriais nos quais vocês se transformaram.

E também não tenho nada a oferecer — exceto este gesto, este fio que lanço entre sua humanidade e a minha: *quero acolhê-los nos meus braços* e, tendo suas almas escapado de seus recipientes de carne, entender, como vocês entenderam, a astúcia da eternidade: a dádiva que ela concede, o dom de uma libertação desvairada rasgando a escuridão de sua sentença.

O lar do estrangeiro

Excluindo-se o ápice do comércio de escravizados no século XIX, o movimento em massa de populações que se observa na segunda metade do século XX e no começo do XXI é incomparável. É um movimento de trabalhadores, intelectuais, refugiados, exércitos inteiros cruzando oceanos e continentes, imigrantes enfrentando alfândegas e rotas secretas, comunicando-se em múltiplos idiomas — de comércio, de intervenção política, de perseguição, exílio, violência e pobreza. Mal resta dúvida de que a redistribuição (voluntária ou involuntária) dos povos ao redor do globo ultrapassa a agenda do Estado, dos conselhos, dos vizinhos, a agenda da rua. Por isso as manobras políticas para controlar esse movimento não se limitam a monitorar os despossuídos. Embora muito desse êxodo possa ser descrito como a jornada do colonizado à sede do colonizador (como, digamos, escravizados trocando as plantações pela casa dos senhores), e ainda que outra parte remeta à revoada de refugiados da guerra, também se destacam entre os esforços legislativos para controlar o fluxo constante de pessoas a realocação e o traslado das classes administrativa e diplomática aos mais longínquos postos da globalização, bem como a implementação de novas bases e unidades militares.

O espetáculo dos grandes movimentos de massa chama inevitavelmente atenção para as fronteiras, os lugares porosos, os pontos vulneráveis em que o conceito que alguns chamam de lar se vê ameaçado pela presença estrangeira. Muito da inquietação que paira nas fronteiras, nos portões, é alimentada, me parece, pela 1) ameaça e pela promessa do globalismo, e 2) pela complicada relação com nossa própria condição estrangeira, com o estado de desintegração acelerada do nosso próprio senso de pertencimento.

Comecemos pela globalização. Como entendemos hoje, globalização não constitui uma versão da "Pax Britannica" do século XIX, ainda que revoltas pós-coloniais reflitam e sejam reminiscentes do domínio que uma nação impôs sobre as outras. O termo também não comporta a agenda do "trabalhadores do mundo, uni-vos", própria do velho internacionalismo, embora tenha sido exatamente esta palavra, "internacionalismo", que o presidente da Federação Americana do Trabalho e Congresso de Organizações Industriais (AFL-CIO, na sigla em inglês) usou durante o conselho executivo de líderes de sindicatos. O globalismo também não é o apetite por "um só mundo" do pós-guerra, a retórica que inquietou e atormentou os anos 1950, inaugurando as Nações Unidas. Nem é o "universalismo" dos anos 1960 e 1970 — seja como apelo à paz mundial ou como insistência em certa hegemonia cultural. "Império", "internacionalismo", "um só mundo", "universalismo", todas essas coisas parecem menos categorias de tendências históricas do que anseios. Anseios de tanger o mundo para dentro de algo que se assemelhe a uma unidade, sob alguma medida de controle, concebendo o destino humano no planeta como algo que poderia fluir a partir da ideologia de uma constelação de nações. O globalismo tem os mesmos desejos e anseios dos seus predecessores. Também se entende, historicamente, como progressista; marcado pelo destino e pelo desenvolvimento, é unificador e utópico. Estritamente definido, que significa movimento instantâneo de capital e rápida distribuição de dados e produtos operando dentro de um ambiente politicamente neutro, moldado pelas demandas de corporações multinacionais. Suas conotações mais amplas, contudo, são menos inocentes e abarcam não apenas a demonização de Estados embargados ou a banalização de negócios com déspotas sangrentos, mas também o colapso dos Estados nacionais — sob o peso de economias, capitais e forças de trabalho transnacionais —, a proeminência da cultura e da economia ocidental, a americanização, pela penetração da cultura americana, do mundo desenvolvido ou em desenvolvimento, bem como a promoção mercadológica das culturas do Terceiro Mundo no Ocidente sob a forma de moda, cenários cinematográficos e gastronomia.

A globalização, celebrada com o mesmo vigor como antes o foram a concepção do destino manifesto e o internacionalismo, por exemplo, alcançou um patamar majestoso na nossa imaginação. Malgrado suas alegações de fomentar liberdade, os privilégios do globalismo são, na verdade, imperiais, já que ele concede muito. Em termos de alcance (para além das fronteiras), em termos de massas (de povos afetados ou comprometidos) e em termos de riquezas (campos ilimitados para explorar e serviços a oferecer). No entanto, por mais que o globalismo seja adorado em tom quase messiânico, é também desprezado como um mal que corteja uma perigosa distopia. Seu descaso pelas fronteiras, pelas infraestruturas nacionais, pelas burocracias locais e suas limitações tecnológicas, pelas tarifas, leis e idiomas; seu descaso pelas margens e pelos marginalizados que lá vivem; suas propriedades aglutinantes que aceleram o apagamento, o nivelamento de diferenças, de especificidades, para fins mercadológicos. Sua aversão à diversidade. Na esteira dele, imaginamos indistinguibilidade, eliminação de idiomas e culturas minoritárias. Especulamos com horror sobre o que significará a alteração irrevogável e debilitante de grandes línguas e grandes culturas. Ainda que não se manifestem por completo, essas consequências temíveis, no entanto, com seu sombrio alerta para a possibilidade de mortes culturais prematuras, enfraquecem as garantias oferecidas pelo globalismo.

Outros riscos que o globalismo representa são a distorção do público e a destruição do privado. Deduzimos o que é público, sobretudo mas não exclusivamente, pela mídia. Pedem que abandonemos muito do que antes era privado em nome da coleta de dados, a fim de aplacar necessidades governamentais, políticas, mercadológicas e, agora, necessidades de segurança. Parte da ansiedade em relação aos confusos limites entre os domínios do público e do privado nasce da aplicação descuidada dos termos. Existe a privatização de prisões, que significa controle corporativo privado de equipamento público. Existe a privatização de escolas públicas. E há também a vida privada — cuja privacidade pode ser livremente abandonada em programas de entrevistas, ou negociada nos tribunais, tanto por celebridades ou figuras "públicas" quanto em casos de direito à privacidade. Existe espaço privado (átrios, jardins etc.) aberto ao público. E espaço público (parques, praças e praias em certas localidades) limitado ao uso privado. Há o fenômeno do "jogo" do público penetrando na nossa vida interior, privada. Os interiores de nossas casas parecem vitrines de lojas (com suas prateleiras de "coleções"), ao passo que vitrines de lojas são muitas vezes dispostas como interiores domésticos; diz-se que o comportamento dos jovens é um eco do que a tela oferece, mas também se diz que a tela ecoa, representa, em vez de criar, o comportamento e os interesses dos jovens. Uma vez que o espaço no qual se vive tanto a vida cívica quanto a vida privada se tornou indistinguível do interior e do exterior, do dentro e do fora, esses dois reinos foram comprimidos numa única mancha ubíqua, confundindo nosso conceito de lar.

É esse ruído, penso, que afeta o segundo ponto: a inquietação relacionada à nossa própria condição estrangeira, nosso senso crescentemente desgastado de pertencimento. A quem devotamos nossa lealdade primordial? À família, ao grupo linguístico, à cultura, ao país, ao gênero? Religião, raça? E, caso nada disso importe, somos, então, urbanos, cosmopolitas ou simplesmente solitários? Em outras palavras, como decidir a qual lugar pertencemos? E o que nos convencerá desse pertencimento? Ou, posto de outra forma: quem tem medo da condição estrangeira?

Escolhi comentar um romance escrito nos anos 1950 por um autor guineense como uma forma de abordar esse dilema — a confusão do dentro/fora que pode consagrar fronteiras e limites reais, metafóricos e psicológicos, enquanto nos debatemos com definições de nacionalismo, nacionalidade, raça, ideologia e o assim chamado choque de culturas, na nossa busca por pertencimento.

Escritores africanos e afro-americanos não estão sozinhos no embate com esses problemas, mas têm uma longa e singular história de confronto com eles. Uma longa história sobre não se sentir em casa na própria terra, vivendo em exílio no lugar ao qual pertencem.

Antes de discutir o romance, quero descrever o que precedeu minha leitura da literatura africana e o que me fez adentrar na problematização das definições contemporâneas do estrangeiro.

Cestas forradas de veludo eram repassadas de mão em mão pelos bancos de madeira no domingo. A última era a menor e tinha mais chance de estar vazia. Sua posição e tamanho sinalizavam as expectativas — zelosas, mas limitadas — que caracterizavam quase tudo nos anos 1930. As moedas (notas, nunca) ali salpicadas vinham na maior parte de crianças estimuladas a cederem seus míseros centavos àquele trabalho de caridade tão necessário à redenção da África. Embora o som daquele nome, "África", fosse bonito, era fendido por complicadas emoções com as quais se associava. Ao contrário da China esfomeada, a África era tanto nossa quanto deles; conectada de forma íntima conosco e profundamente estrangeira. Uma grande e necessitada terra natal à qual nos disseram que pertencíamos, mas que nenhum de nós tinha visto ou se disposto a ver, habitada por povos com os quais mantínhamos uma relação delicada de ignorância e desdém mútuos, e com os quais compartilhávamos uma mitologia de alteridade passiva e traumatizada, cultivada por livros didáticos, filmes, desenhos animados e os xingamentos que as crianças amam aprender.

Mais tarde, quando comecei a ler ficção ambientada na África, descobri, sem exceções que eu conhecesse, que cada narrativa elaborava e reforçava a mesma mitologia implícita naquelas cestinhas de veludo flutuando entre os bancos da igreja. Para Joyce Cary, Elspeth Huxley, H. Rider Haggard, a África era precisamente o que a doação aos missionários sugeria: um continente negro precisando desesperadamente de luz. A luz do cristianismo, da civilização, do desenvolvimento. A luz da caridade ativada pela simples ternura do coração. Era uma ideia de África repleta, por um lado, de sugestões de uma complexa intimidade e, por outro, do reconhecimento de um afastamento sem mediação. O dilema do domínio estrangeiro que aliena a população local, da despossessão dos falantes nativos de seu próprio lar, do exílio dos povos autóctones dentro de sua própria terra, emprestava uma aura surreal àquelas narrativas, estimulando os escritores a projetar uma África metafisicamente vazia, pronta para ser inventada. Com uma ou duas exceções, a África literária era um parque inesgotável para estrangeiros e turistas. Nas obras de Joseph Conrad, Isak Dinesen, Saul Bellow, Ernest Hemingway, quer adotassem ou combatessem as visões convencionais do Ocidente sobre uma

África incivilizada, seus protagonistas ainda encontravam o continente tão vazio quanto aquela cestinha de ofertas — um recipiente esperando por qualquer moeda de cobre ou prata que a imaginação se dispusesse a doar. Como peixe para redes ocidentais, na sua mudez acomodatícia, na sua inexpressividade conveniente, a África era passível de acolher uma ampla gama de requisitos ideológicos e/ou literários. Ela podia recuar, servindo de cenário para grandes façanhas, ou se aproximar, se deixando invadir pelas agruras dos forasteiros; podia se contorcer em formas assustadoras e demoníacas nas quais o público ocidental contemplaria o mal, ou podia se ajoelhar e aceitar lições elementares de seus superiores. Para os que faziam essa viagem literal ou imaginativa, o contato com a África oferecia instigantes oportunidades para experimentar a vida em seu estado primitivo, formativo, rudimentar, tendo como consequência a iluminação pessoal — uma sabedoria que confirmava os benefícios do direito de propriedade europeu, sem a responsabilidade de absorver um conhecimento real da cultura africana que estimulou a tal iluminação. Tão generosa era essa África literária que apenas um bocadinho de geografia, umas tantas paisagens, alguns poucos costumes e anedotas bastavam como tela na qual era possível pintar o retrato de um eu mais sábio, ou mais triste, ou mais plenamente reconciliado. Nos romances ocidentais publicados até ou ao longo dos anos 1950, a própria África era *l'étranger* de Camus, oferecendo um contexto para o autoconhecimento, mas mantendo a própria incognoscibilidade intacta. Como o "retalho branco para um menino sonhar gloriosamente", de Marlow, mapeado desde sua infância "com rios e lagos e nomes", ela "deixara de ser um espaço branco cheio de mistérios encantadores... Tornara-se um lugar de escuridão". O pouco que se podia conhecer era enigmático, repugnante ou irredimivelmente contraditório. A África imaginária era uma cornucópia de imponderabilidades que, como o monstruoso Grendel do *Beowulf*, resistia à explicação. Assim, é possível extrair dessa literatura múltiplas metáforas incompatíveis. Como locus original da raça humana, a África é antiga; no entanto, sob controle colonial, é também infantil. Uma espécie de feto envelhecido à espera de nascer, mas sempre deixando as parteiras perplexas. Um romance após o outro, um conto após o outro, a África é sempre, simultaneamente, inocente e corrupta, selvagem e pura, irracional e sábia.

Nesse contexto literário racialmente carregado, deparar-se com *Le Regard Du Roi*, de Camara Laye, foi chocante. De repente, a repisada viagem à tal escuridão africana, seja para levar a luz ou para encontrá-la, é reimaginada. O romance não apenas arregimenta um vocabulário imagético sofisticado e inteiramente africano com o qual estabelecer uma negociação discursiva com o Ocidente, como explora as imagens da perda do lar que o conquistador impõe sobre a população nativa: a desordem de *Mister Johnson*, de Joyce Cary; a obsessão por cheiros em *The Flame Trees of Thika*, de Elspeth Huxley; a fixação europeia com o significado da nudez, como em H. Rider Haggard, em Joseph Conrad ou em quase toda literatura de viagens.

A narrativa de Camara Laye é, em resumo, esta: Clarence, europeu, foi para a África por razões que ele próprio não consegue exprimir. Uma vez lá, joga, perde e, pesadamente endividado com os compatriotas brancos, esconde-se entre a população nativa numa estalagem imunda. Já expulso do hotel dos colonizadores e prestes a ser despejado pelo estalajadeiro africano, Clarence decide que a solução para sua bancarrota é entrar para o serviço do rei. Impedido por uma sólida multidão de aldeões de se aproximar do monarca, sua missão é recebida com desprezo. Conhece um par de adolescentes travessos e um mendigo ardiloso que concordam em ajudá-lo. Guiado por eles, viaja para o sul, onde se espera que o rei faça sua próxima visita. Por meio dessa viagem, não inteiramente diferente de uma peregrinação, o autor consegue traçar e parodiar as sensibilidades paralelas da Europa e da África. Os tropos literários aplicados à África são réplicas exatas de percepções estrangeiras: 1) ameaçadora, 2) depravada, 3) incompreensível. E é fascinante observar o tratamento habilidoso que Camara Laye imprime a essas percepções.

1. Ameaçadora. Clarence, seu protagonista, está estupefato de medo. Apesar de perceber que as "florestas são devotadas à indústria do vinho", que a terra é "cultivada" e que as pessoas vivendo ali lhe dão "cordiais boas-vindas", ele vê apenas inacessibilidade, "hostilidade geral". A ordem e a clareza da paisagem entram em conflito com a selva perigosa que existe em sua cabeça.

2. Depravada. É Clarence que se entrega à depravação, encenando o horror do que os ocidentais imaginam como comportamento de "nativo": a "fraqueza impura e nauseante" que ameaça a masculinidade. A óbvia satisfação e a submissão feminina de Clarence à contínua coabitação refletem seus próprios apetites e sua própria ignorância obstinada. Enquanto crianças mestiças povoam o vilarejo, Clarence, o único branco na região, continua a se perguntar de onde elas vêm. Recusa-se a acreditar no óbvio: ele foi vendido como garanhão reprodutor para o harém.

3. Incompreensível. A África de Camara Laye não é escura; é banhada de luz: a luz verde e translúcida da floresta; as tonalidades em vermelho-rubi das casas e do solo; o "insustentável brilho azul do céu..."; mesmo as escamas dos peixes "reluzem como mantos de luz desfalecida da lua". Entender os motivos, as sensibilidades dos africanos — tanto perversas quanto benignas — requer apenas uma suspensão da crença numa diferença intransponível entre humanos.

Destrinchando as expressões idiomáticas capengas do estrangeiro que usurpa a casa de outrem, deslegitima o nativo, inverte alegações de pertencimento, o romance nos permite vivenciar a experiência de um homem branco emigrando para a África sozinho, sem emprego, sem autoridade, sem recursos ou mesmo um nome de família. Mas ele tem um ativo que sempre funciona, que pode sempre funcionar, em países do Terceiro Mundo. Ele é branco, como diz, portanto, de algum modo inefável, está apto a ser o conselheiro de um rei que ele nunca viu, num país que não conhece, entre pessoas que não entende nem deseja entender. O que começa como uma busca por uma posição de autoridade, como uma fuga do desprezo de seus próprios compatriotas, torna-se um processo agudo de reeducação. O que vale como inteligência entre esses africanos não é preconceito, mas nuance, habilidade e disposição para ver, para compreender. A recusa do europeu em meditar de forma persuasiva sobre qualquer evento que não aqueles que dizem respeito ao seu conforto ou sobrevivência o condena. Quando algum insight finalmente lhe sucede, ele se sente aniquilado. Essa investigação ficcional nos permite testemunhar a desracialização de um ocidental vivenciando a África sem o amparo, a proteção ou o comando europeus. Permite-nos redescobrir ou imaginar de modo novo o que significa ser marginal, ignorado, supérfluo, nunca ter o próprio nome enunciado, ser destituído de história ou representação; ser vendido e explorado para o benefício de uma família poderosa, um empreendedor cruel, um regime local.

É um encontro perturbador que talvez nos auxilie no trato com as pressões desestabilizadoras das trilhas transglobais dos povos. Pressão que pode nos fazer abraçar ou tratar com descrédito outras culturas, outras línguas ou nos impelir de ranquear o mal de acordo com a última moda, ou legislar, expulsar, submeter, expurgar, jurando aliança a fantasmas e fantasias. Acima de tudo, essa pressão pode nos induzir a negar o estrangeiro em nós mesmos e nos fazer resistir até a morte à natureza comum da humanidade.

Depois de muitas provações, o esclarecimento aos poucos vem à tona no ocidental Camara Laye: Clarence consegue se encontrar com o rei. Mas a essa altura ele e seu propósito mudaram. Contra o conselho dos locais, Clarence se arrasta nu até o trono. Quando enfim se depara com o rei, que é um mero garoto coberto de ouro, o "vazio terrível que existe dentro dele", o vazio que ele vinha escondendo, abre-se para receber o olhar do monarca. Essa abertura, esse desabar da armadura cultural sustentada pelo medo, esse ato de coragem sem precedentes, é o começo da salvação de Clarence, sua glória e sua liberdade. Envolvido pelo abraço do rei menino, sentindo o bater de seu jovem coração, Clarence o ouve murmurar estas palavras primorosas, palavras de autêntico pertencimento, que lhe dão boas-vindas à raça humana: "Então não sabias que eu esperava por ti?".

Racismo e fascismo

Recordemos que, antes de haver uma solução final, deve haver uma primeira solução, e uma segunda, até uma terceira. O movimento em direção à solução final não é um salto. Dá-se um passo, depois outro e mais outro. Algo, talvez, nestes moldes:

I. Invente um inimigo interno, como foco e distração.

II. Isole e demonize esse inimigo dando rédea e amparando a circulação de abusos verbais e insultos explícitos ou cifrados.

III. Arregimente e crie fontes e distribuidores de informação dispostos a reforçar o processo de demonização, porque é lucrativo, porque outorga poder e porque funciona.

IV. Cerceie todas as formas de arte; monitore, difame ou expulse aqueles que desafiam ou desestabilizam os processos de demonização e deificação.

V. Destrua e calunie todos os representantes e simpatizantes do inimigo inventado.

VI. Alicie, entre os inimigos, colaboradores que aceitem e possam higienizar o processo de despossessão.

VII. Patologize o inimigo em mídias populares e acadêmicas; recicle, por exemplo, o racismo científico e os mitos de superioridade racial de forma a naturalizar a patologia.

VIII. Criminalize o inimigo. Em seguida, prepare, arrecade fundos e justifique a construção de arenas de contenção para o inimigo — sobretudo seus homens e, imperiosamente, suas crianças.

IX. Recompense o desinteresse e a apatia com entretenimentos monumentais e pequenos prazeres, discretas seduções: alguns minutos na televisão, algumas linhas na imprensa; um pouco de pseudossucesso; a ilusão de poder e influência; um pouco de diversão, um pouco de glamour, um pouco de relevância.

X. Mantenha, a todo custo, o silêncio.

Em 1995, o racismo pode até se apresentar de vestido novo ou com outro par de botas, mas nem ele, nem seu irmão gêmeo, o fascismo, são novidades ou podem fazer algo de novo. Podem apenas reproduzir o ambiente que garante sua própria saúde: medo, negação e uma atmosfera em que suas vítimas tenham perdido a vontade de lutar.

As forças interessadas em soluções fascistas para problemas nacionais não se encontram em um ou outro partido político, ou em uma ou outra ala de um único partido. Democratas não têm uma história irretocável de igualitarismo. Nem estão os liberais livres de qualquer agenda de dominação. Republicanos abrigaram abolicionistas e supremacistas brancos. Conservadores, moderados, liberais; direita, esquerda, esquerda radical, extrema direita; religiosos, seculares, socialistas — não podemos nos deixar ofuscar por esses rótulos ao estilo Pepsi-Cola ou Coca-Cola, porque o gênio do fascismo reside no fato de que qualquer estrutura política pode abrigar-lhe o vírus e quase qualquer país desenvolvido pode se tornar um hospedeiro apropriado. Fascismo envolve ideologia, mas, no fundo, trata-se mesmo é de propaganda — propaganda pelo poder.

É reconhecível pela necessidade de expurgar, pelas estratégias que usa para tanto e pelo horror às agendas verdadeiramente democráticas. É reconhecível pela determinação de converter todos os serviços públicos à iniciativa privada, todas as organizações não lucrativas ao seu oposto — de modo que o hiato estreito, mas protetor, entre governo e negócios desapareça. Transforma cidadãos em meros contribuintes — alimentando o ódio dos indivíduos contra a própria noção de bem público. Transforma vizinhos em consumidores, a ponto de a medida do nosso valor como seres humanos já não ser a nossa humanidade ou nossa generosidade, mas nossas propriedades. Faz da criação dos filhos um estado de pânico, para que assim votemos contra os interesses das nossas próprias crianças — contra o plano de saúde *delas*, a educação *delas*, a segurança *delas* contra armas de fogo. E, efetuando essas mudanças, produz o capitalista perfeito, do tipo disposto a matar uma pessoa por um produto (um par de tênis, uma jaqueta, um carro) ou disposto a matar gerações inteiras pelo controle sobre produtos (petróleo, drogas, frutas, ouro).

Quando todos os nossos medos tiverem sido transformados em episódios de uma série de TV, nossa criatividade censurada, nossas ideias adaptadas às pesquisas de mercado, nossos direitos vendidos, nossa inteligência reduzida a slogans, nossa força paralisada, nossa privacidade leiloada; quando tudo na vida se reduzir a encenação, entretenimento e comércio, nós nos veremos vivendo não em uma nação, mas num consórcio de indústrias, completamente ininteligíveis para nós mesmos, exceto por aquilo que vemos em espelho e de maneira confusa.

Nosso lar

Ano passado, uma colega me perguntou onde estudei quando criança. Respondi Lorain, Ohio. Então ela me indagou: na época, as escolas foram dessegregadas por lá? Eu disse: quê? As escolas nunca foram segregadas nos anos 1930 e 1940, então por que teriam sido dessegregadas? Além disso, tínhamos uma única escola de ensino médio e quatro de ensino fundamental. Depois, lembrei que ela mesma, minha amiga, tinha por volta de quarenta anos quando o termo "dessegregar" era comumente usado. Claro, eu estava parada no tempo e a população diversa da cidade onde cresci não era representativa do restante do país. Antes de trocar Lorain por Washington, D.C., depois pelo Texas, Ítaca e Nova York, eu achava que todo lugar era mais ou menos como a minha cidade, exceto em tamanho. Nada podia estar mais distante da verdade. Em todo caso, as perguntas da minha colega me fizeram pensar de modo renovado sobre essa área de Ohio e sobre minhas recordações de infância. Esta região (Lorain, Elyria, Oberlin) já não é a mesma de quando vivi aqui, mas isso de certa forma não importa, pois nosso lar é uma memória e os companheiros e/ou amigos que compartilham dela. Mas tão importante quanto a memória, o lugar e as pessoas do nosso lar são a própria ideia de lar. Afinal, o que queremos dizer quando dizemos "nosso lar"? É uma pergunta virtual, pois o destino do século XXI será moldado pela possibilidade ou pelo colapso da ideia de um mundo compartilhável. O dilema entre apartheid cultural e integração cultural está no coração de todos os governos e informa nossa percepção dos modos como administrações e culturas compelem o êxodo de populações (voluntariamente ou por necessidade), levantando questões complexas relacionadas à despossessão, à recuperação e à intensificação de mentalidades sitiadas. Como indivíduos podem resistir ou se tornar cúmplices no processo de demonização dos outros — processo que pode infectar o santuário geográfico do estrangeiro com a xenofobia do país? Acolhendo imigrantes — ou importando escravizados por razões econômicas e relegando seus filhos a uma versão moderna dos "mortos-vivos". Ou reduzindo populações nativas inteiras, algumas com uma história de centenas, às vezes milhares, de anos, a estrangeiros desprezados em seu próprio país. Ou pela indiferença privilegiada de uma administração que se limita a observar uma inundação quase bíblica destruir uma cidade, porque seus cidadãos eram negros ou gente pobre sem transporte, água, comida, ajuda, abandonadas à própria sorte para nadar, se debater ou morrer em águas fétidas, sótãos, hospitais, prisões, avenidas, currais. Tais são as consequências de uma demonização persistente; tal é a colheita da vergonha.

Naturalmente, o movimento dos povos sob pressão ao longo, além e através de fronteiras não é novo. O êxodo forçado ou desejado rumo a territórios estranhos (psicológicos ou geográficos) é algo indelével na história de cada quadrante do mundo conhecido, das trilhas africanas à China e à Austrália; desde as intervenções militares de romanos, otomanos e europeus; e as incursões de mercadores para satisfazer os desejos de uma pletora de regimes, monarquias e repúblicas. De Veneza à Virgínia, de Liverpool a Hong Kong. Todas essas expedições transferiram as riquezas e a arte que encontraram para outros reinos. Todas deixaram seu sangue derramado no solo estrangeiro e/ou transplantado para as veias dos conquistados. Na sua esteira, os idiomas do conquistador e do conquistado se inflamam em condenações um do outro.

A reconfiguração de alianças políticas ou econômicas e o quase instantâneo remapeamento de Estados nacionais encorajam e repelem a realocação de grande número de pessoas. Excetuando-se o ápice do tráfico de escravizados, esse movimento em massa de pessoas é agora maior do que nunca. Envolve a distribuição de trabalhadores, intelectuais, refugiados, comerciantes, imigrantes e exércitos, todos cruzando oceanos e continentes, atravessando alfândegas e rotas secretas, com múltiplas narrativas expressas em múltiplas linguagens de comércio, de intervenção militar, perseguição política, exílio, violência, pobreza, morte e vergonha. Não há dúvida de que o deslocamento voluntário ou involuntário de pessoas ao redor do globo desbanca a agenda do Estado, dos comitês, das vizinhanças, das ruas. Manobras políticas para controlar esse movimento não se limitam a monitorar os despossuídos. A transplantação de agentes administrativos e classes diplomáticas para os postos mais longínquos da globalização, bem como o estabelecimento de bases e unidades militares, se destacam nos esforços legislativos para exercer autoridade sobre o constante fluxo de pessoas. Essa avalanche de gente tem alterado nossas percepções do espaço público e privado e sobrecarregado o conceito de nacionalidade, gerando uma tendência marcada por uma pletora de designações de identidade nacional amparadas pelo uso do hífen. Em descrições de imprensa, o lugar de origem se tornou mais significativo do que a nacionalidade, e as pessoas agora são identificadas como "cidadão alemão de tal e tal origem" ou "cidadão britânico de tal e tal origem". Isso acontece ao mesmo tempo que um novo cosmopolitismo, um tipo de cidadania cultural de muitas camadas, é celebrado. É que a realocação de pessoas inflamou e perturbou a ideia de lar e expandiu o foco do que é identidade, ultrapassando as definições de cidadania e demandando explicitações da condição de estrangeiro. "Quem é estrangeiro?" é uma pergunta que nos sugere uma ameaça implícita e intensificada dentro da "diferença". Vemos isso na defesa do local contra o forasteiro; no desconforto pessoal com o próprio senso de pertencimento (sou um estrangeiro em minha própria casa?); na intimidade indesejada em vez da distância segura. É possível que o traço mais definidor da nossa época se revele no fato de que, mais uma vez, muros e armas tenham tanto destaque agora quanto tiveram nos tempos medievais. Fronteiras porosas são compreendidas em certos círculos como áreas de caos e ameaça, e, seja essa ameaça real ou imaginada, a separação forçada é proposta como solução. Muros, munição — essas coisas funcionam. Por certo tempo. Mas fracassam enormemente no longo prazo, tanto que os ocupantes de sepulturas informais, anônimas ou coletivas assombram a história inteira da civilização.

Considere-se outra consequência dos usos grosseiros e violentos aos quais a condição estrangeira é submetida: limpeza étnica. Seríamos não apenas negligentes, mas irrelevantes se não mencionássemos o risco de desaparecimento enfrentado por milhões de pessoas, presentemente reduzidas a animais e insetos ou a um status de impureza, por nações donas de um poder incontestável e irredutível de decidir quem é e quem não é estrangeiro e se eles devem ou não morrer longe ou na própria casa. Como já mencionei, a expulsão e a matança de "inimigos" são tão antigas quanto a própria história. Mas há algo novo, que corrói a alma, no século passado e neste. Em nenhum outro período testemunhamos tamanha miríade de agressões contra pessoas designadas como "essa gente". Agora, como se vê nos últimos dois anos, a questão política central tem sido: "Quem ou o que é um americano?".

Pelo que depreendo daqueles que estudaram a história dos genocídios — sua definição e aplicação —, parece haver um padrão. Estados-nação, governos buscando legitimação e identidade, parecem capazes e determinados a se moldar pela destruição de um "outro" coletivo. Quando as nações europeias eram prisioneiras do poder do rei, conseguiram realizar essa matança em outros países — na África, na América do Sul, na Ásia. A Austrália e os Estados Unidos, repúblicas autodeclaradas, demandaram a aniquilação de todos os povos autóctones, para além da usurpação de suas terras, de modo a criar seu novo Estado democrático. A queda do comunismo criou um buquê de nações novas ou reinventadas que medem seu estatuto de Estado pela "purificação" de suas comunidades. Se os alvos eram religiões diferentes, ou raças, ou culturas, não importava: encontraram-se razões, primeiro, para demonizá-las, depois para expulsá-las e matá-las. Em nome de uma suposta segurança, uma hegemonia, ou pela pura pilhagem de terras, estrangeiros foram descritos como a soma total dos males da suposta nação. Se os estudiosos estão certos, veremos outras ondas irracionais de guerra — planejadas pelos líderes de Estados desse tipo, em busca de poder e controle. Leis não podem detê-los, nem Deus algum. Intervenções apenas os provocam.

Papo de guerra

Ao tentar acertar as contas com os benefícios e os desafios do globalismo, fez-se necessário reconhecer que o termo sofre por causa de sua própria história. Não é o mesmo que imperialismo, internacionalismo, nem mesmo universalismo. Uma grande diferença entre globalismo e seus predecessores reside, certamente, na velocidade que o caracteriza: a rápida reconfiguração de alianças políticas e econômicas e o quase instantâneo remapeamento de Estados-nação. Ambos os fenômenos encorajam e repelem a realocação de grande número de pessoas. Excetuando-se o ápice do tráfico de escravizados, esse movimento em massa de pessoas é agora maior do que nunca. Envolve a distribuição de trabalhadores, intelectuais, refugiados, comerciantes, imigrantes e exércitos, todos cruzando oceanos e continentes, atravessando alfândegas e rotas secretas, falando múltiplas linguagens de comércio, de intervenção militar, perseguição política, exílio, violência e pobreza degradante. Resta pouca dúvida de que o deslocamento voluntário ou involuntário de pessoas ao redor do globo está na ordem do dia para o Estado, os comitês, as vizinhanças e as ruas. Manobras políticas para controlar esse movimento não se limitam a monitorar os despossuídos. A transplantação de agentes administrativos e de classes diplomáticas para os postos mais longínquos da globalização, bem como o estabelecimento de bases e unidades militares, se destaca nos esforços legislativos para impor alguma autoridade sobre o constante fluxo de pessoas.

Essa avalanche de gente tem sobrecarregado o conceito de nacionalidade e alterado nossas percepções do espaço público e privado. Nos Estados Unidos, essa tendência tem sido marcada por múltiplas designações de identidade nacional amparadas pela combinação de palavras, em descrições nas quais o lugar de origem se tornou mais significativo do que a nacionalidade. Pessoas são identificadas como "cidadão alemão de tal origem" ou "cidadão britânico de tal origem", isso enquanto um novo cosmopolitismo, um tipo de cidadania cultural, é simultaneamente celebrado. Essa realocação de pessoas que o globalismo põe em marcha afetou e *maculou* a ideia de lar e expandiu o foco do que se entende por identidade para além de declarações de cidadania, exigindo a explicitação da origem estrangeira. "Quem é estrangeiro?" é uma pergunta que sugere uma ameaça implícita dentro da "diferença". Os interesses dos mercados globais, contudo, podem absorver todas essas questões; eles, na verdade, prosperam na multiplicidade de diferenças: quanto mais raro, mais excepcional, melhor, já que cada "diferença" é uma aglomeração mais específica e identificável de consumidores. É um mercado que pode se reconfigurar infinitamente para qualquer definição expandida de cidadania, para identidades cada vez mais estreitas e proliferantes, bem como para as complicações de uma guerra planetária. Mas certa inquietação entra sorrateiramente nessa conversa sobre habilidades mutantes benéficas quando o outro lado da moeda da cidadania vem à baila. A característica camaleônica dos mercados globais provoca a defesa do local e levanta novas questões sobre a condição estrangeira — uma condição que sugere intimidade e não distância (Ele é meu vizinho?) e um profundo desconforto pessoal com nosso próprio senso de pertencimento (Ele é um de nós? Eu sou um estrangeiro?). Essas perguntas problematizam o conceito de pertencimento e de lar e revelam a preocupação que se observa em muitos círculos em relação aos idiomas oficiais, proibidos, não policiados, protegidos e subversivos.

Há certa preocupação no que tange ao que os norte-africanos poderiam ter feito ou são capazes de fazer do idioma francês; ou ao que os turcos fizeram do alemão; ou à recusa de alguns falantes do catalão em ler ou mesmo falar espanhol. A insistência em escolas celtas; o estudo acadêmico do ojíbua; a evolução poética do Newyorican. Mesmo alguns esforços frágeis (e, penso eu, equivocados) de organizar uma coisa chamada *ebonics*.*

Quanto mais o globalismo pisoteia diferenças linguísticas — ignorando-as, aliciando-as ou engolfando-as —, mais apaixonadas se tornam essas proteções e usurpações. Pois o idioma de uma pessoa — o idioma no qual sonhamos — é o nosso lar.

Acredito que é nas ciências humanas, e especificamente no ramo da literatura, que tais antagonismos se tornam campos repletos de criatividade, aparando dessa forma as arestas entre culturas e povos itinerantes. Escritores são essenciais nesse processo por várias razões, sobretudo pelo dom de provocar o idioma, extraindo de seu vernáculo, de seu léxico poroso e dos hieróglifos da tela eletrônica mais significado, mais intimidade e, não incidentalmente, mais beleza. Esse trabalho não é novidade para escritores, mas os desafios o são, num momento em que todos os idiomas, principais e dominantes, secundários e protegidos, estão atordoados diante das imposições do globalismo.

* Suposto dialeto afro-americano. (N. T.)

Não obstante, o impacto do globalismo na língua nem sempre é prejudicial. Também pode criar circunstâncias raras e acidentais nas quais uma profunda criatividade emerge da necessidade. Deixem-me sugerir um caso em particular, em que mudanças severas no discurso coletivo já têm ocorrido, sob o impacto da comunicação que inunda quase todas as áreas. Historicamente, a linguagem da guerra é nobre, evocando as elevadas qualidades do discurso guerreiro: a eloquência do lamento pelos mortos, a coragem e a honra da vingança. Essa linguagem heroica, expressa em sagas por Homero e Shakespeare e por estadistas, é rivalizada em termos de beleza e força apenas pela linguagem religiosa, com a qual frequentemente se mescla. Nesse cortejo de falas bélicas inspiradoras, dos tempos antigos ao século xx, houve certa ruptura. Um momento de desconfiança e desdém por essa linguagem se deu logo após a Primeira Guerra Mundial, quando escritores como Ernest Hemingway e Wilfred Owen, entre outros, questionaram a insuficiência de termos como "honra", "glória", "bravura" e "coragem" para descrever a realidade da guerra, frisando a obscenidade de se associar aqueles termos à carnificina de 1914-8.

Como escreveu Hemingway:

> Sempre me constrangeram as palavras sagrado, glorioso, sacrifício e a expressão em vão. Nós as ouvíamos, às vezes, de pé, na chuva, quase além do alcance do ouvido. [...] E eu não vira nada sagrado, e as coisas gloriosas não tinham glória, e os sacrifícios eram como os dos matadouros de Chicago, com a diferença de que nada se fazia da carne, exceto enterrá-la. Havia muitas palavras que já ninguém suportava ouvir, até que por fim apenas os nomes dos lugares guardavam alguma dignidade.

Os eventos de 1938, contudo, silenciaram aquelas intervenções, e mais uma vez a linguagem bélica se ergueu à altura dos acontecimentos, na Segunda Guerra Mundial. As imagens cercadas de glamour que temos de Roosevelt, Churchill e de outros estadistas se devem em parte a seus discursos cativantes, que dão testemunho da força da oratória militar. Mas aconteceu uma coisa interessante depois da guerra. Em fins dos anos 1950 e ao longo dos 1960, as guerras não cessaram, claro — quentes e frias, ao norte e ao sul, grandes e pequenas —, cada vez mais cataclísmicas e mais deprimentes, pois tão desnecessárias; e tão selvagemente punitivas em relação a civis inocentes que só nos restava ajoelhar de tristeza. Mas a linguagem que acompanhava essas guerras recentes se tornou estranhamente diminuta. É possível que a queda na persuasão do discurso combativo se explicasse pelos parâmetros medíocres da mídia comercial: seu horror aos períodos completos e às metáforas menos conhecidas, o domínio da comunicação visual sobre a verbal. Ou talvez se explicasse pelo fato de que todas essas guerras eram apenas filhas estouradas, mas mudas, das guerras anteriores. Qualquer que fosse a causa, o discurso guerreiro se tornou infantil. Insignificante. Vagamente pré-adolescente. Por baixo dos discursos, dos boletins, dos comentários e ensaios, repetem-se as lamúrias do parquinho: "Ele me bateu. Não fui eu. Foi, sim". "Isso é meu. Não é. É, sim." "Eu odeio você. Eu odeio você."

Esse declínio, parece-me, esse eco de infantilismo apaixonado, afeta os altos escalões do discurso bélico contemporâneo e lembra o das revistas em quadrinhos ou dos filmes de ação. "Eu luto pela liberdade!", "Precisamos salvar o mundo!", "Houston, temos um problema". Uma arenga oca e debilitada emergiu para se dirigir a problemas políticos e econômicos dificílimos. O que fascina é que essa linguagem afundou ao estado mais penoso no preciso momento em que outra linguagem evoluía: a linguagem da não violência, da resistência pacífica, da negociação. A linguagem de Gandhi, de Martin Luther King Jr., de Nelson Mandela, de Václav Havel. Uma linguagem instigante, robusta, excitante, sutil, inspiradora, inteligente, complexa. À medida que as consequências da guerra se tornaram cada vez mais terríveis, o discurso bélico se tornou menos convincente e, em pânico, mais infantil. Uma mudança que se tornou óbvia bem quando a linguagem da resolução, da diplomacia, desenvolvia sua própria expressão idiomática — uma fala moral digna da inteligência humana, despojando-se da sombra de fraqueza, de apatia, que pairou sobre ela ao longo da história. Não acredito que essa transformação seja produto de coincidências. Penso que representa uma mudança fundamental no conceito de guerra — uma convicção não muito secreta entre populações das mais diversas, oprimidas e privilegiadas, de que a guerra é algo que se tornou, enfim, fora de moda; que é, sem dúvida, o método mais ineficiente de alcançar objetivos de longo prazo. Não importam os desfiles encomendados, os aplausos forçados, as manifestações instigadas, os protestos organizados (contra ou a favor), a autocensura ou a censura por parte do Estado, a propaganda; não importam as enormes oportunidades de ganho e lucro; não importa a história da injustiça — no fundo, é impossível escapar à suspeita de que, quanto mais sofisticadas as armas, mais antiquada a guerra. Quanto mais transparente o desejo de poder, mais pomposa sua justificação; quanto mais arrogantes as alegações, mais bárbara, mais desacreditada se torna a linguagem da guerra. Os líderes que veem na guerra a única solução para conflitos, desalojamentos, agressões, injustiças e pobreza degradante parecem agora não apenas retrógrados, mas intelectualmente deficientes, tal como a linguagem de revista em quadrinhos com a qual se expressam.

Compreendo que meus comentários podem parecer deslocados neste ano de 2002, quando legisladores, revolucionários e tipos inflamados não "declaram" guerra; antes, apenas a fazem.

No entanto, estou convencida de que a linguagem que detém mais força, que requer mais sagacidade, talento, graça, gênio e, sim, beleza, já não pode ser e nunca mais será encontrada nos peãs às glórias da guerra ou nos chamados às armas. O poder dessa linguagem alternativa não nasce da arte cansativa e ruinosa da guerra, mas antes da difícil e brilhante arte da paz.

Guerra ao erro

Foi com satisfação imediata que aceitei o convite para falar na Anistia Internacional. Não hesitei diante da oportunidade de me dirigir a essa comunidade extraordinária de ativistas cujo trabalho respeito tanto. A honra me agradou e me desafiou, e acreditei que seria relativamente simples encontrar algo relevante para lhes dizer. Meses depois, contudo, comecei a nutrir graves reservas quanto ao meu irrefletido entusiasmo inicial. Atordoada com as notícias de caos inflamado, contagem de mortos, grandes fomes fabricadas, guerras deliberadas contra países desarmados, achei-me quase sem palavras; confusa em meio a uma descrença muda; incapacitada pelo que eu enxergava como a placidez de congressos e parlamentos inertes, tocando seus negócios e negociatas. A irrelevância e o sensacionalismo da grande mídia, seu estranho silêncio quanto a temas vitais, a propaganda disfarçada de jornalismo, tudo cumpria sua função e mutilava meus pensamentos impronunciáveis, infelizes e impotentes.

Embora um tema óbvio me ocorresse para esta ocasião: um ensaio de saudações e felicitações à Anistia Internacional, percebi por fim que o tempo para felicitações passou, ainda que me impressionem o alcance e a profundidade da resiliência da Anistia.

Vim a crer que não é hora para autocongratulações — embora haja espaço para isso; espaço para relembrar e se maravilhar com o currículo da Anistia, seu impacto na vida dos esquecidos, seu sucesso em macular o glamour dos poderosos.

Desalinhada, nobremente intervencionista, intocada por nações e partidos políticos, interesses privados ou desgaste público, a Anistia Internacional declara Estados, muros e fronteiras irrelevantes para os seus objetivos humanitários e prejudiciais às suas tarefas, assumindo responsabilidades e se recusando a aceitar a narrativa míope do governo sobre suas ações.

Posso compartilhar da sanha de milhões, mas não basta. A raiva tem usos limitados e falhas graves. Dispersa o raciocínio e dissipa a ação construtiva com teatro inconsequente. Além disso, absorver as mentiras, as meias verdades, tanto as transparentes quanto as sutis, dos governos, suas hipocrisias tão cultivadas que pouco importa se reveladas, pode deixar nossa mente cansada e confusa.

Vivemos num mundo em que justiça significa vingança. Onde o lucro privado orienta a política pública. Onde o corpo de liberdades civis, conquistado célula por célula, osso por osso, pelos bravos e pelos mortos, definha no calor escaldante da "guerra sempre, o tempo todo", e onde, diante de uma guerra eterna, o respeito, ou mesmo o interesse, por soluções humanitárias vacila. Mesmo agora que a convicção de que "a segurança de todas as nações do mundo se subordina ao conforto dos Estados Unidos" está sendo, enfim, contestada, os direitos civis e as soluções humanitárias têm sido regularmente devastados pelos imperativos daquela convicção.

Permitam-me descrever um pouco do que anda acontecendo no meu país.

Os defensores da pena de morte estão cada vez mais entrincheirados, ainda que milhares de execuções no Texas venham sendo revisadas por causa de erros crassos cometidos em laboratórios de DNA. O chamado Clear Skies Act, planejado para substituir o Clean Air Act, tem efeitos exatamente opostos. Corporações, companhias mineradoras e fábricas podem agora ignorar ou adiar cada garantia ambiental sancionada pela administração anterior, transformando a "causa de morte: ter respirado" numa mina de ouro.

Direitos constitucionais enfrentam empobrecimentos e aniquilações, quando a maior e menos contada história dos Estados Unidos é a da crescente marginalização do eleitorado. Com o Ato "Help America Vote", de 2002, diz-se que as novas urnas eletrônicas são incapazes de fazer o que caixas eletrônicos e caixas de supermercado fazem todos os dias: oferecer um recibo de papel documentando a escolha do eleitor; isso enquanto qualquer hacker talentoso pode acessá-las, e o maior fabricante dessas urnas se torna capaz de calcular (talvez controlar) resultados a partir do conforto de seu próprio escritório.

Abandono de tratados, preempção, desmantelos, encarceramento em massa sem representação legal; juízes orientados pelo Departamento de Justiça a impor penas máximas; delatores despedidos; censura draconiana — essas ações têm ocorrido numa atmosfera de agressão, pânico, ganância e malícia reminiscentes de uma arquitetura política opressora que acreditávamos ter demolido. Mas já sabemos de tudo isso. A história das atividades da Anistia é uma documentação e uma grande intervenção contra essas farsas.

Parece-me que, entre as diversas guerras em andamento ao redor do mundo, uma delas é fundamental e ultrapassa em urgência todas as outras. É a guerra ao erro.

"Guerra ao erro" é uma expressão cunhada para descrever os

esforços das religiões institucionais, durante os séculos XV e XVI, para emendar aqueles cujas crenças eram diferentes. Em um tempo e espaço em que a religião estatal é a norma, apostasia é, literalmente, traição. Nosso mundo moderno "herdou um aparato bastante desenvolvido de perseguição e uma tradição intelectual que justificava a matança em nome de Deus". O próprio São Tomás de Aquino escreveu que apóstatas deviam ser "extirpados do mundo pela morte". O ponto, naquela guerra do medievo, não era o mal inerente dos infiéis, mas a recusa em admitir o erro. A lição a ser aprendida era: aceitação ou morte. Dura educação numa escola difícil, cujas portas permanecem entreabertas, por onde espreitam, de maneira livre, reverentemente, tanto descrentes quanto fiéis, tanto políticos quanto uma Enron, uma Halliburton ou uma WorldCom.

Agora que essa escola medieval foi reinaugurada, o velho currículo vem sendo revisado. Correndo para ensinar as lições, as administrações perdem o controle, alternando-se entre o oportunismo do erudito trapaceiro e a violência do bronco, entre cursos sobre o fundamentalismo do império e seminários sobre dominação teocrática. Nações e pseudoEstados fazem valer poderes que comoveriam Calígula, enquanto educam seus pupilos na arte do expurgo, da higienização e da matança. Os bailes de formatura ocorrem onde a exploração, vestindo a fantasia sedutora do globalismo, dança com qualquer parceiro que se mostre disposto. Atrás de seus desígnios, corporações se enfurnam em cada canto do globo, oferecendo "democracia" como se fosse uma marca de pasta de dente, cuja patente apenas elas controlam.

Acho que é hora de uma moderna guerra ao erro. Uma batalha deliberadamente instigada contra a ignorância cultivada, o silêncio obrigatório, as mentiras em metástase. Uma guerra mais ampla, combatida todos os dias por organizações de direitos humanos por meio de jornais, relatórios, índices, visitas perigosas e encontros com forças opressoras malignas. Uma batalha que precisa ser largamente financiada e intensificada para resgatar os despossuídos da violência que os engole.

Se, em termos psicológicos, científicos, intelectuais e emocionais, não progredimos desde 1492, quando a Espanha se purificou da presença de judeus, até 2004, quando o Sudão intercepta comida e se alegra em assistir à lenta inanição de seu povo; não mais do que desde 1572, quando a França viu milhares serem dizimados no dia de São Bartolomeu, até 2001, quando milhares foram incinerados em Nova York; desde 1692, quando Salém queimou suas próprias filhas, esposas e mães, até 2004, quando cidades inteiras se entopem de turistas sexuais sugando os corpos de jovens garotos e garotas. Então, a despeito de nossos novos e reluzentes brinquedos de comunicação, nossas deslumbrantes fotografias de Saturno, nossos sofisticados transplantes de órgãos, estamos ainda estudando o mesmo velho currículo que desperdiça as vidas que porventura não consegue destruir. Voltamo-nos para a bruxaria, invocando alienígenas, inimigos, demônios — "causas" que desviam e apaziguam nossas ansiedades em relação aos portões pelos quais os bárbaros marcham, ao idioma que cai na boca de outra gente, à autoridade que escorrega para a mão de estranhos. O desejo, o mantra, o lema desse antigo sistema educacional é "Civilização devagar, quase parando". E qualquer um que pense o contrário é ingênuo, pois há perigos reais no mundo. Claro que há. É precisamente por isso que uma correção se faz necessária — um novo currículo, contendo um pensamento visionário poderoso sobre como a vida de uma mente moral e de um espírito livre e próspero pode operar num contexto cada vez mais nocivo à sua saúde.

Chega de pedir desculpas por termos coração de manteiga, quando o contrário é não ter coração algum. O risco de perder nossa humanidade precisa ser combatido com redobrada humanidade. De outro modo nos escondemos docilmente atrás de Éris, seguramos o manto de Nêmesis e nos ajoelhamos aos pés de Tânatos.

Encorajar o trabalho da Anistia é agora mais necessário do que nunca, pois o mundo está mais desesperado; os corpos administrativos mais entravados, mais indiferentes, mais distraídos, mais ineptos, mais esgotados de estratégias criativas e de recursos; porque a mídia é cada vez mais um peão alegre no mercado de ações, cortesã de corporações que não possuem interesses nacionais ou lealdades, sem compromissos com qualquer serviço público.

A meu ver, o que costura essas perversões sociais é um erro mais profundo — não apenas os erros dos dados questionáveis nunca questionados, dos pronunciamentos "oficiais" distorcidos, da censura e da manipulação da imprensa, mas também e sobretudo certas faltas profundamente arraigadas na imaginação. Um exemplo típico é a incapacidade ou a relutância em imaginar o futuro do futuro. A incapacidade ou a relutância em contemplar um futuro que não seja nem o da vida eterna, nem o território dos nossos netos. O próprio tempo não parece guardar um futuro que se iguale à extensão, ao alcance ou mesmo à fascinação do passado, e o futuro se torna o espaço detectável, o espaço sideral, que nada mais é, na verdade, do que a descoberta do tempo passado. Bilhões de anos de passado. Nessas condições, surtos apocalípticos aleatórios e persistentes anseios pelo fim do mundo sugerem que o futuro já acabou.

Curiosamente, é no Ocidente — onde o desenvolvimento, o progresso e a mudança têm sido características signatárias — que a confiança num futuro duradouro está mais debilitada. Desde 1945, a ideia de "um mundo sem fim" tem sido tema de sérios debates. Mesmo nossas definições do presente têm prefixos voltados para trás: pós-modernismo, pós-estruturalismo, pós-colonialismo, pós-Guerra Fria. Nossos profetas contemporâneos olham para trás, na direção do que aconteceu antes.

Há boas razões que explicam essa corrida ao passado em busca de respostas a problemas contemporâneos. Primeiro, há a felicidade de explorar, revisar e desconstruir o passado. Uma das razões tem a ver com a secularização da cultura; outra, com a teocratização da cultura. No primeiro caso, não haverá Messias, e a vida após a morte é entendida como algo medicamente absurdo. No segundo, a única existência que importa é a que se segue à morte. De todo modo, sustentar a existência humana neste planeta por mais meio bilhão de anos está além de nossos poderes de imaginação. Somos advertidos contra o luxo de tal meditação, em parte porque envolve o desconhecido, mas sobretudo porque corremos o risco de provocar o adiamento e o deslocamento de questões contemporâneas — como os missionários acusados de desviar a atenção do convertido da pobreza durante a vida para as recompensas a receber depois da morte.

Não quero dar a impressão de que todo discurso atual é orientado de maneira irrestrita para o passado e indiferente ao futuro. As ciências sociais e naturais estão repletas de promessas e advertências que nos afetarão por longos períodos. As aplicações científicas se preparam para erradicar a fome, aniquilar a dor, prolongar o tempo de vida individual, produzindo pessoas e plantas resistentes a doenças. As tecnologias de comunicação tornam possível que quase todos na Terra possam "interagir" uns com os outros e se divertir, talvez até se educar. Somos alertados sobre mudanças globais na Terra e no clima que alteram radicalmente o ambiente humano, bem como sobre as consequências da má distribuição de recursos para a sobrevivência humana e alertados sobre o impacto dos seres humanos com uma concentração excessiva de recursos naturais. Investimos nas promessas e, por vezes, agimos de forma inteligente de acordo com os alertas. Mas as promessas nos perturbam com dilemas éticos e com o horror de brincar de Deus às cegas, ao passo que os alertas nos deixam cada vez menos seguros de como e onde e por quê. As profecias que chamam a nossa atenção são aquelas que envolvem grandes contas bancárias ou fotografias emblemáticas capazes de forçar o debate e delinear ações corretivas, de forma que se possa decidir qual guerra ou fracasso político ou crise ambiental é intolerável demais; qual doença, qual desastre natural, qual instituição, qual planta, qual animal, pássaro ou peixe precisa mais da nossa atenção. Essas são preocupações sérias. O que é digno de nota, contudo, entre promessas e alertas, é que, para além de novos produtos e um pouco mais de tempo pessoal proporcionado por uma saúde fortalecida, e de mais recursos na forma de lazer e dinheiro para consumir esses produtos e serviços, não há nada que se celebre no horizonte futuro. Estamos sendo seduzidos a aceitar versões truncadas, de curto prazo, versões de CEO, de toda a raça humana.

As vozes mais estridentes incitam os que já vivem num estado de terror diário a pensar o futuro em termos militares — como motivo e expressão da guerra. Somos intimidados a enxergar o projeto humano como um concurso de masculinidade, no qual mulheres e crianças são os danos colaterais mais dispensáveis.

Se o projeto científico se reduz a trocar uma vida ética por uma vida individual mais longeva; se a agenda política é a proteção xenofóbica de algumas de nossas famílias contra a catástrofe de outras; se a linguagem religiosa é desmoralizada pelo desprezo aos não religiosos; se a linguagem secular empina o nariz, temerosa do sagrado; se a linguagem do mercado é meramente uma desculpa para incitar a ganância; se o futuro do conhecimento não é sabedoria, mas "upgrade" — onde, afinal, poderemos procurar o futuro da própria humanidade? Não é sensato supor que projetar o futuro da vida humana na Terra não seja uma tarefa que culmine necessariamente no filme apocalíptico que nos acostumamos a amar, mas, sim, numa reconfiguração das razões de estarmos aqui? Para diminuir o sofrimento, dizer a verdade, buscar elevação? Para se posicionar a certa distância do cotidiano, como um artista que estimula a reflexão e alimenta a imaginação, atento aos longos percursos, colocando sua própria vida em risco — para imaginar o trabalho em um mundo digno da vida? Para um futuro que talvez apenas os jovens sejam capazes de imaginar plena e vigorosamente, essa nova guerra ao erro não apresenta garantias de vitória. A vida senciente é original e muito difícil. Um dos meus alunos (que não deve ter mais de vinte anos) recentemente me presenteou com uma obra de arte. Nela, impressos, recortados e colados, encontrei os seguintes versos:

Ninguém me disse que era assim.
Matéria, apenas — trespassada pela imaginação pura.
[Então] levantem-se, pequenas almas — juntem-se ao exército derrotado, rumo ao coração da mudança.
Lutem... Lutem... Vençam o invencível.

Meu aluno parece pronto. E nós também. Certo?
Obrigada.

Com uma raça em mente:
A imprensa em ação

A vastidão e a onipresença da imprensa podem facilmente ofuscar nossa dependência mútua: a que existe entre os profissionais da imprensa e as pessoas de fora. Não há, no meu conhecimento, nenhuma entidade semelhante à imprensa "livre", e, embora eu coloque a palavra "livre" entre aspas, a presença ou ausência desse sinal de ambivalência é também algo que tem sido assunto de deliberação por muitos anos na própria imprensa, o que jamais aconteceria em um sistema no qual tais deliberações fossem proibidas.

Mas não vim aqui desperdiçar o tempo de vocês com lisonjas, pintando-os em cores ainda mais brilhantes enquanto pompa e circunstância da própria liberdade democrática; vim antes refletir sobre algo que, como bem sei, vocês mesmos consideram um grave problema, relacionado à forma como a imprensa funciona enquanto mediadora entre a experiência da vida no mundo e sua representação narrativa e visual.

Os críticos mais severos chamam os meios de comunicação de "circuito fechado de espetáculo que não tem outro objetivo senão seu próprio fenômeno espetacular". Apoiando-se como um político apenas em interesses velados para criticar e defender suas atividades, a imprensa encoraja seus próprios jornalistas a esmiuçarem e deplorarem a culpa que cabe à própria imprensa. Diante disso, aqueles críticos severos ficam chocados ao ver jornalistas se comportando como especialistas independentes dentro do espetáculo que eles mesmos criaram e que têm interesse em sustentar, fingindo falar em nome de um público tão distante de sua vida que apenas enquetes podem aludir à sua verdadeira natureza, esquivando-se de críticas com argumentos incoerentes, porém eficazes, do tipo "Somos melhores agora do que antes" ou "Isso vai ser notícia por muito tempo" ou "Mostramos ambos os lados de cada questão".

Não posso aceitar uma condenação tão abrangente, mas a claustrofobia que se sente nos braços protetores da imprensa parece sempre permanente e conspiratória. Não obstante a promessa de mais escolhas e de mais canais — revistas direcionadas para cada tipo de consumidor, um número quase ilimitado de canais a cabo —, o medo de ser sufocada por coisas efêmeras eternas e eternamente reabastecidas é real, tal como o medo da completa incapacidade do público de se engajar no discurso público. Esse último medo — o fechamento do debate público — é palpável, pois não há como responder às distorções sistemáticas da imprensa de maneira oportuna e eficaz, e porque a definição de "público" já se transformou radicalmente. A falta de moradia e o crime foram recaracterizados e realocados para que o "espaço público" seja cada vez mais visto como uma reserva protegida, disponível apenas aos que respeitam a lei e aos que estejam presentemente empregados ou, melhor, que pareçam estar. A falta de moradia foi recaracterizada como falta de rua. Não se trata mais dos pobres privados de lares, mas dos que têm onde morar e que são privados de suas ruas. O crime, por sua vez, é interpretado como um fenômeno distintamente negro. Nenhuma dessas estruturas é nova. Mas, assim como afetam o espaço público, afetam também o discurso público.

Fica nítido para qualquer pessoa interessada que, uma vez que o termo "público" é apropriado como espaço regulado apenas para uma parte da sociedade, quando os "pobres" não têm partido político que represente seus interesses, então o conceito de serviço público — que é o tema de vocês, o tema de uma imprensa "livre" — também se altera. E tem se alterado. O interesse público das minorias, dos agricultores, dos trabalhadores, das mulheres e assim por diante, em linguagem política de quase todo dia, torna-se "interesses especiais". "Nós, o povo" transforma-se em "Eles, o povo".

Estou usando os termos "público", "crime", "falta de moradia", "desemprego" (significando pobreza) no início destas observações, porque eles desembocam nas considerações que tenho a fazer sobre raça. Embora haja outros assuntos de igual interesse para editores, o tratamento do tema da raça me parece sintomático da desconfiança geral, da ira e da fadiga intelectual que a imprensa continua a provocar em um amplo espectro do país.

Gostaria de começar propondo duas questões. Primeiro, por que identidade racial seria importante para o jornalismo impresso e televisivo? E, segundo, se é um tema necessário, por que tantas vezes é esfumado e distorcido no momento mesmo em que é enunciado?

Originalmente, os afro-americanos insistiram, não raro com veemência, na identificação racial a fim de garantir que nossa presença e nosso ponto de vista fossem representados. Essa insistência pressupunha que tínhamos um ponto de vista diferente do oficial, bem como uma experiência de vida nos Estados Unidos certamente diferente daquela experiência lendária, tal como representada na mídia. Que, independentemente de sua diferença ou de sua concordância, o ponto de vista afro-americano não deveria ser cravado nos consensos tradicionais, como se fosse um dado prévio. Isso tudo parecia muito bom na teoria, mas na prática algo muito diferente aconteceu, por meio de um afastamento do "outro" que tomou duas formas: 1) a codificação da raça para perpetuar alguns estereótipos muito antigos, mesmo quando esses estereótipos estavam sendo desmontados na mente popular, e 2) a insistência em ressaltar a diferença racial justamente naqueles momentos em que ela não fazia diferença alguma. Por exemplo: em junho do ano passado, um repórter do *New York Times* se viu lutando de maneira heroica com a dupla necessidade de ser exato *e* de teatralizar questões raciais num artigo sobre imigração na Flórida. A reportagem se intitulava: "À medida que a presença hispânica cresce, também cresce a insatisfação negra". O que a palavra "negra" poderia significar naquela formulação além do código comumente aceito para "pobres" ou "trabalhadores pobres" ou para os economicamente marginalizados? Poderíamos supor que os hispânicos também são pobres sem empregos, sem moradia e assim por diante, mas isso seria um erro, pois os hispânicos em questão são cubanos fugindo de Castro para uma cidade densamente povoada por cubanos de classe média, de modo que, ao contrário dos haitianos, os cubanos encontram um grande tapete de boas-vindas na forma de serviços sociais estendido para eles. Mas, à revelia de quem sejam, certamente estão competindo por empregos e moradia e, ao fazê-lo, competem com todos e com qualquer um. A questão que se coloca é: por que só os negros são mencionados? Por que não são chamados de "nativos"? ("À medida que a presença hispânica cresce, também cresce a raiva dos nativos"?) Exceto quando são soldados, os negros nunca são considerados cidadãos americanos. E por quê? Porque, no discurso da mídia, nós não somos cidadãos locais ou cidadãos comuns — somos aqueles cuja segurança financeira é frágil; aqueles cujas reações são voláteis ("raiva", não preocupação). Se o leitor conhece bem o código, o uso do termo "nativo" (cidadãos americanos economicamente frágeis) pode muito bem significar um trabalhador branco pobre de Miami. Mas isso é descartado de imediato pelos entendidos, pois a conotação já codificada do negro-contra--qualquer-coisa foi o que nos ensinaram, de modo que somos induzidos a acreditar que essa é a história real, vital, incendiária. Não há palavra publicável para "pobre" que não conote "raça". Assim, sob o disfarce de representar os interesses dos cidadãos negros, as oposições estereotipadas convencionais são mantidas, e informações úteis são sacrificadas no processo.

O artigo acabou se tornando uma tarefa difícil para o repórter. Considere as contorções as quais a linguagem é submetida para descrever o impacto da recente imigração da população de língua espanhola de Miami sobre a população de língua inglesa — que é ou que deveria ser o tema real da matéria jornalística. Estes são os rótulos que aparecem: "cubanos de ambas as cores", "brancos não hispânicos", "negros não hispânicos", "negros nativos falantes de inglês", "brancos hispânicos"; "haitianos e outros negros caribenhos". O que são "negros não hispânicos"? Africanos? Não. Quem são os "haitianos e outros negros caribenhos"? Cubanos? Não. Reparem como não teria ficado mais nítido o artigo se nacionalidade e idioma tivessem sido a marca da diferença. Seríamos informados de que cidadãos americanos estavam preocupados com a onda de imigrantes que falavam pouco inglês e andavam atrás dos seus empregos. Mas a fluidez ficou em segundo lugar em relação à cor da pele, e a raça tomou o lugar de destaque do idioma. O resultado: a ofuscação de tudo, exceto a identidade racial. "Padrões de imigração seguidos por debandada dos brancos." Aqui, a classe média negra fica fora da discussão.

Mesmo quando *dentro* de um grupo racial, em que diferenças de origem nacional *são* informação relevante, como no tumulto de Crown Heights, onde a população é formada predominantemente por caribenhos que não têm parte na história das relações entre negros americanos e judeus americanos, essa distinção é dissolvida em uma negritude uniforme.

Tão confusas são as consequências da ênfase racial que um repórter da CNN foi levado a se perguntar com profunda preocupação se alguém que falasse haitiano poderia ser localizado para ajudar um piloto do Haiti que havia sequestrado um avião para Miami. O idioma francês nunca lhe ocorreu.

Agora eu gostaria de complementar essas questões com outra. Já que parece importante representar de alguma forma os negros, precisamos nos perguntar como nos representam e por quê. Como a imprensa pode ser desafiada a representar qualquer ponto de vista — branco, negro, ambos ou nenhum — de um modo que não evoque um pseudomundo de felicidade mercantilizada e um acordo unificado sobre o que ou quem é o inimigo? O "inimigo" parece ser sempre um criminoso difuso, vagamente negro ou um pobre zangado e indefeso (que também é negro).

Ao discutir a forma como os negros são representados — não obstante os exemplos bem-sucedidos de eliminação do preconceito racial e de algumas reportagens extraordinariamente boas sobre assuntos raciais (Hunter-Gault, a propósito da Zulu Nation) — e os efeitos altamente voláteis que a representação racialmente tendenciosa provoca no público, pode ser de algum interesse localizar suas fontes, pois, embora histórico, o viés racial não é absoluto, inevitável ou imutável. Tem um começo, uma vida, uma história nos estudos acadêmicos e pode ter um fim. Nota-se muitas vezes que a popularização do racismo — sua nacionalização, por assim dizer — foi realizada não pela imprensa (por mais cúmplices que tenham sido os jornais ao longo do século XIX), mas pelo entretenimento — o teatro de variedades. Espetáculo de menestréis. Esses espetáculos itinerantes alcançavam todas as classes e regiões, todas as cidades, vilarejos e fazendas. Sua função óbvia era o entretenimento, mas a menos óbvia era mascarar e desmascarar problemas sociais. O ponto a recordar é que esses shows não tinham quase nada a ver com o que os negros eram de verdade; tratava-se de uma construção puramente branca. Artistas negros que queriam trabalhar nos shows de variedades eram expulsos do palco ou forçados a enegrecer seu rosto já negro. Era uma forma de arte que funcionava literalmente como, e apenas como, uma fachada negra para os brancos: brancos de *blackface*. A máscara negra permitia aos brancos dizerem coisas ilegais, não ortodoxas, sediciosas e sexualmente ilícitas em público. Em suma, era uma espécie de pornografia pública, cujos temas principais eram rebelião sexual, licenciosidade, pobreza e criminalidade. Todos os medos e as ambivalências que os brancos escondiam do discurso público poderiam ser articulados através da boca de um negro que, por já ser entendido como fora da lei, podia ser explícito. Dessa forma, a máscara negra concedia liberdade de expressão e criava um espaço para o diálogo público e *nacional*. Para os brancos, óbvio. Por outro lado, a máscara escondia mais do que revelava. Escondia a verdade sobre a humanidade dos negros, seus pontos de vista, sua inteligência e, mais importante, escondia as verdadeiras causas do conflito social, transferindo esse conflito para a população negra. Sem entrar na questão do crescimento, da transformação e da extinção desses espetáculos itinerantes (um fim que foi apenas um aprimoramento e uma transferência para outra plataforma — o cinema, por exemplo), basta dizer que sua estratégia ainda é útil e seu resíduo transparece em todos os lugares. O espetáculo de uma diferença negra significativa, ensinada a um público branco analfabeto (via teatro de variedades), entrincheirou-se no público letrado por meio da imprensa. Foi uma maneira de transformar uma ignorância orgânica em um equívoco fabricado, de modo que a representação política dos interesses dos brancos pobres seja e continue sendo desnecessária. Esses interesses não precisam ser seriamente considerados — basta a aliança retórica. Meu ponto é que os afro-americanos ainda estão sendo empregados com o mesmo intuito: *desaparecer* com os brancos pobres e unificar todas as classes e regiões, apagando as linhas reais de conflito.

As justificativas para a escravização se tornaram sabedoria corrente, e toda uma raça de pessoas foi criminalizada. Essa criminalização é tão antiga quanto a república e decorre, entre outras coisas, do status de fora da lei imposto ao escravizado — e da desonra que acompanha a escravidão. Sua formação moderna é o resíduo, a suposição da criminalidade sinalizada pela cor da pele. As pessoas que dizem que não é bem assim, que há uma porcentagem desproporcional de crimes cometidos por negros, esquecem-se de uma coisa: o tratamento inescrupuloso, imoral e perigoso dedicado aos negros pelo sistema de Justiça e pela imprensa. É inescrupuloso porque é desinformação racista. A menos que, por exemplo, você possa usar racionalmente a frase "crimes de brancos contra brancos", não pode usar a frase "crimes de negros contra negros". Não faz sentido, e seu único propósito é dar um ar de exotismo aos negros, associando a violência que negros cometem uns contra os outros a algum tipo de racismo antropológico do século xix, quando o "continente negro" era entendido como violento, vazio, despovoado (as pessoas eram reduzidas a manifestações da natureza), um local de fácil acesso do *Coração das trevas*, de Conrad, onde os brancos buscavam autorrealização, autodescoberta e pilhagem. O que há na Irlanda do Norte são crimes de brancos contra brancos? E na Bósnia? E a Segunda Guerra Mundial? (Dan Rather na Somália.) Diante dessa construção mítica, não deveria ser um choque, como foi para mim, que a única vítima de um suposto estupro cujo rosto foi mostrado em jornais e na televisão tenha sido, até onde sei, uma menina negra menor de idade. Nunca vi outro. Por quê? Porque não há honra ou privacidade para as mulheres negras quando alegam ou protestam contra agressões sexuais, como as recentes deliberações do Senado sobre Clarence Thomas demonstram.

Esse tratamento é imoral porque procede da corrupção — a corrupção da precisão, da informação e até mesmo da verdade, no interesse do sensacionalismo e das vendas. E é perigoso porque não tem nada a ver com o mundo real dos brancos ou dos negros. Tem tudo a ver com a mistificação do mundo — tornando-o incompreensível e assegurando a insolubilidade de seus problemas reais, como a redução dos atrativos e dos meios para cometer um crime, emprego e educação para os que são chamados de "eles, o povo", o desarmamento doméstico e a saúde de nossas comunidades.

Quando a mistificação da vida cotidiana estiver completa, não haverá nada de novo ou de contemporâneo nas notícias. Será, a despeito de sua constante atualização, uma representação tão arcaica, moribunda, irreal como um aparo, atrasando-se em relação ao futuro a fim de consagrar a privação — tornando a ausência de mercadorias (pobreza) o único desespero digno de discussão. Se a pobreza e a criminalidade podem ser descarregadas nas costas dos negros, então pode ser que a ilusão de satisfação e a emoção da caça mantenham o público imóvel e obediente. Mas por quanto tempo? Por quanto tempo os noticiários podem funcionar como paliativo para o desespero e como balcão de mercadorias? É tão triste e frustrante abrir um jornal e encontrar as notícias relegadas literalmente às margens da página, como mera bainha bordada do real assunto — a propaganda.

O espetáculo da mídia não pode continuar dedicando seus recursos à fabricação de consensos, em vez de discutir com *mais* de dois lados, ao reforço de inverdades e à apresentação das últimas novidades à venda. Caso contrário, a imprensa se verá não apenas fora de catálogo, mas falida. Quando o espetáculo se torna "público" no sentido mais restrito da palavra — isto é, disponível para compra —, o mundo pode até comprar você, mas não pode se dar ao luxo de mantê-lo.

Tenho até agora lhes falado como se vocês constituíssem um único organismo que tomou forma e cresceu por alguma lei natural imutável alheia às decisões humanas. Quando, na verdade, vocês são pessoas, gente com seus próprios interesses. Vocês têm espírito público e sonham com uma democracia segura, assim como têm preconceitos que se infiltram e moldam as ferramentas à sua disposição. Membros dos conselhos administrativos, proprietários, gerentes editoriais são pessoas que procuram obter lucros, permanecer lucrativos e aumentar essa lucratividade. Não é nada fácil. Mas se o setor de vocês se tornar socialmente irrelevante, vai ser impossível.

Suspeito que uma imprensa não racista e não sexista que eduque possa ser tão lucrativa quanto o seu contrário. Suspeito que esclarecer questões difíceis possa ser tão divertido quanto distorcê-las e reduzi-las. Mas será preciso mais do que um esforço da vontade para tornar tal imprensa lucrativa; será preciso imaginação, invenção e um forte senso de responsabilidade e imputabilidade. Sozinhos, sem vocês, podemos simplesmente extrair dados brutos de nossos computadores, moldá-los nós mesmos, conversar uns com os outros, questionar uns aos outros, argumentar, errar, acertar. Em outras palavras, reinventar o espaço público — e o diálogo público que pode acontecer dentro dele. É algo que as gerações de estudantes a que tenho ensinado (e os meus próprios filhos, por sinal) fazem o tempo todo.

Mas, independentemente de servidores de internet, pontos de conexão, quadros de avisos, Lexus — o que quer que faça o labirinto da informação funcionar —, há algo que a imprensa pode fazer na linguagem que uma sociedade não pode. E vocês já fizeram isso antes. Levem-nos para mais perto da democracia participativa, ajudem-nos a distinguir entre uma pseudoexperiência e uma experiência viva, entre um confronto e um compromisso, entre o que é assunto e o que é vida. Ajudem-nos a descobrir o que significa ser um indivíduo do gênero humano em pleno século XXI.

Habitantes morais

Na obra *Estatísticas históricas dos Estados Unidos: Dos tempos coloniais a 1957*, logo após "arroz", e pouco antes de "alcatrão" e "aguarrás", estão os humanos. O arroz é medido em libras; piche, alcatrão e aguarrás, pelo peso do barril. Não havia como medir por libra, tonelagem ou barril os seres humanos. A contagem de cabeças servia, então, como medida. Esse livro de referência é repleto de informações fascinantes, entre elas a Série z 281-303, que documenta, em ordem cronológica e por lugar de destino, a importação e a exportação de seres humanos nos Estados Unidos, de 1619 a 1773. Todo esforço parece ter sido feito para garantir a precisão das tabelas. Abaixo das impecáveis colunas de valores, as notas de rodapé parecem se desculpar pelos lapsos ocasionais indicando informações incompletas. "Lamentamos", o Departamento do Censo parece dizer, "que registros melhores não tenham sido mantidos ou não estejam disponíveis. O país estava engatinhando, você há de entender, e as coisas eram um pouco menos eficientes."

Percebe-se bom senso e tom cavalheiresco em todas essas

páginas. Mas é um bom senso sem nenhuma esperança de sucesso, pois a linguagem desmorona sob o peso de suas implicações.

A nota de rodapé número 3, por exemplo, sob o tópico "Escravos", esclarece a ambiguidade de sua referência com as seguintes palavras: "A fonte também aponta 72 escravos indígenas importados; 231 escravos morreram e 103 foram resgatados para exportação". "Morreram"... "resgatados" — palavras estranhas e violentas que nunca poderiam ser usadas para descrever arroz, alcatrão ou terebintina. A nota de rodapé número 5, de longe a mais fria em sua precisão civilizada, ressalta o seguinte: "Número de negros embarcados, não daqueles que de fato chegaram". Havia uma diferença, aparentemente, entre o número embarcado e o número que chegava. A mente galopa para a primeira pergunta não respondida: Quantos? Quantos foram enviados? Quantos não chegaram? Logo a mente avança para a próxima pergunta — a pergunta vital que empalidece todas as outras: Quem? Quem estava ausente na derradeira contagem de cabeças? Por acaso havia uma garota de dezessete anos com uma cicatriz em forma de árvore no joelho? E qual era o nome dela?

Não sei por que é tão difícil imaginar e, portanto, criar uma sociedade genuinamente humana — não sei se as soluções estão nas ciências naturais, nas ciências sociais, na teologia ou na filosofia ou mesmo nas belas-letras. Mas o fato é que as *Estatísticas históricas dos Estados Unidos* são muito semelhantes aos procedimentos da pesquisa acadêmica como são hoje e sempre têm sido: trata-se sempre da equiparação entre seres humanos e mercadorias, agrupando-os em ordem alfabética — mesmo quando a linguagem usada para descrever esses atos se dobra e se parte sob uma responsabilidade tão pesada e estranha. As almas gentis, aqueles dedicados funcionários públicos do Departamento do Censo, não criam fatos, apenas os registram. Mas seu trabalho, acredito, reflete a falha que obstrui a pesquisa imaginativa e humana e a realização de uma sociedade humanitária. Tal pesquisa seria aquela em que o impulso se desse no sentido de criar cidadãos capazes de tomar decisões humanitárias. E que de fato as tomassem. Uma pesquisa que se recusasse a continuar formando seguidas gerações de estudantes treinados para fazer distinções entre pobres dignos e indignos, mas não entre arroz e gente; entre uma vida dispensável e uma indispensável, mas não entre escravizados e terebintina. Treinados para determinar quem deve florescer e quem deve definhar, mas não para discriminar entre o peso de um barril e a santidade de uma cabeça humana. Assim são os índices, óbvio. Não o arroz se espalhando em forma de leque, explodindo do saco de juta. Ou o som de trovão dos barris de terebintina escorrendo pela tábua. E não a garota de dezessete anos com uma cicatriz em forma de árvore no joelho — e um nome. A história são porcentagens, os pensamentos dos grandes homens e a descrição das épocas. A menina por acaso sabe que a razão pela qual morreu no mar ou no porão de um navio chamado Jesus é porque pertencia àquela época? Será que sabe que alguns grandes homens imaginaram seu destino como parte de uma porcentagem do crescimento nacional, ou da expansão, ou do destino manifesto ou da colonização do Novo Mundo? É estranho discordar de um grande homem, mas Tolstói estava errado. Os reis não são escravos da história. A história é escrava dos reis.

A matriz da qual nascem essas poderosas decisões é às vezes chamada de racismo, às vezes classicismo, às vezes sexismo. Trata-se de termos exatos, mas também enganadores. A fonte primordial é, na verdade, uma deplorável incapacidade de se projetar, de se tornar o "outro", de imaginá-lo. É uma falha intelectual, um encurtamento da imaginação, e revela uma ignorância de proporções góticas, além de uma falta de curiosidade verdadeiramente risível. É óbvio que os historiadores não podem se ocupar de cada grão de arroz; precisam fazê-lo por meio de grandes quantidades. Mas a dependência desse tipo de disciplina não deve ser tão forte que nos leve a fazer o mesmo com os relacionamentos humanos. Um dos principais sinais de inteligência, afinal, é a capacidade de fazer distinções — pequenas distinções. Julgamos um intelecto pela facilidade com que aponta a diferença entre uma molécula e outra, uma célula e outra, entre um Bordeaux de 1957 e um de 1968, entre malva e orquídea, entre as palavras "arrancar" e "erguer", entre coalhada e manteiga, entre Chanel nº 5 e Chanel nº 19. Parece, então, que continuar a ver qualquer raça de pessoas como uma única personalidade é uma ignorância tão vasta, uma percepção tão embotada, uma imaginação tão árida que nenhuma nuance, nenhuma sutileza, nenhuma diferença entre elas podem transparecer. Exceto as grandes diferenças: quem deve florescer e quem deve definhar, quem merece assistência do Estado e quem não merece. O que talvez explique por que fomos deixados em 1977 com o mesmo equipamento mental que tínhamos em 1776. Uma inteligência que se mostra inepta a ponto de perguntar a W. E. B. Du Bois, como o fez um professor branco em 1905, "se as pessoas de cor derramam lágrimas" é certamente inepta o suficiente para estudar as influências "genéticas" sobre a inteligência de uma raça que, de tão misturada, condenaria ao fracasso qualquer experimento com dados similares aplicados a camundongos.

Se a educação diz respeito a qualquer outra coisa além de ganhar dinheiro (e é possível que não diga respeito a nada além disso), essa outra coisa é a resolução inteligente de problemas, bem como seres humanos se relacionando de forma mutuamente construtiva. Contudo, as instituições educacionais e alguns dos nossos mais ilustres eruditos consideraram a cooperação entre os seres humanos em prol de objetivos mutuamente construtivos preocupações de quarto ou quinto grau, isso quando não consideravam tais preocupações nem sequer relevantes. A história do país é prova suficiente de que são.

Ninguém pode culpar o conquistador por escrever a história como ele a vê nem por digerir os eventos humanos e descobrir seus padrões de acordo com seu ponto de vista. Mas podemos culpá-lo por não assumir qual é, de fato, seu ponto de vista. Nesse sentido, pode ser um exercício útil atentar para algumas das coisas que nossos conquistadores (nossos antepassados), nossos homens de visão e poder na América, de fato disseram.

Andrew Jackson, 3 de dezembro de 1833:
"Os índios não têm nem a inteligência, nem a iniciativa, nem os hábitos morais, nem o desejo de aperfeiçoamento que são essenciais para qualquer mudança favorável em sua condição. Estabelecidos no meio de uma raça superior, e sem contemplar as causas de sua inferioridade ou procurar controlá-las, devem necessariamente ceder à força das circunstâncias e desaparecer em breve."

Theodore Roosevelt (para Owen Wister), 1901:
"Concordo inteiramente com você que, como raça e no conjunto, os [negros] são completamente inferiores aos brancos.
"Suponho que eu deveria ter vergonha de dizer que compartilho da visão ocidental do índio. Não vou tão longe a ponto de pensar que o único índio bom é o índio morto, mas acredito que esse seja o caso para nove em cada dez, e não me animaria a averiguar de muito perto a situação do décimo. O caubói mais cruel tem mais princípios morais do que o índio comum."

General Ulysses S. Grant:
(para) general Webster
La Grange, Tenn.
10 de novembro de 1862

"Dê ordens a todos os condutores para que nenhum judeu possa viajar pela ferrovia rumo ao sul, de onde quer que venham." Eles podem até ir para o norte e a isso devem ser encorajados; mas são um incômodo tão intolerável que devem ser expurgados do departamento."

(para) srta. Holly Springs
8 de dezembro de 1862
Ordem geral
"Devido à escassez de provisões, todos os especuladores de algodão, judeus e outros vagabundos sem meios honestos de sustento, exceto lucrar em cima da miséria do país..."

Sam Houston, Senado dos EUA, 1848:
"Os anglo-saxões [devem] permear toda a extremidade sul deste vasto continente... Mexicanos não são melhores do que os índios, e não vejo razão para não tomarmos suas terras."

Diário de Freeman, 4 de março de 1848:
"Nosso objetivo é mostrar, mais uma vez, que o protestantismo se encontra enfraquecido, impotente, em decomposição, ainda que perturbado apenas por suas próprias gangrenas, e consciente de que é chegado seu momento final, quando é posto de modo justo face a face com a verdade católica."

Richard Pike, Boston, 1854:
"O catolicismo é, e sempre foi, uma religião intolerante, persecutória e supersticiosa. Não há crime no calendário da infâmia de que não tenha sido culpado. Não há pecado contra a humanidade que não tenha cometido. Não há blasfêmia contra Deus que não tenha sancionado. É um poder que nunca hesitou em trair sua fé solenemente empenhada, onde quer que seus interesses exijam; um poder

que não tem consciência; que desdenha do controle da opinião pública; e que intromete sua cabeça entre as nações da Cristandade, ensopada na crueldade de milhões de assassinatos, decomposta pelos deboches de mil anos, sempre ambiciosa, sempre sanguinária e sempre falsa."

New York Tribune, 1854:
"Os chineses são incivilizados, imundos e sujos além de toda possibilidade, sem nenhuma das relações domésticas ou sociais mais elevadas; lascivo e sensual em suas disposições; toda fêmea é uma prostituta da ordem mais baixa."

General William Sherman:
"Devemos agir com seriedade vingativa contra os sioux, até o completo extermínio de seus homens, mulheres e crianças. Cortar o mal pela raiz é a única solução. Quanto mais deles matarmos este ano, menos teremos de matar na próxima guerra, pois, quanto mais vejo esses índios, mais me convenço de que todos eles terão de ser mortos ou mantidos como uma raça de indigentes."

Benjamin Franklin, 1751:
"Por que aumentar os Filhos da *África*, Plantando-os na *América*, onde temos uma Oportunidade tão justa, excluindo todos os Negros e Morenos, de multiplicar o adorável Branco e Vermelho?"

William Byrd, Diário, Virgínia, 1710-2:
08/02/09: Jenny e Eugene foram chicoteados.
23/03/09: Moll foi chicoteado.
17/04/09: Anaka foi chicoteada.
13/05/09: Sra. Byrd foi chicoteada.
10/06/09: Eugene [uma criança] foi chicoteado por fugir. Puseram a máscara nele.

03/09/09: Dei uma surra na Jenny.
16/09/09: Jenny foi chicoteada.
19/09/09: Dei uma surra em Anama.
30/11/09: Eugene e Jenny foram chicoteados.
16/12/09: Eugene foi chicoteado por não fazer nada ontem.
(Em abril, ocupei-me, segundo minhas funções oficiais, de auxiliar a investigação de escravos "acusados de alta traição" — dois foram enforcados.)
01/07/10: A negra fugiu de novo com a máscara na boca.
08/07/10: A negra foi encontrada e amarrada, mas fugiu de novo à noite.
15/07/10: Minha esposa, contra minha vontade, fez com que a pequena Jenny fosse queimada com ferro quente.
22/08/10: Tive uma briga séria com a pequena Jenny e bati muito nela, pelo que me lamentei.
31/08/10: Eugene e Jenny foram surrados.
08/10/10: Chicoteei três escravas.
06/11/10: A negra fugiu de novo.

Os editores do diário descrevem William Byrd como "o cavalheiro mais polido e educado da Virgínia... Um mestre gentil [que] atacou em algumas de suas cartas os brutos que maltratam seus escravos".

Tais são a linguagem, a visão, a memória que nos são legadas nesta sociedade. Eles disseram outras coisas e fizeram outras coisas, e algumas dessas coisas foram boas. Mas também disseram e, mais importante, também sentiram *isso*.

Nosso passado é sombrio. Nosso futuro, nebuloso. Mas não sou sensata. Um homem sensato se ajusta ao seu ambiente. O insensato não. Todo progresso, portanto, depende do homem insensato. Prefiro não me ajustar ao meu ambiente. Recuso a prisão do "eu" e escolho os espaços abertos do "nós".

De posse desse passado, não podemos ser otimistas quanto à possibilidade de imaginar e criar uma sociedade humanitária, que tenha como principal objetivo de seus educadores o desenvolvimento da capacidade de tomar decisões humanitárias. Não podemos ser otimistas, mas podemos ser claros. Podemos identificar o inimigo. Podemos começar nos perguntando o que é certo, e não o que é conveniente. Conhecer a diferença entre a febre e a doença. Entre o racismo e a ganância. Podemos ser claros e podemos ser cuidadosos. Cuidadosos, evitando o aprisionamento da mente, do espírito e da vontade de nós mesmos e daqueles entre os quais vivemos. Podemos ter cuidado para não tolerar metas de segunda categoria e ideias de segunda mão.

Somos humanos. Humanos que, a esta altura, já deviam ter descoberto o que toda criança de três anos consegue enxergar: "quão insatisfatória e estabanada é toda essa história de nascer e morrer aos bilhões". Somos humanos, não arroz e, portanto, "ainda não encontramos nenhum deus que seja tão misericordioso quanto o homem que, num movimento rápido, desemborca um besouro no chão. Não há uma pessoa no mundo que se comporte tão mal quanto um louva-a-deus". Somos os habitantes morais do globo. Negá-lo, independentemente de nossas débeis tentativas de viver de acordo com isso, é permanecer na prisão. Lógico que há crueldade. A crueldade é um mistério. Mas se enxergamos o mundo como um longo jogo violento, então nos deparamos com outro mistério, o mistério da beleza, da luz, o canário que pousa sobre a caveira e canta... A menos que todas as eras e todas as raças dos homens tenham se enganado... parece haver, sim, isso que chamamos de graça, beleza, harmonia... tudo inteiramente gratuito e disponível para nós.

's# O preço da riqueza, o custo da assistência

Quero falar sobre um assunto que nos influencia e, em muitos casos, aflige. Um assunto que é companheiro de cada pós-graduando, que está presente em todos os campi, nas comunidades de todo o país e do mundo. Um tema apropriado para um discurso dirigido a estudantes durante esses inquietantes tempos de incerteza.

O assunto é dinheiro.

Se nossa obrigação é proteger e estabilizar o patrimônio que já temos e, talvez, aumentá-lo, ou se a tarefa é reduzir nossa dívida para apenas viver uma vida produtiva razoavelmente confortável, ou se nosso objetivo é lucrar tanto quanto possível — seja qual for nossa situação, o dinheiro é o amante não tão secreto de todas as nossas vidas. E, como todos os amantes, vocês certamente o sabem, ainda que não o tenham seduzido ainda, ele, não obstante, está em seus pensamentos. Nenhum de nós pode ler um jornal, assistir a um programa de tevê ou acompanhar debates políticos sem ser inundado pela questão da riqueza. Discursos sobre imigração, sistemas de saúde e seguridade social, oportunidades de emprego —

quase todos os problemas pessoais e todas as políticas de governo gravitam ao redor do dinheiro. Nações, regimes, meios de comunicação, legislação, tudo é embebido e sobrecarregado pela narrativa da riqueza, envolvendo sua disponibilidade, seus movimentos, seu desaparecimento. Como, nos piores momentos, sua ausência e administração incompetente derrubam nações, distorcem-nas e manipulam, ou como, pelo contrário, mantêm essas mesmas nações seguras. Austeridade ou estímulo? Guerra ou paz? Uma vida ociosa ou uma vida produtiva?

Os assuntos estudados aqui — arte, ciência, história, economia, medicina, direito — são em geral constrangidos ou impulsionados pelo dinheiro, apesar do fato de que o propósito de cada uma dessas áreas de pesquisa não é o dinheiro, mas conhecimento e seu benefício para uma vida boa. Os artistas querem revelar e representar a verdade, enquanto fingem se elevar acima do dinheiro; os cientistas querem descobrir como o mundo funciona, mas são limitados ou sustentados por recursos financeiros, assim como historiadores e economistas, que precisam de fundos para seus projetos e pesquisas; a medicina busca salvar vidas ou, pelo menos, torná-las suportáveis, mas não pode fazê-lo sem a riqueza de outra pessoa.

Tudo isso é óbvio, mas, para o caso de nos esquecermos, acredito que seja útil ensaiar algumas linhas sobre o preço e a história da riqueza. As origens da acumulação de riqueza são sangrentas e profundamente cruéis, envolvendo, como sempre, guerra. Quase nenhum império se ergueu sem violência assombrosa. O império espanhol se salvou do colapso e da irrelevância saqueando o ouro da América do Sul à base de massacres e escravidão. O império romano se tornou império e assim permaneceu durante séculos por meio do trabalho escravo e da conquista de terras e tesouros. Mais guerra e mais agressão foram usadas para violar a África e seus recursos, o que, por sua vez, sustentou e fortaleceu uma infinidade de nações. A borracha, por exemplo, foi extraída por um país que era, literalmente, propriedade particular de Leopoldo, rei da Bélgica (daí sua antiga denominação oficial — o Congo Belga). Açúcar, chás, especiarias, água, óleo, ópio, terra, comida, minério sustentavam o poder de nações como o Reino Unido, o império holandês, o nosso próprio império. Aqui nos Estados Unidos, o abate de milhões de búfalos a fim de substituí-los pelo gado exigiu o massacre dos nativos americanos. E, aqui, uma nova nação agrícola adentrou rapidamente o período industrial pela importação de escravizados. Os impérios chineses destruíram legiões de monges para adquirir o ouro e a prata que usavam para adornar templos e imagens de deuses. Todo esse roubo foi realizado por meio da guerra, que, a propósito, é em si mesma uma indústria produtora de riqueza, quer se vença ou se perca.

O preço da riqueza, historicamente, tem sido sangue, aniquilação, morte e desespero.

Mas, ao mesmo tempo, algo interessante e definitivo começou a acontecer no final do século XVII e início do XVIII. "*Noblesse oblige*", que apaziguava a nobreza sugerindo que a generosidade não era apenas algo honroso, mas favorável a seus próprios interesses — e talvez de acordo com suas crenças religiosas —, transmutou-se na convicção de que a riqueza não poderia ser um valor em si. Havia algum impedimento moral ao efeito Midas, ao gene Gatsby, alguma vergonha ligada à ideia de ser mais por ter mais, aos projetos vaidosos que posavam de compromissos genuínos com a elevação da vida pública.

Essas alterações foram realizadas com mais felicidade nos Estados Unidos pelo código tributário e, em alguns casos, por greves e pela formação de sindicatos de trabalhadores. Em vez de construirmos ferrovias transcontinentais com trabalhadores em regime de servidão, como os chineses, ou em vez de produzirmos açúcar para o rum nos valendo da constante importação de mais escravizados (uma movimentação necessária devido à velocidade com que morriam), descobrimos a eletricidade, construímos estradas, hospitais públicos, universidades e tudo o mais, sem brutalidade abrasadora. Os cidadãos começaram a perceber que o custo da solidariedade era dinheiro bem gasto. Fundações, apoios governamentais, generosidade individual, organizações de serviços cresceram exponencialmente, melhorando a vida dos cidadãos. Como vocês bem sabem, desde a criação desta universidade, ofertas para construir instituições, proteger indigentes, erguer museus e publicar livros são apenas alguns dos projetos em que os custos da solidariedade são assumidos com alegria. As consequências desses custos são variadas, é claro — algumas irrelevantes, outras nefastas —, mas não haver serviços básicos se tornou algo impensável. Introduzir a compaixão na corrente sanguínea dos horizontes de uma instituição ou nos propósitos de um acadêmico é mais do que produtivo, mais do que civilizatório, mais do que ético, mais do que humano; é humanizante.

Esse poderoso compromisso com a solidariedade a qualquer custo se vê agora ameaçado por uma força quase tão cruel quanto as origens da riqueza: o movimento dos povos sob pressão ao longo, por entre e além das fronteiras. Esse movimento é maior agora do que nunca e custa muito — para se defender dele, para acomodá-lo, contê-lo, protegê-lo, controlá-lo e servi-lo. Envolve jornadas de trabalhadores, intelectuais, agências, refugiados, comerciantes, imigrantes, diplomatas e exércitos, todos atravessando oceanos e continentes, via alfândegas e rotas ocultas, englobando múltiplas narrativas em múltiplos idiomas de comércio, de intervenção militar, de perseguição política, resgate, exílio, violência, pobreza, morte e vergonha. Não há dúvida de que o deslocamento voluntário ou involuntário de pessoas ao redor do globo está na ordem do dia no Estado, nas salas de diretoria, nas comunidades e nas ruas. Manobras políticas para controlar esse movimento não se limitam a monitorar os desapropriados. O transplante de classes administrativas e diplomáticas para os postos mais distantes da globalização, bem como o estabelecimento de unidades e bases militares, aparece com destaque nos esforços legislativos para exercer autoridade sobre o fluxo constante dos povos. Esse fenômeno sobrecarregou o conceito de cidadania e alterou nossas percepções de espaço público e privado, de muros e fronteiras. É possível que a característica definidora de nossos tempos seja o fato de que muros e armas têm tanto destaque agora quanto tinham em tempos medievais. Fronteiras porosas são vistas em certos círculos como áreas de ameaça e se tornaram, de fato, espaços de caos.

Tudo isso vem acontecendo no mesmo momento em que a tecnologia reduz as distâncias entre povos e países, tornando possível ver outras pessoas, conversar com elas, apoiá-las ou instigá-las em qualquer parte do mundo. No entanto, o medo da despossessão, da perda de cidadania permanece. Vemos isso na infinidade de designações hifenizadas de identidades nacionais. Em documentos e descrições de imprensa, o local de nascimento se tornou mais revelador do que a cidadania: as pessoas são identificadas como "alemão de origem turca" ou "cidadão britânico de origem africana"; de modo semelhante, ser identificado como muçulmano (no Ocidente, ao menos) tem precedência sobre o país de origem. E, no entanto, ao mesmo tempo, aclama-se certo cosmopolitismo como sofisticado e superior, uma cidadania cultural multifacetada. Em todo caso, existe uma nítida intensificação da ameaça da "diferença". Percebe-se isso na defesa do local contra o estrangeiro, da distância segura contra a intimidade indesejada.

Quando os desabrigados permanecem estrangeiros suspeitos, quando os amedrontados e indigentes se amontoam em cidades de tendas atulhadas de lixo, em terras que não são suas, quando a "identidade" se torna a própria essência do eu, então se tornam necessárias estratégias constantes de construção política. Quando a incompetência e a irracionalidade ultrapassam a decência e continuam colocando em risco vidas consideradas "menores", podemos antecipar um aumento acentuado no custo da solidariedade. Um custo que precisa ser suportado, se valorizamos a civilização.

A ética da riqueza demanda obrigações cívicas, e, quando assumimos essa obrigação, revelamos não nossa boa vontade solitária, mas nossa dependência em relação aos outros. Vocês, todos nós, lutamos para transformar dados em informação, conhecimento e, esperamos, sabedoria. Nesse processo, devemos tudo aos outros. Devemos aos outros nossa língua, nossa história, nossa arte, nossa sobrevivência, nossa vizinhança, nossas relações com a família e com os colegas, nossa capacidade de desafiar as convenções sociais, bem como de suportá-las. Tudo isso aprendemos com os outros. Nenhum de nós está sozinho; cada um de nós depende dos outros — e alguns de nós dependem dos outros para sobreviver. E é por causa disso que opto por compartilhar os generosos honorários deste discurso com os Médicos Sem Fronteiras — vencedores do prêmio Nobel pelos riscos que enfrentam, pela assistência médica direta e pela determinação de servir nos lugares mais perigosos da Terra, entre as pessoas mais despedaçadas.

A oportunidade que vocês encontram aqui e além deste campus é enorme, exigente e vital. Vocês são especialmente mais capazes do que as gerações anteriores, não porque sejam mais espertos (embora possam ser) ou porque tenham ferramentas que seus predecessores não tinham, mas porque vocês têm tempo. O tempo está do seu lado, assim como a chance de criar um futuro incrível. Apreciem isso. Façam uso disso. E divirtam-se.

Sou escritora e minha fé no mundo da arte é intensa, mas não irracional ou ingênua. A arte nos convida a fazer a viagem para além dos preços, para além dos custos, a fim de dar testemunho do mundo como ele é e como deveria ser. A arte nos convida a conhecer a beleza e a solicitá-la até mesmo das mais trágicas circunstâncias. A arte nos lembra que pertencemos a este lugar. E que, se servirmos, duraremos. Minha fé na arte rivaliza com minha admiração por qualquer outro discurso. Seu diálogo com o público e entre seus vários gêneros é fundamental para a compreensão do que significa se importar profundamente e ser completamente humano. É aquilo em que acredito.

O hábito da arte

Ao escolher a vencedora deste ano, o ArtTable fez um gesto de autocongratulação. Por todo o prestígio que cerca o prêmio, seu brilho reside nas suas escolhas. A seleção de Toby Lewis é outro de seus autoelogios, bem como uma celebração do compromisso dessa artista com tantas searas da criatividade, em especial sua devoção às artes visuais.

É nessas últimas, nas artes visuais, que mais me impressiono. Por exemplo, sua coleção na sede da Progressive Insurance: lá vi por mim mesma os frutos de seu trabalho duro e apaixonado. Expondo uma arte visual diversa, poderosa, bonita, provocante e reflexiva no local de trabalho, em um lugar onde os funcionários se deparavam com ela o dia todo, reagindo com críticas profundas ou afeição desesperada, ela os encorajava a criar para si mesmos sua própria arte em seus próprios espaços de trabalho. A intimidade na qual ela e Peter Lewis insistiam me fez entender o que eles entendiam: que a arte não é mero entretenimento ou decoração, que ela tem significado e que tanto queremos como precisamos conceber esse significado — e não temer, ignorar ou construir respostas superficiais, ditadas por autoridades. Foi uma manifestação de uma verdade verificável: o impulso de produzir e de reverenciar a arte é uma necessidade antiga — seja nas paredes das cavernas, no próprio corpo, numa catedral ou num rito religioso, ansiamos por uma maneira de articular quem somos e o que queremos dizer.

Arte e acesso é um assunto sobre o qual muito já se escreveu e muito se pregou. Artistas e entusiastas notam um abismo entre as compreensões elitistas e populares de arte "elevada" e "encontrada" e tentam vencê-lo ou compreendê-lo. As ferramentas para fazer com que a arte se torne relevante para populações cada vez maiores e cada vez mais diversas são muitas: usos cada vez mais criativos do financiamento, das apresentações gratuitas, das doações individuais, e assim por diante. A percepção de que o abismo permanece pode ser fruto de uma paisagem imaginária que se concretiza pelas restrições dos recursos disponíveis ou por decreto. É uma percepção inescrupulosa, quase imoral.

Quero descrever para vocês um evento que um jovem e talentoso escritor relatou:

Durante os anos de ditadura no Haiti, as milícias do governo, conhecidas como Tonton Macoutes, varriam a ilha matando dissidentes e pessoas comuns, inocentes, a bel-prazer. Não satisfeitos com o massacre desta ou daquela pessoa sem nenhum motivo, instituíram um remate sobretudo cruel: ninguém tinha permissão para resgatar os mortos largados nas ruas, nos parques ou nos portões. Se um irmão, um pai, um filho ou mesmo um vizinho se aventurasse a fazê-lo, a fim de enterrar o morto, honrá-lo ou honrá-la, eles mesmos seriam fuzilados. Os corpos jaziam onde tombavam até que um caminhão de lixo do governo chegasse e recolhesse os cadáveres — enfatizando, assim, a relação entre o descarte de seres humanos e o lixo. Você pode imaginar o horror, a devastação, o trauma que essa prática impôs aos cidadãos. Então, um dia, um professor local convidou algumas pessoas do bairro para se juntar a ele numa garagem e encenar uma peça, que repetiam toda noite. Quando foram flagrados por um membro de uma das gangues, tudo o que o assassino conseguiu ver foram pessoas inofensivas envolvidas em teatralidades inofensivas. Mas a peça que encenavam era *Antígona*, a antiga tragédia grega que trata das consequências morais e fatais de desonrar os mortos e não enterrá-los.

Não se engane, disse o jovem escritor: a arte é feroz.

Há outra história que quero compartilhar com vocês. Em uma conferência em Estrasburgo, conversei com uma escritora de um país do norte da África. Ela conhecia minha obra; eu não conhecia a dela. Conversamos amigavelmente, quando de repente ela se aproximou e sussurrou: "Você precisa nos ajudar. Você precisa". Fiquei surpresa. "Ajudar quem? Ajudar com o quê?", perguntei a ela. "Eles estão atirando na gente na rua", disse ela. "Mulheres que escrevem. Estão nos matando." E por quê? Porque mulheres que praticavam arte moderna constituíam uma ameaça ao regime.

O que essas histórias representam são a cura e o perigo que a arte oferece, seja ela clássica ou contemporânea.

Além disso, essas histórias terríveis se destinam a imprimir na cabeça de vocês o que Toby Lewis passou a vida inteira fazendo; o que vocês estão celebrando hoje não é pouca coisa.

Quero dizer algumas palavras sobre a necessidade de organizações como essa. Nós vivemos em um mundo onde a justiça se assemelha à vingança. Onde o lucro privado impulsiona a política pública, onde o corpo das liberdades civis, conquistado célula a célula, osso a osso, pelos bravos do passado, já mortos, definha no calor abrasador de uma guerra total ininterrupta, e onde o respeito e até mesmo o interesse apaixonado pela grande arte podem diminuir, reduzindo-se a uma lista de preços. É possível se perguntar se progredimos, em termos psicológicos, científicos, intelectuais e emocionais, de 1492, quando a Espanha se purificou da presença de judeus, a 2004, quando o Sudão intercepta comida e se alegra em assistir à lenta inanição de seu povo. Não além de 1572, quando a França viu milhares sendo dizimados no dia de São Bartolomeu, a 2001, quando milhares foram incinerados em Nova York. Não além de 1692, quando Salém queimou suas próprias filhas, esposas e mães, a 2007, quando cidades inteiras se entopem de turistas sexuais sugando os corpos de jovens garotos e garotas. É possível se perguntar se, apesar do progresso técnico e científico, nos voltamos para a feitiçaria, invocando uma mistura de estrangeiros, inimigos e demônios, "causas" que distraem e apaziguam ansiedades em relação aos portões pelos quais os bárbaros nos chegam; em relação ao nosso idioma que cai na boca de desconhecidos; à nossa autoridade que passa para as mãos de estranhos. A civilização numa violência paralisante, até que estanca de vez. Não me entendam mal. Existem perigos reais no mundo. E é precisamente por isso que uma correção se faz necessária. Um novo currículo contendo um pensamento visionário significativo sobre a vida da mente moral e do espírito livre e florescente ainda pode operar, mesmo em um contexto cada vez mais perigoso para sua saúde. Mas se a linguagem científica se reduz a trocar uma vida ética por uma vida individual mais longa; se a agenda política se preocupa apenas com a proteção xenofóbica de parte de nossas famílias contra a catástrofe de outras; se a linguagem secular freia, temendo o sagrado; se o futuro do conhecimento já não é a sabedoria, mas um "upgrade", em que poderemos então buscar o futuro da própria humanidade? Não é sensato supor que projetar o futuro da vida humana na Terra não seja uma tarefa que culmine necessariamente no filme apocalíptico que somos constantemente convidados a desfrutar, mas, sim, numa reconfiguração das razões de estarmos aqui? Para diminuir o sofrimento, para conhecer a verdade e dizê-la, para elevar o nível da expectativa humana. Talvez devamos nos afastar do cotidiano imediato, juntando-nos aos artistas que incentivam a reflexão e estimulam a imaginação, atentos ao longo percurso, colocando a própria vida em risco (no Haiti ou no norte da África) para fazer o trabalho que leva a um mundo digno da vida.

Em resumo, essa tem sido a missão do ArtTable.

Um dos meus alunos me deu um quadro — um tipo de colagem, com palavras recortadas. Nela havia os seguintes versos:

> Ninguém me disse que era assim.
> Matéria, apenas — trespassada pela imaginação pura.
> [Então] levantem-se, pequenas almas — juntem-se ao exército derrotado, rumo ao coração da mudança.
> Lutem... Lutem... Vençam o invencível.

O artista singular

Deveria ser relativamente fácil descrever o drama do artista singular, a importância de tal ativo para o país, e descrever a natureza do compromisso assumido com esse componente nos propósitos do National Endowment for the Arts. Mas não é tão fácil, pois a própria expressão — "artista singular" — evoca toda sorte de imagens românticas, visões e concepções de um indivíduo solitário, enclausurado, lutando à força contra os filisteus e que de alguma forma transpassa os muros da ignorância e do preconceito, talvez angariando, ainda em vida, a aceitação de alguns poucos críticos — ou a fama póstuma, se não a eminência, quando já não lhe serve de nada. Adoramos alimentar essa visão, o que é uma espécie de cama de Procusto, uma armadilha intelectual, pois, sendo um retrato tão atraente, acaba por estimular o que deveria ser eliminado. Parece que, de alguma forma, cortamos seus membros para que o artista singular caiba em nossa pequena cama, e atribuímos a ele ou a ela penúria, sacrifício e a noção de consolação póstuma. Amamos tanto a ideia do artista que luta contra todas as dificuldades que privilegiamos não o artista, mas a luta.

Insistimos nela. Nossas noções de qualidade por vezes a exigem. É bem verdade, e acho que todos concordamos, que qualidade é igual/significa/sugere aquilo que é raro e difícil de alcançar. Mas, às vezes, a palavra "raro" se traduz como "apreciado apenas por poucos iluminados", e a expressão "difícil de alcançar" passa a significar "precisou sofrer para fazê-lo".

Creio que há certa ambivalência em nossa percepção sobre artistas singulares e sobre a qualidade de um tipo raro. Por um lado, podemos identificá-los *porque* são raros e limitados em seu apelo restrito. Sabemos como é difícil alcançar a excelência em arte (embora eu esteja convencida de que, para o verdadeiro gênio, as coisas que nos parecem difíceis são fáceis e descomplicadas). No entanto, ao mesmo tempo que reconhecemos a qualidade pelo seu caráter raro, também lamentamos a todo instante a ausência de qualidade no coração e na mente das massas. Falamos sobre uma crise na instrução, ficamos chateados e inquietos com a arte pop, falamos sobre as esculturas de aeroporto, lamentamos, e com toda a legitimidade, a peça que acolhe o sensacionalismo em vez da sensibilidade. Todos temos um conjunto de frases que identificam na nossa cabeça o que é medíocre em determinada forma artística.

Às vezes me pergunto se acreditamos nisso genuinamente. Argumentaríamos de fato que o mundo se torna mais pobre porque apenas uns poucos apreciam as coisas mais refinadas? Suponha que vivêssemos em um mundo no qual as pessoas debatessem Descartes, Kant e Lichtenstein no McDonald's. Suponha que a *Noite de Reis* estivesse na lista dos best-sellers. Seríamos felizes? Ou decidiríamos que, já que todos apreciavam aquelas coisas, elas talvez não fossem boas? Do mesmo modo, talvez se o próprio artista não se humilhasse — implorando pela vida e lutando contra a pobreza, quem sabe até o fim dos seus dias —, talvez não considerássemos sua arte relevante. Parece que, em certos círculos (na imprensa e em conversas particulares), se encontrava enorme consolo no fato de que, dos milhares e milhares de pessoas que enfrentaram filas para ver a exposição de Picasso, apenas 4% ou 5% delas compreendiam o que estavam vendo.

Romances de estreia não devem fazer sucesso — devem ser lidos apenas por alguns. E não devem ser lucrativos — precisam ser limitados. Se um romance de estreia "emplaca", suspeita-se de sua qualidade. Nesse jogo e nesse clima de ambivalência, uma artista que seja parte de um grupo minoritário é obrigada a abandonar sua condição e aderir aos critérios prevalentes, ou então precisa defender *ad nauseam* seu direito de ouvir e de amar em ritmo diferente. Isso faz parte do romantismo arraigado na ideia do artista singular — o artista como mendigo. Precisa implorar, e, quando é bem-sucedido, deve se sentir culpado, apologético até.

Existem riscos inerentes em ser artista, sempre — o risco do fracasso, o risco de ser mal interpretado. Mas agora existem certos riscos que não são inerentes; novos riscos estão sendo impostos. Peço que sejam pacientes comigo por um momento, enquanto descrevo um risco que é de particular interesse para mim no campo da literatura. Há uma disputa e uma batalha pública muito excitante na Universidade de Cambridge no momento — uma briga entre os críticos tradicionais e os pós-modernistas ou estruturalistas. É um deleite pirotécnico em edições do *Times Literary Supplement*, e os debates acadêmicos continuam com plena força. Não vou entrar nos detalhes da natureza da luta, mas, em termos simplistas, há um grupo central de críticos tradicionalistas que acreditam que uma crítica prática, do tipo "literatura e vida", é a maneira correta de ensinar as pessoas a ler as grandes obras literárias; do outro lado, há o grupo mais recente e mais jovem, às vezes chamado pelos britânicos de "pluralistas", que ataca e ignora a crítica tradicional britânica. Esse novo grupo é acusado de ser obscuro, difícil e estreito em sua percepção do que é crítica literária.

O que me parece interessante nessa contenda é que nela o escritor não tem lugar. Estruturalistas, proponentes da semiótica e desconstrucionistas encaram o trabalho escrito como um fenômeno — mas não central ao ato crítico ou à "leitura". É interessante que essa luta se dê no interior dos estudos literários, e não na teologia, na filosofia e em outras áreas às quais ela pertence, mas acho que há uma razão para isso. No mundo contemporâneo da arte e da academia, a literatura é, penso, a única disciplina em que os estudiosos não produzem o que criticam. Os químicos, os cientistas sociais, os historiadores, os filósofos — todas essas pessoas produzem o que ensinam, produzem o que questionam, produzem o que manipulam. Na crítica literária, o crítico agora produz a crítica que ele ensina; produz a disciplina, e o assunto da disciplina — que é o texto — é periférico à discussão. Talvez seja verdade, como alguém sugeriu, que os professores de inglês sempre invejaram os matemáticos — todas aquelas pequenas fórmulas que eles escrevem no quadro — e que agora gostariam de ter também seu próprio conjunto de fórmulas na lousa. Contudo, onde a própria crítica é a forma artística — e isso não quer dizer que não seja — e deprecia as fontes, surge uma ameaça genuína à preeminência dos artistas criativos. E isso é significativo e vem se filtrando entre os próprios artistas, alguns dos quais se encontram completamente isolados dos críticos, como nunca. Houve um tempo na Alemanha do século XIV, ou na Itália do século XI, em que os grandes tradutores eram os poetas, os grandes críticos eram os escritores; eles faziam as duas coisas. Agora há uma separação; o artista criativo segue um caminho, e o crítico segue outro.

Como o artista individual não administra nem controla, pelo menos na literatura, o que é ensinado — nem mesmo o que é produzido e o que se decide ensinar —, o auxílio financeiro desempenha um papel incomparável em sua vida. Com uma agência como o National Endowment for the Arts há um espaço e um modo de os artistas criativos se unirem e tomarem decisões quanto ao que deve ser nutrido, ao que deve ser de valor e ao que deve ser apoiado. O artista pode não ter esse direito nas universidades; ele certamente não tem esse direito nas editoras; e talvez não o tenha na mídia que existe e o rodeia, mas ele o tem nessa confederação, nessa irmandade — na estrutura fornecida pelos júris e programas do National Endowment for the Arts. A doação ameniza a culpa de uma pessoa talentosa que tem a "infelicidade" de fazer algo extraordinariamente bem na primeira vez. A doação diz em voz alta e em dinheiro: "Suas necessidades podem ser satisfeitas. Seu trabalho inicial pode valer a pena, mesmo que seja cedo, mesmo que você não tenha acertado o passo, mesmo que esse não seja seu grande trabalho 'inovador'". A doação diz: "Vamos lhe dar uma ajuda agora. Seus problemas de público, de distribuição, seus problemas de aluguel e tempo e espaço e dados não estão escritos na pedra, não são imutáveis. Podem ser resolvidos e, se não forem totalmente resolvidos, podem ser suavizados".

A doação, através de seus painéis e seus programas, diz, em voz alta e em dinheiro, que sua estética étnica *não deve ser questionada* por pessoas que não sabem nada sobre ela. Afirma que sua peculiaridade cultural não deve ser desprezada, sobretudo por pessoas de fora da cultura. Diz que sua origem na classe trabalhadora não o impedirá de expressar plenamente sua arte. Pois, entre outras razões, este é um país fundado por trabalhadores, fazendeiros, pequenos empresários, condenados, escriturários e piratas, de modo que conhecemos bem seu passado na classe trabalhadora, pois somos esse passado.

Metade de todas as categorias de financiamento abre espaço para a ajuda expressa e para a orientação dessa espécie frustrada, isolada, assolada pela culpa — a artista singular, que nós, talvez inadvertidamente, relegamos à necessidade da dor e da luta.

A artista singular é, por natureza, uma questionadora e uma crítica; é o que ela faz. Suas perguntas e críticas são seu trabalho, e ela entra frequentemente em conflito com o status quo. Isso ela não pode mudar ou evitar, se tem alguma integridade. E a doação, por sua vez, não a penaliza pela controvérsia que sua arte pode gerar, pois tem, ou deveria ter, como princípio axiomático que a última coisa que desejamos encorajar são artistas inofensivos e arte inofensiva. Assim, a doação assume riscos — arriscando-se ela própria, legitima, assim, a necessidade do risco, a necessidade de inovação e crítica. E é nesse clima que artistas singulares se desenvolvem.

Lembro de uma época, anos atrás, quando participei de um júri literário; o grande problema era tentar fazer com que os escritores se inscrevessem. Eles não queriam; achavam que seriam censurados, achavam que o governo estava se intrometendo em seus livros; pensavam que não poderiam dizer certas coisas. Havia uma mácula atribuída à aceitação das bolsas e dos subsídios diretos, e só com persistência os programas conseguiram superá-la, tornando-se o irmão Theo do pequeno Vinnie van Gogh. Um amigo para o pequeno Jimmy Joyce. Uma plataforma para aquele ultrajante, chocante e controverso George Bernard Shaw. Mas, além disso, somos comida, somos aluguel e somos cuidados médicos para aquela arrogante e mal-humorada Zora Neale Hurston — que nunca teve nada disso. Temos a chance de ser o público na sala de concerto de Scott Joplin — que também nunca teve nada disso. O que fazemos não é pouca coisa; é a primeira das quatro ou cinco pernas sobre as quais a doação se sustenta. E qualquer pontapé nessa perna, qualquer ruptura, é insuportável, pois a doação não pode prescindir dela.

Agora, uma nota muito pessoal. Não quero entrar na minha velhice sem meu seguro social, mas posso; não quero entrar na minha velhice sem plano de saúde, mas posso, encaro; não gosto da noção de não ter um grande exército para me defender, mas consigo lidar com isso. O que não consigo é viver sem minha arte. Como muitos de vocês aqui, com seus próprios antecedentes particulares, venho de um grupo de pessoas que sempre se recusaram a viver dessa maneira. Nas plantações, ou acorrentados, não poderíamos viver sem isso — e vivemos historicamente neste país destituídos de *tudo*, mas não sem nossa música, não sem nossa arte. E produzimos gigantes. Nós, o Conselho Nacional de Artes, somos os bastiões; nós tornaremos possível manter indivíduos e artistas vivos e florescentes neste país.

Defesa das artes

Sempre que alguém começa a pensar em apoio às artes, um complexo obstáculo se apresenta de imediato: artistas têm um péssimo hábito de ser resilientes, e essa resiliência nos leva a crer que o que há de melhor na arte acaba sempre por se realizar, apesar de tudo — e que o que há de "excelente" nesse "melhor" durará de qualquer maneira. A percepção do público e até da academia é a de que nada, nem a devastação pessoal ou social, interrompe a marcha e a produção de obras de arte belas e poderosas.

Chaucer escreveu em meio à peste.

James Joyce e Edvard Munch persistiram com um olho cego e um olho fraco, respectivamente.

Os escritores franceses sobressaíram e marcaram época escrevendo nos anos 1940, sob ocupação nazista.

O maior dos compositores foi capaz de continuar mesmo surdo.

Os artistas lutaram contra a loucura, a doença, a penúria e o exílio humilhante — fosse político, cultural ou religioso — para criar suas obras.

Acostumados à sua dor, à capacidade obstinada e à surpreendente perseverança, às vezes esquecemos que o que eles fazem se dá apesar de todas as atribulações — não por causa delas.

Ano passado conversei com um artista extremamente talentoso e bem estabelecido que me disse que vetara um auxílio a um colega, pois achava que ter tanto dinheiro debilitaria o beneficiário — prejudicaria seu trabalho — e que o candidato era "bom demais para receber essa receita inesperada". Para mim, o choque dessa revelação é que, em certos círculos, isso não seja chocante. Pois mesmo quando há alguma atenção voltada para a situação de um artista na forma de um modesto auxílio, há, ao mesmo tempo, um problema de percepção: o que constitui um ambiente acolhedor e que princípios determinam se fornecemos ou negamos?

Isso nos leva, como sempre, à questão de quão aleatório deve ser o apoio artístico. Deve se inspirar no perigo de ser artista e se tornar também errático, arriscado? Deve examinar a vida dos artistas, atestar a dor em muitos deles e imitar essa dor, estimulando-a — quem sabe até produzindo-a, como na história acima, para o bem do artista? O luto e a penúria devem ser incorporados ao patrocínio da arte, a fim de que os produtos comercializáveis criados nessas circunstâncias restritivas sejam incorporados à equação do valor da obra no mercado, em anos e eras futuras?*

Quando se viram privados de toda atenção, os artistas foram loucos o suficiente para continuar criando apesar de tudo, então qual é o problema? Eles não podem depender da filantropia iluminada quando disponível — e procurar outra fonte quando não? Ou não podem depender do mercado —, ou seja, projetar a arte desde o início para o mercado — e esperar que o alvo não se mova antes que seu trabalho seja concluído? Ou contar talvez com o

---

* Ou deveria ser dada tanta atenção ao *porquê* quanto damos a quanto e a por quanto tempo?

apoio do governo, e confiar no acaso ou na lei das médias, supondo que seu trabalho se reverterá em dólares em um valor igual ao do apoio?

Essas são algumas das questões levantadas pela defesa das artes. Mas são questões críticas, tornadas ainda mais críticas pela decadência econômica, se não pela catástrofe e pelos ardis políticos. E são perguntas que imploram por respostas, por estratégias em organizações estaduais, instituições educacionais, museus, fundações, grupos comunitários, e assim por diante. O que todos nós sabemos, você e eu, é que a situação é mais do que terrível — é perigosa.

Toda a arte do passado pode ser destruída em questão de minutos por desastres políticos ou jogos de guerra. Também é verdade que boa parte da arte do futuro pode ser abortada por descuido, capricho e desdém da parte dos fornecedores de arte e consumidores. As condições nacionais podem prosperar ou oscilar; cristalizar ou fluir. Houve momentos em que o apoio à arte nova e emergente transbordava, igualando-se ao apoio às instituições tradicionais; em outros momentos, como agora, esse auxílio minguava. A incerteza pode devastar gerações inteiras de artistas e privar uma nação de forma irrevogável. Tais nações já existem. Será preciso inteligência e antevisão reais para não nos tornarmos uma delas — nações que se apoiam na devoção a artistas mortos há muito tempo, apropriando-se dessa paixão e desse envolvimento, e ao mesmo tempo desafiam os artistas contemporâneos a conquistarem seu próprio caminho. Ou uma das nações que podem ser definidas pelo número de artistas que fogem do país. Se julgamos uma civilização, como acredito que se deva julgar, não pela altivez com que contempla a arte, mas pela seriedade com que a arte contempla a civilização, então já passa da hora de abordarmos de novo e com vigor certos problemas que permanecem inquietantes.

Não raro a percepção pública do artista se encontra tão em desacordo com a percepção pela qual o mundo da arte o enxerga, que as duas visões dificilmente conseguem dialogar. Mas o esforço para fazê-lo, para ter trocas não paternalistas entre os profissionais das artes e o público, entre artistas e público, não pode ser enfatizado o suficiente. Também é possível e necessário encorajar diálogos em que o artista não seja um suplicante e o apoiador da arte não seja uma espécie de executor. É possível ter um fórum no qual o cidadão, o aluno, se sinta bem-vindo para além do ingresso comprado ou do aplauso. É importante incluir, até mesmo dar um jeito de envolver esse estudante-cidadão nesses projetos e insistir na discussão dos problemas que parecem tomar conta do mundo da arte em geral e que afligem todos nós — fornecedores, financiadores, artistas, professores, organizadores.

Um discurso de formatura

Estou muito contente pela oportunidade de me dirigir a um grupo tão especial. Felicitar uma comunidade de professores, acadêmicos, pais, membros do conselho administrativo e estudantes desta extraordinária instituição. Eu os saúdo. Os últimos anos podem não ter sido fáceis. Aos pais e parentes dos formandos ofereço meus parabéns. Que seu filho ou filha tenha completado essa etapa é motivo para esplêndida comemoração. Em silêncio, ou com fogos de artifício, desfrutem o dia de hoje, pois em breve vocês hão de sentir mais uma vez a ansiedade do próximo passo dele ou dela, rumo a um envolvimento ainda maior no mundo adulto com o qual vocês estão familiarizados. Estando familiarizados, vocês certamente sentem alguma apreensão. Não consigo tranquilizá-los, mas posso lhes lembrar que a juventude é indelicada e, a cada geração, consegue não apenas sobreviver e nos substituir, mas triunfar, nos superando.

Já em relação a vocês, formandos, gostaria de fazer algo mais do que elogiar e parabenizar. Gostaria de provocá-los. Pela reputação do corpo docente e dos ex-alunos desta faculdade, eu diria que a educação que obtiveram aqui não foi nem ociosa nem irrelevante; foi séria. Eu gostaria que minha fala se aproximasse da seriedade dessa experiência.

Então, o que devo dizer à turma de formandos do Sarah Lawrence College, neste ano de 1988? A última vez que fiz isso, acredito, foi em 1984 — um ano repleto do simbolismo e da tensão que o sr. Orwell projetara sobre ele. Sinceramente, não sei o que pode ser de valor para qualquer turma de formandos quatro anos depois de 1984.

Sem dúvida devo fazer alguma referência ao futuro — como esse futuro pode ser brilhante... Contanto que exista. Se ao menos a possibilidade de "matar", de fato, o tempo não fosse real, real porque, se assim o quisermos, podemos organizar bem as coisas de modo que não reste ninguém para imaginar ou lembrar dessa grande invenção humana: o tempo. Sua ausência (a ausência do tempo) tem sido imaginável durante toda a vida de vocês. Eu falaria sobre o futuro, se o futuro fosse somente um tapete enrolado que vocês precisassem apenas chutar para logo vê-lo se desdobrando, sem limites, diante dos seus pés.

Com certeza deve haver alguma ponderação sobre o tema das responsabilidades. Estou me dirigindo, afinal, a pessoas brilhantes, industriosas e talentosas que estão prestes a assumir o considerável peso de uma vida adulta instruída. Portanto, deve haver, sim, alguma menção às responsabilidades: a necessidade e o risco de assumir o peso da própria vida e, no curso disso, assumir a tutela da vida de outra pessoa (uma criança, um amigo, um companheiro, um pai, um conhecido, quem sabe até um estranho).

E não caberia versar também sobre a bondade? Sobre escolhas éticas? Sim, já que a bondade não é apenas o melhor caminho; a bondade é também mais interessante, mais complicada, mais exigente e menos previsível, mais aventureira do que o seu oposto. O mal é tedioso. Sensacionalista, talvez, mas pouco interessante.

Uma atividade de baixo nível que, para chamar a atenção para si, precisa de grandes massas ou de singularidade, de gritos e de manchetes escandalosas, ao passo que a bondade não precisa de nada. E como posso deixar de fora a felicidade? Como posso omitir seus ingredientes secretos, cuja combinação poderá convidá-la, se não garanti-la? Um pouco de clareza, um pouco de ousadia, alguma sorte e uma boa dose de autoestima. Então a vida se faz abundante, e a pessoa se torna amada e amável.

Futuro, responsabilidade, bondade — adoraria falar sobre tudo isso, mas não sobre o último tema: felicidade. Nesse caso, sinto-me desconfortável. Inquieta. Não estou interessada na felicidade de vocês. Não tenho certeza de que é tudo isso que dizem. Eu sei, é claro, que a busca pela felicidade (se não sua conquista) está discriminada na Constituição. E sei que há indústrias inteiras criadas para ajudá-los a identificá-la, atingi-la e senti-la. Uma peça de roupa a mais, o telefone definitivo, o barco mais bem equipado, uma câmera instantaneamente atemporal que registre centenas de fotos de nada que sobreviverá ao tempo, a dieta mais rápida, o sorvete perfeito, com todo o prazer do açúcar e do creme, sem nenhum de seus perigos. Sei também que a felicidade tem sido o alvo real, ainda que dissimulado, dos esforços que empreenderam aqui, dos companheiros que escolheram, da profissão. E desejo, sim, que vocês encontrem a felicidade, pois claramente merecem. Todos merecemos. E espero que ela persista ou venha sem esforço, depressa e sempre. Ainda assim, não estou interessada nisso. Nem na felicidade de vocês, nem na minha, nem na de ninguém. É um luxo com o qual já não podemos arcar. Não acho que cumpra suas promessas. Mais importante, é algo que atravanca o caminho de tudo que vale a pena fazer. Houve um tempo — a maior parte da história da raça humana, a bem dizer — em que contemplar e lutar pela felicidade era algo crítico, necessariamente imperioso. Mas estou convencida de que concentrar nossa atenção na felicidade se tornou agora algo fora de controle, uma ideia falida, cujo vocabulário assusta: dinheiro, bens, proteção, controle, velocidade e mais. Eu gostaria de substituir a busca da felicidade por outra coisa. Algo urgente, algo de que nem o mundo nem vocês podem se abster. Presumo que tenham sido treinados para pensar — para se portar de maneira inteligente diante de problemas e solucioná-los. É certamente o que se esperará de vocês. Mas quero falar sobre o estágio antes disso. O preâmbulo da solução de problemas. Quero falar sobre a atividade que lhes foi sempre descrita como impraticável, algo sem utilidade, um verdadeiro desperdício: o sonhar. Não enquanto atividade de um cérebro adormecido, mas de cérebros despertos e atentos. Não como especulação ociosa, mas engajada, como ato visionário diurno bem direcionado. Implicando adentrar o espaço do outro, a situação, a esfera de outra pessoa. Projeção, se assim quiserem. Ao sonhar, o eu se permite a intimidade com o Outro sem o risco de ser o Outro. E essa intimidade que vem da imaginação projetada deve preceder nossa tomada de decisões, nosso ativismo, nossa ação. Estamos imersos no caos, vocês bem sabem, e devemos superar isso, e apenas a definição arcaica da palavra "sonhar" pode vir a ser nossa salvação: "ato de vislumbrar; série de imagens de *rara vivacidade, clareza, ordem* e *significado*". Vivacidade, clareza, ordem, significado. Empreendendo esse tipo de sonho, evitamos complicar o que é simples ou simplificar o que é complicado, conspurcando em vez de solucionar, e arruinando o que deveria ser reverenciado. Evitamos, assim, substituir slogans como "vontade nacional" por inteligência da nação e percepção. Vontade nacional? De que espécie? Informada? Desinformada? Vontade nacional obstinada sul-africana? Vontade nacional alemã 1940? Que se agarra a teses destrutivas apenas porque alguém as elaborou meio século atrás? Tais teses são soluções de revista em quadrinhos para problemas bíblicos em tempos nucleares. Devemos fazer de tudo para imaginar o Outro antes de pretender resolver os problemas que o trabalho e a vida demandam de nós.

Sonhem o mundo como ele deveria ser. Imaginem-se numa realidade sem armas apocalípticas operadas por pessoas dispostas a dispará-las, desenvolvê-las ou armazená-las por dinheiro, poder ou informação, mas nunca pela sua vida e jamais pela minha. Como seria viver num lugar onde a solução de pessoas sérias e instruídas para quase todos os grandes problemas não envolvesse massacrar pessoas? Comércio de narcóticos? Quem devemos matar — ou trancafiar? Doença? Quem devemos deixar morrer — ou trancafiar? Autonomia para um país vizinho (ou mesmo distante)? Quem abateremos? E a fome? Qual será a taxa de mortalidade aceitável? E o desemprego? Os desabrigados? Qual a taxa de fome tolerável? São bebês demais nascendo das mães erradas? Gente demais vivendo mais do que o previsto? Até nossa boa vontade oculta massacres. Somos solicitados a doar milhões de dólares para "alimentar as crianças" — mas só até os catorze anos, quando então nos obrigam a pagar bilhões de dólares para explodir a cabeça delas caso façam exigências de acordo com seus próprios interesses, e não os nossos —, pois insistem em não morrer na hora que nos convém. Em todo caso, todos vão morrer, assim como nós. Todos os bebês, todos os idosos, todos os entrevados e marginalizados, os doentes, os ociosos — e nós também. Talvez depois, antes ou até por nossa causa, mas, no fim, estaremos todos juntos.

Se essa é a consequência do nosso pensamento mais sofisticado, da nossa capacidade especial de solucionar problemas, então precisamos dar um passo atrás e refinar o processo que o precede, dedicando-nos a um vislumbrar experimental, íntimo, abrangente, elaborado à luz do dia, que não se acanha ao sonhar e ao visualizar o Outro.

Imaginem, vislumbrem a sensação de saber que seu conforto, sua diversão, sua segurança não exploram a privação do outro. É possível. Exceto se nos mantemos comprometidos com paradigmas antiquados, com pensamentos moribundos que não foram precedidos ou coloridos pelo sonho. É possível, e, agora, é necessário. Necessário, porque, caso vocês não alimentem os famintos, eles hão de devorá-los, pelos meios mais variados e *ferozes*. Engolirão suas casas, seus bairros, suas cidades; dormirão em seus lobbies, suas estradas, seus jardins, seus cruzamentos. Vão abocanhar seus rendimentos, pois nunca haverá prisões, enfermarias e hospitais suficientes, nem albergues para acomodá-los. E, buscando o mesmo tipo de felicidade de vocês, devorarão seus filhos, que viverão atordoados e aterrorizados, desesperados pela vida sonâmbula que os narcóticos oferecem. É possível que já tenhamos perdido a capacidade criativa de dois terços de toda uma nova geração para esse sono violento e envenenado — um torpor tão brutal que dele não podem despertar, por medo de não esquecer; um sono de tamanha imprudência amortecida que torna nossa própria vigília apavorante.

É possível viver sem defender a todo instante o que é de nossa propriedade, ou sem entregá-la, mas nunca viveremos dessa maneira a menos que nosso pensamento seja trespassado por sonhos. E é necessário, pois, se vocês não educarem os desassistidos com o melhor de vocês, se não lhes concederem a ajuda, a cortesia, o respeito de que vocês mesmos foram depositários, então eles se educarão sozinhos, e as coisas que vão ensinar e aprender hão de confundir tudo o que vocês sabem. E por educação não quero dizer tolher a mente, mas libertá-la; por educação não quero dizer recitar monólogos, mas estabelecer diálogos. Ouvindo, pressupondo, por vezes, que também tenho uma história, uma linguagem, uma visão, uma ideia, uma especificidade. Pressupondo que o que sei pode ser útil, pode aperfeiçoar seu conhecimento, estendê-lo ou completá-lo. Minha memória é tão necessária para a sua quanto a sua é para a minha. Antes de procurarmos por um "passado aproveitável", devemos conhecer *todo* o passado. Antes de "reivindicar um legado", devemos saber exatamente que legado é esse — todo ele e de onde veio. Na educação, não há minorias, apenas pensamentos menores. Pois se a educação exigir mensalidades, mas não apontar nenhum sentido, se não for outra coisa senão carreiras e empregos, se almejar apenas definir e administrar belezas, ou isolar bens e garantir que o enriquecimento seja privilégio de poucos, então ela pode se encerrar no sexto ano, ou no século vi, quando foi dominada. O resto é repetição e reforço.

A função da educação do século xx deve ser produzir seres humanos humanitários, recusando-se a continuar produzindo sucessivas gerações de pessoas treinadas para tomar decisões vantajosas em vez de decisões humanas.

Ah, como seria a vida sem o ódio podre que nos venderam como inevitável? Inevitável? Natural? Depois de 5 milhões de anos? Depois de 4 mil anos, não imaginamos nada melhor do que isso? Quem entre nós nasceu assim? Quem entre nós prefere assim? Odiar, tomar, desprezar? O racismo é um empreendimento acadêmico e sempre foi. Não é em nada como a lei da gravidade ou as marés oceânicas. É uma invenção de nossos pensadores menores, nossos líderes menores, nossos acadêmicos menores — e de nossos principais empreendedores. Pode ser desinventado, desconstruído; e sua aniquilação começa pelo vislumbre de sua ausência, desfazendo-se dele, e, se não pode ser logo superado, como por decreto, é possível fazê-lo se nos comportarmos como se nossa liberdade dependesse, de fato, disso — pois depende. Se passo a vida desprezando você por causa da sua raça, sua classe ou religião, eu me torno seu escravizado. E se você passa sua vida me odiando por razões semelhantes é porque você é meu escravizado. Sua energia, seu medo, seu intelecto me pertencem. Eu determino onde você mora, como você mora, qual é o seu trabalho, sua definição de excelência, e imponho limites à sua capacidade de amar. Terei moldado sua vida. Esse é o presente do seu ódio; você é meu.

Bem, agora vocês podem estar se perguntando: o que significa tudo isso? Não posso salvar o mundo. E quanto à minha vida? Eu não pedi para estar aqui. Não pedi para nascer. Não? Pois eu digo que cada um de vocês pediu, sim. E não só pediram: insistiram pela vida de vocês. Por isso estão aqui. Não há outra razão. Era fácil demais não ser. E, agora que estão aqui, vocês devem realizar algo digno de respeito, correto? Seus pais não sonharam vocês — vocês se sonharam. Peço apenas que continuem o sonho que começaram. Pois sonhar não é um ato irresponsável, pelo contrário: é uma empresa humana de primeira ordem. Não se trata de entretenimento; é trabalho duro. Quando Martin Luther King Jr. disse "Eu tenho um sonho", ele não estava brincando; falava sério. Quando o imaginou e o criou em sua própria mente, aquele sonho começou a existir, e nós devemos sonhá-lo também para lhe dar o peso, a extensão e a longevidade que ele merece. Não deixe ninguém convencê-los de que o mundo é assim mesmo e sempre será. Que tudo está como deve ser. O pleno emprego é possível. Postular uma força de trabalho de 20% a 30% da população no futuro é ganância, não um processo econômico inevitável.

Todas as escolas públicas podem, sim, ser ambientes de aprendizagem hospitaleiros, acolhedores e seguros. Ninguém, entre professores e alunos, prefere a negligência, e há lugares em que esses ambientes já foram construídos.

Os apetites de autodestruição podem ser erradicados. Nenhum viciado ou suicida deseja ser um viciado ou um suicida.

Inimigos, raças e nações podem conviver. Mesmo eu, nos últimos quarenta anos, vi inimigos nacionais terríveis se tornarem amigos calorosos, que se apoiam mutuamente, e, ao mesmo tempo, vi quatro nações amigas se tornarem inimigas. E não são necessários quarenta anos para testemunhar isso. Qualquer pessoa com mais de oito anos pode atestar a natureza conveniente, comercial e quase caprichosa das amizades nacionais. Tenho visto recursos dedicados aos desamparados, aos desacreditados, aos azarados; porém, antes que se pudesse colher os frutos desses recursos, antes que a legislação implementada pudesse prosperar (vinte anos?), tudo foi desmontado. É como desistir da União em 1796 porque apareceram alguns problemas. Ou construir uma ponte só até a metade do caminho e decretar que é impossível ir daqui até ali.

Esse compromisso resoluto deve ser refeito, repensado, reativado — por mim e por vocês. Caso contrário, à medida que o nacionalismo e os racismos se solidificarem, e as áreas costeiras e as cidades se tornarem fontes permanentes de turbulência e disputa, como águias e pombas pairando sobre as últimas fontes de riqueza bruta da terra, à medida que armas, ouro e cocaína superarem grãos, tecnologia e medicamentos no primeiro lugar do comércio mundial, terminaremos lançados num mundo que não valerá a pena compartilhar ou sonhar.

Já somos, sozinhos, os eleitos da vida. Humanos, e, até onde sabemos, não há outros. *Somos* os habitantes morais da galáxia. Por que macular essa obrigação magnífica depois de labutar tanto no ventre para assumi-la? Um dia, vocês se encontrarão em cargos importantes. Posições em que poderão decidir a natureza e a qualidade da vida de outras pessoas. Seus erros podem ser irrevogáveis. Então, ao ingressarem nesses lugares de confiança, ou de poder, sonhem um pouco antes de pensar, de modo que seus pensamentos, suas soluções, suas direções, suas escolhas sobre quem vive e quem morre, sobre quem floresce e quem definha, sejam dignas da vida sagrada que vocês escolheram viver. Vocês não são impotentes. Nem insensíveis. E vocês têm tempo.

O corpo escravizado
e o corpo negro

Em 1988, o mesmo ano em que James Cameron inaugurou o Museu Americano do Holocausto Negro, aqui em Milwaukee, respondi a uma pergunta de um entrevistador. Tendo publicado um romance que investigava as vidas de uma família nascida sob o jugo da escravidão, fui indagada sobre a necessidade e o propósito de articular aquele capítulo inenarrável da história americana. A necessidade de recordar os homens, as mulheres, as crianças que sobreviveram ou não aos três séculos de comércio internacional durante os quais seus corpos, suas mentes, seus talentos, seus filhos, seu trabalho foram trocados por dinheiro — dinheiro que não podiam demandar como seu. Como o argumento em favor de se esquivar de memórias ruins ou de sublimá-las era muito forte, sendo entendido, em certos círculos, não apenas como progressista, mas saudável, por que eu desejaria remexer as cicatrizes, os queloides que a Guerra Civil, as lutas cívicas e o próprio tempo haviam recoberto? O corpo escravizado estava morto, não? O corpo negro, por outro lado, estava vivo, correto? Não apenas andando por aí, e falando, e trabalhando, e se reproduzindo, mas florescendo, gozando dos benefícios da cidadania plena e dos frutos de seu próprio trabalho. A pergunta parecia sugerir que, à revelia da magnitude do empreendimento, quase nada de bom poderia advir da escrita de um livro que descascava as várias camadas de tecido cicatrizado que o corpo negro produzira de modo a obscurecer, se não aniquilar, o corpo escravizado subterrâneo.

Minha resposta foi pessoal. Veio de uma espécie de exaustão que se seguiu à conclusão do meu romance. Uma irritabilidade. Uma tristeza.

"Não há lugar", eu disse, "aonde eu ou você possamos ir para refletir ou não refletir, para evocar a presença, ou relembrar a ausência, dos escravizados; nada que nos recorde daqueles que completaram a travessia e dos que ficaram no meio do caminho. Não há um memorial apropriado, não há uma placa, grinalda ou parede, parque ou lobby de arranha-céu. Não há torre de noventa metros de altura, nem banquinho de beira de estrada. Não há sequer uma árvore marcada, uma inicial que eu ou você possamos visitar em Charleston ou em Savannah ou em Nova York ou em Providence ou, melhor ainda, nas margens do Mississippi."

"Alguém me disse", continuei, "que há um cavalheiro em Washington que ganha a vida levando multidões de turistas para conhecer os monumentos da cidade. E esse cavalheiro reclamou que nunca há nada sobre os negros que ele possa mostrar. Eu não consigo explicar por que penso que seja importante, mas de fato penso que seja. Acho revigorante. Não só isso, e não só para os negros. Cabe também apontar o discernimento moral que existiu entre os brancos, em seus melhores momentos, alguns se arriscando quando não precisavam arriscar nada, tendo o silêncio como opção; também não há monumento para isso." Exceto nos nomes de instituições que homenageiam o cuidado ou a generosidade de alguma pessoa branca: Spingarn, general Howard, Spelman etc. "Não tenho nenhum modelo em mente", eu disse, "uma

pessoa ou sequer uma forma de arte. Tenho apenas uma fome por um lugar permanente. Não precisa ser um rosto monumental esculpido numa montanha. Pode ser algo pequeno, algum lugar onde seja possível descansar. Pode ser uma árvore. Não precisa ser uma estátua da liberdade."
 Como podem perceber, eu me sentia bastante desolada quando fiz aqueles comentários.

 Quando uso o termo "corpo escravizado", distinguindo-o de "corpo negro", pretendo sublinhar o fato de que a escravidão e o racismo são dois fenômenos separados. As origens da escravidão não são necessariamente (ou mesmo em geral) racistas. Comprar e vender pessoas é comércio antigo. É provável que não haja ninguém neste auditório cujos ancestrais ou dentro de cuja tribo não tenham existido escravizados. Se você é cristão, contaram-se escravizados entre os seus; se é judeu, contaram-se escravizados entre os seus; se é muçulmano, os escravizados lhe dizem respeito. Do mesmo modo, se seus ancestrais são europeus, eles também viveram sob a servidão da Europa Oriental, o arrendamento feudal na Inglaterra, na Europa viking, na Espanha visigoda, ou em Gênova, ou na Veneza e na Florença dos séculos XV e XVI. A maior parte da população da Roma Antiga e da Grécia — todas sociedades escravagistas deliberadamente construídas. A Gana medieval; o Mali; os reinos de Daomé e de Axanti. A escravidão foi essencial para o mundo do islã; foi sistemática no Oriente, incluindo mil anos apenas na Coreia. Estamos todos implicados nessa instituição. Os colonos do Novo Mundo, modelando suas economias em sociedades contemporâneas ou passadas que dependiam da mão de obra gratuita, tentaram escravizar as populações autóctones e teriam importado qualquer grupo de estrangeiros disponíveis, capazes e inquebrantáveis. Disponíveis, porque os reinos africanos altamente organizados podiam fornecer trabalhadores para os europeus; capazes porque eram inteligentes, adaptáveis e fortes; inquebrantáveis, pois eram criativos, espirituais e bastante preocupados com seus filhos — os estrangeiros da África se encaixavam perfeitamente. Não apenas as origens, mas as consequências da escravidão nem sempre são racistas. O que é "peculiar" na escravidão do Novo Mundo não é sua existência, mas sua conversão à tenacidade do racismo. A desonra associada a ter sido escravizado não condena inevitavelmente os herdeiros de alguém à vilificação, à demonização ou ao suplício. O que sustenta isso é o racismo. Grande parte do que tornou excepcional a escravidão no Novo Mundo foram os traços raciais nitidamente identificáveis de sua população em que a cor da pele — antes de tudo, mas não de modo exclusivo — interferia na habilidade de gerações subsequentes se mesclarem com a população não escravizada. Não havia chance de esconder, disfarçar ou ofuscar o antigo status de escravizado, pois uma visibilidade bem marcada forçava a divisão entre antigos escravizados e não escravizados (embora a história desafie essa distinção), sustentando uma hierarquia racial. A passagem, portanto, da desonra associada ao corpo escravizado para o desprezo pelo corpo negro se deu quase que de forma harmoniosa, pois os anos intermediários do Iluminismo assistiram ao casamento entre estética e ciência, bem como uma movimentação em direção a uma brancura transcendente. Nesse racismo, o corpo escravizado desaparece, mas o corpo negro permanece, transmutando-se em sinônimo de gente pobre, sinônimo de criminalidade e um ponto de inflamação nas políticas públicas. Pois não há discurso na economia, na educação, na moradia, na saúde, no entretenimento, no sistema criminal, nos programas de assistência, nas políticas trabalhistas — em quase nenhum dos debates nacionais que continuam a nos assombrar — em que o corpo negro não seja o elefante na sala; o fantasma na máquina; o alvo, se não o tópico, das negociações.

Os projetos desse museu guardam enormes poderes. Primeiro, o poder de eternizar pela memória. O impulso de memorializar certos eventos, certas pessoas e certos povos surge em certas épocas. Quando o que aconteceu é enfim compreendido ou é visto como uma afirmação incisiva do orgulho pessoal ou cívico, túmulos e palácios são construídos, amontoam-se flores, erguem-se estátuas, constroem-se arquivos, hospitais, parques e museus. Sendo o tempo um fator importante nesse processo, a maior parte dos que participaram dos eventos contemplados nunca assiste a nada disso. Mas o crescimento deste país nos séculos XVI, XVII e XVIII, à custa do trabalho escravo, é complicado e excepcional. Excepcional pela duração e pela natureza escravagista; complexo pela relação intrincada com o desenvolvimento cultural, econômico e intelectual da nação. É isso que deve ser relembrado. E aqui se insinua outro poder desse projeto: o de nos tornar ciosos das formas adaptáveis, persistentes e escorregadias do racismo moderno, no qual o corpo escravizado é reconstruído, tornando a encarnar no corpo negro, valendo-se de uma forma bem americana de limpeza étnica pela qual um número monstruosamente grande de homens negros e mulheres negras é cuidadosamente encarcerado, tornando-se mais uma vez mão de obra gratuita — cercado, mais uma vez, em nome do lucro. Não se enganem: a privatização das prisões é menos uma questão de desafogar os contribuintes do que de oferecer fontes de renda a comunidades falidas e, sobretudo, de prover corporações com a comodidade de uma população cativa disponível para o trabalho não remunerado.

O terceiro poder do projeto do museu, talvez o mais importante e com certeza o mais gratificante, é o olhar que ele lança sobre os aspectos triunfantes e regeneradores da história da república — em preto e branco. É isso que intuo: a despeito de todas as estratégias comerciais e políticas para nos separar, dividir e distorcer, os jovens parecem estar verdadeiramente cansados do controle que o racismo exerce sobre a vida deles. A comunidade artística está exausta e se rebela contra suas limitações. Pessoas de baixa renda, percebendo como se encontram enredadas e cerceadas pelo domínio econômico segregador do racismo, desprezam-no. Acadêmicos que não se deixam intimidar por suas garras o dissecam. Estamos nos tornando mais industriosos quando se trata de substituir histórias fictícias, políticas poluídas e manipulação midiática por precisão, por novas perspectivas e novas narrativas.

Alegro-me que meu comparecimento coincida com a exposição de artistas afro-americanos cujos olhos encontraram em todos os níveis os estereótipos e o rebaixamento visual predominantes em outras partes. Por meio de sua arte, seu gosto, seu gênio, vemos sujeitos afro-americanos como indivíduos, apreciados e compreendidos. Assistir a essa exibição de força, de vitalidade, de humanidade, alegria e vontade deve bastar para limitar o alcance dos tentáculos do racismo. Deve bastar para nos proteger de seu toque desinformado, inculto e incansavelmente tóxico. Assim como o comprometimento desta comunidade também há de bastar. Não acham? Obrigada.

Harlem on My Mind: Contestando a memória — Reflexões sobre museus, cultura e integração

O debate contemporâneo sobre o lugar, o poder e o propósito dos museus enquanto reservatórios de memória cultural e/ou fontes de integração comunitária é vital. Tais debates são típicos dos museus. A história do próprio Louvre dá testemunho de ataques radicais e defesas apaixonadas, no entanto ele sobrevive como um modelo reverenciado, exemplo indispensável do museu enquanto inventário universal. Como escreveu Neil Harris: "O tamanho, a riqueza, os arranjos internos e a arquitetura dos museus, bem como a descontextualização inerente às exposições, atraíram hostilidade no século XIX e, sem dúvida, no XX. Os templos colossais de inícios do século XX foram rotulados por alguns críticos como 'desastres solenes'; a organização das exposições [...] um 'labirinto do Minotauro', [...] as políticas relacionadas aos museus, por sua vez, foram condenadas como socialmente alienadas e indiferentes. Alguns educadores se revoltavam com o fracasso dos museus no sentido de reconhecer as necessidades e interesses do mundo de hoje, enquanto outros condenavam o colecionismo de larga escala como o fruto envenenado do capitalismo". Com essas palavras em mente, pode-se perguntar por que, então, os museus vêm vivenciando o que só pode ser descrito como um grande "boom", aglutinando um público-alvo cada vez maior e multiplicando suas fontes de renda com a comercialização de bens e serviços relacionados a exposições espetaculares, ao mesmo tempo que patrocinadores e fontes de financiamento competem entre si por influência e generosidade? Algumas transições estão em curso, entre as quais o reconhecimento de que "aqui também é o lar do estrangeiro". E a missão dos museus contemporâneos leva em consideração suas reivindicações.

Curadores, artistas, diretores, críticos de arte e historiadores reconhecem a urgência dessas novas deliberações. Seus artigos enchem os periódicos; os conselhos administrativos de museus tradicionais reconsideram suas estruturas e conteúdos; adventos recentes na paisagem dos museus moldam suas aquisições de modo a acomodar as demandas de um público novo ou sub-representado.

Nos Estados Unidos, a origem dessa demanda por representação oferece um mapa que dramatiza tanto as vulnerabilidades quanto as oportunidades em questão.

Nos anos 1960, quando a cena de Nova York se agitava com novas visões dentro do mundo da arte (expressionismo abstrato, pop art), o Metropolitan Museum deu boas-vindas ao seu novo diretor, Thomas P. F. Hoving. Medievalista que se reinventara como administrador de parques na cidade, Hoving se empolgava com a ideia de introduzir novos projetos numa instituição que alguns consideravam moribunda. Um desses projetos era uma exposição que teria como tema a cultura do Harlem — bairro afro-americano de Nova York, famoso por sua vida noturna e seus escritores, poetas, pintores e músicos. A exposição, anunciada em 1968 e batizada de Harlem on My Mind, foi inaugurada em janeiro de 1969 como um retrato em quinze salas da história, da identidade e das tradições culturais do Harlem, consistindo em fotografias, murais, slides, filmes, documentários, música e memorabilia. Encorajado e dirigido por Allon Schoener, diretor de artes visuais do Conselho Estadual de Artes de Nova York, Hoving montou o que ambos descreveram como uma "exposição étnico--ambiental totalizante", cobrindo o Harlem de 1900 a 1968. Valendo-se de técnicas então inovadoras, incluindo fotografias no teto, murais, paisagens sonoras e televisão, a exposição se assemelhava a uma anterior, também capitaneada por Schoener: O Lower East Side: Portal para a Vida Americana. Por maior que fosse o entusiasmo pela nova exposição em muitos círculos e entre muitas fontes de financiamento, não faltaram manifestações de descontentamento já antes da abertura: os organizadores eram acusados de marginalizar o conselho e as sugestões dos moradores do Harlem, bem como de usar os negros como mera "vitrine". O desenlace se seguiu ruidoso, registrando-se indignação virulenta por parte não apenas da comunidade negra, mas de alguns dos diretores e patrocinadores do museu. Críticos de arte conservadores, como Hilton Kramer, sustentavam que aquele tipo de exposição não cabia em museus de arte. "Ao montar Harlem on My Mind", escreveu Kramer, "o sr. Hoving politizou pela primeira vez o Metropolitan, semeando dúvidas sobre sua integridade futura enquanto instituição consagrada, acima de tudo, à tarefa de preservar nossa herança artística das intrusões inconstantes da história." Por outro lado, organizações de hispânicos, irlandeses e judeus apontaram difamações de caráter nitidamente racista na introdução escrita por Candice Van Ellison para o catálogo, sublinhando trechos como: "Psicologicamente, é possível que os negros achem que o sentimento antijudeu talvez os insira, ao menos nesse caso, dentro de uma maioria. Desse modo, nosso desprezo pelo judeu faz com que nos sintamos mais completamente americanos ao compartilhar um preconceito nacional". Difamação nitidamente racista. O próprio Hoving foi atacado por uma aparente condescendência em relação a seus empregados negros (falava de certa "criada solar", certo chofer negro "sorumbático") e por um comentário em que afirmou que as relações de camaradagem entre as raças eram algo "ridículo". Schoener também não escapou das críticas, pela afirmação de que "O Harlem é a capital [da cultura negra]. Os costumes e valores dos brancos não são universais". Das intenções populistas de Hoving emergiram fortes conflitos de classe. A controvérsia foi, sem dúvida, intensificada pela turbulência dos anos 1960; no entanto, as implicações de tudo que deu errado na exposição multimídia de Hoving ainda encontram ressonância hoje. Desde o insulto até a injúria cultural, artistas, políticos, acadêmicos e jornalistas identificaram objeções bastante sérias às premissas intelectuais e estéticas da mostra. Por exemplo: não havia nenhum representante afro-americano no comitê de seleção; havia uma dependência quase total de fotografias, sobretudo do trabalho de James VanDerZee, excluindo-se deliberadamente pintores e escultores; a promessa do museu de uma exposição "separada" nunca se materializou; por fim, o tema era mais entretenimento do que arte — outro exemplo de voyeurismo branco, envolvendo, inclusive, uma câmera instalada na rua 125, no Harlem, com transmissão interna para patrocinadores do museu, coisa típica de zoológicos. A ausência de artistas consagrados e emergentes como Norman Lewis, Jacob Lawrence, Romare Bearden, Cliff Joseph, Elizabeth Catlett, Raymond Saunders e muitos outros suscitou a articulação de um grupo de protesto, forçando Roy DeCarava a retirar seus trabalhos e Romare Bearden a abandonar o comitê. Sem a participação integral desses artistas, a exposição terminava por oferecer a seus visitantes imagens sentimentaloides e caricaturais da vida negra, representada como criminosa, empobrecida e exclusivamente sensual. Apontou-se ofensa também na escolha por responsabilizar um simples estudante afro-americano de ensino médio pela apresentação do catálogo, em vez de um acadêmico ou artista gabaritado. Mesmo o título da exposição, escolhido por Schoener, inflamou as sensibilidades já aguçadas. Emprestado da canção de Irving Berlin, seguia o mesmo padrão do próprio Schoener: um homem branco se propondo a escrever com autoridade sobre a cultura do Harlem, a letra descrevendo uma dançarina negra (talvez amante), em Paris, saudosa da vida boêmia — isto é, licenciosa — entre os negros da cidade. "I've been longing to be low-down/ And my parlez-vous will not ring true/ With Harlem on my mind."* Sem artistas locais, sem representação administrativa, sem sequer um especialista para apresentar o catálogo, e sem referência à próspera vida cívica do Harlem, o que a própria comunidade enxergava como o real significado, a importância e a variedade de sua vida cultural foi completa e arrogantemente negligenciado. Muitos consideraram que a Harlem on My Mind era essencialmente uma exposição etnográfica apresentada em um museu de arte — um dos principais museus de inventários universais. Desse modo, enfureceu aqueles que achavam que mostras etnográficas não cabiam naquele espaço e frustrou os que desejavam ver a arte afro-americana exposta por lá. Parece que, no cerne dessas acusações e frustrações, se iluminava o fato de que o Metropolitan Museum tratara a cultura negra como "estrangeira", como o produto do trabalho de estranhos, de cujo lar a exposição, primeiro, se apropriara para em seguida celebrar seletivamente. Uma espécie de placa de Petri para os curiosos.

Não obstante, as consequências da Harlem on My Mind criaram, sim, oportunidades. Os cidadãos do Harlem e os artistas afro-americanos não eram as únicas "minorias" descontentes. A

---

* "Tenho ansiado pela noite baixa, e meu *parlez-vous* soa falso, se tenho o Harlem na lembrança." (N. T.)

experiência de ser silenciado numa exposição sobre sua própria cultura se repete em muitos lugares, mas agora a hierarquia de culturas está sendo atentamente questionada e refutada. As comunidades já não se satisfazem em permanecer na condição de recipientes passivos das atividades dos museus. O Studio Museum, no Harlem, com seu foco em arte afro-americana, é uma das histórias de sucesso diretamente relacionadas às consequências dessa controvérsia. A proliferação de museus étnicos em Nova York e em outros lugares é outra. Além disso, menos de um ano depois do encerramento da exposição, os artistas negros que formaram a Coalizão Cultural Negra de Emergência e protestaram contra a Harlem on My Mind (Norman Lewis, Romare Bearden, Raymond Saunders, Vivian Browne e Cliff Joseph, entre outros) reuniram-se com representantes do Whitney Museum of American Art para iniciar negociações relacionadas às políticas de discriminação do museu contra artistas negros. Em 1971, a coalizão convocou um boicote a uma exposição do Whitney intitulada Artistas Negros Contemporâneos na América. A alegação era de que a participação negra na organização do evento era limitada. Quinze dos 75 artistas selecionados pelo curador Robert M. Doty retiraram suas obras, e a resposta crítica aos que optaram por permanecer na exposição se concentrou na reação política negra, com pouca discussão propriamente artística.

Em 1996, uma retrospectiva do Guggenheim Museum de Nova York, intitulada *Abstração no século XX: Risco total, liberdade, disciplina*, não incluiu nenhum artista negro. Quase 28 anos depois da Harlem on My Mind, um dos maiores museus americanos de arte excluiu pintores e escultores afro-americanos de uma exposição de grande destaque e, ao fazê-lo, levantou mais uma vez questões de raça, política e estética. Mas o enfoque da crítica agora havia mudado. Ainda se perguntava ao museu qual seria o domínio da arte visual negra — figuração, abstração?, enquanto os próprios artistas e alguns críticos debatiam se uma arte racialmente definida era limitadora ou se a própria questão era problemática em si, sobretudo quando a resposta crítica à exposição de artistas visuais negros estava focada na política, com pouca discussão sobre a própria arte. Qual era a avaliação estética do museu sobre a arte visual criada pelos negros? Cliff Joseph arriscou uma abordagem do problema numa entrevista: "Eu diria que não existe arte negra per se... Mas existe uma experiência negra na arte; acho que cada cultura tem sua própria experiência, a qual os artistas daquela cultura levam para os seus trabalhos".

Muitos dos jovens artistas negros contemporâneos concordam com o sr. Joseph e encaram uma arte racialmente definida como asfixiante, quando não condescendente; um problema em si mesmo. Um número crescente deles insiste para que seus trabalhos sejam avaliados segundo critérios estéticos, elaborando certas indagações: a arte que produzem seria compreendida como afro-americana caso não se arrolasse sob a rubrica de cultura negra? Se os artistas não fossem apresentados de acordo com a cor da sua pele, seus trabalhos seriam escavados em busca de conteúdo racial ou político? Essas e outras questões impulsionaram o termo "pós-negro" entre artistas mais recentes — termo que tanto sinaliza uma identidade racial quanto refuta suas fronteiras estabelecidas.

A narrativa e as consequências da exposição Harlem on My Mind estão no coração do debate contemporâneo sobre a missão dos museus no que diz respeito ao acolhimento do estrangeiro. E grande parte das notícias é boa. Se o Guggenheim não conseguiu reconhecer pintores e escultores abstratos negros, outras oportunidades não foram desperdiçadas. A nova exposição de Kellie Jones no Studio Museum, no Harlem, Energia/Experimentação: Abstração e Artistas Negros (1964-1980), é uma resposta poderosa à omissão do Guggenheim. Desde o encerramento da Harlem on My Mind, em 1969, novas gerações de curadores, acadêmicos e historiadores da arte têm aprofundado e alargado a ideia do museu de arte visual e do museu cultural e material. Em 1968, o etnográfico substituiu o artístico na exposição do Metropolitan Museum; etnografia e arte, até então, encontravam-se em grande parte separadas. Mas, nos anos 1990, o desenvolvimento dessas áreas de estudo — arte e etnografia — começou a convergir, de forma que campos de pesquisa como história da arte do mundo parecem angariar cada vez mais atenção — e controvérsia. A exposição de Fred Wilson, de 1992, Escavando o Museu, no Contemporary Museum de Baltimore, incluiu trabalhos da Sociedade Histórica de Maryland. Wilson examinou uma série de obras em busca de novas informações sobre a vida das comunidades negras americanas a partir de retratos e ilustrações de artistas brancos do início da história americana, deslocando essas imagens de modo a fazê-las contar outra história. Tornou-se cada vez mais aparente que as decisões museológicas e curatoriais são tão ideológica quanto esteticamente condicionadas e que tais decisões são tomadas em um contexto de poder. Yves Le Fur argumenta — de modo bastante inteligente, a meu ver — que o museu de arte do século XXI não pode se perpetuar na condição de sítio cultural "em que a arte não ocidental é julgada a partir dos critérios da arte moderna".

A "arte elevada" europeia e a "criação material ou artesanal" do estrangeiro são manifestações conectadas pela arqueologia (o desenterrar tanto da técnica quanto da arte de culturas mortas, embarcadas para museus na Europa) e estão sendo reagrupadas e recontextualizadas entre especialistas que adotam a posição de que exposições que se afirmam representações autênticas dos povos e de suas culturas — que buscam definir o que é essencialmente africano ou europeu — são, na verdade, práticas hegemônicas que reproduzem valores e privilégios do centro.

Felizmente, o diálogo é contínuo e abarca uma variedade de temas: a história da produção artística, a questão das estéticas culturalmente específicas, a invisibilidade do estrangeiro em instituições bem estabelecidas e o currículo dos departamentos de arte, a expansão dos "lares" para a arte de povos não ocidentais, coleções discretas de arte moderna em áreas rurais ou menos metropolitanas.

Museus e galerias são o lar do artista; são o lugar dele ou dela na história da arte, na história da cultura, onde as identidades nacionais são moldadas e reimaginadas. Cada vez mais, esses sítios de arte se voltam para a relação entre o que está dentro do museu e o que está fora. Cada vez mais, o que era outrora "estranho" enriquece todos os nossos lares.

Mulheres, raça e memória

Em 1868, uma mulher de 45 anos pediu ao Senado americano três anos de salário retroativo. Durante a Guerra Civil, fora contratada para exercer três tipos de ocupações: enfermeira, cozinheira e "comandante de inúmeros homens". Levou trinta anos para que os senhores na capital da nação tomassem uma decisão sobre aquele caso em que dinheiro, sexo, raça e classe se mostravam tão fatalmente embaralhados. Cento e quinze anos se passaram desde a solicitação original daquela mulher, e essa combinação de temas ainda fervilha num caldeirão de raiva, confusão, medo, ignorância e malícia. No coração daquele pleito pela devida paga de veterana do século XIX reluz a questão premente do feminismo do século XX: como uma mulher pode ser vista e respeitada como ser humano sem se tornar uma cidadã à imagem do homem ou dominada pelo homem?

Por uma variedade de complexas razões, a resposta final ainda não está óbvia, mas é impossível não chegar à terrível conclusão de que, entre essas razões, se destaca nossa cumplicidade, isto é, a cumplicidade das mulheres, consciente ou inconsciente, para com as forças que garantiram ao sexismo o título de mais antiga opressão de classe do mundo. Essa traição casual ou deliberada é como um osso alojado na garganta de cada mulher que tenta articular a condição atual de seu gênero, um osso que, até ser expelido, continuará a asfixiar — e pode em breve silenciar — o que bem poderia ter sido a primeira revolução pacífica e bem-sucedida da América.

A autossabotagem abundante entre mulheres não é segredo, mas o que não está bem evidente é a razão de insistirmos nas algemas. Como o sexismo não se confina aos homens, a psicologia, a educação e a teologia são frequentemente esquadrinhadas para explicar essa subversão, com vistas a localizar sua origem no opressor. No entanto, o agente sabotador mais efetivo e confiável é a mulher que não precisa de ordens.

Mulheres americanas se dividem em três categorias gerais: feministas, antifeministas e humanistas não alinhadas. Cada um desses grupos reconhecidamente mal definidos gera alguma hostilidade contra pelo menos um dos outros, e cada um deles contém subgrupos dedicados ao trabalho de evangelização dos demais.

Feministas declaradas, suficientemente conscientes a ponto de trabalharem pelos direitos das mulheres, existem há bastante tempo. O feminismo é tão antigo quanto a repressão sexual. Nesse país, a emancipação das mulheres floresceu melhor no solo preparado pela libertação negra. O movimento abolicionista de meados do século XIX engendrou sufragistas; o movimento pelos direitos civis de meados do século XX engendrou a emancipação das mulheres. Ambos os movimentos eram ruidosamente liderados por homens negros (nenhum homem branco se distinguiu à altura), mas ambos abandonaram os direitos civis dos negros, tratando o afastamento em relação ao problema da raça como um desenvolvimento inevitável e necessário — uma oportunidade para se concentrar em questões exclusivamente sexistas. A cada ocasião em que esse afastamento se deu, marcou-se o primeiro estágio de segregação, prenunciando um futuro de grupos dissidentes e autossabotagem.

Entre as feministas modernas essa ruptura logo deu lugar à outra, da qual emergiram dois grupos principais: as feministas socialistas, que culpam o capitalismo pela virulência da repressão sexual, e as feministas radicais, que culpam os homens. A indignação do feminismo radical e do feminismo socialista é direcionada contra o problema do sexismo; no entanto, na perseguição ao inimigo, muito da violência emocional respinga sobre as vítimas. Independentemente de como definem o inimigo (os homens ou "o sistema"), ambos os campos reconhecem a necessidade de neutralizar a hostilidade das mulheres entre si — irmãs, mães e filhas, amigas e funcionárias. E ambos os campos veem a traição entre mulheres como um resíduo do autodesprezo típico das minorias e da competitividade do mercado matrimonial. Infelizmente, o resultado da convivência entre uma consciência elevada e uma consciência reprimida é não raro um conflito explosivo mutuamente destrutivo. Pressente-se um terror absoluto nos relatos que Andrea Dworkin faz de suas tentativas de dialogar com mulheres pró-vida em Houston. E há algo verdadeiramente venenoso na rivalidade entre mãe e filha que se lê nas memórias de Simone de Beauvoir. Mesmo entre feministas avançadas a sabotagem é uma grave ameaça. Uma agradável livraria feminista coletiva da Califórnia (chamada Woman's Place) acabou nos tribunais quando as separatistas expulsaram as integracionistas.

Gozando de grande apoio masculino, as antifeministas são imaginadas pelas feministas como seres imersos numa espiral infinita de gestação e lactação, felizes com qualquer sistema político, econômico ou cultural que administre os homens e os mantenha, se não responsáveis, pelo menos controlados. Culpando o comunismo e o ateísmo das feministas, as antifeministas se convenceram de que o papel do homem como pai provedor é o ápice da sociedade civilizada. Em nada as perturba o fato de que determinar um papel para os homens, que não pais e maridos, é ainda um sério problema para a antropologia. Que, enquanto a "natureza" define facilmente o papel da mulher, a "sociedade" precisa prover uma definição da função masculina. Tentar descobrir para que servem os homens — além de ser pai e garantir o sustento dos filhos — leva pesquisadores a investigarem a natureza da "civilização" e as posições dentro dela dominadas pelo sexo masculino. Uma vez que a paternidade não lhes é gratificante o suficiente, os homens se enxergam como agentes de ação, líderes e inventores, e não é necessário um grande intelecto para perceber que também se pode esperar que as mulheres, uma vez livres da obrigação de cuidar do lar e dos filhos, se tornem elas próprias agentes de ação, líderes e inventoras. Contemplar uma mudança tão radical de expectativas pode levar a uma gama de sentimentos, da inquietude ao terror. As antifeministas não se opõem categoricamente ao engajamento das mulheres em atividades ditas masculinas, mas enxergam isso ou como uma liberdade secundária ou como o oposto da liberdade, antes como uma pesada exigência que as priva de um protecionismo adquirido a muito custo. Daí sua aversão a uma série de demandas feministas, como o direito ao aborto.

 As agnósticas, ou humanistas não alinhadas, constituem talvez a maior das três categorias e, embora cortejadas tanto pelas feministas quanto pelas antifeministas, angariaram o desprezo e a desconfiança de ambos os grupos. As feministas as enxergam como oportunistas ou parasitas que se beneficiam do trabalho feminista sem contribuir com nada — e por vezes até ridicularizando-o. São mulheres na academia que gozam de importantes posições como parte do fruto da labuta feminista e que se apresentam como representantes da força feminina, mas que se apressam a se dissociar dos estudos "meramente" feministas ("Eu ensino Milton"). As antifeministas, por sua vez, as enxergam como covardes e especuladoras que se beneficiam do protecionismo quando lhes convém, mas que, quando não, o atacam flagrantemente. São as esposas insatisfeitas repetindo argumentos feministas em relação ao cuidado do lar e dos filhos e à liberdade sexual, sem tocar na questão paralela da responsabilidade. Toda a energia delas é canalizada para o éthos competitivo da beleza física. Enfeitam-se e se vendem precisamente ao estilo das pinups dos anos 1950; resmungam sobre como os homens não têm jeito, mas enxergam a si mesmas e às outras mulheres como incompletas quando destituídas de uma ligação masculina. Essas não alinhadas se constrangem com o comportamento extravagante e agressivo das feministas radicais e as rejeitam como amazonas desagradáveis de temperamento masculino. Também lhes são igualmente desprezíveis as antifeministas, cuja oratória lhes provoca riso e que, aos seus olhos, são ignorantes, fanáticas religiosas ou apenas servis. Essa neutralidade "sensata" da humanista não alinhada é vista como uma espécie de traição pelas convertidas à direita e à esquerda.

Entre esses três grupos, o campo de batalha é grande e repleto de armadilhas. Tristes como são tais divisões, elas existem graças a preocupações genuínas — sérias questões não resolvidas envolvendo biologia e fanatismo.

O laço biológico, seja ele uma bênção ou uma maldição, é real. Qualquer que seja a disposição das mulheres hoje (radical, anti ou agnóstica), elas se veem continuamente forçadas a negociar suas vaginas e ventres. Como mães "involuntárias", negociar o ventre implica demandar proteção como classe para o produto que aquele órgão pode manufaturar — crianças. Para mães "voluntárias", o ventre se torna o nexo pelo qual demandar o direito de suspender sua atividade. Como amantes, prostitutas, esposas cativas ou "atrizes" pornográficas, as mulheres se veem envolvidas pelo valor financeiro de suas vaginas e precisam se resignar àquele valor como representativo de como o mundo é e como deve ser — ou de como é, embora não devesse ser. Como o sustento da mulher sempre esteve ligado à sua sexualidade, seja como virgem, amante, esposa ou prostituta, a fidelidade se torna um dever seu — não do homem. "Acomodar-se ao homem na cama e no casamento é o passaporte para a feminilidade normal." Cabe à mulher anunciar sua fidelidade e mantê-la. É esse fardo da fidelidade, aliado à economia da sexualidade, que coloca as mulheres heterossexuais em conflito direto com as lésbicas.

Mulheres homossexuais, ou "mulheres identificadas com mulheres", esforçando-se para eliminar os homens e sua dominação de sua vida íntima e sexual, estão convencidas de que o lesbianismo é o único modo de as mulheres atingirem seu potencial pleno. Muitas delas sonham com um mundo completamente destituído de gêneros, embora não se torne evidente de imediato de onde virão as futuras lésbicas sem o contato com os homens ou pelo menos com seus espermas engarrafados. Por ora, a posição delas requer compartilhar com os cientistas o otimismo vivaz que os métodos de inseminação independentes do coito têm encorajado. Mas as lésbicas não estão sozinhas nesses sonhos por um reino pacífico sem gêneros, como assim prova o número crescente de mulheres se dedicando à ficção científica. A barricada do gênero é tão problemática que muitas escritoras feministas se voltaram para a ficção científica de modo a inventar um universo transcendente — livre das limitações da biologia.

A segunda preocupação que gera divisões entre as mulheres é a tenacidade do machismo e seu grave efeito sobre a vida de todas as mulheres, independentemente do campo ao qual pertencem. São os homens que ainda determinam os objetivos científicos, políticos e econômicos da sociedade. A manipulação científica nas áreas de reprodução se revelou uma bênção bastante ambígua. Foi uma mulher, Margaret Sanger, quem idealizou e arrecadou dinheiro para que um homem, dr. Pincus, desenvolvesse um "contraceptivo simples, barato e seguro a ser usado em bairros pobres, selvas e entre as pessoas ignorantes". A especificidade da missão foi importante e decisiva, provando que as suspeitas alimentadas por mulheres pertencentes a minorias em relação a todas as campanhas de controle de natalidade eram bem fundadas. Apesar da intenção original, a "pílula" tem sido identificada como o principal fator libertador para mulheres de todas as cores desde os anos 1960. No entanto, o declínio dramático de nascimentos e de mortes por complicações relacionadas ao parto é contrabalançado pelo crescimento alarmante dos índices de mortes relacionadas a contraceptivos. O comprimido que suspende nascimentos é o mesmo que mata mulheres, mas, como as implicações de classe e raça nas campanhas por métodos contraceptivos são sistêmicas, não há garantia de que o risco diminuirá, mesmo se as mulheres finalmente controlarem a fertilidade entre elas e suas irmãs em algum santuário no meio da selva. A imagem de ondas e mais ondas de bebês não brancos se tornando adultos famintos é rotineiramente evocada por feministas com o intuito de persuadir outras mulheres de seus pontos de vista.

A despeito de certa legislação progressista e do número crescente de mulheres ingressando na política, e a despeito da porcentagem de mulheres registradas como eleitoras, ninguém questiona o fato de que a política é administrada por homens e para os homens. Ninguém sequer se dá ao trabalho de se perguntar por que tantas mulheres na seara política são conservadoras. A demanda por heroínas políticas é tão aguda que é possível contar até mesmo com a esquerda para desculpar e justificar líderes reacionárias. Contudo, tais desculpas não escondem a fúria que pulsa entre mulheres de esquerda e suas irmãs de direita, como se pode testemunhar por meio de qualquer plataforma relacionada a temas específicos, como segregação escolar, direitos abortivos, orações na escola, entre outros.

O controle que os homens exercem no mercado de trabalho é rigoroso — ainda mais porque mulheres livres de obrigações domésticas são nitidamente supérfluas para o capitalismo laissez-faire ou corporativo. Há muito pouco trabalho e muita gente capacitada. Muito pouco trabalho e trabalhadores demais. Adolescentes, minorias, mulheres, pessoas recém-aposentadas, agricultores, trabalhadores de fábrica e deficientes com alguma formação técnica são a força de trabalho de reserva, disponível para as necessidades em constante mutação do trabalho. E, embutida nesse sistema de oferta e demanda, observa-se uma luta por carreira/emprego que se agita em escritórios e fábricas por toda parte. Por causa da dependência, as mulheres são a mão de obra mais descartável.

A biologia e o preconceito são os inimigos históricos — os inimigos que as mulheres há muito elegeram como alvo, caso se deseje solapar o sexismo. O que é mais novo e talvez mais sinistro é o crescimento da sabotagem feminina, que parece aleijar o movimento como um todo: os conflitos internos, os becos sem saída, as minicausas que estraçalharam o movimento, afastando-o da revolução política séria de suas origens, banalizando-o a ponto de torná-lo irreconhecível. Por que as discussões em torno do aborto fizeram das mulheres suas próprias antagonistas? Por que as prostitutas veem as mulheres que lutam contra a pornografia como obstrucionistas inúteis? Por que mulheres negras e de outras minorias se apressam tanto em boicotar lideranças femininas brancas? Por que, apesar de todas as discussões públicas sobre solidariedade, nós, mulheres, continuamos despedindo nossas assistentes grávidas e votando contra a nomeação de nossas irmãs para cargos de reitoria ou de conselho administrativo? Por que seguimos nos relacionando com nossas empregadas domésticas como se fossem propriedade nossa e torcendo o nariz para os ônibus carregados de crianças negras de outras mães? Enquanto essas escaramuças persistirem, o movimento se aproxima perigosamente de uma implosão, com as mulheres se odiando entre si, ou de uma confusão fracassada de becos sem saída e minicausas, satisfazendo a mais vil das expectativas masculinas: a de que toda organização comandada por mulheres há sempre de terminar numa disputa de puxões de cabelo, tão divertida e irrelevante quanto lutadoras rolando na lama.

Como realizar uma emancipação feminina digna e responsável que reviva a si mesma e prossiga sem se degenerar em lamentação feminina? Talvez, se escutarmos com atenção a ferocidade, a eloquência, os apelos devotados à causa das mulheres, ouviremos outra mensagem — uma mensagem que informa aquele lamento e que insiste que a masculinidade ou a imagem do masculino é, ao fim e ao cabo, uma ideia superior. Que, tanto entre feministas radicais que enxergam os homens como os menos capacitados para a masculinidade quanto entre mulheres que acreditam que os homens são simplesmente melhores, o conceito de masculinidade ainda conota aventura, integridade, intelecto, liberdade e, acima de tudo, poder. "O homem é a medida do homem" é uma observação facilmente descartável no contexto moderno; no entanto a masculinidade é, em grande parte, a medida da maturidade (da condição de pessoa). Há provas disso em todo lugar. É o que molda os desejos tanto das mulheres que se acreditam nascidas para satisfazer os homens quanto daquelas que querem possuir o que os homens reivindicam para eles mesmos. É o que compele as mulheres que desejam ser vistas como competentes, brilhantes, fortes, profundas, justas e equilibradas. Rigor intelectual, comumente compreendido como território masculino, nunca se confinou aos homens — mas foi sempre visto como traço masculino. Ceder o controle reprodutivo a Deus é, na verdade, cedê-lo aos homens. Demandar controle reprodutivo é usurpar a soberania masculina e conquistar o que os homens tratam como direito inalienável — sua hegemonia.

Em vez de limitar a definição do feminino a um cromossomo, ou em vez de transformar a definição de modo a elevar o outro cromossomo, por que não expandir a definição de modo a absorver os dois? Temos os dois. Não desejar filhos ou não precisar deles não implica que devemos abandonar uma predileção pelo cuidado. Por que não empregá-lo para dar ao feminismo um novo significado — um significado que o diferencie da adoração à mulher ou da admiração assombrada ao homem? A verdade é que o gênero masculino não é superior, nem o feminino. No entanto a masculinidade, enquanto conceito, é algo invejado por ambos os sexos. O problema, portanto, é este: a aceitação tácita de que a masculinidade é preferível é também uma aceitação tácita da supremacia masculina — não importando se o "masculino" se revela nos homens, em mulheres de mentalidade masculina ou mulheres dominadas pelo masculino —, bem como uma aceitação da ideia de que essa supremacia masculina não pode existir sem sua genitália. Cada cultura sexista tem sua própria conformação sociogenital, e nos Estados Unidos a conformação é racismo e hierarquia de classe. Quando ambos forem decepados, a supremacia masculina colapsará, e o mar de contendas entre as mulheres secará.

Fingir que os elementos racistas da supremacia masculina são secundários ao sexismo é evitar, mais uma vez, a oportunidade de erradicar o sexismo completamente. Tal como as abolicionistas do século XIX a dispensaram, essa realidade tem sido ignorada pelas feministas do século XX. A recusa permanente de confrontá-la sustenta a supremacia masculina, cria frentes de batalha com 40 milhões de mulheres de um lado e 60 milhões do outro.

Do mesmo modo, aceitar uma hierarquia de classe definida

e abençoada pelos homens é também estrangular o movimento, mantendo-nos presas numa guerra infrutífera na qual cada uma de nós é uma sabotadora feminina.

    Cumplicidade na subjugação de raça e classe explica grande parte da autossabotagem de que as mulheres são vítimas, pois é diretamente dessa subjugação que certos mitos autodestrutivos emergem. Um deles é o mito do matriarcado malevolente, tão predominante que as conclusões de Daniel Patrick Moynihan sobre o matriarcado como causa de patologia entre os negros ecoam na literatura produzida por homens e mulheres negras e também entre brancos. E isso a despeito do fato de que apenas 16% de todos os lares reportam homens como os únicos provedores (os governos insistem que cada família tem seu "chefe" e se alarmam quando o chefe não é um homem). Nada na experiência negra corrobora a tese de que os homens negros são "feminilizados" por suas mulheres, tudo apontando para a opressão por parte dos homens brancos como a força emasculante. E, no entanto, essa distorção prospera. Italianos, judeus, hispânicos, brancos, anglo-saxões e protestantes — todos tiveram seus problemas sociais explicados em parte pelo sucesso ou pelo fracasso em domar um matriarcado ameaçador.

    Outro mito destrutivo em relação às mulheres é o da ausência de classes do capitalismo laissez-faire e do socialismo. No capitalismo moderno as mulheres não gozam de autonomia econômica e dependem de "fortunas incertas, determinadas pelos homens, enquanto esposas, mães e donas de casa". Em sociedades marxistas, em que as classes são identificadas de acordo com sua relação com a produção, a unidade familiar com sua estratificação interna (o homem representando o chefe de família) desafia qualquer tentativa de descrever adequadamente a produção dos "não assalariados" — isto é, da dona de casa.

    A estratificação aguça e politiza a luta por bens e status. Junto com todos os outros conflitos que gera, a desigualdade de classe exacerba a diferença entre mulheres negras e brancas, pobres e ricas, velhas e jovens, entre mães solteiras subsistindo de assistência social e mães solteiras empregadas. Joga as mulheres umas contra as outras segundo diferenças de opinião inventadas por homens — diferenças que determinam quem deve trabalhar, quem deve ser bem-educado, quem controla o ventre ou a vagina, quem vai para a cadeia e quem vive onde.

A disposição por parte de mulheres inocentes, ignorantes ou egoístas de ignorar as implicações do preconceito de classe e de acatar papéis que atuam em consonância com interesses do Estado definidos por homens produz e perpetua políticas reacionárias — uma forma lenta e sutil de sororicídio.

Ninguém pode nos salvar disso, exceto nós mesmas. Assim, entre as ruínas do que um dia nos pareceu um movimento vital de emancipação, procuramos sinais de vida. Três faróis brilham na terra devastada. O trabalho obstinado — e muitas vezes ingrato — feito por um número cada vez menor de feministas para leis opressivas; os desassistidos centros de autoajuda e as redes de auxílio mútuo; e, gozando de mais saúde, as conquistas impressionantes nas artes e na academia. Nada, parece-me, é mais entusiasmante, e mais certeiro, do que o movimento que se desenrola entre artistas e acadêmicas. A intenção pejorativa e limitadora dos rótulos ainda persiste (marcadores como teatro *feminino*, *mulheres* fotógrafas etc., são obrigatórios nas listas anuais em diversas mídias), mas não por muito tempo. Pode haver aí uma primeira sugestão de uma vitória possível no sentido de sermos vistas como seres humanos sem sermos masculinizadas ou dominadas. Onde a autossabotagem é mais difícil de se perpetuar; onde a adoração à masculinidade como conceito definha; onde a compaixão inteligente por mulheres diferentes de nós pode emergir; onde o racismo e a desigualdade de classe não auxiliam a visão ou a pesquisa; onde, de fato, o próprio trabalho, o próprio processo de construí-lo, torna repulsivos o sororicídio e o fratricídio.

Trinta anos depois que a srta. Harriet Tubman — negra, mulher, mãe, filha, enfermeira, cozinheira, esposa e "comandante de inúmeros homens" — demandou seu salário retroativo a um salão de homens brancos preconceituosos, sexistas e elitistas, eles o concederam. Não escolhi abrir e fechar este artigo com a história desse pleito meramente por se tratar de uma história comovente, mas porque a chave para a opressão feminina é vista de modo mais evidente na forma como Harriet foi atendida — uma resposta que reúne toda a força do estilo particular de racismo e sexismo da América.

E não pense que ela não sabia. Eles lhe concederam seus vinte dólares por mês pelo resto da vida. Ela já tinha, então, 65 anos. Aqueles senhores provavelmente não esperavam que ela ainda vivesse por muito tempo. Persistente como toda mulher, ela viveu outros treze anos.

Literatura e vida pública

Ao regressar ao local onde se viveu nos anos de pós-graduação, é comum se sentir em risco de repetir seu status original, ali onde a pesquisa se desenvolve, e os problemas emergem, e se necessita de ajuda para mitigar as dificuldades, de forma que um argumento lógico e persuasivo possa ser proposto. É como me sinto agora, vejam só, passados tantos anos: talvez um comitê se encontre sentado em alguma parte, pronto para me interrogar, tendo ouvido a leitura deste texto. É uma recordação útil, pois pretendo usar esta ocasião e este lugar provocativo para examinar (ou lançar) alguns pensamentos que não tive ainda a chance de articular, exceto na minha ficção. E também para identificar como esses pensamentos se manifestam na minha obra.

O problema que quero abordar esta noite é o da perda da vida pública, que se exacerba pela degradação da vida privada. E proponho a literatura como forma de mitigar essa crise por vias que a própria literatura não teria imaginado.

Durante os anos 1980 e 1990, a tecnologia e o regime do mundo eletronicamente visual alteraram a percepção do público e nossa experiência uns dos outros. (A presente Era do Espetáculo prometeu intimidade e universalização numa aldeia global. Mas tudo que trouxe foi uma espantosa confusão sobre nossa existência pública e privada.) Após o fim dos muito difamados anos 1960 e 1970, durante os quais existiu uma vida pública (e publicamente manifesta) real, contestada, pela qual se lutou contra e a favor, parece improvável que presenciemos outras décadas como aquelas, onde questões de consciência, moral, lei e ética eram libertadoras e não opressivas. E é interessante notar que se trata de décadas, ao contrário de qualquer outra, que se envergonha de si mesma. Aquele tipo de vida pública (o movimento pelos direitos civis etc.) não é experimentado como fenômeno midiático estimulado pelo "enorme peso da propaganda e das fantasias da mídia [que suprimem] as realidades da segregação e da exploração; [e que disfarçam] a desconexão da existência pública e privada".

As consequências podem ser apatia, repulsa, resignação ou uma espécie de vácuo interior (letargia), "um mundo onírico de estímulos artificiais e experiências televisionadas", onde, como observou F. Jameson, "jamais, em nenhuma civilização anterior, as grandes preocupações metafísicas, as questões fundamentais do ser e do sentido da vida, pareceram tão absolutamente remotas e sem sentido". Era 1971 quando esses comentários foram feitos, e, em certa medida, eles são inaplicáveis hoje, quando a ética do produto e a ética da mídia têm uma força muito maior do que a ética social ou a justiça.

Vivemos na Era do Espetáculo. A noção de espetáculo promete nos engajar, estabelecer uma mediação entre nós e a realidade objetiva de forma não judiciosa. Nisso se assemelha muito à promessa da energia nuclear limpa, segura e barata, que se revelou perigosa, suja (contaminada) e dispendiosa. A promessa feita pelo espetáculo fracassou. Não apenas não estamos engajados, como estamos profundamente distantes — incapazes de discriminar, editar ou medir choque ou empatia. O "regime de autoridade visual [é uma] ordenação coercitiva de imagens cronometradas", e essa ordenação nos é repassada como simulacro do real.

As notícias prometem nos informar. No entanto, "a promiscuidade dos jornais da noite — embaralhando tornados na Pensilvânia, bombardeios na Bósnia, professores em greve em Manchester [...] e cirurgias do coração em crianças na Califórnia — é ditada pelas restrições de tempo da mídia". Essa miscelânea de eventos é apresentada ao espectador como se fosse uma representação da promiscuidade do mundo exterior, mundo que, como resultado, nos parece incoerente.

"Milhões de pessoas olham para telas em busca de sinais de sua identidade coletiva como sociedade nacional e como cidadãos do mundo. A mídia agora exerce o papel principal na constituição da 'comunidade imaginada' da nação e do globo." Desse modo, "os jornais são validados como um sistema de autoridade, como uma instituição nacional cuja função privilegiada é fornecer a identidade da nação e tomar-lhe o pulso".

Eventos recentes, contudo, sugerem que algo deu errado. A fórmula, a autoridade, o paradigma, os objetivos do espetáculo podem não estar funcionando. Outrora "igreja da autoridade moderna", a televisão rotineiramente apresentava as notícias como um espetáculo sagrado: o funeral de John F. Kennedy, o casamento do príncipe Charles, as posses presidenciais, a morte de Diana — sempre insinuando que aquilo que estava sendo transmitido era de grave significado nacional ou internacional. Contudo, na fusão entre notícias (que só são notícias se ilustradas) com o espetáculo a serviço do entretenimento lucrativo, certas narrativas eletrônicas originalmente articuladas como histórias oficiais ou nacionais revelaram não a prometida identidade nacional, mas as linhas falhas que distinguimos nessa suposta identidade. A guerra se torna uma "notícia" cronometrada e moldada quando a questão eletrônica se torna a questão política: Quando nos retiraremos? Quando as tropas regressam? Quando o déspota morrerá? Em outras narrativas nacionais — a audiência de Clarence Thomas, o julgamento de O. J., a investigação Whitewater, as audiências do impeachment — tempo e forma narrativa, bem como o enredo, se submetem igualmente às necessidades da programação televisiva. Não deixa de ser fascinante lembrar que quase todas essas narrativas recentes foram altamente modificadas por questões de raça e sexo e do poder concedido ou subtraído por elas. Tais espetáculos nacionais não ocultaram as divisões, como se queria, mas as exacerbaram. Não podemos contar que o espetáculo nos cure e distraia completamente. É mais provável que deteriore, altere ou distorça o tempo, a linguagem, a imaginação moral e os conceitos de liberdade e acesso ao conhecimento, à medida que nossas consciências vão sendo reduzidas à automercantilização. Tornamo-nos "anúncios publicitários" para nós mesmos sob a pressão de um espetáculo que achata nossa experiência da dicotomia público/privado. A questão se torna como e onde experimentar o público no tempo, no idioma, enquanto afeto, e em um contexto de modo a participar plenamente de nossa própria vida pessoal, singular e até mesmo inventada, numa relação com as muitas comunidades às quais acreditamos ou desejamos pertencer.

Qual é a fonte dessa percepção nivelada do público e do privado? Parte da confusão talvez se deva ao uso indiscriminado dos termos: existe vida privada e existe a privatização de prisões, do acesso à saúde e das escolas ditas públicas. O primeiro uso emana de garantias constitucionais bem como de nossa reivindicação pessoal. O segundo é um investimento corporativo negociado em termos públicos.

O primeiro uso (reivindicação pessoal de privacidade) pode ser abandonado (num programa de entrevistas, por exemplo) ou perdido nos tribunais (por celebridades e figuras "públicas"), mas, em todo caso, tais conotações de privacidade estão sob vigilância a todo instante. O segundo uso (a privatização de instituições públicas) também pode ser frustrado nos tribunais, mas nos é apresentado e representado como se instituído em nome do bem "público" (encorajando competição e tudo o mais que diminua os preços e aumente a qualidade dos serviços para os consumidores). Nesse campo, o interesse público é frequentemente redefinido como interesses "especiais".

O que há de escorregadio nessas definições apaga de tal forma os limites entre o indivíduo e sua comunidade imaginada que não nos surpreende nem perturba o fato de que a vida pública seja agora apresentada como fenômenos visuais de uma narrativa selecionada que explora e sensacionaliza sexo, raça e família pela ressonância e pelo valor de mercado que essas questões proporcionam nacionalmente. Esse colapso caótico do público e do privado — a vida privada a todo momento vigiada — e a manifestação de uma esfera pública sobre a qual não temos controle algum encorajam o retraimento para o narcisismo da diferença, uma capitulação aos prazeres superficiais do entretenimento. Ou, ainda, a participação em uma comunidade inteiramente ilusória, moldada pelo medo e pelo desejo insaciável.

Parece-me que, dadas tais subversões já concretizadas e a possibilidade de outras mais, a literatura oferece um tipo especial de auxílio. A história da defesa dos estudos literários gira ao redor de três benefícios essenciais: 1) a capacidade da literatura de fortalecer o caráter e a moral; 2) sua adequação a atividades lúdicas elevadas não ideologizadas; e 3) seu papel "no cultivo de poderes imaginativos essenciais para a cidadania". Embora uma educação que tenha em vista a cidadania seja superior a uma educação que mire o consumo, a cidadania enquanto objetivo apresenta algumas associações nacionalistas preocupantes. "O problema do nacionalismo não é o desejo pela autodeterminação... mas a ilusão epistemológica peculiar de que você só pode se sentir em casa e ser compreendido entre pessoas como você. E o que há de errado com o nacionalista não é o desejo de se sentir o senhor em sua própria casa, mas a convicção de que apenas pessoas como você merecem adentrar a casa." Se as propriedades morais da literatura, seu intelectualismo rigoroso e livre de ideologia ou sua utilidade na produção de cidadãos corretos e benevolentes — se alguma dessas alegações ainda encontra ressonância entre os leitores (e não estou lá bem certa de que o argumento a favor da literatura tenha mudado muito desde "American Scholar", de Emerson, ou dos pronunciamentos de F. R. Leavis), há, não obstante, uma dimensão de urgência no estudo e na produção de literatura inimaginável até este momento e que agora se manifesta, qual seja: a literatura ficcional pode ser (e eu acredito que seja) a última e única via para a recordação, a última barreira no processo de esvaziamento da consciência e da memória. A literatura ficcional pode ser uma linguagem alternativa que contradiga e eluda e analise o regime, a autoridade do eletronicamente visual, a sedução do "virtual". O estudo da ficção pode ser também o mecanismo de reparo na desconexão entre o público e o privado.

A literatura apresenta características que possibilitam vivenciar a dimensão pública sem coerção e sem submissão. Ela recusa e perturba o consumo passivo ou regido do espetáculo projetado para nacionalizar uma identidade com o intuito de nos vender produtos. A literatura nos permite — mais do que isso, nos exige — a experiência de sermos pessoas multidimensionais. E, por isso, se torna mais necessária do que jamais foi. Enquanto arte, lida com as consequências humanas das outras disciplinas: história, direito, ciência, economia, estudos do trabalho, medicina. Enquanto narrativa, sua forma é o principal método pelo qual o conhecimento é apropriado e traduzido. Enquanto apreensão simultânea do caráter humano no tempo e no espaço, em contexto, numa linguagem metafórica e expressiva, ela ordena a influência desorientadora do excesso de realidades: realidades aumentadas, virtuais, mega, hyper, cyber, contingentes, porosas e nostálgicas. Por fim, ela pode projetar um futuro apaziguado. Esses gestos teóricos (a propósito da afinidade peculiar entre o romance e a experiência de uma vida pública em processo de desaparecimento) se tornam gestos explícitos nos últimos três livros que escrevi. *Amada, Jazz, Paraíso* — cada um deles tem uma anomalia estrutural em comum. Uma pós-narrativa, extratexto ou coda posterior que comenta não o enredo, mas a experiência do enredo; não o sentido da história, mas a experiência de reunir significado a partir da história. Essas codas assumem um papel de defesa, insistindo nas consequências de ter lido o livro, intervindo na intimidade estabelecida entre o leitor e a página, e forçando, se bem-sucedidas, uma meditação, um debate, uma discussão que necessita de outros sujeitos para sua plena exploração. Em suma, atos sociais completam a experiência de leitura.

Amada termina de maneira narrativa com a pergunta de Sethe sobre sua individualidade. A atividade extranarrativa é o restabelecimento do assombroso — maior agora do que se julgava ser ou do que aquilo a que estava limitado no início: uma criança frustrada, uma criatura da vontade, de malevolência justificável. Muito maior do que o seu próprio problema de aniquilação, a figura da Amada convocada no "pós-vida" do livro é agora responsabilidade daqueles que compartilharam de sua história, que participaram dela e a testemunharam. Uma responsabilidade privada disfarçando obrigações públicas ou comunitárias: "Esta não é história que se divulgue". "Eles podem tocar, se gostarem." "Eles a esqueceram." "Solidão que pode ser ninada [individual]." "Solidão que vagueia [pública]."

Em *Jazz*, os gestos além-livro são mais fortes: os próprios personagens escapam do prognóstico da obra, são diferentes e mais complicados do que o livro os havia imaginado. Desse modo, os parágrafos finais constituem não apenas um apelo por um entendimento mais compassivo de uma narrativa introspectiva e enganosa, mas por uma relação particular requintada, compartilhada e altamente erotizada entre leitor e página. Esses parágrafos também ativam a cumplicidade ao ressaltar agressiva e categoricamente as consequências e até mesmo as responsabilidades públicas implicadas no ato da leitura. Do "Olhe, olhe. Olhe onde estão suas mãos. Agora", pode-se inferir que algo deve ser feito, algo deve ser reimaginado, alterado, e que há, literalmente, alguma coisa nas mãos do leitor.

Em *Paraíso*, por sua vez, o romance também termina (ou fecha) com uma atividade quase irrelevante para a narrativa. "Quase", porque permite alguma especulação quanto ao que de fato ocorreu às mulheres no convento. Mas serve sobretudo para complementar o jogo ao redor do Evangelho com as "visitações" e as "visões" do Novo Testamento e, por fim, refigurar o imaginário do paraíso. E o paraíso é tudo menos uma existência solitária — é, em cada projeção, uma comunidade com uma vida pública compartilhada.

O romance, creio, possibilita e encoraja modos diversos de experimentar o público — no tempo, com afeto, em um espaço comunal, com outras pessoas (personagens) e numa linguagem que insiste na participação individual. Esforça-se também para iluminar e restabelecer o elo entre literatura e vida pública.

O discurso do Nobel de literatura

"Era uma vez uma mulher muito velha. Cega, mas sábia." Ou era um homem muito velho? Um guru, talvez. Ou um griô acalmando crianças irrequietas. Já ouvi essa história, ou outra igualzinha a essa, nas tradições de várias culturas.

"Era uma vez uma mulher muito velha. Cega. Sábia."

Na versão que conheço, a mulher é filha de escravizados, negra, americana e vive isolada numa casinha fora da cidade. A reputação de sábia é sem precedentes e inquestionável. Entre seu povo ela é tanto a lei como a transgressão. O respeito e a admiração que lhe devotam ultrapassam sua vizinhança e chegam a lugares muito distantes — até mesmo à cidade, onde a inteligência dos profetas rurais é fonte de muito divertimento.

Um dia, a mulher recebe a visita de um grupo de jovens dispostos a refutar sua clarividência e a desmascarar sua existência fraudulenta. O plano é simples: entram em sua casa e fazem uma pergunta cuja resposta depende exclusivamente da diferença entre eles e ela, diferença que consideram uma profunda deficiência:

sua cegueira. Parados diante dela, um deles diz: "Velha, tenho um pássaro nas mãos. Diga-me se ele está vivo ou morto". Ela não responde. A pergunta é reapresentada. "O pássaro que seguro nas mãos está vivo ou morto?" Ela continua sem responder. É cega e não pode ver seus visitantes, muito menos o que há em suas mãos. Não lhes discerne a cor, o gênero ou a terra natal. Conhece apenas suas motivações. O silêncio da velha é longo, e os jovens mal conseguem conter o riso. Por fim, ela fala, e sua voz é suave, mas firme. "Eu não sei", ela diz. "Não sei se o pássaro que você tem nas mãos está morto ou vivo; o que sei é que ele está em suas mãos. Ele está em suas mãos."

A resposta tem suas sugestões: se está morto, ou você o encontrou assim ou o matou. Se está vivo, você ainda pode matá-lo. Se ele viverá ou não, é uma escolha sua. Em todo caso, é sua responsabilidade.

Por alardearem o próprio poder e a impotência da velha, os jovens visitantes são repreendidos e se descobrem responsáveis não apenas por aquele ato de escárnio, mas também pelo pequeno pacote de vida que fora sacrificado para alcançar aquele objetivo. A velha transfere a atenção das asserções de poder para o instrumento pelo qual o poder é exercido.

A especulação sobre o que aquele pássaro pode significar — para além de seu próprio corpo frágil — sempre me atraiu, sobretudo agora que venho pensando sobre o trabalho de que me ocupo e que me trouxe aqui. Então escolho ler o pássaro como um idioma e a mulher como uma escritora experiente. O que a preocupa é como o idioma no qual ela sonha, que lhe foi conferido ao nascer, é tratado, posto em serviço e até mesmo negado a ela de acordo com propósitos nefastos. Enquanto escritora, ela pensa sua língua em parte como sistema, em parte como uma coisa viva que se pode controlar, mas sobretudo como agência — como um ato com consequências. Então a pergunta que os jovens lhe fazem — "Está vivo ou morto?" — não é irreal, pois para ela a língua é suscetível à morte, ao apagamento, algo certamente em perigo, que só pode ser salvo por um esforço da vontade. Ela acredita que, se o pássaro nas mãos de seus visitantes está morto, os depositários são responsáveis pelo cadáver. Para ela, uma língua morta não é apenas uma língua que já não é mais falada ou escrita, é também uma língua rígida, contente em admirar sua própria paralisia. Como a retórica do estadista, que censura a si e aos outros. Impiedosa em seu policiamento, não tem desejo ou propósito além de manter o alcance de seu próprio narcisismo narcotizante, sua própria hegemonia e exclusividade. Por mais moribunda, não deixa de ter seus efeitos, posto que prejudica o intelecto, paralisa a consciência, suprime o potencial humano. Recusando todo questionamento, não pode concatenar ou tolerar novas ideias, dar forma a outros pensamentos, contar outra história, preencher silêncios perturbadores. Uma linguagem oficial forjada para sancionar a ignorância e preservar privilégios é uma armadura polida que brilha de modo espetacular, invólucro há muito abandonado pelo cavaleiro. E, no entanto, lá está ela: estúpida, predatória, sentimental. Excitando reverências nas crianças, oferecendo abrigo aos déspotas, convocando falsas memórias de estabilidade e harmonia pública.

A velha está convencida de que, quando a língua morre — por descuido, por falta de uso ou estima, por indiferença ou decreto —, não apenas ela própria, mas todos os usuários e criadores são também culpados por esse desaparecimento. Em seu país, os jovens morderam a própria língua e se valeram de balas para articular o vazio da mudez, da linguagem incapacitada e incapacitante, do idioma abandonado pelos adultos enquanto instrumento pelo qual se buscar sentido, oferecer orientação ou expressar amor. Mas ela sabe que o suicídio idiomático não é uma escolha apenas dos jovens. É comum entre as cabeças infantiloides dos mercadores do Estado e do poder cuja língua despovoada os deixa sem acesso ao que sobrou de seus instintos humanos, pois falam apenas aos que obedecem — ou para forçar obediência. Reconhece-se a pilhagem sistemática do idioma pela tendência de seus falantes de abandonarem suas propriedades sutis, complexas e obstétricas pela ameaça e pela subjugação. Uma linguagem opressiva faz mais do que representar violência; ela é, em si mesma, violência; faz mais do que representar os limites do conhecimento; ela limita, de fato, o conhecimento. Seja a oratória escamoteadora do Estado ou a falsa retórica da mídia alienada; seja o discurso orgulhoso, mas calcificado, da academia ou o idioma mercadológico da ciência; seja a língua maligna da lei sem ética, ou o código que se cria para alienar minorias, escondendo a espoliação racista sob uma face literária — a tudo isso é preciso se opor, tudo isso é preciso transformar e desmascarar. É a linguagem que bebe sangue, que se sobrepõe às vulnerabilidades, que mete suas botas fascistas sob crinolinas de respeitabilidade e patriotismo, rumando incansavelmente para o fundo do poço e para o naufrágio mental. Linguagem sexista, racista, teísta, todas típicas dos idiomas policiadores que não podem permitir novos saberes ou encorajar a troca mútua de ideias.

    A velha está ciente de que nenhum intelectual mercenário ou ditador insaciável, nenhum político vendido ou demagogo, nenhum jornalista de araque jamais será persuadido por seus pensamentos. Há e sempre haverá idiomas inflamados mantendo os cidadãos armados e se armando, matando e morrendo em shopping centers, tribunais, correios, parquinhos, quartos e avenidas; comoventes idiomas de celebração mascarando a pena e o desperdício das mortes sem sentido. Há e haverá sempre o discurso diplomático que tolera o estupro, a tortura e o assassinato; a fala sedutora e camaleônica perfeita para asfixiar mulheres, para estufar suas gargantas como gansos de engorda com suas próprias palavras transgressoras jamais pronunciadas; não faltará a linguagem da vigilância disfarçada de pesquisa; da política e da história calculadas para emudecer o sofrimento de milhões; linguagem glamorizada, excitando os insatisfeitos e desprovidos a ponto de atacarem seus vizinhos; idiomas arrogantes, pseudoempíricos, projetados para encarcerar gente criativa em prisões de inferioridade e desesperança.

Por baixo da eloquência, do glamour, das associações eruditas, por mais comovente ou sedutora, o coração de tal linguagem vacila, ou talvez nem esteja mais batendo — se o pássaro já está morto.

Aquela mulher pensou sobre o que poderia ter sido a história intelectual de qualquer disciplina caso não se insistisse, ou caso não se obedecesse à ordem de insistir, na perda de tempo e vida que demandam as racionalizações em nome da dominação — discursos letais de exclusão bloqueando acesso à cognição tanto para quem exclui quanto para quem é excluído.

A lição convencional da história da Torre de Babel é a de que o colapso foi uma catástrofe. Que a distração ou o peso dos muitos idiomas precipitaram a arquitetura falha da torre. O idioma monolítico teria acelerado a edificação, e o paraíso teria sido alcançado. O paraíso de quem?, ela se pergunta. E de que tipo? Talvez a conquista do paraíso fosse prematura, um pouco apressada, já que ninguém se dispunha a compreender outros idiomas, outros pontos de vista, outras narrativas. Se o tivessem feito, o paraíso que tanto imaginavam talvez pudesse ser encontrado bem debaixo dos seus pés. Complexo, desafiador, sim, mas uma visão do paraíso como vida, e não como pós-vida.

A anciã não gostaria de deixar seus jovens visitantes com a impressão de que o idioma deva ser forçado a viver meramente para estar vivo. A vitalidade de uma língua reside na sua habilidade de ilustrar as vidas possíveis, imaginadas e reais de seus falantes, leitores e escritores. Embora sua elegância se encontre por vezes no deslocar da experiência, não a substitui. Ela se lança como um arco em direção ao lugar onde o significado talvez repouse. Como quando um presidente dos Estados Unidos ponderou sobre o cemitério no qual seu país havia se transformado e disse: "O mundo mal notará, nem lembrará por muito tempo o que aqui dissermos, mas jamais poderá esquecer o que aqui foi feito". Essas palavras simples são comoventes em suas propriedades vitalizantes porque se recusam a encapsular a realidade de 600 mil mortos numa guerra racial cataclísmica. Recusando a monumentalização, desdenhando a "palavra final", a "síntese" precisa, reconhecendo seu "parco poder para acrescentar ou subtrair", suas palavras assinalam deferência à natureza inexprimível da vida que lamentam. É a deferência que a move, esse reconhecimento de que a linguagem não pode se colocar à altura da vida por completo. Nem deveria. Pois nunca poderá definir precisamente a escravidão, o genocídio, a guerra. Nem é certo ansiar pela arrogância de fazê-lo. Sua força, sua felicidade reside em se lançar rumo ao inefável.

Grandiosa ou parca, investigando ou atacando ou se recusando a santificar; quer gargalhe sonoramente ou se faça grito sem alfabeto, opção certa, ou silêncio escolhido, a linguagem desimpedida se impele para o conhecimento, jamais para a sua destruição. Mas quem nunca ouviu falar da literatura que é banida por ser questionadora; difamada por ser crítica; apagada, porque alternativa? E quantos se revoltam com a ideia de uma língua que se autodestrói?

Para aquela anciã, o ofício da palavra é sublime, pois criador; inventa o sentido que assegura nossa diferença, nossa especificidade humana — o modo como não somos iguais a nenhuma outra forma de vida.

Nós morremos. Talvez seja esse o sentido da vida. Mas *fazemos* linguagem. O que bem pode ser a medida da nossa vida.

"Naquele tempo...", os visitantes fizeram uma pergunta a uma anciã. Quem são eles, esses jovens? O que levaram daquele encontro? O que distinguiram naquelas últimas palavras: "Está em suas mãos"? Uma frase que gesticula para o possível ou que aferrolha uma porta?

Talvez o que os jovens ouviram foi: "Não é problema meu. Eu sou velha, negra, mulher, cega. A única ciência que possuo agora reside em saber que não posso ajudá-los. O futuro da linguagem, o futuro do idioma pertence a vocês".

E eles permanecem ali parados. E se não tivessem nada nas mãos? E se a visita tivesse sido apenas um ardil para que alguém lhes dirigisse a palavra e os levasse a sério como jamais foram levados em sua vida? Uma chance para interromper, para violar o mundo adulto, com seu miasma de discursos que os concernem e os citam, mas nunca os interpelam? Há questões urgentes a tratar, incluindo a que eles mesmos propuseram: "O pássaro que tenho nas mãos está vivo ou morto?". Talvez a pergunta significasse: "Será que alguém pode nos dizer, por favor, o que é a vida, o que é a morte?". Sem truque, sem bobagem. Uma pergunta direta digna da atenção de uma sábia. Uma sábia anciã. E se os sábios e anciões que viveram a vida e enfrentaram a morte não conseguem descrevê-las, quem poderá? Mas ela não responde; preserva seu segredo; sua boa opinião de si; seus pronunciamentos gnômicos; sua arte sem compromisso. Mantém sua distância, demarca-a e se retrai para a singularidade do isolamento, seu espaço de sofisticação e privilégio.

Nada, palavra alguma sucede sua declaração de transferência. Aquele silêncio é profundo, mais profundo do que o sentido disponível nas palavras que ela pronunciou. É um silêncio trêmulo, e os jovens, irritados, preenchem-no com a linguagem que improvisam.

"Não há nada", indagam, "nenhuma palavra que você possa nos dar que nos ajude a superar seu dossiê de fracassos? Transcender a lição que você acabou de nos dar, que não é lição alguma, pois temos prestado muita atenção ao que você tem feito, bem como ao que você tem dito, à barreira que você erigiu entre a generosidade e a sabedoria?

"Não temos pássaro algum na mão, vivo ou morto. Temos apenas você e nossa grave pergunta. Será esse nada em nossas mãos algo que você não suporta contemplar, algo cuja presença nem sequer tolera pressentir? Não recorda quando era criança, e a linguagem era mágica sem sentido? Quando o que se dizia podia não significar nada? Quando o invisível era o que a imaginação se esforçava para apreender? Quando perguntas e demandas por respostas ardiam de modo tão intenso que você tremia de fúria por não saber?

"Será preciso que nos iniciemos na consciência por meio de uma batalha que heróis e heroínas como você já lutaram e perderam, deixando-nos sem nada nas mãos, exceto o que vocês imaginaram que estava lá? Sua resposta é engenhosa, mas sua engenhosidade nos constrange e deveria constrangê-la também. É indecente de tão autocongratulatória. Roteiro de televisão que não faz sentido algum se nas nossas mãos não há nada.

"Por que não se aproximou de nós e nos tocou com seus dedos suaves, adiando a frase feita, o sermão, até que soubesse quem éramos? Nosso truque, nosso modus operandi lhe provocou tamanho desprezo que você não pôde ver que estávamos confusos e não sabíamos como chamar a sua atenção? Somos jovens. Imaturos. Ouvimos por toda a nossa breve vida que temos de ser responsáveis. Mas o que seria isso na catástrofe que se tornou este mundo, onde, como disse o poeta, 'nada precisa ser exposto, pois tudo já é descarado'? Nossa herança é uma afronta. Você quer que tenhamos seus olhos velhos e vazios e vejamos apenas crueldade e mediocridade. Acha que somos estúpidos a ponto de nos perjurar seguidas vezes pela ficção de uma nacionalidade? Como ousa falar de deveres quando afundamos até a cintura nas toxinas do seu passado?

"Você nos banaliza e banaliza o pássaro que não está em nossas mãos. Não há contexto para a nossa vida? Nenhuma canção, nenhuma literatura, um poema repleto de vitaminas ou uma história fundada na experiência que você possa nos transmitir e que nos oriente para um bom começo? Você é a adulta. A anciã, a sábia. Pare de pensar num jeito de sair por cima. Pense na nossa vida e nos conte de seu mundo particular. Invente uma história. A narrativa é uma experiência extrema que nos cria no exato instante em que é criada. Não haveremos de culpá-la caso seu gesto ultrapasse sua apreensão, caso o amor impulsione tanto suas palavras que elas se arrasem em chamas e sobrem apenas as cinzas. Ou se, com a reticência das mãos de um cirurgião, suas palavras suturem apenas os locais por onde o sangue pode fluir. Sabemos que você nunca conseguirá fazê-lo de modo exato, de uma vez por todas. A paixão nunca é suficiente, nem a técnica. Mas tente. Por nós e por você mesma, esqueça seu nome na rua; conte-nos o que o mundo lhe tem sido à luz do dia e na escuridão. Não diga no que devemos acreditar ou o que temer. Mostre a saia larga da crença e o ponto que descostura a rede do medo. Você, velha, abençoada pela cegueira, sabe falar a linguagem que nos diz o que só ela é capaz de dizer: como enxergar sem imagens. Só a linguagem nos protege do terror das coisas sem nome. Só a linguagem é meditação.

"Diga-nos o que é ser uma mulher para aprendermos o que é ser um homem. O que se move pelas margens. Como é não ter casa nesta terra. E andar perdida da que você conheceu. Como é viver no limiar dessas cidades que não suportam sua companhia.

"Fale dos navios que se afastaram das praias na Páscoa, a placenta no campo. Fale do comboio de escravizados, como cantavam tão baixinho que suas respirações mal se distinguiam da neve caindo. Como pressentiam pelo encolher do ombro mais próximo que a parada seguinte seria a última. Como, com as mãos a cobrir o sexo, pensavam no calor, depois nos muitos sóis. E erguiam a face, como se a entregassem. E se viravam, como se entregues. O comboio para numa estalagem. O condutor e o ajudante entram e levam o lampião; eles ficam no escuro, cantarolando. O cavalo se alivia na neve debaixo dos cascos, e o silvo quente e o derreter-se são a inveja dos escravizados congelados.

"A porta da estalagem se abre: uma garota e um garoto emergem da luz. Sobem para a caçamba. Em três anos o garoto terá uma arma, mas por ora traz um lampião e um jarro de sidra quente, que corre de boca em boca. A garota oferece pão, pedaços de carne e algo mais, pois olha nos olhos de cada um ao servi-los. Uma porção para cada homem, duas para cada mulher. E um olhar. Eles olham de volta. A parada seguinte será a última. Mas não esta. Esta ainda os aquece."

Quando os jovens terminam de falar, tudo se aquieta, até que a mulher rompe o silêncio.

"Até que enfim", ela diz. "Agora confio em vocês. E confio a vocês o pássaro que não está nas suas mãos, porque verdadeiramente o possuíram. Vejam, olhem. Como é belo isso, essa coisa que fizemos — juntos."

As meias-irmãs de Cinderela

Quero começar levando-as um pouquinho para dentro do passado. Bem antes dos dias de universidade. Para o jardim de infância, provavelmente, para certo era-uma-vez quando ouviram ou leram ou, suspeito, até assistiram *Cinderela* pela primeira vez na vida. Porque é sobre Cinderela que quero *falar*; porque é Cinderela que me provoca um sentimento de urgência. O que me inquieta naquele conto de fadas é que seja basicamente a história de um lar — um mundo, se me permitirem — de mulheres que se juntam para abusar de outra mulher. Há, óbvio, um vago pai ausente e o oportuno príncipe com um fetiche por pés. Mas nenhum dos dois tem lá muita personalidade. E há as "mães" substitutas, claro (madrinha e madrasta), que contribuem tanto para os infortúnios de Cinderela quanto para sua libertação e felicidade. Mas são as meias-irmãs que me interessam. Quão traumatizante deve ter sido para aquelas jovens crescerem com uma mãe que escravizava outra garota, quão traumatizante testemunhar e imitar aquele comportamento.

Fico curiosa quanto ao destino que tiveram depois do fim da história. Pois, ao contrário das adaptações recentes, as meias-irmãs não eram garotas feias, desajeitadas e estúpidas de pés grandes. A coletânea dos Grimm as descreve como possuindo uma "aparência bela e formosa". Quando nos são apresentadas, nos deparamos com mulheres de status elevado, bonitas e elegantes, claramente poderosas. Tendo testemunhado e participado da subjugação violenta de outra mulher, serão menos cruéis quando elas próprias escravizarem outras crianças ou mesmo quando precisarem cuidar da própria mãe?

Não é um problema dos tempos medievais. É, na verdade, bastante contemporâneo: o poder feminino, quando direcionado a outras mulheres, tem sido exercido, historicamente, de forma dita "masculina". Logo vocês estarão em posição de fazer a mesma coisa. Seja qual for sua origem (rica ou pobre), seja qual for a história de educação na sua família (cinco gerações ou uma apenas), você pôde gozar de tudo que lhe foi oferecido aqui em Barnard e terá, portanto, o status social e econômico das meias-irmãs e o mesmo poder.

Por isso não quero pedir, mas *ordenar* a vocês que não participem na opressão de suas irmãs. Mães que maltratam seus filhos são mulheres, e é outra mulher, não esta ou aquela agência, quem deve exigir que se comportem. Mães que põem fogo em ônibus escolares são mulheres, e é outra mulher, não esta ou aquela agência, quem deve exigir que se comportem. Mulheres que impedem a promoção de outras mulheres em suas áreas de trabalho são mulheres, e outra mulher deve intervir em socorro às vítimas. Assistentes sociais que humilham aqueles a quem deveriam ajudar por vezes também podem ser mulheres, e, de novo, cabe a colegas mulheres domarem a raiva que há nelas.

Fico pasma diante da violência que as mulheres causam umas às outras: violência profissional, competitiva, emocional. Pasma com a disposição para escravizar outras mulheres. E me alarma o crescente desaparecimento da decência entre irmãs nos matadouros do mundo profissional. Vocês assumirão posições na sociedade onde *vocês* decidem quem floresce e quem definha, quem são os despossuídos que merecem auxílio e quem não merece, que vida é descartável e que vida é imprescindível. Já que terão o poder de decidir essas coisas, talvez acabem se convencendo de que têm também o direito de fazê-lo. Enquanto mulheres instruídas, essa diferença é de primeira ordem.

O que sugiro é que prestemos muita atenção tanto às nossas sensibilidades acolhedoras quanto às nossas ambições. Vocês estão caminhando na direção da liberdade, e a função da liberdade é libertar outras pessoas. Estão caminhando na direção da autorrealização, e a consequência desse triunfo deve ser descobrir que existe algo tão importante quanto vocês mesmas, e essa coisa igualmente importante pode muito bem ser Cinderela — ou sua meia-irmã.

Durante essa grande viagem pelo arco-íris rumo à realização de seus objetivos pessoais, não façam escolhas baseadas apenas na própria segurança e proteção. Nada é seguro. E com isso não quero dizer que as coisas eram diferentes antes ou que qualquer coisa que valha a pena conquistar algum dia poderá ser. O que tem valor raramente é seguro. Ter filhos não é seguro. Não é seguro desafiar o status quo. Não é seguro escolher um trabalho que jamais foi feito. Ou fazer um trabalho antigo de um jeito novo. Sempre haverá alguém para impedir.

Mas, ao perseguirem suas ambições mais elevadas, não permitam que sua segurança pessoal diminua a segurança da sua meia-irmã. Ao exercerem o poder que merecidamente lhes pertence, não permitam que esse poder escravize suas meias-irmãs. Em outras palavras, deixem que a força e o poder que lhes cabem emanem daquele lugar dentro de vocês que é acolhedor e amoroso.

A questão do direito das mulheres não é somente uma abstração, uma causa; é também uma questão pessoal. Não se trata apenas de "nós", mas também de você e eu. Nós duas, aqui, juntas.

O futuro do tempo: Literatura e expectativas reduzidas

O tempo, ao que parece, não tem futuro. Quero dizer, o tempo já não tem o aspecto de um rio infinito por onde a humanidade se move, convencida de seu próprio valor e importância. Por certo não parece ter um futuro que iguale a extensão, a amplitude, o alcance ou sequer o fascínio do passado. A despeito das expectativas frenéticas quanto à entrada iminente no novo milênio, a qualidade do habitar humano dentro do arco completo do tempo ocupa pouco espaço no debate público. Vinte ou quarenta anos século XXI adentro parece ser tudo o que há de "tempo real" disponível para nossa imaginação. O tempo, naturalmente, é um conceito humano; no entanto, no fim deste século XX (ao contrário de séculos anteriores), parece não haver nenhum futuro que consiga acomodar a única espécie que o organiza, que o emprega e medita sobre ele. O curso do tempo parece se estreitar rumo a um ponto de fuga além do qual a humanidade nem existe nem deseja existir. Esse desejo diminuído, moribundo, por futuro é singular. Surtos aleatórios de catastrofismo e um traço persistente de anseios apocalípticos abalaram uma história que acreditávamos conter um trajeto, e é o passado que vem ficando cada vez mais vasto. De uma terra que, no século XVII, se acreditava ter começado por volta de 4000 a.C. à noção de um mundo com 168 mil anos, no século XVIII, ou de um passado terreno "sem limites", no século XIX, até a especulação de Charles Darwin de que certa área de terra contava 300 milhões de anos, não encontramos razão alguma para desautorizar a imagem de Henri Bergson acerca de um "passado que devora o futuro e se infla, avançando".

Curiosamente, é no Ocidente moderno — onde progresso e mudança têm sido a tônica — que a confiança num futuro duradouro se encontra mais reduzida.

Faraós atulhavam suas tumbas se preparando para um tempo sem fim. No passado, os fiéis de bom grado gastavam um século inteiro burilando uma catedral. Agora, pelo menos desde 1945, a confiança reconfortante em um "mundo sem fim" está sujeita a debate, e, enquanto nos aproximamos do ano 2000, está claro que não há um ano 4000 ou 5000 ou 20 000 que paire nas redondezas da nossa consciência.

O que é infinito, parece, o que é sempre imaginável, sempre sujeito à análise, à aventura e à criação, é o passado. Mesmo as definições do período em que estamos vivendo têm prefixos que apontam para trás: pós-moderno, pós-estruturalista, pós-colonial, pós-Guerra Fria. Nossas profecias contemporâneas olham para trás, atrás de si mesmas; postam, depois, o que se passou antes. É verdade, claro, que todo conhecimento depende de uma compreensão do que o precedeu. Ainda assim, não deixa de ser notável quão frequentemente nossas incursões imaginativas ao futuro distante se reduzem a meras ocasiões para reimaginar ou alterar o presente pelo expediente de imaginá-lo como passado. E esse olhar para trás, embora possibilitado pela tecnologia, não oferece nenhum consolo para o futuro da humanidade. Ao redor da plataforma da qual se lança esse olhar ao passado encontramos sempre uma paisagem árida e repulsiva.

Talvez seja a intervenção perturbadora das tecnologias de telecomunicação, que tanto alteram nosso sentido do tempo, que encorajam uma nostalgia por dias passados, quando o ritmo temporal era menos descontínuo, mais próximo das batidas do nosso coração. Quando o tempo era tudo, menos dinheiro. Talvez vários séculos de apropriações imperialistas do futuro de outros países e continentes tenham esgotado a fé no nosso. Talvez as visões do futuro de H. G. Wells — um corpo estagnado de água que jamais ondula — nos tenham sobrecarregado, precipitando-nos numa fuga para uma eternidade já estabelecida.

Há boas razões para essa corrida ao passado e à felicidade que sua exploração, revisão e desconstrução oferecem. Uma razão diz respeito à secularização da cultura. Onde não há Messias, quando a vida após a morte é compreendida como cientificamente absurda, onde o conceito de "alma indestrutível" é não apenas inacreditável, mas crescentemente ininteligível em campos intelectuais e letrados, onde a crença religiosa profunda e apaixonada é associada, na melhor das hipóteses, à ignorância, e, na pior, à intolerância violenta, em tempos tão desconfiados da vida eterna quanto estes, quando "a vida na história suplanta a vida na eternidade", o olho, na ausência da vida reencarnada ou ressurreta, se habitua ao alcance biológico de uma única vida humana. Sem "vida eterna", que lança os humanos em todo o tempo por vir — eterno —, o futuro se reduz a espaços passíveis de descoberta, o espaço sideral, que só implica, na verdade, a descoberta de mais tempo passado. A descoberta de bilhões de anos passados. Bilhões de anos — atrás. E é o passado que se desvela diante de nós como uma meada, cujas origens permanecem insondáveis.

Outra razão para essa preferência por um passado ilimitado são certamente os cinquenta anos de vida numa era nuclear em que o fim dos tempos (isto é, da habitação humana no tempo) era e pode ainda ser uma hipótese bem real. Não parece haver muito sentido em imaginar o futuro de uma espécie quando há poucos motivos para acreditar em sua sobrevivência. Assim, uma obsessão pelo tempo gasto se tornou mais do que atraente; tornou-se psicologicamente necessária. E a terrível falta de futuro que acompanhou a Guerra Fria menos se transformou (à luz de tantos tratados de congelamento e não proliferação armamentista) do que optou por certa clandestinidade. Hesitamos ao articular um longo futuro terreno; ficamos cautelosos contra o luxo de ponderá-lo, temendo o deslocamento e o adiamento de questões contemporâneas. Temerosos de sermos comparados aos missionários que desviavam a atenção dos convertidos da pobreza terrena para as recompensas celestiais, aceitamos um futuro severamente reduzido.

Não quero dar a impressão de que todo discurso corrente é implacavelmente orientado para o passado e indiferente ao futuro. As ciências sociais e naturais estão repletas de promessas e alertas que nos afetarão durante longas extensões do nosso tempo futuro. Aplicações científicas se preparam para erradicar a fome, aniquilar a dor, estender o curso da vida individual, produzindo plantas e pessoas resistentes a doenças. As tecnologias de comunicação já garantem que quase todas as pessoas "interajam" umas com as outras e se divirtam e até se eduquem ao fazê-lo. Somos alertados a propósito de mudanças globais no solo e no clima que podem alterar radicalmente os ambientes humanos; somos alertados das consequências de recursos mal distribuídos sobre a sobrevivência humana, bem como do impacto de humanos hiperconcentrados sobre os recursos naturais. Investimos vigorosamente nessas promessas e por vezes agimos de maneira inteligente e compassiva de acordo com tais alertas. Mas as promessas nos intrigam com dilemas éticos e certo horror de brincar de Deus às cegas, e os avisos nos deixam cada vez mais inseguros quanto ao como, ao quem e ao por quê. As profecias que capturam nossa atenção são apenas as que possuem uma boa conta bancária por trás ou uma foto sensacionalista que nos força ao debate, estimulando ações corretivas para decidir que guerra, que fracasso político ou que crise ambiental é intolerável demais; que doença, que desastre natural, que instituição, que planta, que mamífero ou peixe mais precisa de nossa atenção. Essas são preocupações obviamente sérias. Contudo, o que é digno de nota entre tais promessas e alertas é que, fora alguns produtos e um pouco mais de tempo pessoal na forma de saúde superior, e mais recursos na forma de ócio e dinheiro para consumir tais produtos e serviços, não há nada a celebrar no futuro.

O que pensaremos durante essa vida mais longa e mais sadia? Pensaremos no quanto fomos eficientes ao decidir que genes se beneficiariam desses "avanços" e quais consideramos indignos? Não é de espantar que os próximos vinte ou quarenta anos sejam tudo que alguém queira contemplar. Pesar o futuro dos pensamentos futuros requer uma capacidade visionária poderosa, uma capacidade de refletir sobre como a vida da mente há de operar num contexto moral cada vez mais tóxico para sua saúde. É algo que demanda uma meditação sobre as gerações por vir enquanto formas de vida ao menos tão importantes quanto florestas suntuosas ou focas resplandecentes. Demanda pensar nas gerações por vir como algo mais do que outro século de nossa própria linhagem familiar, outro século de estabilidade para nosso grupo, nosso gênero, nosso sexo, raça e religião. Pensar sobre como responderemos se estivermos convencidos de que nossa própria descendência sobreviverá mais 2 mil ou 12 mil anos terrenos. E refletir sobre a qualidade da vida humana, não apenas sua extensão. Sobre a qualidade da vida inteligente, não apenas sobre nossa capacidade de formular estratégias. As obrigações da vida moral, não apenas nossa capacidade para surtos aleatórios de piedade.

Há evidências abundantes de que no reino político o futuro já é uma catástrofe. O discurso político se refere ao futuro como algo que podemos deixar ou garantir para os "nossos" filhos ou — num grande salto de fé — para os "nossos" netos. É o pronome, sugiro, que deve nos inquietar. Não estamos sendo convocados a lutar por todas as crianças, mas pelas *nossas*. "Nossas crianças" estende nossa preocupação por duas ou cinco gerações. Já "as crianças" gesticula para um tempo por vir de possibilidades maiores, mais largas e mais brilhantes — precisamente aquilo que a política encobre sob um véu, deixando-se sempre dominar pela glorificação desta ou daquela década passada, arregimentando forças do suposto glamour dos anos 1920 — uma década repleta de guerras e de mutilação de países do Terceiro Mundo —, ou atribuindo simplicidade e quietude rural aos anos 1930 — apesar da depressão econômica, das greves ao redor do mundo e das tantas carências tão universais que desafiam o pensamento coerente —, ou celebrando os digníssimos anos 1940, quando a "boa guerra" foi vencida e milhões de inocentes morreram, muitos deles talvez se perguntando o que aquela palavra — "boa" — poderia significar. Os anos 1950, os queridinhos, adquiriram um verniz de organização voluntária, de harmonia étnica, embora tenham sido uma década de perseguições raciais e políticas abomináveis. E aqui se percebe como a destreza da linguagem política é impressionante — impressionante e desavergonhada. Consagra os anos 1950 como a década-modelo povoada por patriotas-modelo, ao mesmo tempo que abandona os patriotas que viveram aqueles anos a uma assistência médica reduzida, cara ou inferior, a pensões evisceradas, à escolha entre a rua e o suicídio.

O que pensaremos durante essa vida mais longa, mais sadia? Em como fomos bem-sucedidos convencendo nossas crianças de que não há mal algum em ter o próprio conforto arrebatado e negado a outras? Em como fomos habilidosos ao induzir os velhos a aceitarem indignidade e pobreza como recompensa pelo bom comportamento?

No reino da análise cultural, não apenas não há uma noção de futuro estendido, como a própria história acabou. Versões modernas de *A decadência do Ocidente*, de Oswald Spengler, surgem por toda parte, mas sem a convicção do velho pensador de que o mundo moderno continha uma insuperável "vontade de Futuro". De acordo com Eric Hobsbawm, as coisas começaram a descer ladeira abaixo em 1973. Essa data pós-década de 1960 marca mais ou menos o consenso sobre o começo do fim. Matar os anos 1960, transformando-os numa aberração, numa enfermidade exótica podre de excessos, drogas e desobediência, é algo planejado, cujo intuito é enterrar seus traços essenciais: emancipação, generosidade, consciência política aguda e o sentido de uma sociedade compartilhada mutuamente responsável. Estamos sendo convencidos de que todos os problemas atuais são culpa dos anos 1960. Assim, a cultura contemporânea americana é vendida como vítima de uma degradação tão profunda que necessita de toda energia apenas para manter os frágeis suportes de sua vida.

Avistado por entre grãos devidamente selecionados do passado, o futuro se dilui, embrutece, limita-se à duração de trinta anos de um título do Tesouro. Então nos voltamos para dentro e nos agarramos a uma cartilha da família dos sonhos — forte, ideal, protecionista. Pequena, mas abençoada pela lei — e banhada por "grandes expectativas", à maneira do século xix. Recorremos à bruxaria, convocando um caldeirão de alienígenas, pseudoinimigos, demônios, "causas" falsas que nos distraem e nos aliviam da ansiedade em relação aos portões por onde os bárbaros passeiam, ao idioma que cai na boca de estranhos, o poder que escorrega para outras mãos. Civilização em ponto morto — e estacando, lamentável e impotente. As vozes mais estridentes instigam os que já vivem imersos no medo do futuro a se referirem à cultura em termos militares — como causa e expressão da guerra. Somos solicitados a reduzir a criatividade e a complexidade de nossa vida ao extermínio cultural, intimidados a ponto de enxergar a troca vital de crenças apaixonadas como uma espécie de colapso da inteligência e da civilidade; pedem-nos que olhemos para a educação pública com histeria e que a desmontemos em vez de protegê-la; no fim, somos continuamente seduzidos a aceitar versões truncadas, de curto prazo, versões de CEO de todo o nosso futuro enquanto humanos. Contudo, por mais que nossa vida cotidiana se veja adulterada pela tragédia, ferida pela frustração e pela carência, também somos capazes de uma resistência feroz à desumanização e à trivialização das quais dependem certos analistas político-culturais e a mídia gananciosa.

Cheios de preocupação, somos empurrados, por exemplo, para a catalepsia ou para a obsessão pela violência — seja por disposição própria ou pela disposição de nossos vizinhos. Que essa preocupação seja exacerbada pelas imagens violentas destinadas a nos entreter ou pelas análises repletas de bodes expiatórios ou pelo sorriso fatal de um pregador telegênico ou por produtores de armas disfarçados em inocentes esconderijos de caça ou bucólicas cabanas, nós, não obstante, vivemos tão encarcerados quanto os criminosos que hoje alimentam a vibrante indústria dos presídios privados — e isso pela proliferação do mesmo produto perfeito: armas. Digo perfeito, pois, do ponto de vista da indústria armamentista, as estratégias de propaganda podem até falar de proteção ou de virilidade, mas o real valor do produto reside no fato de que, seja uma única bala, uma tonelada de dinamite ou uma frota de mísseis, ele se aniquila imediatamente e gera a necessidade instantânea de uma nova compra. O fato de também aniquilar a vida é na verdade um subproduto.

O que pensaremos durante essa vida mais longa e mais confortável? Como permitimos que a resignação e as racionalizações testosterônicas roubassem nosso futuro e nos sentenciassem ao beco sem saída para o qual a violência endossada, glamorizada, legitimada e mercantilizada conduz? De que forma nos informamos por jogos de computador sobre como resolver nossas iniquidades sociais, ganhando pontos ou votos de acordo com a quantidade de infelizes e vulneráveis que eliminamos? Conquistando assentos no governo à custa do desejo de sangue da pena capital? Angariando financiamento e atenção repaginando teses sociológicas de 1910 para dar crédito à tese da violência "inata", estimulando o encarceramento infantil? Não espanta que nossa imaginação tropece para além de 2030 — nessa altura já poderemos ser vistos como monstros pelas gerações futuras.

Quando a linguagem científica trata apenas de uma vida individual mais longa e não de uma vida ética; quando a agenda política não passa de proteção xenofóbica de algumas poucas famílias contra a catástrofe de outras; quando a linguagem religiosa é tratada com desprezo pelos não religiosos, e a linguagem secular vacila por medo do sagrado; quando a linguagem do mercado é mera desculpa para incitar a ganância, e o futuro do conhecimento se reduz a uma contínua melhoria, onde mais poderemos buscar esperança no tempo futuro?

Aqui não estou interessada em sinais de progresso, uma ideia cujo tempo chegou e passou — passou com o futuro maldito do Estado comunista monolítico; passou com a máscara caída do capitalismo supostamente livre, ilimitado e progressista, e a pauperização deliberada dos povos; passou também com a credibilidade dos "nacionalismos" falocêntricos. Passou já desde o momento em que a Alemanha acionou sua primeira câmara mortal. Já desde o momento em que a África do Sul legalizou o apartheid e chacinou suas crianças numa terra tão seca que nem sequer absorvia o sangue derramado. Passou na história de tantas nações que mapearam suas geografias com linhas demarcadas entre sepulturas coletivas atulhadas dos corpos de seus vizinhos, fertilizando seus quintais e seus campos com os nutrientes dos esqueletos de seus próprios cidadãos, apoiando sua arquitetura nas colunas de mulheres e crianças. Não, não é o progresso que me interessa. O que me interessa é o futuro do tempo.

Porque a arte é temporal — e graças aos meus próprios interesses —, meu olhar se volta facilmente para a literatura em geral e para a ficção narrativa em particular. Sei que a literatura já não goza de um lugar de prestígio entre os sistemas de conhecimento; que foi expulsa para as margens do debate social, sendo de utilidade mínima ou puramente cosmética no discurso científico e econômico. No entanto, é precisamente aí, no coração dessa forma artística, que as discussões e as sondagens éticas mais graves vêm sendo conduzidas. O que as narrativas nos dizem sobre a crise das expectativas reduzidas?

Eu poderia recuperar aquela Edith Wharton que nos exorta: "Assuma sua vida!" — isto é, assuma as rédeas da sua vida. Ou um Henry James intrigado (em *O sentido do passado*) diante de um castelo antigo que se fecha e engole seu proprietário. Faulkner imaginando uma frágil voz humana pós-nuclear. Ralph Ellison propondo uma questão no presente do indicativo sinalizando uma promessa sorridente e clandestina de um futuro recentemente divisado (visível). A intensa honestidade de um James Baldwin emparelhada com a fé convicta de que o bilhete foi pago integralmente e que a viagem começou. Essas vozes foram seguidas, talvez suplantadas, por outro tipo de resposta à nossa condição humana. Buscas modernas passado adentro têm produzido inovações estruturais e conceituais extraordinárias.

A excitação de antecipar o futuro, preocupação bastante recorrente na literatura do século xix e de inícios do xx, foi recentemente reproduzida em um livro magnífico de Umberto Eco: *A ilha do dia anterior*. O título já sugere meu ponto. Aqui, o lance de gênio na estrutura narrativa é localizar o protagonista no século XVII de modo a nos mesmerizar com as possibilidades futuras. Somos levados a nos deliciar em aprender o que já sabemos que aconteceu há muito tempo. Esse romance extraordinário é, como nos diz o autor, "um palimpsesto de um manuscrito redescoberto". Por meio de sua construção e leitura nos movemos ao longo de uma história já documentada. Quando o poder e o brilhantismo de muitos escritores de fins do século XX se debruçam sobre nossa condição, eles frequentemente descobrem que uma espécie de repetição do passado oferece o exame mais elucidativo do presente, e as imagens com as quais nos deixam são instrutivas.

Peter Høeg, cujo primeiro romance nos finca impiedosamente no presente, volta-se, em *A história dos sonhos dinamarqueses*, para um tipo de viagem no tempo (próxima, embora não similar, à de Eco) na qual regressão se torna progressão.

"Se persisto", escreve Høeg ao fim do romance

> escrevendo a história da minha família, é por pura necessidade. Aquelas leis e regras e sistemas e padrões que minha família e todas as famílias na Dinamarca violaram e acataram e sobre as quais se retorceram e se acotovelaram por dois séculos estão agora de fato em um estado de dissolução espumosa... Adiante se estende o futuro, que me recuso a ver como o viu Carl Laurids: pelo cano de um revólver; ou como Anna o viu: com uma lupa. Quero encará-lo face a face, e, no entanto, estou certo de que, se nada for feito, então não haverá futuro algum para enfrentar, pois, embora todas as coisas na vida sejam incertas, o desastre e o declínio que se anunciam parecem uma aposta segura. E é por isso que sinto vontade de pedir ajuda... E por isso convoquei o passado...
> Mais uma vez o pensamento me ocorre de que talvez eu nunca tenha de fato *visto* as expectativas das outras pessoas, que tudo o que vi foram as minhas próprias, e o pensamento mais solitário no

mundo é o pensamento de que o que vislumbramos nunca é outra coisa senão nós mesmos. Mas agora é tarde demais para pensar assim. Algo precisa ser feito, e antes que possamos fazer qualquer coisa teremos de formar uma imagem do século XX.

Assim, formar uma imagem do século XX — não do XXI — é, nesse romance, o projeto do futuro.

William Gass, numa obra magistral, *O túnel*, sustenta uma meditação brilhante sobre o passado recente marcado eternamente pela Alemanha nazista. Nela seu narrador/protagonista, tendo completado um estudo historiográfico moralmente ambivalente, "cauteloso", do fascismo alemão, trabalho intitulado *Inocência e culpa na Alemanha de Hitler*, vê-se incapaz de escrever o prefácio do livro. A paralisia é tão longa e tão inflexível que ele se volta para a exploração de sua própria vida passada e sua relação de cumplicidade com o tema histórico de sua pesquisa acadêmica — "um fascismo do coração". Gass fecha o romance com uma série de imagens devastadoras de perda. "Suponha", ele escreve,

> que em vez de florescer o bulbo se retraísse para um tempo anterior pouco antes de brotar, que o pólen revoasse de volta para a brisa que o trouxe a seu pistilo; suponha que o jogo virasse contra a morte, obrigada agora a começar as coisas, e dar à luz seus filhos ao reverso, de modo que a primeira respiração não inflasse os pulmões, antes os esmagasse, como um pé pesado afundando sobre um pedal; que houvesse... uma rebelião nos escalões, e que a vida escolhesse o passado em vez de outra rodada de cliques vazios que chamamos de tempo presente... Fiz... uma tentativa. Abandonei a Poesia pela História na minha Juventude.

Mas que grande travessia, primeiro se arrastar pela terra, depois nadar na lama; atravessar suas próprias tubulações, conhecer os vermes lá dentro. E compreender. Que você foi. Sob o mundo in-

teiro. Quando eu era menino eu me estirava como um sistema de esgotos. Dizia a meus ocasionais amigos que ia até lá. Ao reino das sombras. E dizia que vi grandes salões, e muitos quartos de cavernas infinitas, piscinas mágicas guardadas por Merlins vestidos em pele de toupeira e teia de aranha, ombros inundados de bijuterias, salas de dobrões, e, subitamente, por entre uma abertura assemelhada a um rasgo num tecido podre, um novo sol brilhava, e campos cheios de flores sadias e rios coloridos, ah, as extensões dos Édens dentro de nós...
Por ora, continue, sem reclamar. Sem braço erguido ao ar, sem braçadeira. Sem bandos florescentes, nem céus de holofote. Ou devo, como os rios, me erguer? Ah. Bem. Será sábio se erguer? O revólver perto do ouvido, como o Führer. Ou minha cabeça a descansar sobre o ombro da tristeza.

Aqui não encontramos nenhum reflexo apocalíptico previsível, emergindo da névoa do século como uma alucinação do lago Ness. Isso é um lamento, um réquiem, um recolher-se do futuro do próprio tempo.

O mais instigante, portanto, são os lugares e as vozes onde a viagem ao porão do tempo é uma espécie de resgate, uma escavação cujo propósito é construir, descobrir, visualizar um futuro. Não estou, claro, encorajando finais felizes — forçados ou genuinamente sentidos —, nem consagrando finais sombrios cujo objetivo seja educar ou alertar. O que quero é especular se a mão que sustenta as metáforas do livro é uma palma aberta ou um punho.

Em *Os comedores de sal*, Toni Cade Bambara abre seu magnífico romance com uma pergunta surpreendente: "Tem certeza, meu anjo, de que deseja ficar bem?". Certeza de que deseja ficar bem? O que flui dessa grave investigação é uma cura que requer uma temerosa Deméter dos dias modernos para sondar cada minuto das profundezas de sua alma e da alma de sua comunidade, repensando e revivendo o passado — só para responder a essa pergunta. O sucesso de sua escavação é descrito nestes termos:

> O que havia empurrado Velma para dentro do forno... não era nada comparado ao que a esperava, o que estava por vir... É claro que ela lutaria contra aquilo, Velma era uma lutadora. É claro que ela rejeitaria tudo o que não pudesse ser explicado em palavras, notas, números ou aqueles outros sistemas cujas raízes haviam sido conduzidas para bem debaixo da terra... O próximo teste de Velma poderia levar a um ato bem mais devastador do que atentar contra o próprio corpo ou engolir gás...
>
> A paciente se vira lentamente no banco, a cabeça deitada para trás prestes a gritar, prestes a rir e cantar. Não precisa das mãos de Minnie agora. Isso está claro. O brilho de Velma cintila, mais duas jardas de puro branco-amarelo. Seus olhos sondando o ar ao redor de Minnie, depois examinando as próprias mãos, os dedos esticados, radiantes. Não há necessidade das mãos de Minnie agora, então a curandeira as pousa no colo, bem quando Velma, erguendo-se sobre pernas firmes, arranca o xale, que cai sobre o banco, um casulo rompido.

O título do último romance de Salman Rushdie, *O último suspiro do mouro*, sugere que a narrativa terminará num leito de morte ou na sepultura. E de fato termina. O protagonista/narrador da história, Moraes Zogoiby, nos leva por uma viagem emocionante para cravar seus papéis na parede. Papéis que são o resultado de seu "canto diário, silencioso, por sua vida [diária]". Contando, escrevendo, registrando quatro gerações de sua família e da história nacional. Uma história de amores devastadores, ódios transcendentes; de ambições sem limite e de indolências sem redenção; de lealdades incompreensíveis e de mentiras inimagináveis. Quando cada passo, cada pausa desse imaginário, nos é finalmente revelado, este é o final:

O capim grosseiro do cemitério está alto; sinto-o a me espetar, sentado nesta lápide, como se eu estivesse me apoiando sobre as pontas amarelas do capim, sem peso, flutuando, sem nenhum peso sobre os ombros, sustentado por folhas que, por milagre, não se dobram sob mim. Tenho pouco tempo. Minha respiração está nas últimas, só me resta um número limitado de fôlegos, um número que vai decrescendo, como os anos antes de Cristo, e a contagem regressiva já se aproxima do zero. Usei minhas últimas forças para realizar esta peregrinação; [...]
Nesta lápide leem-se três letras já gastas; leio-as com a ponta de um dedo. R. I. P. Muito bem: vou descansar, e esperar pela paz. O mundo está cheio de pessoas adormecidas aguardando a hora de voltar [...] em algum lugar, num emaranhado de arbustos espinhentos, uma bela adormecida aguarda o beijo de um príncipe dentro de um caixão de vidro. Vejam: eis meu frasco. Vou beber um pouco de vinho; em seguida, como um Rip van Winkle moderno, vou me deitar sobre esta pedra talhada, encostar a cabeça debaixo destas letras, R I P, e fechar os olhos, seguindo o velho hábito de nossa família, de adormecer em momentos difíceis, com a esperança de despertar, renovado e feliz, num tempo melhor.

O descanso, a paz, é anunciada duas vezes, mas também a esperança — por renovação, alegria e, mais importante, "um tempo mais sadio".

Em 1991, Ben Okri encerrou o romance *A estrada faminta* com um sonho tão profundamente sentido que chega a se destacar de toda a narrativa:

O ar no quarto era calmo. Não havia turbulências. A presença [de seu pai] protegia o espaço noturno. Não havia formas invadindo nosso ar, pressionando nosso telhado, caminhando entre os objetos. O ar era largo, puro. No meu sono encontrava espaços abertos onde flutuava sem medo... A doçura dissolvia meus temores. Eu não tinha medo do Tempo.

E então já era quase manhã...
Um sonho pode ser o ponto alto de uma vida.

Em 1993, continuando a história dessa criança visionária, Okri conclui *Canções do encantamento* com um gesto mais pronunciado em direção ao futuro: "Talvez um dia vejamos as montanhas diante de nós... Talvez um dia vejamos as sete montanhas de nosso misterioso destino. Talvez um dia vejamos que para além do nosso caos pode sempre haver um novo sol — e serenidade".

O simbolismo das montanhas a que ele se refere compõe a abertura do livro:

Não vimos as montanhas diante de nós. Não vimos como estão sempre lá. Sempre nos chamando, sempre lembrando que há mais coisas por fazer, sonhos por realizar, alegrias por redescobrir, promessas feitas antes de nascermos ainda por serem cumpridas, belezas por encarnar, e amor por ser incorporado.

Não notamos como sugeriam que nada está acabado, que os esforços nunca chegam a uma conclusão, que por vezes precisamos sonhar outra vez nossas vidas, e que a vida pode sempre ser usada para criar mais luz.

A expectativa nessas linhas é palpável, insistente na possibilidade de "uma grande ação estendida até o mar, mudando a história do mundo".

Leslie Marmon Silko, em *Almanaque dos mortos*, agita-se e

avança entre milhares de anos de história do Novo Mundo, desde séculos antes de os conquistadores aparecerem por estas praias até os dias de hoje. O romance se baseia numa atemporalidade que não é apenas passado, mas também futuro — tempo verdadeiramente sem fim. A imagem final dessa narrativa é o espírito da cobra "que aponta em direção ao sul, de onde chegarão os povos". O tempo verbal no futuro está preso a uma direção que é, ao contrário das direções da maioria das chegadas que aprovamos, o sul. E é impossível ignorar que é justamente no "sul" onde os muros, as cercas, os guardas armados e a histeria abundam neste exato momento.

Casulos de onde mulheres emergem curadas, sonhos que eliminam o medo do tempo, esperanças por tempos melhores declaradas à beira do túmulo, um tempo para além do caos onde as sete montanhas do destino se revelam, serpentes divinas antecipando os povos que virão do sul — essas imagens de encerramento seguindo excursões ao passado nos levam a arriscar a conclusão de que alguns escritores discordam das noções prevalentes que apontam falta de futuro. Que eles, pelo contrário, não apenas têm, como insistem num futuro. Que, para eles, para nós, a história está começando de novo.

Não estou vasculhando a ficção contemporânea em busca de sinais de esperança tímida ou otimismo obstinado; acredito que estou detectando uma visão informada baseada em experiências angustiantes que, no entanto, aponta para uma redenção futura. E noto o ambiente em que essa visão se eleva. Tem inflexões de raça e gênero; é colonizado, deslocado, caçado.

Há uma pista interessante aqui de imaginários divergentes, entre a tristeza da ausência de tempo, da pungência do tempo invertido, tempo que só tem passado ou do próprio tempo vivendo de "tempo emprestado" — entre esse imaginário e outro que nutre expectativas crescentes de um tempo de posse de um futuro incessante. Um imaginário olha para a história em busca do sentimento do tempo ou de seus efeitos purgativos; o outro procura através da arte sinais de renovação. A literatura, sensível como um diapasão, é uma incansável testemunha da luz e da sombra do mundo em que vivemos. Para além do mundo da literatura, contudo, há outro mundo; o mundo do comentário, que tem uma visão bem diferente das coisas. É uma cabeça de Janus que mascarou sua face voltada para o futuro e se esforça para nos assegurar de que o futuro mal vale a pena. Talvez seja a realidade de um futuro tão durável e englobante quanto o passado, um futuro que será moldado por aqueles que foram empurrados para as margens, que foram dispensados como excedentes irrelevantes, que foram cobertos com a capa do demônio; talvez tenha sido a contemplação desse futuro o que ocasionou o tremor dos profetas do dia, temerosos de que o desequilíbrio contemporâneo seja um agitar-se de algo novo, não um apagamento. Que não só a história não esteja morta, como se encontre prestes a respirar pela primeira vez em liberdade. Não em breve, talvez não em trinta ou em cinquenta anos, pois tal fôlego, uma inspiração tão profunda, levará tempo. Mas acontecerá. Se isso é certo, então devemos atentar para as meditações da literatura. William Gass está correto. Há "extensões de Édens dentro de nós". O tempo tem, sim, um futuro. Maior do que o seu passado e infinitamente mais hospitaleiro para a raça humana.

INTERLÚDIO
BLACK MATTER(S)*

---

* *Black matter(s)* — jogo de palavras, irrecuperável em português, envolvendo as várias acepções do termo *"matter"* — enquanto verbo ("importar") e enquanto substantivo (seja no sentido de "questão", "assunto", "problema", ou ainda, no sentido de "matéria" física). Assim, a expressão pode significar tanto "Questões negras" quanto "O negro importa", divisando-se ainda um terceiro efeito, via trocadilho envolvendo o termo "matéria escura". (N. T.)

Tributo a Martin Luther King Jr.

Em busca das lembranças das mais variadas pessoas para projetos nos quais anda envolvido, Martin Luther King III há pouco tempo quis saber quais eram meus pensamentos sobre o seu pai. E uma de suas perguntas foi previsível, pensada para extrair uma resposta subjetiva. Ele perguntou: "Se você estivesse conversando com meu pai, o que gostaria de perguntar a ele?". E, por alguma razão inteiramente insondável, meu coração vacilou, e eu me vi destilando lamentos ao telefone. "Ah, espero que ele não esteja desapontado. Você acha que ele está? Deve haver alguma coisa aqui que o alegre." Em seguida, bem, acalmei minha voz para disfarçar o que já ficava óbvio para mim, que o que eu de fato queria dizer era: "Espero que ele não esteja desapontado comigo".

Depois, formulei uma pergunta que eu gostaria de fazer a ele e pus de lado meus pensamentos sobre a presente situação dos despossuídos: algumas vitórias, mas algumas derrotas imensas; alguns saltos, mas muitos naufrágios e afundamentos no lamaçal do desespero.

Mas o tempo todo eu me perguntava: ele estaria decepcionado comigo? E isso era estranho, pois nunca conheci o reverendo King. A memória que tenho dele se limita à mídia impressa ou eletrônica, pelas narrativas de outras pessoas. No entanto eu sentia essa responsabilidade pessoal. Ele tinha esse efeito sobre as pessoas. Mais tarde, percebi que eu reagia a algo diferente, algo mais durável do que a personalidade complexa de Martin Luther King. Reagia não ao pregador que ele foi, o acadêmico, o ser humano vulnerável, tampouco respondia ao estrategista político, o orador, o ativista brilhante e corajoso. Eu reagia à sua missão. Sua fé audaciosa, como ele mesmo disse. Seu desejo de transformar, acrescentar, elegia cósmica num grande salmo da fraternidade.

Reagia à convicção de que éramos melhores do que pensávamos, que havia instâncias morais que não abandonaríamos, limites de comportamento civilizado que jamais cruzaríamos. Que abriríamos mão de muitas coisas, alegremente, pelo bem público, que uma vida confortável, sustentada pelos ombros da miséria de outras pessoas, era uma abominação que este país, em especial, entre todas as nações, considerava intolerável.

Sei que este mundo melhorou, pois ele viveu aqui. Minha ansiedade era pessoal. Eu tinha melhorado? Aperfeiçoara-me? Pois vivi num mundo que é imaginário. Eu o decepcionaria? A resposta não é importante. Mas a pergunta, sim, e esse é o legado de Martin Luther King Jr. Ele tornou comum, habitual e irresistível o gesto de assumir responsabilidade pessoal pela redução dos males sociais. Meu tributo a ele é a gratidão profunda que sinto pela dádiva que sua vida verdadeiramente foi.

Questão de raça

Desde muito cedo em minha vida de escritora procurei — sem jamais propriamente encontrar — uma soberania, uma autoridade como aquela possibilitada pela escrita de ficção. Só na literatura eu me sentia completamente coerente e livre. Escrevendo, encontrava a ilusão, o artifício do controle, de se aninhar cada vez mais perto do significado. Havia (e ainda há) o prazer da redenção, a sedução da originalidade. Mas, por boa parte dos últimos 29 anos, tenho estado ciente de que tais prazeres, tais seduções, são invenções antes mais do que menos deliberadas, necessárias tanto para a realização do trabalho quanto para legislar seu mistério. E se tornou cada vez mais óbvio para mim como a linguagem é tão libertadora quanto aprisionadora. Quaisquer que fossem as incursões da minha imaginação, sua guardiã, cujas chaves sempre tilintaram ao alcance dos ouvidos, era a raça.

Nem eu nem vocês jamais vivemos em um mundo onde a raça não tivesse importância. Tal mundo, um mundo livre de hierarquias raciais, é frequentemente imaginado ou descrito como paisagem utópica, edênica, tão remotas são as possibilidades de sua realização. Da linguagem esperançosa de Martin Luther King Jr. à cidade dos quatro portões de Doris Lessing, de Santo Agostinho ao "americano" de Jean Toomer, o mundo livre de questões raciais tem sido apresentado como ideal, milenarista, uma condição possível apenas se acompanhada pela chegada do Messias ou situada numa reserva protegida, um parque selvagem.

Contudo, para os objetivos desta fala e graças a certos projetos com os quais ando envolvida, prefiro imaginar um mundo no qual raça *não* tenha importância — nem como parque temático, ou sonho sempre fracassado, nem como a casa de muitos quartos do pai. Penso nela enquanto lar. Por três razões.

Em primeiro lugar, porque distinguir radicalmente a metáfora da casa e a metáfora do lar me ajuda a desanuviar meu pensamento sobre construção racial. Em segundo, porque assim posso transportar a ideia de um mundo livre de conflitos raciais para fora da dimensão dos anseios e do desejo, para longe dos futuros impossíveis ou de um passado irresgatável que talvez nunca tenha existido, aproximando-a de uma atividade humana factível e administrável. Em terceiro lugar, porque eliminar a potência das construções raciais na linguagem é o trabalho que posso fazer. Não posso esperar pela teoria final da emancipação para imaginar sua prática e cumprir suas tarefas. Além disso, questões de raça e questões de lar são prioridades em minha obra, e ambos os temas de um modo ou de outro impulsionaram minha busca por soberania, bem como meu abandono dessa busca quando reconheci seu disfarce.

Enquanto escritora já e sempre racial, sempre soube que não reproduziria nem poderia reproduzir a voz dos senhores, a aceitação pressuposta das leis oniscientes do pai branco. Nem substituiria sua voz pela da amante servil ou da oponente valorosa, pois essas duas posições (amante ou oponente) pareciam me confinar em seu terreno, sua arena, aceitando as regras da casa no jogo de subjugação. Se teria de viver numa casa racial, era fundamental reconstruí-la de modo a livrá-la do aspecto de prisão sem janelas, contêiner impenetrável de paredes grossas de onde não se pode ouvir um pio, transformando-a antes numa casa arejada — inamovível, contudo generosa em sua oferta de portas e janelas. Isso era o mínimo. Outras vezes, no entanto, tornava-se imperativo transformar completamente a casa. Fiquei tentada a convertê-la num palácio onde o racismo não machucasse tanto, acampando em um de seus muitos quartos nos quais a coexistência oferecia a ilusão da agência. A certa altura tentei usar a casa racial como um andaime de onde lançar uma festa itinerante que pudesse ser celebrada em muitos locais de minha escolha. Essa era a autoridade, o conforto, a qualidade redentora, a liberdade que a literatura a princípio prometia. Mas nessa liberdade, como em toda liberdade (sobretudo as roubadas), espreitavam-me perigos. Poderia eu redecorar, remodelar, sequer reconceber a casa racial sem abdicar de um lar todo meu? Essa liberdade inventada, voluntariosa, demandaria também uma falta de lar igualmente inventada? Eu me condenaria a eternos surtos de nostalgia pelo lar que nunca tive e que nunca conhecerei? Ou seria necessária uma circunspecção intolerável, um laço de autocensura ao locus original da arquitetura racial? Em suma, por acaso eu não estaria (e assim permaneceria) atada a uma ideologia fatal mesmo (e especialmente) quando arregimentava toda a minha inteligência para subvertê-la?

Essas questões, com as quais tantos se engajaram, ocuparam toda a minha obra. Como ser livre e, ao mesmo tempo, plenamente situada; como converter uma casa racista num lar de uma raça específica, mas não racista? Como enunciar a questão da raça libertando-a, no entanto, de seu cerco fatal? São questões de conceito, de linguagem, de trajetória, de habitação, de ocupação, e, embora meu engajamento com elas tenha se mostrado sempre intenso, intermitente e em constante evolução, elas permanecem estética e politicamente irresolvidas em meu pensamento. Sinceramente, busco nos meus leitores análises literárias e extraliterárias para muitas coisas que ainda podem ser mais bem compreendidas. No entanto acredito que minhas excursões literárias, e meu uso do antagonismo casa/lar, relacionam-se às questões a serem discutidas durante os próximos dois dias, pois muito do que parece se infiltrar nos discursos sobre raça diz respeito a legitimidade, autenticidade, comunidade e pertencimento — diz respeito, portanto, a ter ou não um lar. Um lar intelectual; um lar espiritual; a família e a comunidade enquanto lar; a ação do trabalho forçado e traficado na destruição do lar; o deslocamento e a alienação dentro do lar ancestral; as respostas criativas ao exílio, as devastações, os prazeres, os imperativos da falta de lar tal como manifesta em discussões sobre globalismo, diáspora, migrações, hibridismo, contingência, intervenções, assimilações, exclusões. O corpo afastado, o corpo legislado, o corpo como lar. Em quase todas essas formulações, qualquer que seja o terreno que adentremos, a raça invariavelmente amplia a questão relevante.

Houve um momento de grande significado para mim que se seguiu à publicação de *Amada* e que fez parte da minha reflexão sobre o processo de escrita. É um momento que põe no telescópio parte do território a ser mapeado durante esta conferência. Esse momento diz respeito à complexidade inerente à criação de uma linguagem narrativa tanto racialmente referencial quanto figurativamente lógica.

Alguém teve acesso à última frase de *Amada* tal como ela fora originalmente escrita. Era, na verdade, a penúltima frase, se pensarmos a última palavra — a ressurreição do título, do personagem e da epígrafe — como a última frase de fato. Em todo caso, a frase "Certamente não o clamor por um beijo", que se encontra no livro impresso, não é aquela com a qual eu encerrara o livro originalmente, e esse amigo ficou impressionado com a mudança. Contei a ele que meu editor havia sugerido uma alteração naquele ponto, embora não tenha oferecido nenhuma alternativa específica. Esse amigo censurou meu editor pela audácia de sugerir uma mudança e censurou também a mim por considerá-la e ainda mais por admiti-la. Ao quebrar a cabeça tentando explicar a ele por que eu efetuara a mudança, acabei me ocupando demais do significado da frase original, ou, antes, do que a última palavra original significava para mim. Falei de quanto tempo levei para chegar a ela, de como pensei que aquela era a palavra final perfeita; como conectava tudo desde a epígrafe e da trama difícil até os conflitos dos personagens ao longo do processo de rememorar, recolher e reconstituir o corpo e suas partes, rememorar, recolher e reconstituir a família, a vizinhança... e nossa história nacional. E como essa última palavra refletia essa rememoração, revelava sua necessidade e oferecia uma ponte que eu muito desejava entre o começo do livro e o final, bem como entre esse livro e o que se seguiria. E, à medida que falava sobre a importância dessa última palavra original, meu amigo foi ficando cada vez mais furioso. No entanto, eu disse, pensei que havia algo a considerar na objeção do editor — que, afinal, era apenas isso, uma objeção, não um comando. Ele perguntara se haveria por acaso uma palavra melhor que fechasse o livro, pois a que eu escolhera era muito dramática, muito teatral. De início, discordei. Era uma palavra muito simples e comum, mas, no contexto das frases anteriores, ele tinha a impressão de que ela se destacava como um polegar inflamado. Talvez tenha até usado essa expressão.

Resisti por muito tempo. Muito tempo, sobretudo considerando que já estávamos com a última prova para ir para a gráfica. Nos estágios finais do manuscrito. De todo modo, eu me afastei e ponderei a questão. Todos os dias pensava se deixava tudo tal como havia escrito originalmente ou se devia mudar. Por fim, resolvi deixar que a decisão repousasse sobre a possibilidade de encontrar ou não uma palavra mais adequada. Ou que produzisse o mesmo sentido.

Passei semanas a fio sem encontrar nenhum substituto satisfatório. E eu desejava muito encontrar alguma coisa, pois o que me perturbava era que, ainda que a palavra que escolhi originalmente fosse sem dúvida a melhor, algo devia estar fora de lugar, já que ela se destacava tanto e não completava o sentido do texto, antes o desalojava. Então não era uma questão de apenas substituir uma palavra por outra que significasse a mesma coisa — um sinônimo — ou de tentar decidir se a palavra original era eficiente. Talvez fosse preciso reescrever um bom bocado para ficar segura de que minha última palavra original funcionava.

Decidi, então, que não funcionava. Decidi que havia outra palavra que poderia fazer o mesmo serviço com menos mistificação. A palavra era "beijo".

Bem, a discussão com meu amigo me fez perceber que ainda estou insatisfeita, pois "beijo" opera num nível um tanto superficial, um nível que busca e ressalta uma qualidade ou elemento do romance que não era, e não é, sua marca essencial. Sua marca essencial não é o amor, ou a satisfação do prazer físico. A marca era a necessidade, algo que precede o amor, que o segue, informa e molda, e ao qual o amor serve. Nesse caso a necessidade era por um tipo de conexão, um reconhecimento, uma homenagem ainda a ser prestada.

Fiquei inclinada a acreditar que havia passagens mal iluminadas conduzindo àquela palavra original — se ela era de fato incompreendida e tão forte e equivocadamente perturbadora. Tenho lido algumas análises de revisões de textos que caíram em domínio público e pensando nos muitos modos como os livros são não apenas relidos, mas também reescritos, não apenas em sua própria língua pela ambivalência do escritor e nas idas e vindas entre editor e escritor, mas também nas traduções. As liberdades que são tomadas e que acrescentam algo; as liberdades que subtraem. E nisso soam os alarmes. Há sempre a ameaça de não ser levada a sério, de ter o trabalho reduzido a uma cartilha, ou de ter a política de uma outra língua imposta sobre a política do próprio escritor.

Meu esforço ao manejar o inglês americano não era o de tomar o inglês-padrão e usar certo vernáculo para ornamentá-lo ou colori-lo, mas sim raspar suas muitas incrustações de mentiras, cegueira, ignorância, paralisia e malevolência pura, de modo que certos tipos de percepção se tornassem não apenas disponíveis, mas inevitáveis. Era isso que eu achava que minha última palavra original conseguia fazer, mas depois me convenci de que não fazia — e agora lamento ter feito a modificação. O trabalho que se tem para encontrar a palavra certa e saber que só aquela anotação e nenhuma outra funciona é uma batalha extraordinária. Tê-la encontrado e tê-la, em seguida, perdido é, em retrospecto, enfurecedor. Por um lado, qual a importância disso? Um livro pode mesmo desmoronar por causa de uma única palavra, mesmo que a tal palavra se encontre numa posição crucial? Provavelmente não. Por outro lado, talvez, sim, se aquela escrita busca especificidade racial e coerência figurativa. Nesse caso, eu optei pelo segundo elemento. Desisti de uma palavra que tinha ressonância racial e era figurativamente lógica por outra que era apenas figurativamente lógica, e isso porque minha última palavra original era tão claramente disjuntiva — um polegar inchado, uma nota dissonante que combinava duas funções linguisticamente incompatíveis, exceto quando sinalizando exotismo racial.

Na verdade, acho que meu editor estava certo. A palavra original era a palavra "errada". Mas também sei que meu amigo estava certo: a palavra "errada", nesse caso, era a única palavra. Como podem ver, minha afirmação de autoridade e agência fora dos limites da casa racial virou genuflexão em seu quintal familiar (e mais confortável).

Essa experiência de arrependimento sublinha para mim a necessidade de repensar os apegos sutis mas penetrantes que nós todos podemos ter à arquitetura da raça. A necessidade de pensar o que significa e o que se faz necessário para viver em uma casa racial remodelada e, desafiadoramente, ainda que de forma equivocada, chamá-la de diversidade ou multiculturalismo — chamá-la de lar. Pensar sobre quão comprometidos com o simulacro daquela arquitetura alguns dos melhores trabalhos teóricos podem se revelar. Pensar sobre os novos perigos que se apresentam quando se atinge a fuga ou o exílio voluntário daquela casa.

Arrisco-me aqui a acusações de escapismo e de encorajar esforços inúteis para transcender a raça ou esforços perniciosos para trivializá-la, e me preocuparia muito se meus comentários e o projeto no qual tenho trabalhado acabassem completamente mal compreendidos. O que estou determinada a fazer é tomar posse do que é articulado como futuro escorregadio e domesticá-lo; concretizar o que, fora da ficção científica, é tratado no discurso e no pensamento político como sonho permanentemente irrealizável. Minha confrontação, claro, segue pelos detalhes, devagar, pois, ao contrário da destilação bem-sucedida de um argumento, a narração requer a cumplicidade de um leitor em descoberta. E não há imagens para mitigar a dificuldade.

Em muitos romances, a aventura para mim tem sido a exploração de tópicos racialmente modificados ou coagulados, aparentemente impenetráveis. Desde o primeiro livro, em que meu interesse era o racismo enquanto causa, consequência e manifestação de psicoses individuais e sociais, e no seguinte, em que me ocupei da cultura do gênero e da invenção da identidade (questões que adquirem um significado impressionante quando inseridas no contexto racial). Também em *A canção de Solomon* e *Tar Baby*

[Boneca de piche], em que me interessava o impacto da raça na relação entre comunidade e individualidade; em *Amada*, o tema eram as possibilidades reveladoras da narração histórica quando as oposições corpo-mente, sujeito-objeto, presente-passado, vistas pelo prisma da raça, se desmancham e se integram. Em *Jazz*, tentei situar a modernidade como uma resposta à casa racial, num esforço de implodir seu abrigo universal, sua onisciência e suas pressuposições de controle. E agora, em *Paraíso*, tentei primeiro enunciar e em seguida desestabilizar de uma vez por todas o olhar racial.

Em *Jazz*, o rastilho da dinamite foi aceso pela voz narrativa. Uma voz que podia se apresentar com grandes alegações de conhecimento, como se gozando de informações privilegiadas e autoridade indiscutível — "Eu sei que a mulher..." — e terminar numa epifania feliz sobre sua própria humanidade e seus desejos.

Em meu atual projeto, pretendo averiguar se uma linguagem livre de especificidades raciais pode ser tanto factível quanto significativa na narração. E quero habitar e passear por um local limpo de detritos racistas; um lugar onde a raça importe, mas que seja, ao mesmo tempo, impotente; um lugar "já projetado para mim, aberto e confortável. Cujo portão nunca precisa ser fechado, cuja varanda se inclina à luz e às folhas pálidas do outono, mas não à chuva. Onde se pode sempre contar com o luar e as estrelas, se o céu está claro. E, acolá, mais abaixo, um rio chamado Traição, sempre à vista". Quero imaginar não a ameaça de liberdade, ou sua fragilidade tímida e ofegante, mas a excitação concreta da ausência de fronteiras — um tipo de segurança a céu aberto onde "uma mulher insone possa sempre se erguer da cama, enrolar um xale ao redor dos ombros e se sentar na escada à luz da lua. E possa sempre, se assim o desejar, caminhar pelo quintal até a estrada. Sem lanterna, sem medo. Um ruído qualquer na beira da pista nunca a assustaria, pois o que quer que tivesse produzido o barulho jamais seria algo que a ameaçasse. Nada nas redondezas a tomava por presa. Ela podia passear tão lentamente quanto quisesse, pensando na comida por preparar, na guerra, nos assuntos da família, ou erguer os olhos para as estrelas e não pensar em nada. Sem lanterna e sem medo, podia seguir seu caminho. E se a luz de uma casa mais adiante e o choro de um bebê com cólica chamassem sua atenção, ela poderia se aproximar da casa e cumprimentar suavemente a mulher que embalava a criança lá dentro. As duas talvez se alternassem massageando a barriga do infante, ninando-o ou tentando fazê-lo beber um pouco de água com gás. E, quando ele se acalmasse, as duas podiam se sentar juntas e conversar, fofocando, rindo baixinho para não acordar mais ninguém.

"Depois a mulher poderia decidir voltar para sua própria casa, relaxada e pronta para dormir, ou poderia manter a mesma direção e seguir pela estrada... Cada vez mais longe, para além dos limites da cidade, pois nada nas beiradas a tomaria por presa."

O evento incontrolável do mundo moderno não é a tecnologia; é o movimento em massa dos povos. Começando pela maior transferência forçada de populações: a escravidão. As consequências de tal transferência determinaram todas as guerras que a seguiram bem como as que ainda estão em andamento em todos os continentes neste exato momento. A grande tarefa do mundo contemporâneo agora é policiar e articular políticas com o intuito de administrar o movimento perpétuo de pessoas. A nacionalidade — o próprio pressuposto da cidadania — marca-se pelo exílio, pelos refugiados, pelos imigrantes, pelas migrações, pelos deslocados, pelos fugitivos e sitiados. A fome por um lar repousa entre as metáforas no centro do discurso sobre globalismo, sobre transnacionalismo, nacionalismo, a dissolução de nações e as ficções de soberania. No entanto, esses sonhos que buscam um lar são frequentemente tão raciais quanto a casa racial original que os definiu. Quando não são, como sugeri mais cedo, tornam-se paisagem, não interioridade; utopia, nunca lar.

Eu celebro e me encontro em débito com os acadêmicos desta instituição e de muitas outras partes que vêm desobstruindo espaços (teóricos) onde os constructos raciais são forçados a revelar suas vigas e parafusos, sua tecnologia e carapaça, de modo que a ação política, o pensamento intelectual e a produção cultural possam ser gerados.

Os defensores da hegemonia do Ocidente pressentem esses avanços e já vêm descrevendo, definindo e classificando a possibilidade de imaginar a questão da raça sem dominação e sem hierarquia como "barbarismo", como a destruição da cidade dos quatro portões, como o fim da história: lixo, experiência já degradada, futuro sem valor. Se, mais uma vez, a consequência política de um trabalho teórico já se vê etiquetada na categoria das catástrofes, faz-se mais urgente do que nunca desenvolver uma linguagem não messiânica para refigurar a comunidade racial, para decifrar a desracialização do mundo. Torna-se mais urgente do que nunca desenvolver uma epistemologia que não seja nem marginalização intelectual nem reificação oportunista. Vocês estão marcando espaços para um trabalho crítico que nem sangra a casa racial pelos ganhos que ela oferece em autenticidade e pertencimento, nem a abandona à mercê de suas falsas gesticulações. Se o mundo-como-lar pelo qual estamos trabalhando já é descrito na casa racial como devastação, o trabalho para o qual essas pesquisas chamam nossa atenção se revela não apenas interessante: é possível que nossas vidas dependam dele.

Esses campi onde trabalhamos e onde frequentemente nos reunimos não permanecerão terrenos exóticos por cujas fronteiras fixas viajamos de um tipo de comunidade modificada pela raça para outra, como se fôssemos intérpretes ou guias nativos; nem continuarão resignados ao status de castelos segregados de cujas balaustradas nós vemos — até convidamos — os desabrigados sem lar; ou mercados onde nos permitimos ser leiloados, comprados, silenciados e vastamente domesticados, a depender dos caprichos do mestre e do câmbio.

A desconfiança de que os estudos de raça são alvo por parte da comunidade legitimadora exterior só é justificável quando os próprios acadêmicos não espelham seus próprios lares, não reconhecem plenamente que o valioso trabalho que empreendem não pode ser feito em nenhum outro lugar, não compreendem a vida acadêmica como algo diferente tanto de uma hesitação entre mundos opostos quanto de uma fuga de um desses mundos. A observação de W. E. B. Du Bois é uma estratégia, não uma profecia ou uma cura. Fora da dupla consciência do dentro/fora, esse novo espaço postula uma interioridade do exterior, imagina uma segurança sem muros onde podemos conceber um terceiro, se me permitem a expressão, mundo, "já projetado para mim, aberto e confortável, cujo portão nunca precisa ser fechado".

Um lar.

Black Matter(s)

Tenho pensado há algum tempo sobre a validade ou a vulnerabilidade de certo conjunto de pressupostos convencionalmente aceitos entre historiadores literários e críticos e propagados como "conhecimento". Esse "conhecimento" sustenta que a literatura americana tradicional e canônica não foi tocada, informada ou moldada pelos quatro séculos de presença, primeiro, dos africanos e, depois, dos afro-americanos nos Estados Unidos. Pressupõe que essa presença — que condicionou o corpo político, a Constituição e a história inteira da cultura americana — não teve lugar significativo ou consequência na origem e no desenvolvimento da literatura dessa mesma cultura. Mais do que isso, pressupõe que as características da nossa literatura emanam de uma "americanidade" particular que se mostra separada e independente dessa presença. Parece haver um acordo mais ou menos tácito entre os estudiosos do fenômeno literário de que, porque a literatura americana tem sido visivelmente dominada pelo ponto de vista, pelo gênio e pelo poder de homens brancos, esse ponto de vista, esse gênio e esse poder se revelam intocados pela presença de pessoas negras nos Estados Unidos — uma população que antecede qualquer escritor americano de renome e que foi talvez a força mais furtivamente radical e imperiosa da literatura do país. A contemplação dessa presença negra é central para qualquer compreensão da literatura nacional e não deve ser relegada para as margens da imaginação literária. É possível que a literatura americana só divise a si mesma enquanto entidade coerente graças e em referência a essa população inquieta e inquietante. Comecei a me perguntar se os maiores e mais celebrados temas da literatura americana — o individualismo, a masculinidade, o conflito entre engajamento social e isolamento histórico — não são problemáticas morais agudas e ambíguas, mas antes respostas a uma presença africana persistente, marcante e sombria. A linguagem codificada e a restrição propositada com as quais a nação recentemente constituída lidou com a dissimulação racial e a debilidade moral presente em seu coração se preservam em sua literatura, mesmo ao longo do século XX. Uma presença africanista real ou fabricada tem sido crucial para o senso de americanidade dos escritores. E isso acaba por se revelar nas omissões sublinhadas e significativas, nas contradições surpreendentes, nos conflitos repletos de nuances complexas e no modo como as obras se mostram povoadas com os sinais e os corpos dessa presença.

Minha curiosidade evoluiu para um estudo ainda informal do que tenho chamado de africanismo americano. É uma investigação da forma como uma presença africanista, não branca, foi construída nos Estados Unidos, e sobre os usos imaginativos aos quais essa presença serviu. Uso "africanismo" como termo para a negritude denotativa e conotativa que os povos africanos passaram a significar, bem como para o arcabouço completo de pontos de vista, pressuposições, leituras e equívocos que caracterizam esses povos aos olhos eurocêntricos. É importante reconhecer a falta de restrições ligada aos usos desse tropo. Como um vírus debilitante no interior do discurso literário, o africanismo se tornou, na tradição eurocêntrica favorecida pela educação americana, um modo tanto de discutir quanto de policiar questões de classe, licenciosidade sexual, repressão, estabelecimento e exercício de poder, ética e responsabilidade. Pelo simples expediente de demonizar e reificar a gama de cores numa paleta, o africanismo americano torna possível dizer e não dizer, inscrever e apagar, fugir e se envolver, fingir e agir, historicizar e imortalizar. Oferece um modo de contemplar caos e civilização, medo e desejo — um mecanismo para testar os problemas e as bênçãos da liberdade.

O que o africanismo se tornou e como funcionou na imaginação literária é de grande interesse, pois, por meio de uma análise atenta da "negritude" literária, é possível descobrir a natureza e mesmo a fonte da "branquitude" literária. Para que serve? Que papel a invenção e o desenvolvimento da "branquitude" desempenham na construção do que se compreende como "americano"? Se essa investigação chegar um dia à maturidade, ela talvez me possibilite articular uma interpretação coerente da literatura americana, interpretação que não está completamente ao meu alcance agora — não menos, suspeito eu, por causa da indiferença deliberada da crítica literária no que se refere a essas questões.

Uma razão provável para a escassez de material crítico sobre assunto tão abrangente e instigante é que, quando o assunto é raça, o silêncio e a evasão têm governado, historicamente, o discurso literário. A evasão fomentou uma linguagem substituta na qual os temas sofrem uma codificação, tornando-se indisponíveis para o debate aberto. A situação se agrava pela ansiedade que penetra os discursos sobre raça e pelo fato de que ignorar questões raciais é não raro visto como um hábito compassivo, liberal, até generoso. Percebê-las é reconhecer uma diferença já desacreditada, ao passo que preservar sua invisibilidade por meio do silêncio é permitir ao corpo negro uma participação sem sombra no corpo cultural dominante. Impulsionado por essa lógica, cada instinto civilizado desautoriza a percepção do problema e proíbe o debate adulto. É exatamente esse conceito de *moeurs* literários e acadêmicos (que opera tranquilamente na crítica literária, mas que não apresenta nenhum argumento convincente em outras disciplinas) que extinguiu a presença nas prateleiras de alguns autores americanos outrora bastante respeitados, bloqueando acesso a insights fascinantes contidos em algumas de suas obras.

Outra razão para esse vácuo artificial no discurso literário é a insistência em pensar o racismo assimetricamente, isto é, apenas em termos de suas consequências sobre as vítimas. Tem-se investido muito tempo e inteligência na denúncia do racismo e de suas terríveis consequências. O resultado disso são os esforços constantes, ainda que erráticos, no sentido de legislar regulamentações preventivas. Constam também algumas tentativas poderosas e persuasivas de analisar as origens do próprio racismo, contestando a pressuposição de que seja uma parte inevitável e permanente de toda e qualquer paisagem social. Não desejo de modo algum depreciar tais pesquisas. É justamente por causa delas que algum progresso tem sido alcançado em termos de discurso racial. Mas quero, sim, que esse estudo já bem estabelecido seja acompanhado por outro, igualmente importante: a investigação a respeito dos efeitos do racismo sobre aqueles que o perpetuam. Parece-me gritante e surpreendente como o efeito do racismo sobre seu agente tem sido evitado, escapando à análise. Os estudos acadêmicos que investigam a mente, a imaginação e o comportamento dos escravizados são valiosos, mas igualmente valioso é o exame intelectual sério do que a ideologia racial fez e também faz à mente, à imaginação e ao comportamento do senhor de escravos.

As literaturas nacionais, como os escritores, se arranjam como podem. No entanto, parece que acabam mesmo por descrever e inscrever o que de fato anda pairando pela mente nacional. Na maior parte, a literatura dos Estados Unidos tomou como preocupação a arquitetura de um *novo homem branco*. Se estou desencantada com a indiferença da crítica literária a examinar a natureza dessa preocupação, tenho ainda um último recurso: os próprios escritores.

Escritores estão entre os artistas mais sensíveis, mais intelectualmente anárquicos, mais representativos, mais investigativos. A habilidade do escritor de imaginar o que vai além do ego, de familiarizar o estranho e mistificar o familiar — tudo isso é o teste que mede o poder de um escritor ou de uma escritora. As linguagens de que ela ou ele se valem (linguagem imagística, estrutural, narrativa) e o contexto social e histórico em que tais linguagens operam são revelações diretas e indiretas daquele poder e de suas limitações. Então é a eles, os criadores da literatura americana, que me volto em busca de algum esclarecimento sobre a invenção e o efeito do africanismo nos Estados Unidos.

Como a enunciação literária se articula quando procura imaginar um Outro africanista? Quais são os signos, os códigos, as estratégias literárias projetadas para facilitar esse encontro? Em suma, o que acontece? O que a inclusão de africanos e afro-americanos faz com e por um texto? Enquanto leitora, sempre presumi que nada "acontece". Que os africanos e seus descendentes nunca estão *lá* em nenhum sentido relevante; que, quando estão lá, são sempre decorativos, manifestações das habilidades técnicas mais triviais do escritor. Sempre supus que, como o autor ou a autora não era africanista, a aparição de personagens, narrativas ou dialetos africanistas em sua obra nunca poderia indicar algo além do mundo branco "normal", ilusório, não racial, que serve de cenário para a história. É certo que nenhum texto americano do tipo que estou discutindo foi escrito *para* pessoas negras, assim como *A cabana do Pai Tomás* não foi escrito para ser lido por um Pai Tomás ou para persuadi-lo. Como escritora, percebi o óbvio:

que o sujeito do sonho é o sonhador. A fabricação de uma persona africanista era reflexiva; era uma meditação extraordinária sobre o próprio eu, uma exploração poderosa dos medos e desejos que residem na consciência daquele que escreve (e em outras), uma assombrosa revelação de anseios, terrores, perplexidades, vergonhas, magnanimidade.

Ler esses textos como escritora me permitiu ter um contato mais profundo com eles. Era como se eu estivesse observando um aquário, contemplando o deslizar e o tremular das escamas douradas, as caudas verdes, o sopro branco retornando das brânquias, os castelos no fundo cercados por pedrinhas e pequenas, intrincadas algas esverdeadas, a água quase estática, as manchas de detritos e comida, as bolhas flutuando calmamente para a superfície — até que, de repente, vi o próprio aquário, a estrutura transparente, invisível, que permitia que a vida contida ali existisse no mundo que, por sua vez, a englobava. Em outras palavras, comecei a me valer de meu conhecimento de como são escritos os livros, de como a linguagem se apresenta; passei a confiar no meu entendimento de como e por que escritores abandonam ou elegem certos aspectos de seus projetos e na minha compreensão do que os esforços linguísticos demandam dos escritores, do que eles fazem da surpresa que é a companheira necessária e inevitável do ato de criação. E, assim, o que se tornou transparente para mim foram as óbvias estratégias que os americanos escolheram para falar sobre eles mesmos por meio da representação de uma presença africanista por vezes alegórica, por vezes metafórica, mas sempre sufocada.

A jovem América se distinguiu insistindo com absoluta deliberação num futuro, numa liberdade, num tipo de dignidade humana que se acreditava inédito no mundo. Toda uma tradição de anseios "universais" confluiu para aquelas palavras tão aduladas: "o Sonho Americano". Embora o sonho dos imigrantes mereça o escrutínio exaustivo que tem recebido das disciplinas acadêmicas e das artes, tão importante quanto conhecer o destino para o qual aquelas pessoas se apressavam é saber do que elas fugiam. Se o Novo Mundo alimentava tantos sonhos, qual era a realidade no Velho Mundo que aguçava o apetite por eles? E como aquela realidade poderia alimentar e condicionar a formulação de uma nova?

A fuga do Velho Mundo para o Novo é em geral compreendida como fuga da opressão e da limitação para a liberdade e a possibilidade. Na verdade, para alguns aquela debandada consistia numa fuga da licenciosidade — fuga de uma sociedade vista como permissiva, herética e indisciplinada. Para os que fugiam por outras razões que não religiosas, contudo, restrições e limitações impeliram a travessia. Para esses imigrantes, o Velho Mundo só oferecia pobreza, prisão, ostracismo social e, não raro, morte. Havia, claro, outro grupo de imigrantes, gente que veio pelas possíveis aventuras inerentes à fundação de uma colônia a favor, e não contra esta ou aquela pátria ou terra natal. E, lógico, havia os mercadores, que vieram pelo dinheiro.

Para todas essas pessoas, a atração era do tipo "tábua rasa", uma oportunidade única não apenas para nascer de novo, mas para nascer de novo e com roupas novas, por assim dizer: o cenário inédito proporcionaria novas vestes ao ser. O Novo Mundo oferecia a visão de um futuro ilimitado cujos raios refulgiam ainda mais contra as restrições, a insatisfação, o tumulto deixado para trás. Uma promessa genuinamente promissora. Com sorte e dedicação, era possível descobrir a liberdade, encontrar um modo de manifestar a lei de Deus no Homem ou acabar rico como um príncipe. O desejo por liberdade é precedido pela opressão; o anseio pela lei de Deus nasce da repugnância diante da licenciosidade e da corrupção do homem; e o glamour da riqueza é servo da pobreza, da fome e da dívida.

Muitas outras coisas faziam a viagem valer o risco. O hábito da genuflexão seria substituído pela excitação do comando. O poder — controle sobre o próprio destino — substituiria a impotência que se sentia diante dos portões da classe, da casta e da perseguição. Podia-se passar da condição de objeto da disciplina e do castigo para a condição de agente; do ostracismo social para o posto de árbitro da hierarquia social. E se ver livre de um passado inútil, aprisionador e repulsivo, adentrando uma espécie de não historicidade — uma página em branco esperando pelo relato. E havia muito que escrever ali: nobres impulsos se tornaram lei e foram apropriados como tradição nacional, mas também impulsos baixos, elaborados e aprendidos na antiga pátria rejeitada que os rejeitara.

O corpo da literatura produzido pela jovem nação é um dos lugares onde ela inscreveu esses medos, essas forças e esperanças. É difícil ler a literatura da jovem América sem se surpreender com quão antitética ela se mostra em relação à nossa moderna concepção do "Sonho Americano", quão pronunciada é a ausência daquela mistura elusiva de esperança, realismo, materialismo e promessa. Nascendo de pessoas que muito alardearam sua "novidade" — seu potencial, sua liberdade, sua inocência —, é impressionante constatar quão severa, quão angustiada, quão amedrontada e quão assombrada essa literatura inicial, fundadora, realmente é.

Temos rótulos e designações para esse assombro — "gótico", "romântico", "admoestatório", "puritano" — cujas fontes, claro, estão na literatura do mundo do qual aquelas pessoas fugiram. Em todo caso, é justo que se tenha sublinhado a forte afinidade entre a psique americana do século XIX e o romance gótico. Não é de surpreender que um país jovem, repelido pela desordem social e moral da Europa e desfalecendo num acesso de desejo e rejeição, devotasse seus talentos a reproduzir em sua própria literatura a tipologia do demonismo da qual seus cidadãos e seus pais haviam fugido. Afinal, um modo de se beneficiar das lições de erros e infortúnios passados é registrá-los — uma inoculação contra a repetição, por assim dizer.

O romance foi a forma como essa peculiar profilaxia americana se desenrolou. Quando já havia evaporado da paisagem literária europeia, esse gênero narrativo permaneceu na condição de expressão mais apreciada da jovem América. O que havia no romantismo tal como plasmado nos Estados Unidos que o tornava tão atrativo aos americanos enquanto campo de batalha onde convocar e imaginar seus demônios?

Já se sugeriu que o romance é uma forma de evasão da história, atraente a um povo que busca se evadir do passado recente. Mas me vejo mais persuadida pelos argumentos que veem nele uma colisão frontal com forças históricas muito prementes, muito reais e com as contradições inerentes a elas, sobretudo quando experimentadas por escritores. O romance, uma exploração da ansiedade importada das sombras da cultura europeia, tornou possível acolher — por vezes com segurança, por vezes de forma arriscada — alguns medos americanos bastante específicos, embora compreensivelmente humanos: o medo da marginalização, do fracasso, da impotência; da falta de limites, da Natureza excessiva sempre à espreita para o ataque; da ausência da dita civilização; da solidão, das agressões internas e externas. Em suma, o terror da liberdade humana — o grande objeto de desejo. O romance oferecia mais, não menos, aos escritores americanos; oferecia uma tela histórica mais ampla; uma possibilidade não de fuga, mas de expansão. Proporcionava plataformas para a moralização e a fabulação e para a consideração imaginativa da violência, de uma inverossimilhança sublime e do terror — cujo ingrediente mais significativo e imperioso era a escuridão, com todo o valor conotativo que ela contém.

Não há romance livre daquilo que Melville chamou de "o poder da negritude", sobretudo em um país que já dispunha de uma população residente negra pela qual a imaginação pudesse articular os medos, os dilemas, as divisões que a atormentavam histórica, moral, metafísica e socialmente. Essa população escravizada parecia se oferecer enquanto objeto numa meditação sobre o fascínio e o mistério da liberdade humana, o terror do banido e seu medo do fracasso, a impotência, a Natureza sem limites, a solidão inata, a agressão interna, o mal, o pecado, a ganância...; em outras palavras, sobre a liberdade humana em todos os termos, exceto os do potencial humano e dos direitos do homem.

Ainda assim, os direitos do homem, princípio ordenador sobre o qual a nação foi fundada, estavam inevitavelmente, e de modo especial, acorrentados ao africanismo. Sua história e sua origem estão permanentemente alinhadas a outro conceito sedutor — o conceito da hierarquia das raças. Como notou Orlando Patterson, não devemos nos surpreender com o fato de que o Iluminismo pudesse acomodar a escravidão; deveríamos nos surpreender se não o fizesse. O conceito de liberdade não emergiu no vácuo. Nada iluminava a ideia de liberdade — se é que não a criou de fato — como a escravidão.

Nesse constructo de negritude e escravização era possível encontrar não apenas o não livre como também uma projeção do não eu. O resultado era um verdadeiro parquinho para a imaginação. Assim, o que emergiu das necessidades coletivas para aliviar medos internos e racionalizar a exploração externa foi um africanismo — uma mistura inventada de negritude, alteridade, inquietação e desejo — distintamente americano. (Há também um africanismo europeu, com sua contraparte em sua própria literatura colonial.)

O que desejo examinar é como a imagem de uma negritude dominada, contida, suprimida e reprimida foi objetificada na literatura americana na condição de uma persona africanista. Quero mostrar como as obrigações dessa persona — obrigações de espelhamento, encarnação e exorcismo — são convocadas e representadas em boa parte da literatura nacional, imprimindo-lhe características particularizantes.

Eu já disse que as identidades culturais são formadas e informadas pela literatura da nação e que o que parecia habitar a "mente" da literatura dos Estados Unidos era a construção autoconsciente, mas imensamente problemática, do americano como um "novo homem branco". O chamado de Emerson pelo novo homem, "*The American Scholar*", aponta a deliberação dessa construção, a necessidade consciente de estabelecer uma diferença. Mas, ao estabeleceem um critério de diferença, os escritores que responderam a esse chamado, aceitando-o ou rejeitando-o, não voltaram seus olhos apenas para a Europa. Havia uma diferença bastante cênica bem debaixo de seu nariz. Os escritores podiam celebrar ou deplorar uma identidade — que já existia ou que depressa tomava forma — elaborada por meio da diferença racial. Essa diferença ofereceu um tesouro de signos, símbolos e agentes pelos quais organizar, separar e consolidar uma identidade de acordo com valiosas linhas de interesse.

Bernard Bailyn nos brindou com uma investigação extraordinária sobre os colonos europeus em pleno ato de se tornarem americanos. Particularmente relevante é uma descrição contida na obra *Voyagers to the West*. Citarei uma passagem longa, pois ela nos ajudará a clarificar e a sublinhar os aspectos salientes desse caráter americano que venho descrevendo:

William Dunbar, visto por meio de suas cartas e de seu diário, parece mais ficcional do que real [...]. Era um homem de seus vinte e poucos anos que surge subitamente nas vastidões do Mississippi reivindicando uma grande parcela de terra; em seguida, desaparece no Caribe só para retornar à frente de um batalhão de escravos "selvagens" com cuja mão de obra construiu um estado onde antes não havia nada além de árvores e terra inculta. [...] Homem complexo [...], parte de um mundo birracial violento, cujas tensões podiam se desenvolver em estranhas direções. Pois esse cultivador de terras selvagens era um cientista, que mais tarde se corresponderia com Jefferson sobre ciência e exploração; um fazendeiro do Mississippi cujas contribuições para a Sociedade Filosófica Americana [...] incluíam a linguística, a arqueologia, a hidrostática, a astronomia e a climatologia, e cujas explorações geográficas foram relatadas em publicações largamente conhecidas [...]. Figura exótica no mundo das plantações dos primórdios do Mississippi [...], importou para aquele mundo bruto, meio selvagem, as delicadezas da cultura europeia: não os candelabros e tapetes caros, mas os livros, os mais sofisticados equipamentos de agrimensura e os mais modernos instrumentos da ciência.

Dunbar [...] foi educado primeiro em casa, por tutores, depois na universidade de Aberdeen, onde seus interesses por matemática, astronomia e belas-letras amadureceram. O que lhe aconteceu depois de seu retorno para casa e, mais tarde, em Londres, onde circulava com jovens intelectuais, o que o impeliu ou o conduziu para longe da metrópole na primeira etapa de sua longa viagem para o oeste permanece indeterminado. Mas sejam lá quais tenham sido suas motivações, em abril de 1771, contando apenas 22 anos, Dunbar apareceu na Filadélfia...

Sempre ávido por nobreza, esse produto bem-educado do Iluminismo escocês e da sofisticação de Londres — esse jovem *littérateur* e cientista que, apenas cinco anos antes, estivera se correspondendo a propósito dos mais variados problemas científicos — além das "beatitudes do decano Swift", do tema da "vida feliz e virtuosa", do mandamento do Senhor de que os homens devem "amar-se uns aos outros" — mostrava-se agora estranhamente insensível ao sofrimento daqueles que o serviam. Em julho de 1776, registrou não a independência das colônias americanas, mas a supressão de uma suposta conspiração libertária articulada por escravos de sua própria fazenda...

Dunbar, o jovem *erudito*, o cientista escocês e homem de letras, não era de modo algum um sádico. Seu governo nas plantações era, pelos critérios da época, moderado; ele vestia e alimentava seus escravos de forma decente, e com frequência cedia em suas punições mais severas. Mas, a 4 mil milhas de distância das fontes da cultura, sozinho na periferia longínqua da civilização britânica, onde a sobrevivência física era uma batalha diária, onde a exploração impiedosa era um modo de vida, e onde a desordem, a violência e a degradação humana eram um lugar-comum, ele triunfara por meio de uma adaptação bem-sucedida. Infinitamente empreendedor e inventivo, tendo suas sensibilidades mais elevadas adormecidas pelos desgastes da vida nas fronteiras, e sentindo dentro de si um senso de autoridade e autonomia que não conhecera antes, uma força que fluía do controle absoluto sobre a vida dos outros, Dunbar emergiu na condição de novo homem singular, um gentil-homem da fronteira, um homem de posses num mundo bruto e semisselvagem.

Permitam-me chamar atenção para alguns elementos desse retrato, alguns emparelhamentos e interdependências que ressaltam na narrativa de William Dunbar. Primeiro, a conexão histórica entre o Iluminismo e a instituição da escravidão — os direitos do homem e sua escravização. Segundo, a relação entre a educação de Dunbar e seu empreendimento no Novo Mundo. A educação fora excepcional e incluía os debates mais recentes no campo da teologia e da ciência — num esforço, talvez, para fazê-las mutuamente implicáveis, de modo que uma sustentasse a outra. Dunbar é um produto não apenas do "Iluminismo escocês", mas também da "sofisticação de Londres". Leu Swift, discutiu o mandamento cristão — "amar uns aos outros" — e é descrito como "estranhamente" insensível ao sofrimento de seus escravizados. Em 12 de julho de 1776, registra com espanto e dor a rebelião escrava em sua fazenda: "Avalie minha surpresa. De que proveito são a gentileza e a bondade quando recompensadas por tamanha ingratidão?". "Constantemente perplexo", Bailyn continua, "pelo comportamento de seus escravos... [Dunbar] recuperou dois fugitivos e condenou cada um a quinhentas chicotadas em cinco momentos diferentes, além de carregar uma corrente e uma tora de madeira fixas nos tornozelos." Tomo isso como retrato sucinto do processo pelo qual se constituiu o americano enquanto novo homem branco. É uma formação que tem pelo menos quatro consequências desejáveis, todas referidas no sumário de Bailyn sobre o caráter de Dunbar e situadas no modo como Dunbar se sente "por dentro". Repito: "sentindo... um senso de autoridade e autonomia que não conhecera antes, uma força que fluía do controle absoluto sobre a vida dos outros, Dunbar emergiu na condição de novo homem singular, um gentil-homem da fronteira, um homem de posses num mundo bruto e semisselvagem". Um poder, um senso de liberdade que não conhecera antes. Mas o que ele "conhecera antes"? Uma boa educação, a sofisticação de Londres, o pensamento teológico e científico. Nada disso, conclui--se, pôde lhe proporcionar a autoridade e a autonomia que a vida de fazendeiro do Mississippi proporcionou. Seu "senso" é uma "força" que "flui": não uma dominação voluntariosa, uma escolha deliberada e calculada, mas antes um tipo de recurso natural, já presente, as Cataratas do Niágara prontas para jorrar tão logo ele se veja em condições de possuir "controle absoluto sobre a vida dos outros". E uma vez que chega a essa posição, ressuscita como novo homem, um homem singular, diferente. Qualquer que fosse seu status social em Londres, no Novo Mundo ele se torna um gentil-homem. Mais gentil, mais homem. Pois o local de sua transformação é o coração da barbárie. Seu cenário é a selvageria.

Autonomia, caráter inaugural, diferença, autoridade, poder absoluto: esses são os principais temas e preocupações da literatura americana, e cada um deles é viabilizado, plasmado e ativado por uma percepção e um uso complexos de um africanismo instituído que, representado enquanto crueldade e selvageria, provê o campo de encenação e a arena para a elaboração da identidade americana essencial.

A autonomia — liberdade — se traduz no muito celebrado e reverenciado "individualismo"; o caráter novo, inaugural, traduz-se em "inocência"; a distinção se torna diferença e as estratégias pelas quais mantê-la; autoridade se torna um "heroísmo" romântico, conquistador, e apresenta a problemática de exercer controle absoluto sobre vidas alheias. Esses quatro elementos se tornam possíveis, por fim, por meio de um quinto: o poder absoluto enfrentava e agia contra, sobre e dentro de uma paisagem natural e mental concebida como "um mundo bruto e semisselvagem".

Por que "bruto e semisselvagem"? Porque povoado por uma população autóctone não branca? Talvez. Mas certamente porque havia ali de prontidão uma população negra cativa, rebelde, porém útil, pela qual Dunbar e todos os homens brancos podem medir aquela diferença privilegiada.

No fim, o individualismo conduzirá a um protótipo de americanos enquanto descontentes solitários e alienados. Do que, quer-se fatalmente perguntar, os americanos se alienam? Do que eles são sempre e tão insistentemente inocentes? Do que são tão diferentes? E sobre quem esse poder absoluto é exercido, a quem é negado e para quem é distribuído?

As respostas para essas questões residem na presença potente de uma população africanista, que reforça o ego do novo homem branco, que pode agora se persuadir de que a barbárie só existe "lá fora": que as chicotadas ordenadas (quinhentas, aplicadas cinco vezes: 2500 no total) não são expressão de sua própria selvageria; que frequentes e perigosas tentativas de fuga em busca da liberdade são confirmações "intrigantes" da irracionalidade negra; que a combinação das beatitudes do decano Swift e uma vida de violência regularizada é algo civilizado; que, se as sensibilidades forem suficientemente adormecidas, a crueza permanece externa.

Essas contradições atravessam as páginas da literatura americana. Como poderia ser de outra forma? Como nos lembra Dominick LaCapra: "Romances 'clássicos' são não apenas trabalhados… por forças contextuais comuns (como as ideologias), mas também retrabalham tais forças e ao menos parcialmente as influenciam de forma crítica e por vezes potencialmente transformadora".

O terreno histórico e imaginativo pelo qual os primeiros escritores americanos viajaram é em grande medida moldado e determinado pela presença desse Outro racial. Afirmações contrárias que insistem na irrelevância da raça para a identidade americana estão elas próprias repletas de significado. O mundo não pode simplesmente transcender as raças, nem se desracializará por decreto. O ato de forçar a ausência de raças no discurso literário é um ato racial em si mesmo. Derramar ácido retórico sobre os dedos de uma mão negra pode de fato destruir as impressões digitais, mas não a mão. Além disso, o que acontece, naquele ato de apagamento violento e egoísta, com as mãos, os dedos e as impressões digitais daqueles que provocam esse apagamento? Permanecem livres de ácido? A literatura sugere o contrário.

Explícita ou implícita, a presença africanista informa de modo inescapável, significativo e instigante a textura e a forma da literatura americana. É uma presença sombria e persistente que serve à imaginação literária como força visível e invisível. De modo que mesmo, e sobretudo, quando os textos americanos não tratam de presenças, personagens, narrativas ou dialetos africanistas, suas sombras pairam ao redor, implícitas, significantes, enquanto limites. Não é acidente nem mero equívoco que as populações imigrantes (e boa parte da literatura imigrante) tenham compreendido sua "americanidade" em oposição à população residente. Raça, de fato, funciona agora como uma metáfora tão necessária para a construção da "americanidade" que chega a rivalizar com os velhos racialismos pseudocientíficos e classistas cujas dinâmicas estamos mais acostumados a decifrar.

Enquanto meio pelo qual negociar todo o processo de americanização e ao mesmo tempo enterrar seus ingredientes raciais peculiares, é possível que essa presença africanista seja algo de que os Estados Unidos não possam abrir mão. Pois neste momento do século XX, a palavra "americano" mantém preservada sua profunda associação racial. Isso não é verdade em relação ao "canadense" ou ao "inglês". Identificar alguém como sul-africano é muito pouco; precisamos do adjetivo "branco" ou "negro" ou "de cor" para esclarecer o que queremos dizer. Nos Estados Unidos ocorre justamente o oposto. "Americano" significa "branco", e a população africanista se esforça para tornar o termo aplicável a ela mesma se valendo de hifens e etnias. Os americanos não tiveram uma nobreza imanente contra a qual definir uma identidade de virtude nacional ao mesmo tempo que se continuava a cobiçar a licenciosidade e o fausto aristocráticos. Assim, a nação americana tratou de negociar tanto seu desdém quanto sua inveja se valendo do mesmo expediente de Dunbar: isto é, valendo-se da contemplação autorreflexiva de um africanismo mitológico fabricado. Para Dunbar, e para os escritores americanos em geral, esse

Outro africanista se tornou uma forma de pensar sobre o corpo, a mente, o caos, a doçura e o amor; uma oportunidade para se exercitar na ausência de restrições, ou na presença delas, na contemplação da liberdade, da agressão; uma chance para explorar questões de ética e moral, para ir ao encontro das obrigações do contrato social, para sustentar a cruz da religião e estabelecer as ramificações do poder.

Ler e interpretar o aparecimento de uma persona africanista no desenvolvimento da literatura nacional é um projeto fascinante, mas também urgente, se desejamos que a história e a crítica de nossa literatura sejam coerentes. O apelo de Emerson à independência intelectual era como a oferta de um prato vazio que os escritores podiam preencher com os nutrientes de uma cozinha nativa. O idioma, claro, seria o inglês, mas o conteúdo do idioma, seu tema, teria de ser de modo deliberado, insistentemente anti-inglês e antieuropeu na medida em que repudiava retoricamente uma adoração do Velho Mundo e definia o passado como corrupto e indefensável.

Nas pesquisas sobre a formação do caráter americano e na produção da literatura nacional, inúmeros itens têm sido catalogados. Um grande item ainda a ser acrescentado à lista tem de ser a presença africanista — decididamente não americana, decididamente Outra.

A necessidade de estabelecer uma diferença se originava não apenas pelo conflito com o Velho Mundo, mas também de uma diferença dentro do Novo. O que era distintivo do Novo era, primeiro de tudo, sua afirmação de liberdade e, segundo, a presença dos cativos no coração do experimento democrático — a ausência crítica da democracia, seu eco, sua sombra, seu silêncio e sua força silenciosa na atividade política e intelectual de alguns não americanos. As características distintivas dos não americanos eram seu status de escravizados, seu status social — e sua cor. É possível imaginar que a primeira característica teria se autodestruído não fosse pela segunda. Diferentemente de muitas outras populações escravizadas ao longo da história do mundo, esses escravizados em particular eram excessivamente visíveis. E herdaram, entre outras coisas, a longa história que informava o "significado" daquela cor. Não apenas tinham uma cor peculiar; a própria cor "significava" certas coisas. Esse "significado" fora nomeado e empregado por eruditos desde, no mínimo, o momento, no século XVIII, quando outros acadêmicos — e por vezes os mesmos — investigavam a história natural e os direitos inalienáveis do homem — isto é, a liberdade humana.

Supõe-se que, se todos os africanos tivessem três olhos ou uma única orelha, essa diferença em relação aos pequenos, mas industriosos, invasores europeus também seria encarada como portadora de "significado". Em todo caso, a natureza subjetiva da atribuição de valor e significado à cor não pode ser questionada a esta altura do século XX. O ponto por discutir é a aliança entre "ideias visualmente articuladas e enunciações linguísticas". E isso leva à natureza política e social do conhecimento recebido tal como essa natureza se revela na literatura americana.

O conhecimento, por mais mundano e utilitário, cria imagens linguísticas e práticas culturais. Responder à cultura — clarificando, explicando, valorizando, traduzindo, transformando, criticando — é o que fazem os artistas em toda parte, e isso é especialmente verdadeiro no tocante a escritores dedicados ao desenvolvimento de uma literatura no momento de fundação de uma nova nação. Sejam quais forem suas respostas pessoais e formalmente "políticas" ao "problema" inerente à contradição entre uma república livre e uma população escravizada, os escritores do século XIX estavam cientes da presença desses negros. E, mais importante, eles trataram, de forma mais ou menos apaixonada, de seus pontos de vista sobre essa difícil presença.

A consciência dessa população escravizada não se confinava aos encontros pessoais que escritores podem ter tido. A publicação de narrativas sobre escravizados foi um fenômeno do século XIX. A discussão sobre liberdade e escravidão ocupava a imprensa, bem como as campanhas e políticas de partidos e governos eleitos. Era preciso viver em completo isolamento para se manter alheio ao tema mais explosivo do país. Como seria possível falar de lucros, economia, mão de obra, progresso, sufragismo, cristianismo, fronteiras, formação de novos estados, aquisição de novas terras, educação, transporte (de carga e de passageiros), bairros, alojamentos, exército — praticamente qualquer coisa com a qual uma nação se ocupa — sem ter como referência, no coração do discurso, no coração da definição, a presença dos africanos e de seus descendentes?

Não era possível. E não aconteceu. O que aconteceu, volta e meia, foram esforços para falar sobre essas coisas por meio de um vocabulário feito sob medida para disfarçar a questão. Isso nem sempre obteve êxito, e na obra de muitos escritores nunca sequer se buscou o disfarce. A consequência, contudo, foi uma narrativa dominante que falava *em nome* do africano e de seus descendentes ou falava *sobre* ele. A narrativa do legislador não poderia coexistir com uma resposta da persona africanista.

Qualquer que fosse a popularidade das narrativas sobre escravizados — e elas inspiraram abolicionistas e converteram antiabolicionistas —, a narrativa dos próprios escravizados, embora libertando o narrador de muitas maneiras, não destruiu a narrativa dominante. Esta podia acomodar muitas mudanças, podia fazer um sem-número de ajustes para se manter intacta. Silêncio da parte do tema e sobre o tema era a ordem do dia. Alguns silêncios foram rompidos e outros foram preservados por escritores que viviam na companhia da narrativa policiadora e dentro dela. Interessam-me as estratégias usadas tanto para manter o silêncio quanto para rompê-lo. Como os escritores fundadores da jovem América abordaram, imaginaram, empregaram e criaram uma presença e uma persona africanista? Em que medida escavar essas trilhas pode nos levar a análises inovadoras e mais profundas acerca do que elas contêm e de como o contêm?

Tratemos de um exemplo, um dos grandes romances americanos que configura tanto um exemplo quanto uma crítica do gênero romance tal como praticado nos Estados Unidos durante o século XIX. Se suplementarmos nossa leitura de *Huckleberry Finn*, expandindo-a, ultrapassando a muleta de panaceias sentimentais envolvendo a fuga para os territórios livres, os deuses do rio e a inocência fundamental da americanidade; se incorporarmos à nossa leitura a crítica combativa da obra à América pré-guerra, iluminando assim os problemas criados por leituras tradicionais demasiadamente tímidas para se demorarem sobre as implicações da presença africanista em seu cerne, parece que nos deparamos com outro romance — um romance, de certa forma, mais pleno. Compreendemos que, em certo nível, a crítica de classe e raça está lá, embora disfarçada ou realçada pela combinação de humor, aventura e ingenuidade.

Os leitores de Twain podem tomar a liberdade de ignorar as qualidades combativas, contestatórias, do romance, ressaltando a celebração da inocência sagaz ao mesmo tempo que confessam o constrangimento diante da atitude racial sintomática que a obra esposa. As primeiras abordagens críticas, as reavaliações dos anos 1950 que levaram à canonização de *Huckleberry Finn* como grande romance, passaram ao largo ou desdenharam o embate social por várias razões: porque a obra parece ter assimilado inteiramente as pressuposições ideológicas de sua cultura e sociedade; porque é narrada na voz e controlada pelo olhar de uma criança sem status (um outsider, um marginal, alguém já relegado à condição de "outro" pela sociedade de classe média que ele despreza e parece nunca invejar); e porque o romance se disfarça na comédia, na paródia e no exagero.* Em Huck, inocente de pouca idade, mas esperto, virginalmente intocado pelos anseios, fúrias e pelas exasperações burguesas, Mark Twain inscreve a crítica da escravidão e das pretensões da classe média aspirante, a resistência à perda do Éden e a dificuldade em se tornar aquele oximoro: "um indivíduo social". O catalisador dos esforços de Huck, contudo, é o "*nigger*"** Jim, e é absolutamente necessário que o termo "*nigger*" seja inextricável das deliberações de Huck sobre quem e o que ele próprio é. Ou, mais precisamente, quem e o que ele próprio *não* é. As principais controvérsias sobre a grandeza ou quase grandeza de *Huckleberry Finn* enquanto romance americano (ou mesmo "universal") existem enquanto controvérsias por recusarem o exame atento da interdependência entre escravidão e liberdade, do amadurecimento de Huck e da função de Jim dentro desse amadurecimento e mesmo da inabilidade de Twain para continuar, para explorar a viagem dentro do território livre.

A controvérsia crítica se centra no colapso do chamado desfecho fatal do romance. Já se sugeriu que o final é de um requinte brilhante que devolve Tom Sawyer ao centro do palco, onde ele merece estar. Que é uma sátira sensacional sobre os perigos e as limitações do próprio gênero do romance. Que é uma experiência de aprendizagem valiosa para Jim e para Huck, pela qual nós e eles

---

* Nesse ponto, a autora associa as características elencadas aos *tall tales* — narrativas populares que lidam com acontecimentos e feitos mirabolantes, protagonizados por personagens inverossímeis. A tradição dos *tall tales* se relaciona intimamente aos relatos da conquista do Oeste americano. (N. T.)
** Termo de caráter pejorativo aplicado à população negra. (N. T.)

devemos nos sentir agradecidos. Que é um final triste e confuso que denota que o autor, depois de um longo período de bloqueio, já não sabia o que fazer, de modo que, desgostoso, resolveu retornar ao registro juvenil. O que não se ressalta é que, dados os limites do romance, não havia como Huck amadurecer e se tornar um ser humano moral na América sem a presença de Jim, de modo que permitir que Jim encontrasse a liberdade, permitir que ele não deixasse escapar a foz do rio Ohio e a passagem para o território livre, implicaria abandonar toda a premissa do livro. Em termos imaginativos, nem Huck nem Twain podem tolerar um Jim liberto. Fazê-lo implicaria soltar a predileção de suas amarras. Assim, o desfecho "fatal" se torna um elaborado adiamento da fuga de um personagem africanista necessário e necessariamente cativo, porque a liberdade não tem sentido algum para Huck ou para o texto sem o espectro da escravidão, que é o paliativo para o individualismo, o parâmetro do poder absoluto sobre a vida do outro: a presença mutante, marcada, sinalizada e reveladora do escravizado negro. O romance o aborda a todo instante em seu edifício estrutural e se demora sobre ele em cada fissura — o corpo e a personalidade do escravizado: o modo como esse corpo fala, que paixão, lícita ou ilícita, o aprisiona, que dor consegue suportar, quais seriam os limites, se os há, para os seus sofrimentos, que possibilidades haveria para o perdão, a compaixão, o amor.

Duas coisas nos impressionam no romance: a reserva aparentemente ilimitada de amor e compaixão que o negro tem por seus senhores brancos e a pressuposição desse negro de que os brancos são, de fato, o que dizem ser — superiores e adultos. Essa representação de Jim como o Outro visível pode ser lida como manifestação do desejo branco por perdão e amor, mas esse desejo só se torna possível quando se entende que o negro reconheceu sua própria inferioridade (não como escravizado, mas como negro) e a desprezou; quando se entende que, tal como Jim é forçado a fazer, ele permitiu que seus perseguidores o atormentassem e o humilhassem e responde ao tormento e à humilhação com amor ilimitado. A humilhação a que Huck e Tom sujeitam Jim é barroca, infinita, estúpida, entorpecedora — e vem *depois* de termos conhecido Jim na condição de adulto, de pai afetuoso e homem sensível. Se Jim tivesse sido um ex-presidiário branco com quem Huck fez amizade, esse final não poderia ter sido imaginado ou escrito, pois não teria sido possível que duas crianças jogassem tão dolorosamente com a vida de um homem branco (à revelia de sua classe, educação ou status de fugitivo) uma vez que ele tivesse sido apresentado sob o aspecto de um adulto moral. O status de escravizado de Jim torna o "jogo e o adiamento" possíveis, além de atualizar, em seu estilo e modo de narração, a importância da escravidão na conquista (em termos reais) da liberdade. Jim se mostra não assertivo, amoroso, irracional, apaixonado, dependente, inarticulado (exceto pelas "conversas" que tem com Huck, longas e agradáveis conversas às quais não temos acesso. Sobre o que conversaram, Huck?). O que deveria chamar nossa atenção não é o que Jim *parece* ser, mas o que Twain, Huck e, sobretudo, Tom necessitam dele. *Huckleberry Finn* talvez seja, sim, "grande", pois, em sua estrutura, no inferno no qual coloca seus leitores ao final, pelo debate frontal que impõe, o livro termina por simular e descrever a natureza parasitária da liberdade branca.

Minha sugestão de que o africanismo veio a implicar uma necessidade metafísica não significa que tenha perdido sua necessidade ideológica. Há ainda muito que ganhar pela racionalização perniciosa da sanha pelo poder, pelas inferências de inferioridade e pelo ranqueamento de diferenças. Há ainda muito consolo nacional nesses contínuos sonhos de igualitarismo democrático que mascaram conflitos de classe, ódios e impotências nas representações de raça. E há também muito sumo a ser extraído dessas apetitosas reminiscências de "individualismo" e "liberdade" — se a árvore na qual tais frutos amadurecem é uma população negra forçada a servir como polo oposto da liberdade. O "individualismo" passa ao primeiro plano e se torna convincente quando seu cenário de fundo é uma dependência estereotipada e forçada. "Liberdade" (para ir e vir, para se sustentar, para aprender, para se aliar aos centros de poder, para narrar o mundo) pode ser apreciada mais profundamente ao lado do cativo, do economicamente oprimido, do marginalizado, do silenciado. A dependência ideológica do racismo continua intacta.

Dir-se-á que os brancos americanos consideraram questões de moralidade e ética, questões relativas à supremacia da mente e à vulnerabilidade do corpo, que refletiram sobre as bênçãos e os riscos do progresso e da modernidade sem referência à situação de sua população negra. Onde, afinal, se encontra o registro de que tal referente foi parte dessas deliberações?

Minha resposta a essa questão vem na forma de outra pergunta: em que debate público é possível dizer que a referência ao povo negro não exista? O povo negro se faz presente em cada um dos grandes desafios nacionais, não apenas na formulação da Constituição, mas também na batalha sobre a concessão de privilégios aos cidadãos sem propriedade, às mulheres e aos analfabetos. Na construção de um sistema público gratuito de ensino, no equilíbrio de representação nos corpos legislativos, na jurisprudência e nas definições legais de justiça. No discurso teológico, nos memorandos das casas bancárias, no conceito do destino manifesto e na narrativa que acompanha a iniciação de cada imigrante na comunidade da cidadania americana.

A literatura dos Estados Unidos, como sua história, ilustra e representa as transformações dos conceitos biológicos, ideológicos e metafísicos das diferenças raciais. Mas a literatura tem uma preocupação e uma matéria adicionais: a imaginação particular no ato de interagir com o mundo externo em que habita. A literatura redistribui e transforma em linguagem figurativa as convenções sociais do africanismo. No teatro de variedades, uma camada de negrume aplicada à face branca a libertava das exigências da lei. Tal como os atores tornavam aceitáveis por meio da *blackface* certos tópicos que de outra forma seriam tabus, do mesmo modo os escritores americanos foram capazes de empregar uma persona africanista imaginária para articular e encenar imaginativamente o proibido na cultura americana.

Codificadas ou implícitas, indiretas ou abertas, as respostas à presença africanista imprimem complexidade aos textos, por vezes contradizendo-os inteiramente. Podem servir como forragem alegórica para a contemplação do Éden, para a expulsão ou a disponibilidade da graça. Fornecem paradoxos, ambiguidades; revelam omissões, repetições, perturbações, polaridades, reificações, violência. Em outras palavras, dão aos textos uma vida mais profunda, mais rica, mais complexa do que a vida sanitizada que nos é mais comumente apresentada. Seria uma pena se a crítica dessa literatura continuasse a envernizá-la, imobilizando as complexidades e o poder que reluzem por baixo de sua superfície espelhada; seria uma pena se continuasse educada demais, temerosa demais para notar a escuridão perturbadora que paira diante de seus olhos.

Coisas indizíveis não ditas:
A presença afro-americana
na literatura americana

I

Pensei em intitular este artigo "Bucha de cânone", pois os termos me trazem à mente certo tipo de resposta muscular treinada que parece estar em voga em algumas áreas do atual debate sobre o cânone. Além disso, gosto do efeito de choque e rodopio que se pressente na conjunção das duas palavras. A princípio, faziam-me lembrar daquela multidão de rapazes — jovens negros, ou "étnicos", ou pobres, ou pertencentes à classe trabalhadora — que abandonaram a escola para ir à guerra do Vietnã e que eram descritos pelos que se opunham ao conflito como "bucha de canhão". De fato, muitos daqueles jovens que foram à guerra, bem como daqueles que voltaram, eram tratados de acordo com uma das acepções da palavra "bucha": "comida ruim, de baixo valor nutritivo"; ou, no contexto dos meus pensamentos sobre o tema deste artigo, seguindo uma definição mais aplicável: "gente vista como prontamente disponível, de pouco valor". Ração grosseira para alimentar a máquina da guerra. E havia também o jogo de palavras entre *canhão* e *cânone*. A etimologia do primeiro termo inclui *tubo* (cânula), *bengala, cana*. Para o segundo, as fontes apontam *vara*, que se torna *vara de medição, corpo de leis, corpo de regras*. Quando as duas palavras se olham de frente, a imagem que toma forma é a de um canhão disparado sobre o (ou pelo) corpo das leis. O estrondo de poder anunciando um "conjunto de textos oficialmente reconhecidos". O canhão defendendo o cânone, pode-se dizer. Além disso, sem conexões etimológicas, eu ouvia *father* (pai) em *fodder* (bucha) e sentia esse espectro paterno tanto no canhão quanto no cânone e terminava por pensar em "comida de pai". E o que esse pai comia? Gente/textos prontamente disponíveis, de pouco valor. Mas mudei de ideia (tantos já usaram a expressão), e espero tornar lógica a adequação do título que terminei por escolher.

Meu propósito aqui é observar a panóplia composta de certos questionamentos recentes e instigantes sobre o que constitui ou o que deveria constituir um cânone literário, tendo por intuito sugerir algumas formas de abordar a presença afro-americana em nossa literatura que não demandem nem massacres nem reificações — pontos de vista que talvez consigam fazer com que toda uma literatura da nação salte para fora da solidão em que esteve trancafiada. Pois há algo que se chama literatura americana e que, de acordo com as convenções, não é nem literatura chicana, nem afro-americana, nem sino-americana, nem nativo-americana etc. Trata-se de um fenômeno separado dos demais, e, a despeito dos esforços das mais recentes histórias literárias, dos currículos atualizados e das antologias, esse isolamento, seja quando se quer violá-lo ou endossá-lo, é o tema de grande parte desses debates. Os termos utilizados, tal como em discussões anteriores sobre o cânone, destacam valores literários e/ou humanistas, critérios estéticos e leituras objetivas ou socialmente ancoradas; não obstante, na discussão atual, compreende-se que o campo de batalha é palco para reivindicações de outros grupos em luta contra as origens e definições daqueles valores tal como determinadas pelo homem branco; trata-se de questionar se tais definições refletem um paradigma eterno, universal e transcendente, ou se constituem um disfarce para um programa temporal, político e culturalmente específico.

Parte da história desse debate localiza-se no ataque bem-sucedido que a pesquisa acadêmica feminista realizada por homens e mulheres (de origem branca e negra) empreendeu e continua a empreender contra o discurso literário tradicional. A parte masculina da equação já se encontra profundamente sob ataque, e ninguém acredita que o corpus da literatura e sua crítica voltarão algum dia ao que eram em 1965: uma reserva protegida dos pensamentos, das obras e das estratégias analíticas de homens brancos.

É, contudo, sobre a face "branca" dessa questão que este artigo se detém, e é para meu grande alívio que termos como "branco" e "raça" podem agora adentrar a discussão séria sobre literatura. Embora ainda implique um chamado às armas urgente e urgentemente acatado, o uso de tais termos já não é proibido.*
Pode parecer indelicado duvidar da sinceridade ou questionar o suposto altruísmo bem-intencionado de uma academia de novecentos anos que vem lutando ao longo de muitas décadas de caos para "manter os padrões". No entanto, de que vale insistir na "qualidade" como critério único de grandeza sabendo que a própria definição de qualidade é tema de muito ódio e só raramente é aceita por todos em todas as épocas? Seria uma questão de se apropriar do termo por questões de Estado; para se colocar numa posição na qual se possa distribuir grandeza ou negá-la? Ou o

* Ver "Race". In: *Writing, and Difference*. Henry Louis Gates (Org.). Chicago: University of Chicago Press, 1986.

objetivo seria de fato buscar ativamente os modos e lugares nos quais a qualidade emerge e nos encanta, impelindo-nos ao silêncio pasmo ou a uma linguagem digna de descrevê-la? Em todo caso, o que é possível é tentar reconhecer, identificar e celebrar a luta pela qualidade — e seu triunfo — quando ela se revela diante de nós, abandonando a noção de que apenas a cultura ou o gênero dominante pode fazer tais julgamentos, identificar essa qualidade ou produzi-la.

Os que alegam a superioridade da cultura ocidental só têm o direito de fazê-lo quando a civilização ocidental for meticulosamente avaliada em relação a outras civilizações e não demonstrar carências de nenhuma espécie, bem como quando admitir suas próprias fontes nas culturas que a precederam.

Uma grande parte da satisfação que sempre obtive na leitura da tragédia grega, por exemplo, reside na semelhança com a religião e a filosofia africanas, bem como com as estruturas comunais afro-americanas (a função do canto e do coro, o embate heroico entre as reivindicações da comunidade e o húbris individual). Essa semelhança é parte da razão pela qual a tragédia grega tem qualidade para mim — nela eu me sinto intelectualmente em casa. Mas esse dificilmente seria o caso para quem nada sabe do meu "lar" e de modo algum seria um requisito para o prazer que eles próprios encontram. O ponto é que a forma (tragédia grega) torna possível essa variedade de amores provocativos, porque *ela* é magistral — não porque a civilização que lhe serve de referente tenha sido perfeita ou superior a todas as outras.

Tem-se a sensação de que as noites vêm se tornando insones em certos círculos, e parece-me óbvio que a aversão dos "humanistas" tradicionais e de alguns teóricos pós-modernistas a esse aspecto particular do debate, o aspecto "racial", só é tão severa quanto de fato é porque as reivindicações por atenção partem daquele segmento do campo acadêmico e artístico no qual a menção à "raça" ou se faz inevitável ou se mascara artificiosa e dolorosamente, e porque, se todas as ramificações que o termo demanda forem levadas a sério, as bases da civilização ocidental terão de ser repensadas. Assim, apesar de seu reconhecimento implícito e explícito, "raça" ainda é tema virtualmente indizível, como se pode ver nos pedidos de desculpa, nas notas de "uso especial" e nas definições circunscritas que o acompanham* — e não menos nas aspas deferentes com que eu mesma cerco o termo. Subitamente (para todos os propósitos, subitamente), "raça" não existe. Por três séculos os negros americanos insistiram que "raça" não era um fator de distinção útil às relações humanas. Durante esses mesmos três séculos, todas as disciplinas acadêmicas, incluindo a teologia, a história e as ciências naturais, insistiram que "raça" era *o* fator determinante do desenvolvimento humano. Quando os negros descobriram que haviam moldado ou se tornado uma raça culturalmente formada, e que essa raça tinha uma diferença específica e reverenciada, subitamente foram informados de que "raça" — biológica ou cultural — não importa, e que o intercâmbio intelectual genuíno não pode acomodar tal categoria.** Ao tentar compreender a relação entre "raça" e cultura, confesso que quase me exaspero. Sempre me pareceu que as pessoas que inventaram a hierarquia de "raça" quando lhes era conveniente não tinham o direito de dispensá-la agora que sua existência não servia a seus propósitos. Por outro lado, a cultura *existe*, e tanto gênero quanto raça a informam e são informados por ela. A cultura afro-americana existe, e embora esteja cada vez mais evidente

---

* Entre outros exemplos, Ivan Van Sertima, *They Came Before Columbus, The African Presence in Ancient America*. Nova York: Random House, 1976, pp. XVI-XVII.
** Tzvetan Todorov, "'Race', Writing, and Culture" traduzido por Loulou Mack, em Gates, op. cit., pp. 370-80.

como ela respondeu à cultura ocidental, as instâncias e os meios pelos quais ela moldou a cultura ocidental são apenas precariamente reconhecidos e compreendidos.

Quero abordar certos modos pelos quais a presença da literatura afro-americana e a consciência de sua cultura tanto ressuscitaram o estudo da literatura nos Estados Unidos quanto elevaram o nível desses estudos. Para tanto, servirá aos meus propósitos contextualizar o percurso que os debates sobre o cânone tomaram na crítica literária ocidental.

Não acredito que a atual ansiedade possa ser atribuída apenas às discussões rotineiras, até cíclicas, dentro das comunidades literárias refletindo transformações imprevisíveis, embora inevitáveis, no gosto, na relevância e nas percepções. Mudanças pelas quais o entusiasmo e o endosso oficial de William Dean Howells, por exemplo, definharam; pelas quais a despenalização de Mark Twain no tribunal crítico se ergueu e caiu como um chumbo de sondagem (para a qual ele pode ou não ter designado a si mesmo); ou mesmo a onda de atenção e devoção — lenta, atrasada, mas constante — que pôs Emily Dickinson no que é agora, com certeza, um cume permanente de respeito. Não. Essas foram descobertas, reavaliações de artistas individuais. Reavaliações sérias, mas não desestabilizadoras. Tais acomodações eram simples, pois as questões que expunham eram simples: existem apenas cem exemplos notáveis de alta arte literária nos Estados Unidos? Cento e seis, talvez? Se um ou dois caem em descrédito, há espaço, então, para um ou dois outros que se encontram no vestíbulo esperando como garotinhas pelo toque das sinetas de maridos futuros, de quem dependem sua segurança, sua legitimidade — e em cujas mãos reside o dom de longevidade crítica? Questões interessantes, mas, como disse, pouco perigosas.

Essa insônia acadêmica detectável também não é consequência de uma mudança muito mais radical, tal como a de meados do século XIX, que proclamou a autenticidade da própria literatura americana. Ou outra ainda mais antiga — recuando agora para o passado distante — pela qual a teologia e, logo, o latim foram substituídos pelo estudo igualmente rigoroso dos clássicos e do idioma grego, transformação mais tarde seguida pelo que foi visto como uma proposta estranhamente arrogante e arrivista: a de que a literatura inglesa era matéria de estudo apropriada para uma educação aristocrática, e não apenas repasto moralmente instrutivo para as classes trabalhadoras. (A Sociedade Chaucer foi fundada em 1848, quatrocentos anos depois da morte do autor.) Não. Essa mudança parece, de alguma forma, muito mais rara, mais incisiva. Tem uma defesa mais arduamente debatida (e sentida) e um ataque mais vigorosamente insistente. E tanto as defesas quanto os ataques transbordaram da academia para a imprensa popular. Por quê? Resistência a reposicionamentos dentro do cânone ou à sua expansão não é, afinal, algo surpreendente ou injustificado. É para isso que serve a canonização. (A questão sobre se deveria haver ou não um cânone me parece falsa — querendo ou não, há sempre um cânone —, pois é do interesse da comunidade da crítica profissional possuir um cânone.) Uma consciência aguda das razões pelas quais uma obra é ou não digna de estudo é, sem dúvida, a ocupação legítima do crítico, do pedagogo e do artista. O que impressiona no debate contemporâneo não é a resistência ao reposicionamento de certas obras e à expansão dos gêneros literários contemplados, mas a paixão virulenta que acompanha essa resistência e, mais importante, a qualidade de seus armamentos. As armas são grandes; os gatilhos são rápidos. No entanto, estou convencida de que o mecanismo dos defensores da tocha é falho. Não apenas as mãos dos caubóis acadêmicos podem acabar decepadas, não apenas o alvo pode escapar ileso, mas o próprio motivo das conflagrações (os textos sagrados) pode terminar sacrificado, desfigurado na batalha. Essa bucha de cânone pode matar o cânone. E eu, de minha parte, não pretendo viver sem Ésquilo ou Shakespeare, sem James ou Twain, sem Hawthorne ou Melville etc. etc. etc. Deve haver algum modo de aprimorar nossas leituras do cânone sem necessariamente sacralizá-las.

Quando Milan Kundera, em *A arte do romance*, mapeou o território histórico do romance afirmando que "O romance é uma criação da Europa" e que "o único contexto pelo qual se avaliar o valor de um romance é a história do romance europeu", o resenhista da *New Yorker* se abespinhou. "A 'ideia pessoal de romance' de Kundera", o resenhista anotou, "é tão profundamente eurocêntrica que provavelmente parecerá exótica, até perversa, para leitores americanos. [...] *A arte do romance* emana ocasionais (mas pungentes) bafejos de arrogância cultural, e podemos sentir que o discurso de Kundera [...] revela um aspecto de seu caráter que preferíamos não conhecer. [...] De modo a se tornar o artista que ele é agora, o romancista tcheco precisou descobrir-se uma segunda vez — descobrir-se como europeu. Mas, e se essa segunda possibilidade, mais nobre, não estivesse disponível? E se Broch, Kafka, Musil — toda aquela leitura — jamais tivesse sido parte de sua educação, ou tivesse lhe alcançado apenas como presenças estranhas, exóticas? O fervor polêmico de Kundera em *A arte do romance* nos irrita, enquanto leitores americanos, porque nos sentimos numa atitude defensiva, excluídos da transcendente 'ideia do romance' que para ele parecia desde sempre disponível. (Se ao menos Kundera tivesse mencionado mais alguns heróis da cultura do Novo Mundo na versão redentora de sua história do romance.) O fato é que nossos romancistas não descobrem valores culturais dentro deles mesmos; eles os inventam."*

O ponto de vista de Kundera, obliterando os escritores ame-

---

* Terrence Rafferty, "Articles of Faith", *New Yorker*, 16 de maio de 1988, pp. 110-8.

ricanos (com exceção de William Faulkner) de seu próprio cânone, é relegado a uma "arrogância" que Terrence Rafferty dissocia da obra imaginativa de Kundera e atribui à "confiança sublime" de sua prosa crítica — a confiança de um exilado de posse da educação sentimental e do poder de escolha que o gabaritam a se tornar europeu.

Senti-me revigorada pelos comentários de Rafferty. Substituindo-se algumas expressões, suas observações e seu justificável sentimento de ofensa podem ser inteiramente apropriados pelos escritores afro-americanos em relação à sua própria exclusão da "transcendente 'ideia do romance'". Pois a presente turbulência não parece tratar da flexibilidade do cânone, de seu alcance entre países ocidentais, mas de sua miscigenação. Esse termo aqui é informativo, e eu o uso deliberadamente. Um ingrediente poderoso nesse debate diz respeito à incursão das chamadas literaturas de minorias ou literaturas do Terceiro Mundo por dentro de uma fortaleza eurocêntrica. Quando o tópico do Terceiro Mundo vem à tona, diferentemente do tópico da literatura escandinava, por exemplo, uma ameaça possível e uma crítica implícita ao equilíbrio reinante parecem sempre emergir simultaneamente. Do século XVII ao XX, os argumentos de resistência àquela incursão têm executado uma sequência previsível: 1) não existe arte afro-americana (ou arte do Terceiro Mundo); 2) existe, mas é inferior; 3) existe e é superior quando alcança os critérios "universais" da arte ocidental, 4) não é bem arte, mas uma espécie de minério — um rico minério — que demanda um ferreiro ocidental ou eurocêntrico para refiná-lo, transformando-o de seu estado "natural" numa forma esteticamente complexa.

Alguns comentários sobre um esforço acadêmico maior e mais antigo, mas não menos revelador — e extremamente bem-sucedido — podem ser úteis aqui. É revelador porque lança luz sobre certos aspectos do presente debate e talvez sugira suas fontes. Mencionei acima a conflagração radical na construção do cânone que se deu na inauguração dos estudos clássicos. Essa reorientação canônica passando da escolástica para o humanismo não foi meramente radical, deve ter sido (devo dizê-lo?) selvagem. E levou uns setenta anos para triunfar. Setenta anos para eliminar o Egito como berço e modelo da civilização e substituí-lo pela Grécia. O triunfo desse processo fez com que a Grécia perdesse suas próprias origens e se tornasse ela mesma *original*. Inúmeros acadêmicos em várias disciplinas (história, antropologia, etnobotânica etc.) têm apresentado suas pesquisas sobre transmissões transculturais com graus diferentes de sucesso na recepção de seus trabalhos. Recordo-me aqui da curiosa história de publicação por trás de *They Came Before Columbus* [Eles vieram antes de Colombo], de Ivan Van Sertima, que pesquisa a presença africana na América antiga. Recordo-me de *Orientalismo*, de Edward Said, e, especialmente, do trabalho de Martin Bernal, linguista com formação em história chinesa que se definia como um intruso no campo de estudo das civilizações clássicas, mas que nos ofereceu, em *Black Athena* [Atena negra], uma investigação espetacular. De acordo com Bernal, há dois "modelos" de história grega: um deles vê a Grécia como ariana e europeia (o Modelo Ariano); o outro a vê como levantina — absorvida pelas culturas egípcia e semítica (o Modelo Antigo). "Se estou certo", escreve o professor Bernal, "em demandar a deposição do modelo ariano e sua substituição pelo modelo antigo revisado, será necessário repensar não apenas as bases fundamentais da 'civilização ocidental', mas também reconhecer a penetração do racismo e do 'chauvinismo continental' em toda a nossa historiografia, ou em nossa filosofia da história. O modelo antigo não tinha nenhuma deficiência ou fraqueza 'interna' em termos de poderes explicativos. Foi vencido por razões externas. Para os românticos e os racistas dos séculos XVIII e XIX era simplesmente intolerável que a Grécia, vista então não apenas como o epítome da Europa, mas também como sua infância pura, fosse resultado de uma mistura de nativos europeus e *colonizadores* africanos e semitas. Desse modo, o Modelo Antigo tinha de ser deposto e substituído por algo mais aceitável."*

É difícil não se dobrar ao peso da documentação apresentada e aos insights analíticos fulgurantes de Martin Bernal. O que me impressionou em sua análise foi o *processo* de fabricação da Grécia Antiga e os *motivos* para tal fabricação. Os últimos (os motivos) envolviam o conceito de pureza, de progresso. Já o processo demandava leituras dissimuladas, seletividade predeterminada de fontes autênticas — e silêncio. Da apropriação teológica cristã de Israel (o Levante) à obra do prodigioso Karl Müller, datada de inícios do século XIX, obra que efetivamente dispensou os registros em que os próprios gregos mencionavam suas influências e origens como mera "Egitomania", isto é, uma tendência por parte dos gregos de se "espantarem" diante da cultura egípcia, tendência "manifesta no 'delírio' de que os egípcios e outros 'bárbaros' não europeus possuíam culturas superiores, das quais os gregos tomaram emprestado maciçamente",** chegando até a resposta romântica ao Iluminismo e ao declínio dos fenícios, agora desprestigiados, "a força essencial por trás da rejeição da maciça influência fenícia nos primórdios da Grécia foi a ascensão do antissemitismo racial, em oposição ao antissemitismo religioso. Isso porque os fenícios eram corretamente percebidos como tendo sido culturalmente muito próximos dos judeus".***

Cito talvez um tanto longamente o texto de Bernal porque a

---

* Martin Bernal, *Black Athena: The Afroasiatic Roots of Classical Civilization*, v. 1, *The Fabrication of Ancient Greece 1785–1985*. New Brunswick, NJ: Rutgers University Press, 1987, p. 2.
** Ibid., p. 310.
*** Ibid., p. 337.

ideia de *motivo*, elemento tão raramente convocado na história dos relatos históricos, é localizada, delineada e confrontada na pesquisa de Bernal e tem ajudado meu próprio pensamento sobre o processo e os motivos da atenção e da avaliação acadêmicas da presença afro-americana na literatura dos Estados Unidos. Delinear cânones implica delinear impérios. E defender o cânone é defender a nação. O debate sobre o cânone, seja qual for o terreno, a natureza e o alcance (da crítica, da história, da história do conhecimento, da definição da língua, a universalidade dos princípios estéticos, a sociologia da arte, a imaginação humanística), implica choque de culturas. E todos os interesses são interesses particulares.

Em tal tumulto — um tumulto provocativo, saudável, explosivo —, trabalhos extraordinariamente profundos têm sido desenvolvidos. Parte da controvérsia, contudo, degenerou-se em ad hominem ou em especulações desnecessárias sobre os hábitos pessoais de artistas, em discussões tolas e ilusórias sobre política (as forças desestabilizadoras são dispensadas como meramente políticas, ao passo que o status quo se vê como apolítico, como se o termo apolítico fosse seu prefixo, e não a posição mais obviamente política, visto que uma das funções da ideologia política é justamente se passar por natural, imutável e "inocente") e em expressões disfarçadas de investigação crítica projetadas para neutralizar e camuflar os interesses políticos do discurso. Não obstante, boa parte das pesquisas e das análises tem dado voz ao que era antes inarticulado e tem feito dos estudos humanísticos o lugar aonde mais uma vez se deve ir para saber o que está acontecendo. Culturas, silenciadas ou monológicas, reprimidas ou repressoras, buscam sentido na linguagem e nas imagens que lhes estão disponíveis.

Silêncios têm sido rompidos, coisas perdidas foram encontradas, e pelo menos duas gerações de pesquisadores vêm desembaraçando conhecimentos recebidos do aparato de controle, mais notavelmente aqueles engajados em investigações sobre literatura colonial francesa e inglesa, narrativas da escravidão americana e o delineamento da tradição literária afro-americana.

Agora que se "descobriu" que a presença artística afro-americana de fato existe, agora que a pesquisa acadêmica séria deixou de silenciar as testemunhas e apagar seu lugar significativo e sua contribuição à cultura americana, já não é aceitável apenas fabular nossa presença — ou fabulá-la por nós. Sempre estivemos fabulando a nós mesmos. Não somos os "aspectos da natureza" de Isak Dinesen, nem os emudecidos de Conrad. Somos os sujeitos da nossa própria narrativa, testemunhas e participantes em nossa própria experiência e, não por acaso, na experiência daqueles com quem entramos em contato. Não somos o "outro". Somos escolhas. E ler literatura imaginativa sobre nós e feita por nós é escolher examinar outros centros do ser e gozar da oportunidade de compará-los àquele outro, o destituído de "raça", com o qual todos nós estamos mais familiarizados.

II

Abordagens recentes à leitura da literatura afro-americana avançaram consideravelmente, enfrentando aqueles argumentos, mencionados mais cedo (que não são argumentos, mas atitudes), que desde o século XVII têm silenciado eficazmente a autonomia daquela literatura. Quanto à alegação de que "não existe arte afro-americana", a análise crítica contemporânea e o aparecimento recente de reimpressões e redescobertas a enterraram definitivamente, e agora a pressão se dá no sentido de expandir o cânone tradicional a fim de incluir obras afro-americanas — quando apropriado em termos de gênero e cronologia —, estabelecendo estratégias para ler e pensar sobre esses textos.

Quanto à segunda alegação silenciadora — "arte afro-americana existe, mas é inferior" —, de novo, diversas leituras cerradas e pesquisas cuidadosas sobre as culturas das quais essa arte emerge têm abordado os rótulos que outrora passavam por análise rigorosa, mas que já não são aceitáveis: alegações de que a arte afro-americana é imitativa, excessiva, sensacionalista, (meramente) mimética e não intelectual, embora não raro "comovente", "apaixonada", "naturalística", "realista" ou sociologicamente "reveladora". Esses rótulos podem ser interpretados como elogios ou como comentários pejorativos; quando válidos, se assim demonstrado, tanto melhor. Em geral, contudo, são etiquetas fáceis e preguiçosas para quando o trabalho duro da análise parece difícil demais ou quando o crítico não tem acesso ao escopo que a obra demanda. As estratégias projetadas para neutralizar essa rotulação preguiçosa incluem a aplicação de teorias literárias recentes à literatura afro-americana, de modo que textos não canônicos possam ser incorporados ao discurso crítico existente ou em formação.

A terceira alegação, de que "a arte afro-americana existe, mas é superior apenas quando faz jus aos critérios 'universais' da arte ocidental", produz a forma mais sedutora de análise, tanto para o escritor quanto para o crítico, pois comparações são uma grande forma de conhecimento e lisonja. Os riscos, contudo, são duplos: 1) a alocação do que há de diferente numa cultura dentro dos arrabaldes da rainha é uma neutralização pensada para elevar e preservar a hegemonia, 2) circunscrever e limitar a literatura a uma mera reação à ou negação da rainha, julgando uma obra apenas por referência a critérios eurocêntricos, ou por sua precisão sociológica, correção política, ou sua pretensão de isenção política, debilita e infantiliza o sério trabalho da escrita imaginativa. Esse conceito de literatura afro-americana reativa contém as sementes da próxima (a quarta) alegação: a de que, quando a arte afro-americana é valiosa, é porque ela é "crua" e "rica", como o minério, e tal como o minério precisa ser refinada por inteligências ocidentais. Distinguir ou projetar influências ocidentais sobre obras literárias afro-americanas não é algo destituído de valor, mas se torna uma atitude perniciosa quando o único propósito é *situar* valor apenas onde essa influência é localizada.

Minha inquietude vem das consequências possíveis e prováveis que tais abordagens podem ter sobre a vida dos próprios textos. Podem levar a uma orfanização precipitada da obra a fim de emitir seus papéis de adoção. Ou podem confinar o discurso à defesa da diversificação dentro do cânone ou a um tipo de coexistência benigna nas imediações dos textos já consagrados. Tais posições podem rapidamente se tornar outra forma de silenciamento, se permitirmos que ignorem as qualidades "autóctones" dos textos. Muitas questões vêm à tona e incomodam. O que tais críticas fizeram das telas das próprias obras? Sua tinta, sua moldura — ou sua falta de moldura —, seus espaços? Outra lista de temas aprovados? Ou de tratamentos aprovados? Mais autocensura, mais exclusão da especificidade da cultura, do gênero, da linguagem? Haverá talvez uma utilidade alternativa nesse tipo de estudo? Promover o poder ou localizar suas fissuras? Contrapor-se a interesses elitistas para consagrar apagamentos igualitários? Ou se trata apenas de ranquear e pontuar o produto legível, distinguindo-o da produção escrevível? Essa crítica por acaso é capaz de revelar a forma como o autor combate e confronta os preconceitos herdados e quem sabe até cria *outros termos* pelos quais repensar o apego que se tem ou a intolerância que se sente em relação à matéria dessas obras? O que importa nisso tudo é que o crítico ou a crítica não se proponha a reivindicar, em nome do texto, seu próprio domínio e poder. Não substituir a turbulência imaginada do texto por suas próprias ansiedades profissionais.

"Como se disse antes, o texto deve se tornar um problema da paixão, não um pretexto para ela."

Há pelo menos três focos que não me parecem nem reacionarismo nem simples pluralismo, nem se irmanam aos métodos mais simples pelos quais o estudo da literatura afro-americana se mantém na condição de prestativo porteiro dos corredores da sociologia. Cada um deles, contudo, demanda muita atenção.

Um deles é o desenvolvimento de uma teoria da literatura que verdadeiramente acomode a literatura afro-americana: uma teoria baseada nessa cultura, na sua história, nas estratégias artísticas que as obras empregam a fim de negociar o mundo que habitam.

Outro é o exame e a reinterpretação do cânone americano, as obras fundadoras do século XIX, em busca das "coisas indizíveis não ditas", dos modos como a presença de afro-americanos moldou as escolhas, a linguagem, a estrutura — o sentido de tal literatura. Uma busca, em outras palavras, pelo fantasma na máquina.

Um terceiro foco é o exame de obras da literatura contemporânea e/ou não canônica em busca dessa presença, independentemente de sua categorização como literatura *mainstream*, literatura de minoria, ou o que seja. Sempre me impressionam as ressonâncias, as trocas de marcha estruturais e os usos para os quais narrativas, personas e linguagens afro-americanas são convocadas na literatura contemporânea "branca". E na própria literatura afro-americana a questão da diferença, da essência, é crítica. O que faz uma obra ser "negra"? A porta de entrada mais valiosa para a questão da distinção cultural (ou racial), o ponto mais tenso, é sua linguagem — uma linguagem não policiada, sediciosa, conflitiva, manipulativa, inventiva, perturbadora, mascarada e desmascaradora. Tal penetração demandará estudo cuidadoso, um tipo de estudo no qual o impacto da presença afro--americana sobre a modernidade se torne evidente e não mais seja mantido em segredo.

Gostaria de me deter, por um breve momento, no segundo e no terceiro foco. Podemos concordar, creio, que o fato de uma coisa ser invisível não implica que ela não esteja "lá"; que uma lacuna pode estar vazia, mas não constitui um vácuo. Além disso, certas ausências são tão marcadas, tão ornadas e planejadas, que chamam nossa atenção, nos prendem pela intencionalidade e pelo propósito, como certos bairros que acabam definidos pela população que é mantida longe deles. Avaliando o escopo da literatura americana, não posso deixar de pensar que a questão nunca deveria ter sido "Por que eu, uma afro-americana, estou ausente dela?". Essa nem chega a ser uma questão lá muito interessante. A questão espetacularmente interessante é: "Que acrobacias intelectuais precisaram ser realizadas pelo autor ou pelo crítico para me apagar de uma sociedade que fervilhava com a minha presença, e que efeito essa performance teve sobre a obra?". Quais são as estratégias usadas para esquivar-se ao conhecimento? Para estabelecer o esquecimento? Não estou propondo uma investigação sobre o impulso óbvio que faz com que um soldado sentado numa trincheira na Primeira Guerra Mundial relembre os tempos em que pescava salmão. Esse tipo de escapismo deliberado ou transcendência pode salvar uma vida em circunstâncias de pressão imediata. A exploração que sugiro é: como alguém se senta na plateia assistindo à performance de *Young America*, digamos, em 1915, e reconstrói a peça, o diretor, a trama, o elenco de tal maneira que o cerne da questão nunca venha à tona? Não por quê, mas como. Dez anos depois da previsão de Tocqueville, datada de 1840, de que "'não encontrando material algum para o ideal no que é real e verdadeiro, os poetas' fugiriam para regiões imaginárias",* os escritores americanos, em 1850, no ápice da escravidão e diante

---

* Ver Michael Paul Rogin, *Subversive Genealogy: The Politics and Art of Herman Melville*. Berkeley: University of California Press, 1985, p. 15.

de um florescente movimento abolicionista, escolheram o romanesco. Onde encontramos nesse gênero de literatura a sombra da presença da qual os textos fugiram? Onde essa sombra se intensifica, por onde ela se desloca, onde demanda invenção novelística; o que ela liberta, o que debilita?

O mecanismo (ou arsenal) que serve ao propósito da fuga pode ser romantismo versus verossimilhança; Nova Crítica versus moralismo mal disfarçado e questionavelmente sancionado; as "complexas séries de evasões" que por vezes se toma pela essência do modernismo; a percepção da "evolução da arte"; o cultivo da ironia; a paródia; a nostalgia por uma "linguagem literária"; a textualidade retoricamente livre versus textualidade socialmente ancorada, e a dissipação completa da textualidade. Essas estratégias críticas podem (mas não precisam) ser mobilizadas para reconstruir o mundo histórico a serviço de propósitos culturais e políticos específicos. Muitas dessas estratégias produziram obras poderosamente criativas. Sejam quais forem os usos do romantismo, por mais suspeitas suas origens, ele produziu um corpus de textos incontestavelmente maravilhoso. Em outras circunstâncias essas estratégias conseguiram paralisar tanto a obra quanto a crítica. E em outras levaram à infantilização do intelecto, da sensibilidade e do ofício do escritor, reduzindo as meditações sobre teoria a uma "luta pelo poder entre seitas" em que se lê material desautorado ou inautorável, em vez de ler *com* o autor o texto que ambos, crítico e autor, constroem.

Em outras palavras, o processo crítico fez um excelente trabalho a partir de algumas obras maravilhosas, e recentemente os meios de acesso aos velhos debates se alteraram. O problema agora é colocar a questão: a fuga da negritude no século XIX, por exemplo, foi bem-sucedida na literatura americana canônica? É artisticamente problemática? Bela? O texto se sabota com suas próprias proclamações de "universalidade"? Há fantasmas na máquina? Presenças ativas, embora não convocadas, que podem distorcer as engrenagens da máquina e também *fazê-la* funcionar? Esse tipo de pergunta tem sido posta consistentemente por críticos da literatura colonial na África e na Índia e em outros países do Terceiro Mundo. A literatura americana se beneficiaria de críticas similares. Fico melancólica quando considero que a defesa de uma postura ocidental eurocêntrica na literatura como não apenas "universal", mas também livre de problemáticas "raciais", pode ter resultado na lobotomização daquela literatura e no apequenamento tanto da arte quanto do artista. É como remover cirurgicamente as pernas para que o corpo possa continuar entronizado, imóvel, estático — sob prisão domiciliar, por assim dizer. É possível, claro, que escritores contemporâneos excluam deliberadamente de seus mundos literários a avaliação subjetiva de grupos percebidos como "os outros", e vale dizer que escritores brancos frequentemente renunciam ou negam a si mesmos a excitação de encenar ou localizar sua literatura no mundo político. Os escritores do século XIX, contudo, não considerariam nada disso nem por um segundo. Os escritores canônicos na jovem América compreendiam a competição em termos nacionais, culturais, mas apenas em relação ao Velho Mundo, e jamais em relação a uma raça antiga (seja nativo-americana ou africana) despojada da capacidade de articulação e do pensamento intelectual, mantida, na expressão de D. H. Lawrence, numa condição de "incriada". Para esses primeiros escritores americanos, como poderia haver competição com nações e povos que eram vistos como incapazes de lidar — ou desinteressados em lidar — com a palavra escrita? Podia-se escrever sobre eles, mas nunca haveria o perigo de que eles escrevessem "de volta". Do mesmo modo que se podia falar com eles sem receio de que "respondessem" na mesma moeda. Podia-se até observá-los, mantê-los sob um olhar prolongado, sem jamais encontrar o risco de ser observado, visto ou julgado também. E quando, ocasionalmente, eles próprios eram vistos e julgados, era por necessidade política, e isso, para os propósitos da arte, não importava. Ou pelo menos assim pensava a jovem América. Nunca poderia ter ocorrido a Edgar Allan Poe, em 1848, que eu, por exemplo, poderia vir a ler "O escaravelho de ouro" e notar seus esforços para tornar a fala do meu avô algo o mais próximo possível de um zurro, um esforço tão intenso que é possível ver a perspiração — e a estupidez — quando Jupiter diz "*I knows*", e o sr. Poe registra "*I nose*".*

No entanto, a despeito ou por causa mesmo desse monologismo, nota-se uma ausência enorme, artificial e imposta, nos primórdios da literatura americana, e eu defendo que essa ausência é instrutiva. Só aparentemente o cânone da literatura americana é "natural" e "inevitavelmente" "branco". Na verdade, ele o é cuidadosamente. E, por outro lado, essas ausências de presenças vitais na literatura da jovem América podem muito bem ser o fruto insistente da atividade acadêmica mais do que do texto. Talvez alguns desses escritores, embora presentemente em prisão domiciliar, tenham muito mais a dizer do que se tem imaginado. Talvez alguns deles estivessem não exatamente transcendendo a política, ou fugindo da negritude, porém transformando-a em modos de discurso inteligíveis, acessíveis, mas artísticos. Ignorar

---

* A América mais velha nem sempre é indistinguível de sua infância. Podemos perdoar Edgar Allan Poe em 1843, mas deveria ter ocorrido a Kenneth Lynn em 1986 que alguma jovem nativo-americana poderia ler sua biografia de Hemingway e ver-se descrita como uma "*squaw*" ["pele-vermelha", termo pejorativo para pessoas de origem nativo-americana. (N. T.)] por tão respeitado acadêmico, e que alguns jovens poderiam tremer lendo a palavra "*half-breed*" [o sentido é de "mestiço"; contudo, o termo em inglês é geralmente aplicado ao hibridismo entre diferentes raças de animais, contendo, portanto, conotações pejorativas (N. T.)], tão casualmente incluída em suas especulações acadêmicas. (N. A.)

essa possibilidade jamais questionando as estratégias de transformação é marginalizar o escritor, diminuir o texto e tornar o grosso da literatura estética e historicamente incoerente — um preço exorbitante a pagar pela pureza cultural (do homem branco), algo digno, creio, de perdulários. O reexame da literatura de fundação dos Estados Unidos em busca do indizível não dito pode revelar que esses textos escondem sentidos e poderes outros e mais profundos.

Um escritor em particular que tem sido difícil manter trancafiado é Herman Melville.

Entre muitos argutos acadêmicos, Michael Rogin fez um dos estudos mais abrangentes sobre como o pensamento social de Melville se entretece profundamente à sua escrita. Rogin chama nossa atenção para a conexão que Melville traçou entre a escravidão americana e a liberdade americana, como a presença de uma potencializou a outra. Além disso, oferece-nos inúmeras evidências do impacto que tiveram sobre a obra de Melville, sua família, o ambiente social e, mais importante, o conflito mais feroz da época, que tudo abarcava: a escravidão. Destaca, por exemplo, que foi o sogro de Melville, o juiz Shaw, que, enquanto juiz, decidiu o caso que instituiu a Lei do Escravo Fugitivo, notando que "outras evidências em *Moby Dick* também sugerem o impacto da decisão legislativa de Shaw no clímax da história de Melville. Melville concebeu o confronto final entre Ahab e a baleia branca em algum momento da primeira metade de 1851. Pode muito bem ter escrito os últimos capítulos só depois de retornar de uma viagem a Nova York em junho. (A decisão do juiz Shaw foi decretada em abril de 1851.) Naquele momento, quando as lideranças abolicionistas William Seward e John van Buren redigiram cartas públicas protestando contra a aprovação da lei, o *New York Herald* respondeu. O ataque do jornal contra os 'agitadores antiescravatura' abria com as seguintes indagações: 'Alguma vez na vida viste uma baleia? Alguma vez na vida viste uma grande baleia debatendo-se?'".*

Rogin traça também a cronologia da baleia desde seu "nascimento em um estado natural" até seu destino final enquanto produto.** Central a seu argumento é o fato de que, em *Moby Dick*, Melville opera de modo insistente e alegoricamente político na escolha pela baleia. Mas, dentro dessa cronologia, uma baleia em particular transcende todas as outras, vai além da natureza, da aventura, da política e do produto, alcançando a condição de abstração. Mas que abstração é essa? Essa "ideia perversa"? As interpretações têm sido as mais variadas. Por vezes, a baleia é vista como uma alegoria do Estado, na qual Ahab é Calhoun ou Daniel Webster; ou como uma alegoria do capitalismo e da corrupção, do embate entre Deus e o homem, o indivíduo e o destino; mais comumente, entende-se a baleia branca enquanto alegoria da Natureza bruta e indiferente, e Ahab na condição de louco que a desafia.

Mas consideremos, mais uma vez, o principal agente, Ahab, criado por um autor que chama a si mesmo de Typee, assinava como Tawney, identificava-se como Ismael e que havia escrito vários livros antes de *Moby Dick* criticando incursões missionárias a diversos paraísos.

Ahab perde de vista o valor comercial da viagem de seu navio, sua razão de ser, e persegue uma ideia de modo a destruí-la. Sua intenção, sua vingança, "uma vingança sobrenatural, irremovível e audaciosa", ganha estatura — maturidade — quando percebemos que não se trata aqui de um homem lamentando a perna perdida ou a cicatriz no rosto. Por mais intensas e perturbadoras que sejam sua febre e sua recuperação depois de seu encontro com a baleia branca, e por mais que se leia essa vingança de modo satisfatoria-

---

* Ibid., pp. 107 e 142.
** Ibid., p. 112.

mente "masculino", a vaidade dela é quase adolescente. Mas se a baleia é algo mais do que a Natureza cega e indomesticável, insuscetível à agressão masculina, se é tanto seu adjetivo quanto seu substantivo, podemos considerar que a "verdade" de Melville revela seu reconhecimento do momento quando a brancura se plasmou em ideologia na América. E se a baleia branca é a ideologia da raça, o que Ahab perdeu para ela foi seu desmembramento pessoal, sua família, sua sociedade, e seu próprio lugar como ser humano no mundo. O trauma do racismo é, para o racista e para a vítima, a severa fragmentação do ser, e sempre me pareceu uma causa (não um sintoma) de psicose — curiosamente, de pouco interesse para a psiquiatria. Ahab, então, navega entre a ideia de civilização a que ele renuncia e uma ideia de selvageria que ele deve aniquilar, pois ambas não podem coexistir, embora aquela se baseie nesta. O que é terrível em sua complexidade é que a ideia de selvageria não é a dos missionários: é a ideologia racial branca que é selvagem, e se um homem branco americano do século XIX tomasse não a abolição, não o aperfeiçoamento de instituições racistas e de suas leis, mas o próprio conceito de brancura como uma ideia desumana, ele se veria, de fato, muito sozinho, muito desesperado e perdido. A loucura seria a única descrição apropriada para tal audácia, e "ela me puxa", a descrição mais sucinta e apropriada dessa obsessão.

Não quero que pensem que estou argumentando que Melville se engajara em algum didatismo preto/branco simples e simplório, ou que ele se propusesse a satanizar gente branca. Nada disso. O que estou sugerindo é que ele se sentiu oprimido pelas inconsistências filosóficas e metafísicas de uma ideia extraordinária e sem precedentes que encontrava agora sua manifestação mais plena em seu próprio tempo e país e que essa ideia era a afirmação exitosa da brancura enquanto ideologia.

No Pequod, o proletariado multirracial, na maior parte estrangeiro, trabalha para produzir uma mercadoria, mas se vê desviado dessa operação e convertido à busca intelectual mais significativa de Ahab. Abandonamos a baleia enquanto comércio e confrontamos a baleia como metáfora. Tendo em vista essa interpretação, dois dos capítulos mais famosos do livro tornam-se luminosos de um modo inteiramente novo. Um deles é o capítulo 9, "O sermão". Na interpretação arrebatadora das provações de Jonas proposta pelo padre Mapple, a ênfase recai sobre o propósito da salvação de Jonas. Ele é salvo da barriga da baleia com um único propósito: "Pregar a Verdade na cara da Mentira! Isso era tudo!". Só então se alcançaria a recompensa — "Alegria" —, que traz à mente a solitária necessidade de Ahab.

> A alegria é para aquele... que, perante os deuses e os comandantes orgulhosos desta terra, sustenta seu próprio ser inexorável... Alegria é para aquele cujos fortes braços ainda o apoiam quando o navio deste mundo vil e traiçoeiro já se afunda. A alegria é para os que não concedem tréguas quando se trata da verdade, e matam, e queimam e destroem todo pecado, ainda que precisem arrebatá-lo de sob as togas de senadores e juízes. A alegria, o deleite mais elevado, é para quem não reconhece nenhuma lei ou mestre que não Deus, nosso Senhor, e só *devota lealdade patriota ao paraíso*. (Grifo meu.)

Penso que ninguém contesta que o sermão aqui se pretende profético; contudo, me parece que a natureza do pecado não é bem salientada — diz-se que o pecado deve ser destruído, e pronto. O pecado seria a Natureza? Os termos não se correspondem. O capitalismo? Talvez. O capitalismo alimenta a ganância, entrega-se inexoravelmente à corrupção, mas provavelmente não era em si mesmo pecaminoso aos olhos de Melville. Aqui o pecado sugere uma indignação moral passível de correção pelo homem do Novo Mundo, e nesse ponto o conceito de superioridade racial cabe perfeitamente. É difícil ler essas palavras ("destruir todo pecado", "lealdade patriótica ao paraíso") e nelas não escutar a descrição de um outro Ahab. Não o macho adolescente em roupas de adulto, ou a "planta exótica", maníaca, egocêntrica, que V. L. Parrington divisava em Melville. Nem mesmo uma voz liberal moralmente aceitável, estabelecendo equilíbrios e chegando a acordos com instituições racistas. Mas outro Ahab: o único homem branco americano heroico o suficiente para se bater contra o monstro que devorava o seu mundo.

Outro capítulo que parece se abrir à luz dessa leitura é o capítulo 41, "Da brancura da baleia". Aqui Melville aponta o sentido de vida ou morte implícito em seu esforço de expressar algo inexprimível. "Quase me desespero", ele escreve, "de expressá-lo numa fórmula compreensível. Era acima de tudo a brancura da baleia que me aterrorizava. Não posso nutrir esperanças de me explicar nesse ponto e, no entanto, devo me explicar de alguma maneira, por mais obscura e desordenada que seja, de outro modo *todos esses capítulos podem se reduzir a nada*" (grifo meu). A linguagem desse capítulo oscila entre imagens benevolentes e agradáveis da brancura e a brancura sob aspecto sinistro e chocante. Depois de dissecar o inefável, ele conclui: "Desse modo [...] de tudo que represente de magnânimo e gracioso na brancura, homem algum pode negar que, em seu *significado idealizado* mais profundo, ela conjura à alma um estranho fantasma". Sublinho "significado idealizado" para enfatizar e esclarecer (se é que se faz necessário explicitá-lo) que Melville não trata aqui de *pessoas brancas*, mas da brancura idealizada. Em seguida, tendo informado o leitor de sua "esperança de deparar-se com alguma pista fortuita que nos conduza à causa secreta que buscamos", ele tenta descobri-la. A chave para a "causa secreta". Seu esforço é gigantesco, mas ele não consegue. Nós também não conseguimos. No entanto, em linguagem não figurativa, Melville identifica as ferramentas imaginativas necessárias para solucionar o problema: "Sutileza pede sutileza, e sem imaginação homem algum pode acompanhar outro por esses corredores". A observação final reverbera um trauma pessoal: "Este mundo visível ['de cor'] parece gerado pelo amor, as esferas invisíveis [brancas], pelo medo". A necessidade da brancura como estado privilegiado "natural", tal invenção, foi, de fato, gerada pelo medo.

"A escravidão", escreve Rogin, "confirmou o isolamento de Melville, estabelecido decisivamente em *Moby Dick*, em relação à consciência dominante de sua época." Nesse ponto, eu discordo e sustento que a hostilidade e a repugnância de Melville quanto à escravidão teriam encontrado apoio. Havia muitos americanos brancos de seu círculo que sentiam repulsa pela escravidão, que escreveram artigos de jornais e discursaram contra a escravidão, que redigiram leis e atuaram para aboli-la. Sua atitude em relação à escravidão, como elemento isolado, não o condenaria ao afastamento quase autístico que recaiu sobre ele. E se ele estava convencido de que os negros eram dignos de serem tratados como brancos, ou de que o capitalismo era perigoso, ele não se achava de modo algum só nessas convicções e poderia ter encontrado companheiros de luta. Por outro lado, questionar a própria noção de progresso branco, a própria ideia de superioridade racial, da brancura como privilégio disposto na escada evolucionária do gênero humano, e meditar sobre a filosofia fraudulenta e autodestrutiva imbuída nessa superioridade, "arrebatá-la de sob as togas de senadores e juízes", arrastar "o próprio juiz para o banco dos réus" — esse, sim, era um trabalho perigoso, solitário e radical. Especialmente naquela época. E especialmente agora. Devotar "lealdade patriótica" apenas ao paraíso, e fazê-lo naquela jovem América, não era uma aspiração banal para um escritor — nem para o capitão de um navio baleeiro.

Moby Dick é um texto profundo, complexo, aliciante e desordenado, e entre seus muitos significados me parece que esse sentido "indizível" de que tratamos permaneceu na condição de "causa secreta", a "Verdade na cara da Mentira". Até hoje nenhum romancista se debateu com esse tema dessa forma. E até hoje a análise literária dos textos canônicos tem negligenciado esse ponto de vista que leva em conta a presença informativa e condicionante de afro-americanos na literatura americana. Os capítulos aos quais fiz referências são apenas uma fração das instâncias onde o texto oferece esse tipo de insight, sugerindo os modos como o fantasma assume o comando da máquina.

Melville não é o único autor cujas obras redobram de fascinação e poder quando vasculhadas em busca dessa presença e das estratégias utilizadas para ressaltá-la ou negá-la. Edgar Allan Poe convida a essa leitura. Nathaniel Hawthorne e Mark Twain também; no século xx, Willa Cather, Ernest Hemingway, F. Scott Fitzgerald, T. S. Eliot, Flannery O'Connor e William Faulkner, para citar apenas alguns nomes. A literatura canônica americana implora por esse olhar.

Parece-me que é um projeto mais do que promissor produzir análises convincentes de momentos em que a primeira literatura norte-americana se identifica, se arrisca, para afirmar sua antítese à negritude. Como seus gestos linguísticos comprovam a íntima relação com o que está sendo anulado ao aplicarem todo um aparato descritivo (identidade) a uma presença-que-se-pretende-que--não-existe. Uma investigação crítica afro-americana pode fazer esse trabalho.

Já mencionei que detectar influências ocidentais na literatura afro-americana, ou impô-las, não é um projeto destituído de valor, desde que o processo não se torne uma autocelebração. Há um projeto adjacente a ser desenvolvido — o terceiro foco da minha lista: o exame da literatura contemporânea (sagrada e profana) em busca do impacto da presença afro-americana na estrutura da obra, na prática linguística e no empreendimento ficcional para o qual se convoca essa presença. Como o foco número dois, esse processo crítico deve também evitar o objetivo pernicioso de igualar presença africana e êxito artístico. Um romance não fica melhor por se abrir a outras culturas, nem se torna automaticamente falho por causa dessa abertura. O ponto é clarificar, não arregimentar. E não é de modo algum óbvio que uma obra escrita por um afro-americano se subordine automaticamente à presença afro-americana. Há uma nítida fuga da negritude em grande parte da literatura afro-americana. Em outras searas, percebe-se um duelo com a negritude, e, em certos casos, como se diz, "Você não pode nem imaginar".

III

É sobre esse tema, o impacto da cultura afro-americana na literatura contemporânea americana, que quero me deter agora. Já comentei que as obras de escritores afro-americanos podem responder a essa presença (tal como no caso dos não negros) das mais variadas maneiras. A questão do que constitui a arte de um escritor negro — para quem esse adjetivo implica mais uma busca do que um fato — tem alguma urgência. Em outras palavras, para além da melanina e da matéria tratada, o que, de fato, faria de mim uma escritora negra? Para além da minha própria etnia — o que se passa em minha obra que me faz crer que ela é demonstravelmente inseparável de uma especificidade cultural afro-americana?

Peço que me perdoem pelo uso da minha própria obra nestas observações. Eu me valho dela não porque ofereça os melhores exemplos, mas porque é a que conheço melhor; sei o que fiz e por quê, e sei quão essenciais essas investigações são para mim. Escrever é, ao *fim* e ao cabo, um ato de linguagem, sua prática.

Mas, *antes* de tudo, é um esforço da vontade — um esforço de descoberta.

Permitam-me sugerir certas maneiras como ativo a linguagem e certas maneiras como a linguagem me ativa. Limitarei essa leitura chamando atenção apenas para as primeiras frases dos livros que escrevi, na esperança de que, explorando minhas escolhas, pontos anteriores se iluminem.

O olho mais azul se inicia desta maneira: "Cá entre nós,* não houve cravos-de-defunto no outono de 1941". A frase, como as que abrem cada livro posterior, é simples, descomplicada. Entre as frases que abrem meus romances, só duas delas têm orações subordinadas; as outras três são frases simples, e duas se reduzem praticamente a sujeito, verbo e predicado. Nada muito sofisticado. No entanto, minha esperança era a de que a simplicidade não fosse simplória, mas sinuosa, quem sabe até capciosa. E que o processo de selecionar cada palavra — por ela própria e pela relação com as demais, rejeitando outras por causa de certos ecos, pelo que fica determinado e pelo que não fica, o que quase chega lá e o que deve ser suspenso — não teatralizasse a si mesmo, não erigisse um proscênio — ou pelo menos não o tornasse visível. Essa desteatralização era tão importante para mim que, em meu primeiro romance, fiz um resumo do livro inteiro na primeira página. (Na primeira edição, o resumo foi impresso integralmente na sobrecapa.)

A expressão de abertura, "Cá entre nós" — "*Quiet as it's*

---

* No original, "*Quiet as it's kept*", expressão dialetal própria à comunidade negra norte-americana. Como a própria autora explica em seguida, sugere segredo, confidência a ser compartilhada discretamente, tratando de assunto controverso. Funciona como "cá entre nós", exceto pelo fato de que "cá entre nós" não é expressão que se restrinja aos negros brasileiros, não contendo, portanto, carga conotativa própria a uma comunidade racial específica. (N. T.)

kept" —, me atraía de muitas maneiras. Primeiro, era familiar, remetia à minha infância, quando ouvia a conversa dos adultos, as mulheres negras cochichando entre si, contando histórias, anedotas, fofocando sobre alguém ou algum evento na família, na vizinhança. Guarda um tom conspiratório. "Shh! Não conte a ninguém" ou "Ninguém pode saber disso". É um segredo entre mim e você e ao mesmo tempo um segredo que alguém esconde de nós. A conspiração é tanto exposta quanto mantida. Em certo sentido era precisamente o que o gesto de escrever um livro acarretava: a exposição pública de um assunto privado. Para compreender plenamente a dualidade dessa posição, é preciso pensar no clima político reinante à época em que o romance foi escrito, entre 1965 e 1969, durante uma grande turbulência social na vida dos negros. Publicar era se expor, e escrever era revelar segredos, segredos que "nós" compartilhávamos e segredos que nos eram ocultados por nós mesmos e pelo mundo fora da nossa comunidade.

"*Quiet as it's kept*" é também uma figura de linguagem, nesse caso, escrita, mas claramente escolhida por sua carga de oralidade, pelo modo como comenta e evidencia um mundo particular, um certo ambiente. Além do sentido conspiratório, da sugestão de fofoca ilícita, de revelação excitante, há também, nesse "sussurro", a pressuposição (por parte do leitor) de que o narrador está do seu lado, que sabe de algo que os outros não sabem e que se mostrará generoso com essa informação privilegiada. A intimidade que eu buscava, a intimidade entre o leitor e a página, podia ser instaurada imediatamente, pois o segredo era compartilhado ou pelo menos entreouvido. Familiaridade súbita ou intimidade instantânea me parecia crucial nessa época, ao escrever meu primeiro romance. Eu não queria que o leitor tivesse tempo de pensar "Que tenho de fazer, do que preciso abrir mão, para ler isso? Que defesa me cabe, que distância é preciso manter?". Precisava evitar isso, pois sabia (e o leitor não — ele ou ela tem de esperar o período seguinte) que aquela era uma história terrível sobre a qual preferiríamos não saber nada.

Qual é, então, o Grande Segredo prestes a ser compartilhado? A história na qual estamos (o leitor e eu) "ligados"? Uma aberração botânica. Poluição, talvez. Ou talvez um salto na ordem natural das coisas: um setembro, um outono sem cravos-de-defunto. Cravos-de-defunto viçosos, fortes, resistentes. Quando? Em 1941. E como se trata de um ano momentoso (o começo da Segunda Guerra Mundial para os EUA), o "outono" de 1941, pouco antes da declaração de guerra, carrega discretas insinuações. Na zona temperada onde há um outono durante o qual se espera que os cravos-de-defunto estejam no auge, nos meses antes do começo da participação dos Estados Unidos na Segunda Guerra Mundial, algo sinistro está prestes a ser divulgado. O período seguinte deixará evidente que a voz que fala, a pessoa que sabe, é uma criança — uma criança no ato de imitar as negras adultas em suas conversas de alpendre ou quintal. A frase de abertura é um esforço para agir de maneira madura diante de uma informação chocante. Esse ponto de vista infantil altera a prioridade que um narrador adulto atribuiria à informação. "A gente achou [...] que era porque Pecola ia ter o bebê do pai dela que os cravos não cresceram" coloca em primeiro plano as flores e em segundo plano o sexo traumático, ilícito e incompreensível que, não obstante, chegou à fruição plena. Essa inversão de destaques entre informação trivial e revelação chocante estabelece o ponto de vista, mas também impele o leitor a se perguntar se a voz de uma criança pode ou não ser confiável (ou, pelo contrário, se seria até mais confiável do que a de um adulto). Assim o leitor fica protegido de um confronto imediato com os detalhes dolorosos, ao mesmo tempo que é provocado a desejá-los. A novidade — eu pensava — residia em elaborar a história de violação feminina a partir do ponto de vista das vítimas e de potenciais vítimas de estupro — as pessoas que ninguém investigava (certamente não em 1965), ou seja: as próprias garotas. E como a vítima não possui o vocabulário para compreender a violência ou seu contexto, colegas inocentes e vulneráveis, olhando para trás como as adultas experientes que fingem ser no começo, teriam de fazer isso por ela, preenchendo aqueles silêncios com sua própria vida interior. Assim, a abertura imprime o toque que anuncia algo mais do que um segredo compartilhado, mas um silêncio rompido, um vazio preenchido, uma coisa indizível finalmente dita. Nisso elas traçam uma conexão entre uma desestabilização menor na flora sazonal e a destruição insignificante de uma menina negra. Claro que "menor" e "insignificante" representam o ponto de vista do mundo exterior — para as meninas, ambos os fenômenos são repositórios catastróficos de informações, informações que elas passam aquele ano inteiro de sua infância (e outros anos depois disso) tentando compreender — e não conseguem. Se alcançarem algum sucesso, será o de transferir o problema da incompreensão para o leitor presumivelmente adulto, para o círculo íntimo do público. Dessa forma, elas ao menos distribuem o peso desses problemas para uma audiência mais ampla, justificando a exposição de um assunto privado. Se o leitor aceita e adentra o segredo que as palavras de abertura anunciam, então pode-se dizer que o livro se inicia com seu sentido final: uma especulação sobre a perturbação do "natural" enquanto anomalia social de trágicas consequências individuais na qual o leitor, como parte da população do texto, está implicado.

No entanto, um problema irresolvido reside na câmara central do romance. O mundo estilhaçado que construí (para complementar o que acontece com Pecola), seus pedaços que se costuram pelas estações da meninice, comentando a cada instante a cartilha estéril e incompatível da família branca, não lida de maneira eficaz com o silêncio no cerne do livro. O vazio que é o "não ser" de Pecola. Eu precisava de uma forma específica — como o vazio deixado por uma explosão ou um choro, e isso demandava uma sofisticação além do meu alcance, certa manipulação habilidosa das vozes ao redor da personagem. Ela só vê a si mesma quando alucina um eu. Sua alucinação se torna um ponto de debate exterior ao romance, mas não funciona no processo de leitura.

Além disso, embora eu buscasse uma expressividade feminina (desafio que reapareceu em *Sula*), essa expressividade, na maior parte, me escapou, e precisei me contentar com personas femininas, pois não fui capaz de assegurar ao longo de todo o romance o subtexto feminino que se faz presente naquela frase de abertura (as mulheres cochichando, inquietas e chocadas no "Cá entre nós"). A confusão fica mais evidente na seção sobre Pauline Breedlove, na qual me vali de duas vozes, a de Pauline e a voz insistente da narradora — ambas extremamente insatisfatórias para mim. Curiosamente, tive mais sucesso em subverter a linguagem em favor de um modelo feminino justamente onde pensei que enfrentaria mais dificuldades, isto é, ao associar o "estupro" de Cholly perpetrado pelos homens brancos ao estupro de sua filha perpetrado por ele mesmo. Esse ato extremamente masculino de agressão é feminilizado pelo meu tratamento da linguagem, torna-se "passivo" e, creio, mais corretamente repulsivo quando despojado da "atração" — masculina — "da vergonha" que se confere (ou se conferia) rotineiramente ao estupro.

Os pontos que tentei ilustrar procuram esclarecer que minhas escolhas de linguagem (falada, coloquial), meu apego a uma compreensão plena dos códigos próprios à cultura negra, meu esforço para instaurar uma coconspiração e uma intimidade imediatas (sem nenhuma camada de distanciamento descritivo), bem como minha (fracassada) tentativa de dar forma a um silêncio ao mesmo tempo que o rompia são tentativas (muitas delas insatisfatórias) de transfigurar a complexidade e a riqueza da cultura afro-americana numa linguagem digna dessa cultura.

Em *Sula*, é preciso se concentrar nas duas frases de abertura, pois a que sobreviveu na impressão final não é a que eu concebera em primeiro lugar. Originalmente, o livro se iniciava da seguinte forma: "Com a exceção da Segunda Guerra Mundial, nada nunca atrapalhou o Dia Nacional do Suicídio". Depois de receber algum encorajamento, reconheci que se tratava de um falso começo. "*In medias res*" — mas com uma vingança, pois não havia *res* onde encontrar-se ao meio — nenhum mundo implícito onde alocar a especificidade e as ressonâncias da frase. Mais importante, eu sabia que estava escrevendo um segundo romance, que também envolveria personagens numa comunidade negra não apenas posta em primeiro plano, mas totalmente dominante, e que, mais especificamente, trataria de mulheres negras — também em primeiro plano e dominantes. Em 1988 eu com certeza não necessitaria (ou sentiria necessidade) da frase — a pequena seção — que agora abre *Sula*. A fronteira entre o leitor e o texto de matéria negra não precisaria de uma recepção segura e acolhedora, de cuja necessidade eu me convencera à época. Eu preferiria demolir a recepção por completo. Como se pode ver em *O olho mais azul*, e em todos os outros livros que escrevi, apenas *Sula* tem essa "sala de recepção". Os outros recusam "apresentação"; recusam o porto seguro sedutor, a linha de demarcação entre o sagrado e o obsceno, o público e o privado, nós e eles. Recusam, na verdade, servir às expectativas reduzidas do leitor, ou à inquietação intensificada pela bagagem emocional que ele ou ela carrega ao adentrar o texto de matéria negra. (Devo lembrar-lhes que *Sula* foi iniciado em 1969, quando meu primeiro livro estava no prelo, em um período de extraordinária atividade política.)

Como eu me convencera de que a eficácia da abertura inicial só existia na minha cabeça, o trabalho agora era inventar um começo alternativo que não forçasse a obra a ficar de joelhos e que complementasse sua qualidade marginal. O problema se apresentou da seguinte forma: delinear uma porta. Em vez de um texto que se escancare tão logo se abra o livro (ou, como em *O olho mais azul*, um livro que se exponha mesmo antes de a capa ser sequer tocada, disponibilizando o "enredo" inteiro na primeira página — e, por fim, na capa da primeira edição), dessa vez eu proporia uma porta, giraria a maçaneta e faria saudações e cumprimentos por quatro ou cinco páginas. Eu decidira não mencionar nenhum personagem nessas páginas — o lobby estaria vazio —, mas terminei encerrando as boas-vindas, de uma maneira — na minha opinião — um tanto desengonçada, mencionando Shadrack e Sula. Foi uma rendição covarde — sempre para mim — a uma velha técnica da escrita romanesca: anunciar explicitamente ao leitor quem deve ser o foco de atenção. Por outro lado, o grosso da abertura que acabei por escrever trata da comunidade, de uma visão sobre ela, uma visão que não vem de dentro (trata-se de uma porta, afinal), mas do ponto de vista de um estranho — o "homem do vale" que talvez esteja ali cumprindo alguma tarefa, mas que claramente não mora lá e para quem tudo aquilo é muito estranho, até exótico. Creio que vocês entendem por que desprezo tanto esse começo. No entanto, tentei inserir na frase de abertura a assinatura da perda: "Havia um bairro por aqui; não mais". Talvez não seja a pior frase do mundo, mas não estabelece aquela "tensão", como se diz no teatro.

Minha nova frase de abertura virou: "Naquele lugar, onde arrancaram pelas raízes os canteiros de amoras silvestres e beladonas a fim de abrir espaço para o campo de golfe Medallion City, havia, tempos atrás, um bairro inteiro". Em vez do plano original, cá estou eu apresentando um leitor fora-do-círculo ao círculo. Traduzindo o anônimo no específico, um "lugar" num "bairro", e recepcionando um estranho por cujos olhos esse espaço será visto. Entre "lugar" e "bairro", preciso agora inserir a especificidade e a *diferença*; a nostalgia, a história, e a nostalgia pela história; a violência perpetrada e as consequências dessa violência. (Essas quatro páginas me levaram três meses, um verão inteiro de noites.) A nostalgia é sugerida pelo "tempos atrás"; a história e o desejo de história ficam implícitos na conotação de "bairro". A violência se insinua nos canteiros arrancados pelas raízes — nada pode crescer de novo, nada crescerá. A consequência é que o que foi destruído é considerado mato, erva daninha, rejeito necessariamente removido no "desenvolvimento" urbano por agentes não especificados mas não menos identificáveis — "eles", os que não podem se dar ao luxo de discernir o que está sendo deslocado e que não se importam com a natureza do "rejeito". Ambas as plantas têm alguma dose de escuridão: *blackberry* — amoras silvestres — e *nightshade* — beladona: *black* (preto) e *night* (noite). Uma é incomum (beladona) e tem duas palavras denotativas de escuridão: "*night*" (noite) e "*shade*" (sombra). A outra (amora silvestre) é comum. Uma planta é familiar; a outra, exótica. Uma delas é inofensiva e produz um fruto nutritivo; a outra é perigosa, de fruto tóxico. Mas ambas florescem juntas, ali, *naquele lugar, quando havia um bairro*. Tudo se foi agora, e a descrição que se segue trata de outras especificidades dessa comunidade negra destruída com a chegada do campo de golfe. "Campo de golfe" indica tudo o que não há, nesse contexto: não há casas, ou fábricas, nem mesmo um parque público, e certamente não há residentes. É um lugar ornamental, onde a probabilidade de os antigos residentes aparecerem é quase nula.

    Quero voltar por um momento àquelas amoras (para explicar, talvez, o tempo que me levou para que a linguagem dessa seção me chegasse). Sempre pensei em Sula como quintessencialmente negra, metafisicamente negra, se assim o quiserem, o que não é melanina e de modo algum fidelidade inquestionável à tribo. Ela é uma negra do Novo Mundo e uma mulher do Novo Mundo arrancando escolhas de situações que não oferecem escolhas, respondendo inventivamente a coisas encontradas por acaso. Improvisando. Ousada, disruptiva, imaginativa, moderna, fora-da-caixa, marginalizada, não policiada, incontida e impossível de conter. E perigosamente fêmea. Em sua última conversa com Nel, ela se refere a si mesma como um tipo especial de pessoa negra mulher, um tipo que tem escolhas. Como uma sequoia-vermelha, ela diz. (Com todo respeito à paisagem onírica de Freud, árvores sempre me pareceram femininas.) Em todo caso, minha percepção da dupla dose de negritude de Sula — negritude *escolhida* e negritude *biológica* — está na presença daquelas duas palavras de negritude em "*nightshade*" (beladona), bem como na qualidade rara da própria planta. Uma variedade é chamada de "encantada", e outra de "agridoce" (ducamara), pois os frutos são, primeiro, amargos, depois doces. Além disso, dizia-se que a beladona anulava bruxarias. Tudo isso me parecia uma constelação maravilhosa de signos para Sula. As "amoras silvestres", por sua vez, me pareciam igualmente apropriadas para Nel: nutritivas, jamais necessitando de cuidado ou atenção, uma vez enraizadas e florescentes. Infalivelmente doces, mas repletas de espinhos. Seu processo de amadurecimento, anunciado pelo dissolver-se explosivo de sua frágil bola de pele e barbante (quando os espinhos de sua autoproteção são retirados por Eva), a coloca outra vez em contato com a modernidade líquida, independente, evasiva, contraditória e complexa na qual Sula insistia. Uma modernidade que supera definições pré-guerra, que se abre para a Era do Jazz (uma época definida pela arte e cultura afro-americana) e requer novos tipos de inteligências pelas quais se definir.

    A cenografia das primeiras quatro páginas me parece agora embaraçosa, mas o esforço que empreendi para examiná-la pode ajudar a identificar as estratégias às quais é preciso por vezes recorrer ao tentar acomodar o simples fato de se escrever sobre, para e a partir da cultura negra, enquanto se acomoda e se responde também à cultura "branca" oficial. Guiar o "homem do vale" para dentro desse território foi minha concessão. Talvez tenha "funcionado", mas não era bem a "função" que eu buscava.

Se eu tivesse começado com Shadrack, teria ignorado as sorridentes boas-vindas, pondo o leitor em confronto imediato com sua ferida e cicatriz. A diferença que meu começo preferido teria feito seria a de chamar mais atenção ao deslocamento traumático que aquela dispendiosa guerra capitalista impôs aos negros em particular e ressaltar a determinação criativa, ainda que marginal, de sobreviver. A solubilidade (feminina) de Sula e a fixidez (masculina) de Shadrack são duas formas extremas de lidar com o deslocamento — tema prevalente nas narrativas sobre o povo negro. Na abertura final, repliquei o demiurgo da opressão racial discriminatória na perda do bairro para o "progresso" comercial, mas as referências à estabilidade e à criatividade da comunidade (música, dança, artesanato, religião, ironia, sagacidade, todas as coisas referidas na presença do "homem do vale") refratam e absorvem suas dores mesmo nos piores momentos. É um abraço mais suave do que a loucura pública, organizada de Shadrack, sua presença rememorativa disruptiva, que ajuda (por certo tempo) a cimentar a comunidade, até que Sula os desafia.

"O agente da Companhia de Seguros Vida Mútua da Carolina do Norte prometeu voar de Mercy para o outro lado de Lake Superior às três horas."

Essa sentença declarativa foi pensada com o intuito de parodiar o estilo jornalístico; com uma pequena alteração, poderia ser a abertura de um item num jornal de qualquer pequena cidade. Tem o tom de um evento de interesse local mínimo, no entanto eu queria que contivesse (como na cena que se desenrola quando o agente cumpre sua promessa) a informação sobre a qual se centra *A canção de Solomon* e da qual o romance se irradia.

O nome da companhia de seguros é real. Trata-se de uma

conhecida companhia cujos donos são negros, dependente de clientes negros, e em seu nome corporativo constam os termos "vida" e "mútua". "Agente" é o ingrediente necessário que permite a relação entre ambos. A frase também se movimenta da Carolina do Norte para Lake Superior — localizações geográficas, mas com a leve sugestão de que a passagem da Carolina do Norte (Sul) para Lake Superior (Norte) talvez não envolva nenhum progresso para um "estado superior" — o que, de fato, não acontece. As duas outras palavras significantes são "voar", que está no centro do romance, e "Mercy" (Piedade), o nome do lugar de onde o agente voará. Ambas constituem o coração da narrativa. Para onde voa o homem da seguradora? O outro lado de Lake Superior é, claro, o Canadá, o histórico término de fuga para negros em busca de asilo. "Mercy", o outro termo significante, é uma nota recorrente — o desejo sincero, embora, com uma única exceção, inconfessado da população que povoa a narrativa. Alguns a prodigam; outros nunca a encontram. Uma única personagem faz dela o tema e o apelo do sermão que improvisa sobre a morte da neta. A piedade toca, afasta-se e volta para Guitar ao fim do livro — ele, que menos a merece — e o impele a fazer dela seu último presente. É o que se deseja para Hagar; o que não está disponível para Macon Dead, o pai, que nunca a procura; o que sua esposa aprende a demandar dele, e o que nunca pode vir do mundo branco, como se sugere pela inversão do nome do hospital de Mercy para "No Mercy" ("Sem piedade"). É algo que só está disponível quando vem de dentro. O centro da narrativa é o sentido de fuga; piedade é o que a impulsiona.

    A oração de abertura, contudo, se transforma, como todas as orações, no verbo: prometer. O agente da seguradora não declara, anuncia ou ameaça. Ele promete, como se um contrato fosse executado — fielmente — entre ele e os outros. Promessas cumpridas, ou não, dificuldade para desencavar lealdades e laços que unem ou ferem se multiplicam ao longo da ação e dos relacionamentos inconstantes. Assim, o voo do agente, como o do Solomon no título, embora em direção ao asilo (o Canadá, ou a liberdade, ou o lar, ou a companhia dos mortos acolhedores), e embora carregue a possibilidade de fracasso ou a certeza do ódio, dirige-se para a mudança, uma via alternativa, um cessar das coisas-como-elas-são. Não deve ser entendido como um simples ato desesperado, o fim de uma vida infrutífera, uma vida sem gesto, sem exame, mas como obediência a um contrato mais profundo com seu povo. É o compromisso que assumiu, não importando se os outros o compreendem em todos os detalhes. Há, contudo, na resposta deles à sua ação uma ternura, certa contrição e enorme respeito ("Eles não sabiam que ele era capaz de algo assim") — e uma consciência de que o gesto os abarcava, em vez de repudiá-los. A nota que ele deixa é um pedido de perdão. Fica presa à porta como um discreto convite a qualquer um que por acaso passe por ali, mas não é um anúncio. É quase uma declaração cristã de amor e de humildade por parte de alguém que não pôde fazer mais.

Há muitos outros voos na obra, e são motivacionalmente diferentes. O de Solomon é o mais mágico, o mais teatral e, para Milkman, o mais satisfatório. É também o mais problemático — para os que ele abandonou. O voo de Milkman conecta esses dois elementos da lealdade (do sr. Smith) e do abandono e do egoísmo (de Solomon) a uma terceira coisa: uma fusão de fidelidade e risco que sugere a "agência" para a "vida" "mútua", que ele oferece ao fim e que é ecoada nas montanhas atrás dele e representa o casamento entre entrega e dominação, aceitação e regra, comprometimento a um grupo *por meio* do isolamento absoluto. Guitar reconhece essa união e, lembrando o quanto ele próprio está perdido, baixa sua arma.

O estilo jornalístico da abertura, o ritmo de dignidade rotineira, de segunda mão, é puxado pelo acréscimo de detalhes numa banalidade tortuosa. Palavras simples, estruturas oracionais sem complexidade, eufemismos persistentes, sintaxe oral — no entanto o caráter corriqueiro da linguagem, sua qualidade coloquial, vernacular, humorística e, por vezes, parabólica sabota expectativas e mascara julgamentos quando já não pode adiá-los. A composição de vermelho, branco e azul na cena de abertura oferece a bandeira/tela nacional sobre a qual a narrativa trabalha e contra a qual a vida dessas pessoas negras deve ser visualizada, mas não deve oprimir o empreendimento no qual o romance está engajado. É uma composição de cor que marca o nascimento de Milkman, protege sua juventude, esconde seu propósito e através da qual ele deve irromper (entre os Buicks azuis, as tulipas vermelhas de seu devaneio, e as meias, os laços e as luvas brancas de sua irmã) antes de descobrir que o ouro de sua busca é na verdade o amarelo alaranjado de Pilates e o metal cintilante do pequeno retângulo em seu ouvido.

Esses espaços, que estou preenchendo e posso preencher porque foram planejados, podem ser preenchidos com outros significados. Isso também é planejado. É nesses espaços que devem se infiltrar as ruminações do leitor, suas vivências inventadas, relembradas ou incompreendidas. O leitor enquanto narrador articula as perguntas que a comunidade articula, e tanto o leitor quanto "a voz" se colocam dentro dessa comunidade, gozando de um contato e de uma intimidade privilegiada, mas sem nenhuma informação especial que a comunidade não tenha. Esse igualitarismo que nos coloca a todos (o leitor, a população do romance, a voz do narrador) no mesmo barco refletia para mim a força do voo e da piedade e o olhar precioso, imaginativo mas realista do povo negro que (até certo momento, ao menos) não ungia quem ou o que ele próprio mitologizava. A própria canção contém essa avaliação impassível do voo heroico e milagroso do Solomon lendário, um olhar impassível à espreita na terna mas divertida resposta da comunidade-coral ao voo do agente. Sotto (embora não completamente) é minha piscadela bem-humorada (em termos afro-americanos) ao protomito da jornada do herói rumo à masculinidade. Sempre que os personagens surgem fantasiados de fábulas ocidentais, eles estão em sérios apuros; contudo, o mito africano também se apresenta contaminado. Avessa à reconstrução e progressismos, a autocriada Pilates não se impressiona com o voo de Solomon e desbanca Milkman quando, renovado pela apropriação de sua própria fábula familiar, ele retorna na esperança de educá-la. Ao ouvir tudo que ele tem a dizer, seu único interesse é filial. "Papai?... Tenho carregado meu pai?" Por fim, seu desejo de ouvir a canção é um desejo por um bálsamo pelo qual morrer, não uma obediência submissa à história, seja de quem for.

A frase de abertura de *Tar Baby* — "Ele acreditava que estava seguro" — é uma segunda versão. A primeira, "Ele pensou que estava seguro", foi descartada, porque "pensou" não continha a dúvida que eu queria plantar na cabeça do leitor sobre se ele estava ou não seguro de fato. "Pensou" me veio à mente de imediato, pois era o verbo que meus pais e meus avós usavam quando descreviam o que eles tinham sonhado na noite anterior. Não "sonhei" ou "parecia" ou mesmo "vi ou fiz" isto ou aquilo — mas "pensei". Aquilo dava ao sonho distância narrativa (um sonho não é "real") e poder (o controle implícito em "pensar" no lugar de "sonhar"). Mas "pensou" parecia diminuir a fé do personagem e a desconfiança que eu queria sugerir ao leitor. "Acreditar" foi o escolhido para a missão. E essa pessoa que acredita está, de certo modo, prestes a adentrar um mundo onírico e a se convencer, ao final, de que pode controlá-lo. Ele acreditava, isto é, estava convencido. E embora a palavra sugira convicção, ela não tranquiliza o leitor. Se eu quisesse que o leitor acreditasse no ponto de vista dessa pessoa, eu teria escrito "Ele estava seguro". Ou "Ele estava, finalmente, seguro". A incerteza quanto à segurança é importante, pois segurança é o desejo de todos os personagens do romance. É aquilo que encontram, criam e perdem.

Talvez vocês lembrem que eu estava interessada em trabalhar o mistério de uma velha história tradicional, um conto popular, que também versava sobre segurança e perigo e as habilidades necessárias para assegurar a primeira e evitar o último. Não pretendia, claro, recontar a lenda; talvez seja um projeto aceitável, mas certamente não era interessante o suficiente para me engajar por quatro anos. Já disse em outra parte que explorar o conto da Boneca de Piche era como acariciar um animalzinho a fim de examinar sua anatomia, evitando, contudo, perturbar ou distorcer seu mistério. As lendas folclóricas podem ter nascido como alegorias para fenômenos naturais ou sociais, ou podem ter sido usadas para fugir de questões contemporâneas na arte, mas podem também conter mitos que se reativam infinitamente por meio de facilitadores — as pessoas que os repetem, reformulam, reconstituem e reinterpretam. O conto da Boneca de Piche me parecia tratar de máscaras. Não de máscaras que escondem o que é preciso esconder, mas de máscaras que ganham vida, assumem a vida, exercitam as tensões entre elas mesmas e o que elas recobrem. Para Filho, a máscara mais efetiva é máscara nenhuma. Para os outros a construção é cuidadosa e delicadamente trabalhada, mas as máscaras que elaboram têm vida própria e colidem com aqueles com quem travam contato. A textura do romance parecia demandar certa magreza, uma arquitetura gasta e antiga como uma máscara esculpida: exagerada, ofegante, em oposição à vida representacional que ela deslocava. Assim, a primeira e a última frase precisavam combinar perfeitamente, como os contornos exteriores se encaixam aos interiores, côncavos, dentro da máscara. Assim, "Ele acreditava que estava seguro" seria a frase gêmea de "Num pé e no outro. Num pé, num pé, num pé e no outro". Esse fecho é 1) a última frase do conto; 2) a ação do personagem; 3) o final indeterminado que se segue ao começo suspeito; 4) um ritmo complementar ao de sua irmã gêmea; e 5) o espaço largo e maravilhoso entre a contradição daquelas duas imagens: o sonho de segurança e o som dos pés em correria. E todo o mundo mediado ao meio. Esse mundo mascarado e desmascarado, encantado e desencantado, dolorido e doloroso é elaborado na variedade de interpretações (ocidentais e afro-americanas) de que o mito da Boneca de Piche tem sido objeto. Escapar à prensa e à expulsão da história se torna possível em encontros criativos com essa história. Nada, nesses encontros, é seguro, nem deve ser. Segurança é o embrião do poder bem como uma proteção contra ele, como atestam os usos que se fazem das máscaras e dos mitos na cultura afro-americana.

"O 124 era rancoroso. Cheio do veneno de um bebê."

Ao abrir *Amada* com algarismos em vez de numerais escritos por extenso, minha intenção era dar à casa uma identidade separada da rua ou mesmo da cidade; nomeá-la assim como nomeavam a "Doce Lar", como se nomeavam os campos de algodão, mas não com substantivos ou nomes "próprios", e sim com números, porque números não têm adjetivos, nem afetação alguma de acolhimento ou grandeza, nem anseios altivos de arrivistas e empreiteiros sonhando grandes embelezamentos paralelos da nação que eles deixam para trás, tragando história imediata e lenda. Os números aqui constituem um endereço, uma perspectiva já consideravelmente emocionante para escravizados que não possuíam nada, muito menos um endereço. E embora os números, ao contrário das palavras, não aceitem termos modificadores, a esses eu concedo um adjetivo — "rancorosos" (há outros dois adjetivos para o 124). O endereço, portanto, se personaliza, mas se personaliza por meio de sua própria atividade, não por um desejo copiado de personalidade.

Além disso, há algo nos números que, nesse contexto, os torna como que falados, ouvidos, pois, ao abrir o livro, o leitor espera se deparar com palavras para ler, e não números para repetir, ou ouvir. E o som do romance, por vezes cacofônico, por vezes harmonioso, tem de ser um som próprio ao ouvido interno, ou um som um pouco além da escuta, imbuindo o texto de uma ênfase musical que as palavras conseguem transmitir às vezes até melhor do que a música. Assim, a segunda frase não é bem frase, mas um complemento subordinado à primeira. Contudo, se tivesse escrito dessa maneira ("O 124 era rancoroso, cheio do veneno de um bebê" ou "O 124 era cheio do veneno de um bebê"), eu perderia o acento marcado pela palavra "cheio".

Qualquer que fosse o risco de confrontar o leitor com o que deve ser imediatamente incompreensível nessa frase simples, declarativa e impositiva, o risco de perturbá-lo ou perturbá-la, eu me dispus a correr. Porque a abertura *in medias res* que me é tão cara aqui é excessivamente exigente. É abrupta, e assim deve ser. Não há guia nativo. O leitor é sequestrado, puxado e lançado num ambiente completamente estrangeiro, e é isso que busco como primeiro golpe da experiência compartilhada possível entre o leitor e a população do romance. Sequestrado tal como os escravizados o foram — de um lugar para outro, de um lugar para qualquer outro, sem preparativos e sem defesa. Nada de recepção, porta, entrada — uma prancha de desembarque, talvez (mas bem curta). E a casa para a qual esse sequestro impele o leitor passa de rancorosa a barulhenta e silenciosa, tal como os sons no interior daqueles navios deviam se transformar. Algumas palavras precisam ser lidas até ficar claro que "124" se refere a uma casa (na maioria dos primeiros rascunhos, "As mulheres na casa sabiam" aparecia simplesmente como "As mulheres sabiam"; a palavra "casa" não era mencionada por dezessete linhas), e mais outras precisam ser lidas para se descobrir por que ela é rancorosa, ou, antes, por que é a fonte do rancor. A essa altura se torna evidente, se não imediatamente, que algo está para além de qualquer controle, mas não para além do entendimento, já que não escapa à acomodação tanto por parte das "mulheres" quanto das "crianças". A presença plena do assombroso é tanto uma incumbência maior da narrativa quanto um truque. Um de seus propósitos é manter o leitor preocupado com a natureza insólita do mundo espiritual, enquanto lhe é servida uma dieta controlada do inacreditável mundo político.

A vida subterrânea, subliminar, de um romance é a dimensão que possui mais chances de estabelecer um laço com o leitor, aproximando-o. Porque é preciso ir da primeira frase para a próxima, e para outra e mais outra. O amigável posto de observação que eu me dispus a construir em *Sula* (com o estranho ao centro), ou o jornalismo banal de *A canção de Solomon*, ou o ponto de vista calculadamente suspeito de *Tar Baby* não me serviriam aqui. Aqui eu buscava a confusão excitante de estar lá tal como os personagens estão; subitamente, sem conforto ou facilitação do "autor", contando apenas com a imaginação, a inteligência e a necessidade para a travessia. A linguagem pictórica de *A canção de Solomon* não me era útil em *Amada*. Praticamente não há cores nessas páginas, e quando há, são tão acentuadas que se fazem virtualmente cruas. Como cores vistas pela primeira vez, sem história prévia. Nada da arquitetura do tipo que se encontra em *Tar Baby*, nada do jogo com a cronologia do Ocidente, como em *Sula*; nenhuma troca entre discurso literário e discurso da vida "real", com unidades de textos impressos espremendo-se contra unidades sazonais da infância negra, como em *O olho mais azul*. Nenhum complexo de casas, nenhum bairro, nenhuma escultura, tinta, tempo, especialmente nenhum tempo, pois a memória, a memória pré-histórica, não tem tempo. Há apenas um pouco de música, nós mesmos, e a urgência do que está em jogo. Que era tudo o que eles tinham. Para esse tipo de tarefa, o papel da linguagem é desaparecer.

Espero que vocês compreendam que, nesta explanação sobre como manejo a linguagem, se encontra uma postura deliberada de vulnerabilidade aos aspectos da cultura afro-americana que podem informar e posicionar minha obra. Às vezes sei quando o livro funciona — quando os espíritos ancestrais foram efetivamente convocados — ao ler e ouvir aqueles que adentraram o texto. Nada aprendo dos que resistem, embora as dificuldades que enfrentam possam ser fascinantes. Minha expectativa e minha gratidão aos críticos que entram são enormes. Aos que falam sobre a natureza do que adentraram, e como; aos que identificam os procedimentos artísticos bem como a arte; àqueles para quem o estudo da literatura afro-americana não é nem um curso intensivo de boa vizinhança e tolerância, nem um infante a ser carregado, instruído, catequizado ou mesmo chicoteado como uma criança, mas o estudo sério de formas artísticas que têm muito a realizar e que já se encontram legitimadas por suas próprias fontes culturais e por seus predecessores dentro e fora do cânone — a todos esses eu devo muito.

Para escritores, pensar sobre o cânone é muito simples: em cinquenta ou cem anos sua obra poderá ser apreciada pela beleza, pelos insights ou pela força, ou poderá ser condenada pela vacuidade e pretensão, terminando na lata do lixo. Do mesmo modo os críticos (como construtores do cânone) poderão ser aplaudidos pela pesquisa acadêmica inteligente que realizaram e por seus poderes de análise crítica — ou poderão ser ridicularizados pela ignorância e pelas mal disfarçadas afirmações de poder, terminando na lata do lixo. É possível que a reputação de ambos — escritor e crítico — cresça ou decaia. Em todo caso, no que toca ao futuro, quando se escreve, estamos todos com a corda no pescoço.

Sussurros acadêmicos

Em fins dos anos 1980, comecei a sentir certa inquietação relacionada ao que me parecia uma conversa sussurrada entre mestres e alunos dentro dos estudos de literatura afro-americana. A conversa parecia envolver um acordo privado a respeito do verdadeiro propósito do campo. Minha reticência quanto a esse diálogo em voz baixa era exacerbada por outro, de natureza absolutamente explícita, que atacava a legitimidade da literatura afro-americana enquanto campo de estudo. Ambos os diálogos — o secreto e o explícito — animaram os debates sobre o cânone.

Lá nos anos 1980 eu não sentia nenhuma urgência em refletir sobre minha ansiedade em relação ao rumo que o debate estava seguindo — política de identidade versus política de não identidade, por vezes chamada de "universalidade" —, pois não estava disposta a me deixar distrair naquela velha e triste rotina que artistas e acadêmicos afro-americanos tantas vezes acreditam ser obrigados a assumir: a rotina de defender, defender eternamente, seu direito de existir. Era uma batalha tão tediosa, tão pouco original, tão irritante que não deixa nem tempo nem ânimo para o trabalho real dos artistas e dos acadêmicos, que é o trabalho de refinar sua própria criação e cuidar de seus próprios assuntos. Não queria observar o insuflar-se da capa vermelha de mais um toureador decidido a provocar e, desse modo, impedir uma força de reconhecer seu próprio poder. Preferi me concentrar na criação de uma literatura não racista, mas portadora de especificidade de raça dentro de uma linguagem já racialmente modificada para leitores que haviam sido forçados a lidar com as pressuposições de uma hierarquia racial. Escolhi escrever como se não houvesse nada a provar ou refutar, como se um mundo desracializado já existisse. Não com o intuito de transcender a raça, ou buscando algum "universalismo" fraudulento — termo que se tornou código para "não negro" —, mas para reivindicar a liberdade da minha própria imaginação. Pois nunca vivi, nem ninguém viveu, num mundo onde raça não importasse. Tal mundo, um mundo livre de hierarquias raciais, é geralmente imaginado ou descrito como uma espécie de paisagem onírica, edênica, utópica — tão remotas são as possibilidades de alcançá-la. Em linguagens esperançosas essa paisagem tem sido proposta como ideal, uma condição só possível pela chegada do Messias ou se circunscrita a uma reserva protegida, como um parque público, ou nas florestas da imaginação de Faulkner, onde a habilidade na caça supera classe e raça. Enquanto escritora desde sempre racializada, eu sabia que não poderia e não iria reproduzir a voz dos senhores, junto com suas pressuposições da lei onisciente do pai branco. Eu queria descobrir como manipular, metamorfosear e controlar a linguagem imagística, metafórica (e sua sintaxe) de modo a produzir algo que pudesse ser chamado de literatura livre das limitações imaginativas que meu idioma racialmente modificado me impõe. Com isso não me refiro simplesmente à recusa de gírias raciais, estereótipos ou insultos. Trata-se, primeiro, de reconhecer essas estratégias linguísticas, e então empregá-las ou implementá-los para alcançar um efeito contrário; para desativar seu poder preguiçoso, imerecido, convocando forças opositivas, e libertando o que sou capaz de inventar, registrar, descrever e transformar da camisa de força na qual nos coloca uma sociedade racista. Minha insistência era a de escrever fora do olhar branco, não contra ele, mas num espaço onde eu pudesse postular a humanidade que os escritores eram sempre convocados a enunciar. Escrever a propósito e de dentro de um mundo vendido a dominâncias raciais sem empregar as estratégias linguísticas que o sustentam me parecia o trabalho mais urgente, frutífero e desafiador que uma escritora poderia empreender. Como disse antes, um mundo sem hegemonia racial ou hierarquia é algo que figura na literatura como um Éden impossível ou uma utopia inalcançável; no entanto, essa visão também tem sido descrita como "barbarismo", como "o fim da história", como "ausência de futuro", ou como algo condenado a um futuro destruído, experiência que já se julga corrompida e sem valor. Em outras palavras, uma catástrofe. Uma Jonestown ingênua e corrupta culminando em ignorância, assassinato e insanidade.

Talvez eu estivesse alimentando uma paranoia incipiente, cuja origem tracei ao número estranhamente grande de requisições para falar a públicos universitários sobre a questão do racismo, inclusive em instituições onde alguns incidentes raciais específicos haviam acontecido. Eu não estava apenas irritada com as pressuposições desses pedidos, eu estava furiosa porque me pediam que esclarecesse uma área (uma de muitas) sobre a qual nada sei. Claro, fui vítima desse tipo de tratamento, mas o que eu me perguntava era por que alguém pediria à vítima que explicasse o torturador. Esse esclarecimento não caberia aos familiarizados com essas formas de pensamento? (Por acaso uma vítima de estupro é a pessoa mais qualificada para acalmar um estuprador?) Parecia-me que o problema do racismo tinha de ser enfrentado primeiro por aqueles que conheciam bem suas entranhas. Ser requisitada a gastar meu tempo daquela forma (para curar e me adoecer) pode ter me perturbado desnecessariamente, mas era algo que se conectava de alguma forma à minha percepção de que o estudo da literatura afro-americana se tornara, em certos círculos (se os currículos, ementas, antologias, prefácios, posfácios e notas introdutórias de certas escolas e universidades servirem de indicação), um exercício no estabelecimento de políticas de boa vizinhança e tolerância por meio do estudo de seu tipo particular de patologia, na qual se espera que o sobrevivente seja médico e paciente. E era aí que o discurso sussurrado acontecia.

Com as melhores intenções do mundo, o encontro entre a arte afro-americana e os estudantes de literatura desenvolvera esses subtextos (*O olho mais azul*, lido em escolas primárias, foi um caso em questão, bem como seu banimento). E foi fácil ver como duas mensagens — arte afro-americana como explicação de patologias e arte afro-americana como bálsamo para as inflamações do racismo — foram formuladas e por quê. Em primeiro lugar, a história dos negros nos Estados Unidos foi brutal, e suas consequências ainda perturbam e informam a vida contemporânea. Examinar e reconhecer essa brutalidade pode estimular e de fato estimula uma interpretação da presença negra nessa história como uma patologia nossa e só nossa; pode conduzir e de fato conduziu à noção de que, enquanto povo, nós somos um problema ("a questão dos negros" sobre a qual todo escritor negro, de Richard Wright e Ralph Ellison a James Baldwin e Zora Neale Hurston, precisou comentar — sem mencionar a certificação de alfabetização que Phillis Wheatley e os autores das narrativas da escravidão eram obrigados a fornecer), e cabe a nós mesmos nos resolvermos.

Em oposição à interpretação dos estudos afro-americanos como vacina ao racismo branco incipiente encontramos esta outra: estudos afro-americanos como campo naturalmente imune ao racismo. Que a vida negra era uma cornucópia de tesouros, contribuições e mecanismos autóctones construtivos e positivos para a comunidade e que tais mecanismos sociais operavam como uma alternativa inocente à sociedade presa à raça que a cercava.

É uma interpretação que captura uma impressão que a maioria dos afro-americanos tem, de que sua vida real, sua vida acolhedora, sua vida interior se encontra em outra parte — fora das deformações de sua história. E que por mais repleta de obstáculos, era claramente a vida que eles escolheriam, caso a possibilidade de escolher lhes fosse apresentada.

No entanto, articular essa diferença tão valorizada e reverenciada só raramente escapava de revelar padrões defensivos, autoprotetores, de negação: a retórica "orgulhosa" típica dos enfraquecidos. Adotar a posição de que a história não é o fator determinante, que a estabilidade, a beleza, a criatividade, o brilhantismo são as características reais da vida negra, parecia sobrecarregar (e, em certas circunstâncias, macular) o estudo da cultura negra americana com uma agenda enobrecedora que, ao fim e ao cabo, era contraproducente.

Essas três posturas — 1) cultura afro-americana como exame e diagnóstico do paciente; 2) cultura afro-americana como vacina contra a intolerância; e 3) cultura afro-americana como celebração e reconhecimento insistentes da saúde e da beleza culturais (que poderiam, por associação ou osmose, curar outras populações) — bateram-se, e, nos escombros que restaram, a própria literatura viu-se frequentemente enterrada. Parecia-me, enquanto escritora habitante do mundo dessa literatura, que as próprias obras haviam se tornado uma espécie de empregado doméstico, abrindo portas para que os convidados ingressassem numa festa para a qual ele próprio não fora convidado.

Era isso, enfim, que eu tinha em mente pelo fim dos anos

1980. No entanto, fiz questão de não me deixar distrair do trabalho criativo pelo trabalho defensivo e guardei silêncio em relação ao emprego da minha obra como remédio social. Mas ainda havia outro problema. Eu entendia e, de fato, preferia o papel do escritor que se mostra comprometido com a obra, e não com sua explicação. Eu acreditava que tudo que tinha a dizer sobre o tema da literatura afro-americana estava nos livros que eu havia escrito. Participar da crítica deles era antitético ao que eu desejava que meu trabalho realizasse, que era se apresentar sem etiquetas, rótulos ou sentidos finais identificados por mim mesma cravados na lapela. Eu queria que meus livros fossem apropriados por quem quisesse deles se apropriar. Solicitações de acadêmicos honestos e diligentes para uma conversa ou entrevista que acompanhasse suas pesquisas me parecia de alguma forma inapropriado, um tipo de cola jornalística útil apenas para fixar conclusões já extraídas de fontes primárias ou secundárias. Além disso, ninguém estava realmente interessado nos meus pensamentos sobre os livros. Estavam mais interessados, natural e corretamente, em seus próprios pensamentos. Eu só aparecia na conversa para oferecer uma confirmação ou, em alguns casos, para assumir o papel de equivocada, incapaz de compreender o que eu mesma havia escrito. Demorou muito, confesso, até que eu começasse a levar a sério essas entrevistas, pois as associava, injustamente, ao jornalismo, não à pesquisa acadêmica.

Finalmente, vi-me forçada a enfrentar o problema. Meu intenso interesse pelo desenvolvimento da pedagogia e da crítica literária afro-americanas e minha recusa em participar dessa crítica exceto como *amicus curiae* tornaram-se incompatíveis, uma vez que compreendi que, no coração do problema, havia uma questão que residia também no coração da minha obra: o fato de que, informando todas essas diferentes abordagens ao estudo da cultura afro-americana (patologia, tolerância, diferença celebrada, diferença apagada; o escritor como seu melhor crítico, ou pior, ou amigo da corte — ou, no meu caso, uma mistura de tudo) havia a questão: *O que constitui a literatura afro-americana?* Trata-se dos escritos de americanos que "acontecem" de serem afros? Ou existem certas características culturais que emergem, informam, e que emergiriam e informariam mesmo se essa literatura tivesse sido elaborada na Cidade do México, em Londres ou Istambul? Há alguma diferença? Se sim, essa diferença é diferente de todas as outras?

Não é nada óbvio que as obras escritas por afro-americanos se subordinem automaticamente a uma presença negra impositiva. Há uma flagrante fuga da negritude em boa parte da literatura afro-americana. Em certas obras observa-se um duelo antagonístico com a negritude. E, em outros casos, como se diz, "você nem imagina". Se eu me propusesse a participar, por fim, da discussão crítica, precisaria esclarecer o que, para além da melanina e do conteúdo, fazia de mim uma escritora afro-americana. Não esperava chegar a um momento epifânico em que desse a busca por encerrada, ainda que fosse possível. Mas desejava, sim, contar-me entre aqueles que levavam a tarefa a sério e a empreendiam compenetradamente. Assim, entrei no debate nem só como artista, nem só como acadêmica, mas como os dois. Acreditava que essa dupla posição poderia ajudar a expandir e aprofundar os argumentos sobre a validade, a necessidade e a direção da pesquisa afro-americana. Já existia uma série de trabalhos interessantes recontextualizando tais estudos, reposicionando seu impacto nas ciências humanas. Meu interesse, contudo, transitou do que os artistas e intelectuais negros andavam fazendo para outra coisa. Eu andava preocupada com a possibilidade de uma ressegregação nos estudos afro-americanos — a possibilidade de que esse debate fosse impelido para uma área protegida onde suas características únicas, excepcionais, radicais e até tradicionais pudessem ser interrogadas, mas onde sua poderosa singularidade se tornasse sui generis: uma coisa separada, pertencente a uma categoria particular. Meu pensamento era o de que os estudos afro-americanos até podiam, mas não precisavam confinar-se em si mesmos, pois envolviam um projeto semelhante ao próprio "problema" da raça. Não tratavam apenas de certa vizinhança a prosperar ou enfrentar dificuldades na periferia da cidade, na periferia dos campi, nas margens do pensamento intelectual, nem de uma minoria exótica, antropologicamente interessante, pulsando nas extremidades do corpo político, pelo contrário: diziam respeito a algo que pertencia e pertence ao coração do coração do país. Nenhuma decisão política era passível de ser compreendida sem a presença do tópico negro, mesmo ou especialmente quando implícito. Nem a questão da habitação, nem da educação, o exército, a economia, o sistema eleitoral, a cidadania, as prisões, as práticas de empréstimos bancários, os programas de saúde — qualquer que fosse a conversa, o tema real era sempre o que fazer da população negra, que se tornara sinônimo de gente pobre. Poucas disciplinas escaparam ao impacto das construções raciais. O direito, a ciência, a teologia, a medicina, a ética médica, a psiquiatria, a antropologia, a história — todas estavam implicadas. Além disso, haveria algum debate público sem referência ao povo negro? Como escrevi em *Playing in the Dark*: "Ele se faz presente em cada grande conflito do país". Da elaboração da Constituição ao Colégio Eleitoral, "a batalha pela concessão do direito ao voto a cidadãos sem propriedades, mulheres e analfabetos... marca a construção do sistema educacional público e gratuito, o equilíbrio representativo nos corpos legislativos, a jurisprudência e as definições jurídicas de justiça; está lá nos [...] memorandos das casas bancárias, no conceito de destino manifesto e nas narrativas condutoras da americanização de cada imigrante que chegou às nossas praias". Eu me convencera de que não havia uma carta racial — havia um baralho completo, cada carta operando num terreno muito mais largo do que anteriormente imaginado, ecoando sua influência na cultura nacional. As consequências dessa investigação foram uma série de doze palestras, três das quais compuseram um livro, *Playing in the Dark*. Nele tentei articular a amplitude do projeto e sua complexidade. Os estudos afro-americanos podem interrogar uma grande área da produção cultural, no Ocidente e no Oriente, vivificando e expandindo uma grande variedade de disciplinas. É esse, afinal, o objetivo da educação: acesso a mais conhecimento.

É possível que chegue um tempo em que nós — estudantes, professores, administradores, artistas e pais — tenhamos de lutar bravamente pela educação, pela ciência incorruptível (não a ciência racista ou ideológica), por uma história social sã, uma antropologia apolítica (despida de estratégias de controle); pela integridade da arte e contra sua espetacularização.

De fato, é possível que chegue um tempo em que as universidades precisem lutar pelo privilégio da liberdade intelectual.

Gertrude Stein e a diferença que ela faz

Li em alguma parte que há duas respostas ao caos: nomeá-lo ou sucumbir à violência. Nomeá-lo é algo que se consegue sem esforço quando há uma população ou uma geografia dita inomeada — ou despojada de seus nomes — disponível para o processo. De outro modo é preciso se contentar com uma renomeação forçada. Por sua vez, a violência é compreendida como uma resposta inevitável ao caos — o indomado, o bárbaro, o selvagem —, inevitável e também benéfica. Quando se conquista um território, a execução da conquista, seu sentido mesmo, é controlá-lo remodelando, esquadrinhando, abrindo caminhos. E compreende-se isso como a própria obrigação do progresso industrial e/ou cultural. Esse tipo de encontro com o caos, infelizmente, não se limita a territórios, fronteiras, recursos naturais. De modo a efetuar o progresso industrial é também necessário violentar o povo que habita o território — pois ele resistirá e se fará anárquico, *parte* do caos, e em certos casos o controle tem incluído a introdução de formas novas e destrutivas de hierarquia, quando bem-sucedido, e tentativas de genocídio, quando não.

Há uma terceira resposta ao caos, sobre a qual não li, que é a quietude. Quietude é o que se recolhe em espanto, em meditação; também reside na passividade e na perplexidade. É possível que os primeiros americanos tenham contemplado as três respostas: o nomear, a violência e a quietude. Esta última decerto emerge (ou parece emergir) em Emerson, em Thoreau e na natureza observadora de Hawthorne. Também é rastreável no éthos puritano. Mas, ao contrário das populações autóctones da América, e ao contrário do grosso da população trazida da África, a quietude americana foi envolvida, até mesmo mitigada, pelo pragmatismo. Havia sempre a preocupação com herdeiros, um futuro distante indiferente ao passado e a virtude da riqueza como prêmio concedido por Deus — riqueza que era pecado não acumular. Essa "quietude" imensamente materialista tal como praticada pelos imigrantes religiosos/clericais entrava em acentuado contraste com a filosofia do "pegue apenas o que precisar e deixe a terra tal como a encontrou" das sociedades pré-industriais. Uma das questões mais interessantes na formação cristã das responsabilidades públicas e privadas é a negociação entre frugalidade e reverência; consolo religioso e exploração natural; repressão física e prêmio espiritual; o sagrado e o profano. Essa negociação tensiona-se entre aquelas três respostas ao caos: nomeação, violência e quietude. Embora os colonos na América não fossem de modo algum, em sua maioria, os religiosos apavorados ou os doces mas sombrios habitantes da colônia de Plymouth, que servem hoje à reverência nacional, à mercantilização conveniente e à nostalgia delirante. Acredito que 16% deles eram, mas isso nos deixa 84% de "outros", como se lê em formulários de censura. E mesmo entre os 16% não demorou muito para que aquela ideia já ambivalente e complacente de quietude se dissipasse no alvorecer da industrialização. Com o fornecimento abundante da mão de obra gratuita dos escravizados, servos forçados, prisioneiros e endividados, e a mão de obra barata de imigrantes pobres fugindo das dívidas, da fome e da morte. Mesmo Twain, que privilegiava a vida rural de vilarejo, sua linguagem e seu humor, e cobria o Mississippi e as pistas e estradas da América do século XIX com certa nostalgia pastoral, mesmo ele investiu em esquemas lucrativos, embora desastrosos, e claramente apreciava e estimulava a corrida pelo ouro e a sagacidade dos esquemas financeiros em seus personagens. E foi nosso erudito transcendentalista aposentado Ralph Waldo Emerson quem escreveu que, na corrida do ouro californiana, "não importava quais meios imorais foram usados: a função da corrida do ouro foi acelerar a colonização e *civilizar* o Oeste". O itálico em "civilizar" é meu.

Melville, claro, atentava para os argumentos contra um capitalismo florescente que se espelhava nas forças da natureza ou que nelas se empalava. E, entre tantas outras obras, *Moby Dick*, *Billy Budd*, *White-Jacket* e "Benito Cereno" abordam o impacto da pressão econômica sobre os "inocentes", o trabalhador ingênuo e seu "capitão". Tudo dentro do contexto daqueles dois terços do globo que representam o caos: o mar, que parece ilustrar mais claramente aquelas três respostas: a nomeação (esquadrinhando, mapeando, descrevendo), a violência (da conquista, da caça à baleia, do navio negreiro, da frota naval etc.) e a quietude (a busca interior, as vigílias ociosas em alto-mar que produzem as passagens mais autorreflexivas). Poe respondeu ao caos apelando à violência e à nomeação. Violência na atração pelos danados, pelos moribundos, pela mente do assassino. Nomeação pelas insistentes notas "científicas" de pé de página, editorializando, indexando dados históricos e geográficos. Mas havia um elemento adicional disponível a esses escritores — na verdade, a todos os americanos — por onde contemplar o caos. A Natureza, o Oeste "virgem", o espaço, a proximidade da morte — todas essas questões importavam. No entanto, era a disponibilidade de um caos doméstico, uma desordem inventada, um "Outro" supostamente incivilizado, selvagem, eterno e atemporal que concedeu à história americana sua formulação peculiar e especial. Esse "Outro", como sugerimos, era a presença africanista. Os colonos americanos e seus sucessores podiam responder e de fato responderam a esse caos controlável, útil, pela nomeação, pela violência e, muito tardiamente, hesitante, cuidadosamente, por certa medida de quietude pragmática. Mais uma vez, é para a literatura, para os escritores que nos voltamos em busca de evidências e figurações dessa meditação sobre a dominação. Lá encontramos quietude (em Melville, por exemplo) na recusa à nomeação de modo a melhor refletir sobre o mistério, sobre a mensagem inscrita pelo próprio caos. Na recusa em violentar, conquistar, explorar. Optando-se, antes, por confrontar, adentrar, descobrir, por assim dizer, do que era feita essa presença.

É nesse contexto que quero ler Gertrude Stein: sua dedicada investigação sobre a vida interior desse Outro, e os problemas de não intervenção que esse projeto apresentava e dos quais caiu vítima. O "modernismo" do qual Stein é geralmente vista como precursora tem muitas formas. Se considerarmos que o movimento tem por mais consistente característica a fusão de formas, o desfazer de limites, a ausência de fronteiras, a mistura de linguagens, o hibridismo dos gêneros e a redefinição de papéis tradicionais de gênero, a apropriação de disciplinas as mais variadas e anteriormente separadas a serviço de outras, novas ou convencionais, a combinação de estilos e períodos históricos na arte — então podemos traçar os caminhos peculiares pelos quais a literatura americana empreendeu essa viagem. Na América, a primeira marca e sinal temeroso da fusão, da mistura e da dissolução do que eram consideradas fronteiras "naturais" foi a fusão racial. Foi a mais bem representada, mais perturbada, mais combatida (via legislação) e mais desejada incursão para dentro de um território proibido, desconhecido e perigoso, pois representava um mergulho na escuridão, no fora da lei e no ilícito; uma ruptura provocativa e chocante com o familiar.

Em termos de adesões literárias ao modernismo, como também é verdade a das artes visuais, o terreno imaginativo sobre o qual essa viagem foi empreendida era e é em grande medida a presença do "Outro" racial. Explícita ou implícita, essa presença informa de modo significativo, imperioso e inescapável a configuração da literatura americana. Bem à mão para a imaginação literária, ela constituía uma força mediadora visível e invisível. De modo que mesmo, ou especialmente, quando os textos americanos não são "sobre" presenças africanistas, a sombra paira ao redor, em implicações, sinais e linhas de demarcação. Não é por acidente ou acaso que as populações imigrantes compreendiam sua "americanidade" em oposição à população negra residente — e ainda o fazem. De fato, a questão da raça se tornou tão metafórica e, enquanto metáfora, tão necessária à americanidade, que chega a rivalizar com o racialismo pseudocientífico e classista ao qual estamos acostumados. Enquanto metáfora, essa presença africanista talvez seja algo sem o qual os Estados Unidos não podem passar. Pois nesta parte do século xx, se os americanos desejam alguma forma de especificidade, se querem ser americanos de uma maneira que os canadenses não são, nem os latino-americanos, nem os britânicos, então precisam ser americanos brancos, e essa distinção depende de uma negritude constantemente disponível. Profundamente enraizada na palavra "americano" reside uma associação racial. (Pode-se notar que identificar alguém como sul-africano é dizer muito pouco; precisamos do adjetivo "branco" ou "negro". Nos Estados Unidos é exatamente o oposto: "Americano" *significa* branco, e os povos africanistas se esforçam para tornar o termo aplicável a eles mesmos valendo-se de hifens e etnias.) Os americanos não contaram com uma nobreza extravagante e predatória contra quem, ainda que cobiçando sua licenciosidade, forjar uma identidade. Parecem ter fundido o sofrimento e a inveja na contemplação autoconsciente e autorreflexiva da mitologia africanista.

Para a aventura intelectual e imaginativa dos escritores que vieram a representar o "moderno" na literatura, esse Outro africanista conveniente era o corpo, a mente, o caos, a doçura e o amor, a ausência ou a presença de limites, a contemplação da liberdade, o problema da agressão, a exploração da ética e da moralidade, as obrigações do contrato social, o cruzamento de religiões e as ramificações do poder. Os autores americanos que escaparam a essa influência foram os que deixaram o país — mas não todos.

Alguns observadores astutos de mente crítica acreditam que o individualismo ao estilo americano anulava a possibilidade ou qualquer espaço para um "Outro" e que, no caso do sexismo, se tratava do apagamento do outro enquanto não significante, uma não pessoa. Eu me pergunto se a verdade não é exatamente o oposto; que o individualismo emana do posicionamento de um eu bem delimitado e seguro no mundo. Que não pode haver nenhum interior, nenhum eu estável, durável e individual sem a cuidadosa elaboração e fabricação de um gênero extrínseco e, do mesmo modo, de uma sombra externa, extrínseca. Ambos estão conectados, mas apenas nos limites externos do eu, do corpo. Que isso era verdade em relação aos homens brancos já deve estar evidente. E uma vez que a definição de americano é a de homem branco diferenciado, e um bom e bem-sucedido americano é um homem branco que é diferenciado e poderoso, o que faz a engenhoca funcionar é a negritude, a feminilidade, estratégias desfamiliarizantes e opressão. Bernard Bailyn oferece um retrato sucinto e fascinante desse clássico processo de autopreservação e autodefinição. Entre os imigrantes e colonizadores que ele rastreia em seu extraordinário *Voyagers to the West*, encontra-se um personagem bem documentado de nome William Dunbar.

A conclusão impressionante desse perfil é a de que há quatro consequências desejáveis na formação bem-sucedida desse espécime americano: autonomia; autoridade; novidade e diferença; poder absoluto. Esses benefícios traduzem-se, nos séculos XIX e XX, em individualismo, diferença e poder. Previsivelmente, essas são também as maiores características da literatura americana. Nova e diferente; individualista; heroicamente poderosa. Esses termos traduzem-se, pelo menos até a Segunda Guerra Mundial, da seguinte forma. A "novidade" do século XIX se torna, no século XX, "inocência". A "diferença" se torna a marca do moderno. O "individualismo", o culto do Lone Ranger, funde-se à figura do descontente alienado e solitário (mas ainda inocente) — e, claro, há a interessante digressão, que não perseguiremos aqui, relacionada ao personagem Tonto. Antigamente, minha perplexidade era: por que o Lone Ranger (o patrulheiro solitário) é chamado de *"lone"* (solitário), se ele está sempre na companhia de Tonto? Agora compreendo que, dada a natureza metafórica e racial da relação, ele pode ser compreendido como "solitário" precisamente por causa de Tonto. Sem Tonto, ele seria, suponho, simplesmente "Ranger". O heroicamente poderoso, por sua vez, dá lugar, passada a guerra, aos problemas do uso e do abuso do poder. Penso que cada uma dessas características é informada por uma consciência e um emprego complexo de um africanismo construído como campo de treino e arena para sua identidade. Do que, pode-se perguntar, os americanos são tão insistentemente inocentados? Qual a relação do moderno com a presença ativamente criativa dos afro-americanos? (Foi-me sugerido que, toda vez que a indústria do cinema deseja exibir alguma tecnologia novinha em folha ou competência, ela emprega personagens, narrativas e jargões africanistas. O primeiro filme falado de grande escala foi *O cantor de jazz*; o primeiro sucesso estrondoso foi *Nascimento de uma nação*; a primeira sitcom na televisão foi *Amos e Andy* e, embora esse exemplo não caiba perfeitamente, o primeiro documentário foi *Nanook do Norte*. E provavelmente ninguém duvida que as trilhas sonoras que informam os cineastas "modernos" têm sido o que nos Estados Unidos chamamos de "*black music*".) Voltando ao ponto, a pergunta final é: do que o indivíduo é alienado, se não de seu eu "branco" num pluralismo persistente, mas de certa forma fraudulento? Essa questão se volta para a posse, a retenção e a distribuição de poder.

Mencionei Gertrude Stein como paradigma ou precursora do modernismo. Agora eu gostaria de analisar uma de suas obras mais admiradas a fim de ilustrar o que considero uma exibição fascinante de americanismo literário, tentando estabelecer as conexões entre esse americanismo e suas inovações, seu caráter novo, suas representações de individualidade, suas percepções do poder sexual e dos privilégios que emanam da classe e da raça.

As três vidas que Gertrude Stein apresenta naquela novela de mesmo nome são decididamente desiguais. Não apenas em tratamento, como espero demonstrar, mas também em várias outras formas. Das três mulheres que constituem a obra (uma obra de três narrativas agrupadas para compor um romance ou uma novela), uma delas cobre 71 páginas, outra demanda quarenta páginas e a outra, a narrativa central, posta ao meio, cobre o dobro da extensão da primeira e quase quatro vezes o espaço da última. Essa distribuição desigual de espaço, cada qual focando numa das mulheres, é marcada por outra desigualdade divergente. A primeira parte se chama "A boa Anna", e a última parte, "A gentil Lena". Apenas a parte central, mais longa e centralizada, não apresenta nenhum adjetivo. Chama-se "Melanctha". Só isso. Como vocês devem lembrar, Melanctha é uma mulher negra (ou, como a srta. Stein a identifica, uma preta). Imprensada entre as outras duas, ela parece emoldurada, presa pelas outras como se para destacar e ressaltar sua diferença enquanto a mantém firmemente sob controle. Antes de abordar as notáveis diferenças entre Melanctha e as outras duas mulheres à sua esquerda e à sua direita, devo talvez identificar primeiro as similaridades — pois há algumas, embora pareçam apenas evidenciar ainda mais a diferença de Melanctha e a diferença que Stein faz dela. Todas as três mulheres que constituem o texto são empregadas; todas morrem ao final; todas são maltratadas de alguma forma por homens ou pelas consequências da sociedade patriarcal. Todas se posicionam entre a pobreza abjeta e a pobreza digna. E embora todas tenham nascido em algum país, as semelhanças encerram-se justamente aí. As duas mulheres brancas têm nacionalidade: são, primeiro, alemãs, depois, enquanto imigrantes, podem adentrar a categoria de germano-americanas, se assim o desejarem. Só Melanctha nasceu nos Estados Unidos, e só Melanctha não recebe identificação nacional. Ela é preta, e, portanto, mesmo em 1909, quarenta anos depois de a proclamação libertar todos os escravizados, não tem terra natal, nem designação de cidadania. Nunca é descrita como americana e certamente nunca chamada assim pela narradora.

Para a srta. Stein, Melanctha é um tipo especial de preta. Uma preta aceitável, pois tem a pele clara, e esse quesito tem relevância quando notamos que a seção dedicada a ela se abre com uma comparação entre Melanctha e sua amiga muito próxima, Rose, que é descrita, repetidamente (insistentemente), como muito negra: "amuada, infantil, acovardada, a negra Rosie resmungava e ralhava e uivava e fazia uma abominação de si, como um bicho". Nessa coleção de adjetivos encontramos todos os fetiches, as formas de redução metonímica, o colapso recorrente de pessoas em animais (que impede o diálogo e a identificação), a estereotipização econômica que tanto atravessa as implicações, se não a linguagem específica, da maior parte das descrições ficcionais pré-

-1980 de personagens africanísticos. "Rose Johnson era uma negra de verdade, alta, bem-feita, amuada, estúpida, infantilizada, uma preta bonita." "Rose Johnson era uma negra preta de verdade, *mas* [itálico meu] tinha sido criada tal como filha por gente branca." Notamos de imediato que não é preciso que a srta. Stein descreva ou identifique essa gente branca, que diga se eram bons, ou bem--educados, ou pobres, ou estúpidos, ou malvados. Aparentemente basta que eram brancos, a pressuposição no caso sendo a de que, seja lá que tipo de gente branca eles eram, eram *gente branca*, e portanto a instrução conferida a Rose a colocaria numa posição privilegiada, um fato reconhecido pela própria Rose, pelo qual ela se sente muito agradecida. Melanctha, por outro lado, tendo a pele clara, é descrita como "paciente, submissa, apaziguadora e incansável". É também uma "preta graciosa, morena clara, inteligente" que não tinha sido "criada como Rose por gente branca, mas que por outro lado *metade dela tinha sido feita com verdadeiro sangue branco*" (itálico meu). O ponto é redundantemente claro. Enquanto Rose pode alegar a boa sorte de ter sido criada por brancos, Melanctha possui uma alegação mais poderosa, a alegação do sangue. Há alguma falta de cuidado aqui, pois mais tarde somos informados de que o pai de Melanctha era "muito negro" e "bruto", e que sua mãe era "uma mulher de cor, morena clara, de aparência doce e digna e agradável". Isso não sugere o rótulo de "metade branca". Embora Stein chame Melanctha de "uma mestiça sutil, inteligente e atraente", de acordo com a genética racial da época, uma pessoa mestiça teria de possuir um genitor branco. Acho que essa última possibilidade obrigaria a autora a uma complexidade excessiva; ela teria de explicar como o genitor branco (no caso, a mãe, já que o pai é inequivocamente negro) se envolveu com o genitor negro, e talvez seja suficiente que o amante branco de Melanctha seja mais tarde avaliado como essencial para sua destruição, sem que se precise adentrar as ramificações de outra relação de natureza mestiça.

Não elenco esses típicos lapsos raciais e atalhos linguísticos ao léu, mas, sim, para ressaltar o fato de que o recurso de Stein a eles, de modo a chegar a certas conclusões, é tão necessário que, ou ela se dispõe a cometer erros crassos quanto às sutis distinções do racialismo, arriscando-se a perder a confiança do leitor, ou então perde o controle sobre seu texto insubordinado e caprichoso. Por exemplo: Rose Johnson é repetidamente chamada de infantil e imoral. Mas ela é a única das amigas de Melanctha que lida com responsabilidades adultas — um casamento, uma casa, alguma generosidade. Stein afirma a estupidez de Rose, mas não consegue dramatizá-la. Não encontramos nenhuma evidência de que ela é estúpida. E, a despeito do sangue reverenciado de Melanctha, a personagem passa a maior parte do tempo na rua, nas docas ou nos pátios das estações ferroviárias. Acaba-se tendo de questionar a lógica desse fetiche de sangue: talvez seja seu sangue "branco", e não o negro, que encoraja essa imoralidade que Stein não comenta.

Igualmente interessante é o papel dos homens afro-americanos na história de Melanctha. Isto é, o lugar dos pais, maridos, amigos dos pais, bem como do namorado, na vida de Melanctha. Fazendo-se justiça a Stein, há uma distribuição igualitária de virtude e malícia entre os homens brancos e negros; porém, ela se vale pesadamente de estereótipos nacionais para todos: preconceitos irlandeses, germanos e, como fica nítido pelo fetiche obsessivo pelo sangue, preconceitos também bastante convencionais. Esse tipo de pseudociência não deixa de surpreender vindo de alguém que frequentara a faculdade de medicina por alguns anos (o artigo do *New Orleans Medical Journal*), mas, se Stein lesse artigos médicos ela talvez se deparasse com o que acabei de mencionar. Em todo caso, ela abandona qualquer responsabilidade de particularizar seus personagens africanísticos, limitando-se a "explicar" e "justificar" seus comportamentos com as ferramentas fáceis da redução metonímica que a cor da pele oferece, junto com toda a economia do estereótipo que a acompanha. Contudo, mais uma vez, essa estratégia força Stein a contradições tão profundas que a confiança do leitor se dissipa inteiramente. Por exemplo, o pai de Melanctha é repetidamente descrito como "bruto e rude" com a filha, e somos informados de que ele é um visitante irregular na família, logo se ausentando inteiramente dela e do romance. A evidência que o romance nos apresenta de sua brutalidade e rudeza é que ele é "negro" e "viril". Quando procuramos saber do que esse homem negro, viril, brutal e rude é capaz, vemos que ele protege a filha do que vê como impertinências de um colega e mete-se numa briga por causa dessa proteção. Talvez seja essa contradição que convenientemente o expulsa do texto. Tivesse ficado, Melanctha teria um protetor/salvador feroz e não teria se metido em tantos graves problemas com homens.

    O que é mais digno de nota, contudo, não são as técnicas rotineiras de tornar personagens africanísticos diferentes simplesmente por serem negros, mas, sim, aquilo que acredito ser a própria razão de incluí-los, pois a seção de Melanctha serve ao projeto de Stein de um modo bastante específico. O africanismo da seção se torna uma forma pela qual Stein pode pisar com segurança num terreno proibido, articular o ilegal, o anárquico, ruminar sobre as relações entre mulheres com ou sem homens. Das três mulheres no romance, só na história de Melanctha a questão da educação sexual e das relações sexuais são centrais à narrativa e ao destino dos personagens. Talvez não fosse concebível, mesmo para Gertrude Stein, discutir, em 1909, o conhecimento explícito de atividades carnais com mulheres brancas — mesmo se elas fossem de classe social baixa. Se comparamos a sensualidade e a sexualidade de Anna e Lena, vemos que a vida delas é diferente da de Melanctha; elas são castas; seus casamentos são arranjados; a submissão às demandas do patriarcado é total. Parece evidente que, como outros escritores americanos, especialmente aqueles que associamos ao modernismo, Stein sentiu-se livre para realizar experimentos narrativos com a sexualidade — sentiu que o tema era palatável —, contanto que o objeto desses experimentos fosse africanístico. Como o médico francês que pôde desenvolver o paradigma para seus instrumentos ginecológicos depois de levar a cabo experimentos com uma criada negra, Gertrude Stein sente-se confortável para propor sua "novidade", segura em sua escolha pelo território proibido, pois opera sobre um corpo que parece se oferecer sem protesto, sem restrição. Inteiramente disponível para a articulação do ilegal, do ilícito, do perigoso e do novo. Como os atores brancos que atraíam públicos imensos quando, cobrindo o rosto de negrume, falavam *através* da persona africanística (*como se*), podendo então dizer o impublicável, o francamente sexual, o subversivamente político.

Quais seriam alguns desses tópicos novos e ilícitos?

Há pelo menos três: 1) o entrelaçamento intrincado de mulheres não por proteção, mas pelas fontes de conhecimento que oferecem; 2) a formação triangular entre sexualidade, liberdade e conhecimento como essencial à mulher moderna; e 3) a necessidade da presença africanística para a construção do americano. Há um amor genuíno, até desesperado, entre Melanctha e Jane e entre Melanctha e Rose (a despeito da diferença na cor da pele). O sofrimento e a sabedoria que Melanctha recebe dessas amigas são muito superiores às coisas que aprende dos amigos homens, dos médicos ou jogadores negros. Todas as mulheres em *Três vidas* se deparam com um final infeliz, mas parece que apenas uma, Melanctha, aprende alguma coisa útil, e quem sabe moderna, sobre o mundo, antes de sua queda. É possível que, nesse ponto, a contribuição memorável de Stein à literatura em seu encontro com uma presença africanística tenha sido dar a esse encontro a complexidade e a modernidade que fora negada pelos escritores de renome do período. Embora as pressuposições de Stein sobre sangue branco e sangue negro sejam tradicionalmente racistas, ela oferece uma variação interessante ao tema quando faz Melanctha valorizar a qualidade (se assim podemos chamá-la) da negritude de seu pai "intolerável"; ou quando faz a "muito negra" Rose aconselhar Melanctha e persuadi-la a não cometer suicídio e ser pintada como uma mulher casada "regularmente", aparentemente com elevados padrões de moralidade — negados pela insistência de Stein de que Rose "possuía a imoralidade simples, promíscua, dos negros".

Contudo, na exploração de Stein, é essencial a questão da relação entre a liberdade feminina e a sexualidade e o conhecimento. Nessa busca, notamos de novo a diferença que ela faz. *Três vidas* parte da contemplação da vida assexuada de uma solteirona — a boa Anna — em sua batalha por controle e significado, passa por uma exploração de uma busca por conhecimento sexual (que Stein chama de "sabedoria") na pessoa e no corpo de Melanctha, uma mulher africanística, e se encerra com a experiência feminina supostamente culminante do casamento e do parto — a gentil Lena. Que Stein escolha uma mulher negra para a análise do erótico sugere e teatraliza os usos do africanismo para representar e servir como licença para abordar a sexualidade ilícita.

Embora Stein sustente uma piscadela irônica de prontidão por boa parte do texto, tenha opiniões firmes que coloca na boca dos personagens e não disfarce a veia cômica, até paródica, que exercita em algumas passagens, acompanhamos ávidos seu olhar francamente radical sobre a verdade da vida dessas mulheres; contudo, apenas em uma delas (Melanctha) a repressão sexual das outras duas não apenas desaparece, como seu repúdio se torna o tema central do empreendimento de Melanctha e de Stein. Só a mulher negra possibilita uma meditação sobre o conhecimento sexual, e é de grande relevância que a autora chame os flertes de Melanctha, seus passeios pelas docas e pelos armazéns das estações ferroviárias, onde repara nos homens, sua promiscuidade — que chame tudo isso de avidez por sabedoria. A "muito negra" Rose é rotulada de promíscua, mas a mestiça Melanctha apenas busca conhecimento. Essa diferença nos rótulos para comportamento concebivelmente idêntico é segregadora e funciona como uma forma velada de dignificar certo tipo de investigação e estigmatizar outro, valendo-se para tanto de uma simples marcação de diferença na cor da pele da investigadora. Outras diferenças se apresentam quando a comparação se dá entre as criadas brancas e as mulheres negras. Nem Anna nem Lena são curiosas em relação ao sexo. A boa Anna nunca reflete sobre a possibilidade do casamento ou do amor. Seu "romance" é com sua primeira amiga próxima, a sra. Lehntman. A gentil Lena, por sua vez, é tão amedrontada, monótona e não inquisitiva, que Stein nem sequer precisa especular acerca das relações sexuais lícitas entre ela e Herman, o marido. Lena simplesmente dá à luz quatro crianças, morrendo no último parto e deixando o marido contente, calmo e apto a cuidar dos filhos. Só Melanctha tem coragem, sente o poder atrativo de seu pai negro e a fraqueza de sua mãe morena clara, pressente que sua identificação com a mãe passiva não lhe dará nenhum respeito; ela é livre para perambular pelas ruas, demorar-se em esquinas, visitar a cena dos homens negros trabalhando na ferrovia, nas docas; livre para trocar farpas e competir com eles em coragem e audácia, provocá-los e escapar deles — respondendo à altura. É a voz impositiva de Melanctha que examina, articula e questiona o amor heterossexual, que combate o ideal da união romântica/doméstica da classe média e que adentra os conflitos entre homens e mulheres, corajosamente, como uma lutadora — uma militante. Parece-me muito interessante que, na sondagem sobre o valor da experiência carnal, Stein se volte não para a muito negra Rose, a quem atribui imoralidade e promiscuidade, mas para Melanctha, mestiça de pele clara e educação universitária. É como se, por mais corajosa, Stein não suportasse investigar uma questão de tamanha intimidade no corpo de uma mulher muito negra — o risco de tal associação imaginativa parece ter sido demais para ela. Sente-se seu desdém por Rose; por outro lado, a admiração pelo comportamento livre de Jane, como o de Melanctha, é ambivalente e expressa em linguagem claramente elevada e cínica. Jane Harden é identificada como uma "mulher áspera. Ela tinha poder e gostava de exercê-lo, tinha muito sangue branco e isso a fazia ver as coisas claramente... O sangue branco era forte nela, que tinha garra, perseverança e uma coragem vital". Não há dúvida quanto aos valores e às opiniões codificadas de Stein no tocante à raça. Ela se identifica com o sangue branco, que implica clareza, força e coragem vital, mas trabalha a expressão sexual através do sangue não branco, que flui por esses corpos por veias aparentemente separadas. O ridículo dessas alegações — referentes à transferência genética de poder, inteligência e tudo o mais pelo sangue branco — é, claro, enfatizado pelo fato de que, na mesma sequência, se não no mesmo parágrafo, testemunhamos o comportamento passivo, estúpido etc., de gente de sangue integralmente branco. Se fôssemos sucumbir à idiotice do racialismo científico, a lógica oposta seria inexprimível: que, em *Três vidas*, é o sangue negro que concede a "coragem vital" e a "perseverança". Há tensão nesse ponto e alguma desconfiança livresca em relação a tais hierarquias e alegações, por causa das contradições que as acompanham. Mulheres africanísticas, por exemplo, são imbuídas de imoralidade, mas a sra. L., amiga e força maior no pequeno mundo de Lena, leva uma vida de parteira profissional e gosta sobretudo de auxiliar garotas em apuros; chega mesmo a se envolver com abortos na companhia do médico perverso de quem é amante. Por que essas mulheres brancas em apuros não são também culpadas de imoralidade e devassidão, como suas irmãs negras, é mais uma indagação que vem à tona. Esses episódios são apenas vagamente mencionados a fim de apontar a generosidade e as habilidades da sra. L. Não há considerações sobre a imoralidade das pacientes; não se pressupõe que são dotadas de uma natureza "promíscua" por causa da cor da pele, nem que estivessem buscando o conhecimento do mundo no cais do porto.

O último ponto ao qual eu gostaria de chamar atenção é aquele pelo qual comecei: que muito desse esforço de imaginar figuras africanísticas tem a ver com a construção cuidadosa, consistente, de um americano, homem ou mulher, que se distingue afirmando e aprimorando a brancura como precondição da americanidade.

Três vidas se centra sobre duas imigrantes e uma negra a quem nunca se dá uma nacionalidade, embora seja a única cidadã nativa entre as três. Quando uma personagem secundária na seção sobre a boa Anna visita a Alemanha, o local de nascimento de sua mãe, e fica constrangida com as maneiras de camponesa de Anna, seu comentário é o de que a prima não "é melhor que uma crioula". A srta. Stein, fascinada com seu projeto *A invenção dos americanos*, de fato nos fornece um caso paradigmático na literatura: 1) constrói barreiras na linguagem e no corpo, 2) estabelece diferenças de sangue, pele e emoções humanas, 3) coloca-as em oposição a imigrantes e 4) *voilà*! Surge o verdadeiro americano!

Imprensada entre um par de imigrantes — seu poder e agressão contidos pelas palmas de mulheres brancas castas, mas moderadoras —, Melanctha é ousada, mas desmoralizada; livre para explorar, mas presa pela cor e confinada pelas brancas à direita e à esquerda, em primeiro plano e ao fundo, em seu começo e em seu fim. O formato e seus funcionamentos internos dizem tudo.

Todos os ingredientes que têm algum impacto na americanidade são expostos por essas mulheres: trabalho, classe, relações com o Velho Mundo, o forjar de uma nova cultura não europeia, a definição de liberdade, a recusa à servidão, a busca por oportunidades e poder, a determinação dos usos do poder. Tais considerações são inextricáveis de qualquer deliberação sobre como os americanos selecionaram, escolheram e construíram uma identidade nacional. No processo de escolha, o não selecionado, o não escolhido, o detrito é tão significante quanto o americano construído e cumulativo. Entre as investigações vitais para a definição, uma das mais poderosas é a ruminação do caráter africanístico como um experimento laboratorial pelo qual confrontar problemas emocionais, históricos e morais, bem como enlaces intelectuais com as graves questões do poder, do privilégio, da liberdade e da igualdade. Não é bem possível que a união, a coalescência do que é e do que foi feita a América fique incompleta sem um lugar para o africanismo na formulação desse povo que se supõe novo? E que consequências tais formulações tiveram nas afirmações de democracia e igualitarismo, no que diz respeito às mulheres e aos negros? A contradição inerente nessas proposições conflituosas — democracia branca e repressão negra — não se reflete também na literatura de forma profunda, a ponto de particularizá-la e marcá-la em seu próprio cerne?

    Tal como essas duas imigrantes estão literalmente ligadas como gêmeas siamesas a Melanctha, assim se encontram os americanos, acompanhados e definidos por essa presença africanística, desde sua base.

Difícil, verdadeiro e duradouro

"Nos dias que correm, estranhos os mais variados vagam por nossa terra. Olham para nossa vida com horror e rapidamente encontram um jeito de seguir viagem para os paraísos do norte. Os que por força das circunstâncias são obrigados a se demorar, resmungam e reclamam incessantemente. Menos mau para eles que somos criados com os hábitos da cortesia, da hospitalidade e da gentileza. É bom que não saibam da paixão que sentimos por esta terra ressecada. Toleramos os forasteiros porque as coisas que amamos não podem ser tocadas por eles." Esse é um parágrafo de um conto chamado "A árvore verde", de Bessie Head, e copio-o integralmente só para recolher esta frase: *Toleramos os forasteiros porque as coisas que amamos não podem ser tocadas por eles.* A frase me sugere uma atitude que pode ser necessária para qualquer artista e escritor que se vê não apenas em meio a uma cultura estranha, mas vulnerável a ela e, de certa forma, ameaçado por ela.

Não há nada de novo ou especial nesse estado de separação — é geralmente a primeira impressão detectada por um artista ou um escritor quando se vê compelido a escrever. E é possível que seja *de dentro* desse isolamento que ele escreva. As questões que todos os escritores nos colocam são questões de valor: identificar os valores que consideram dignos de preservação; ou identificar os valores que acreditam prejudiciais a uma vida mais livre, mais elevada ou, pelo menos, mais sóbria.

As literaturas nacionais incipientes de todo o mundo dedicaram-se a descrever e, por implicação, a apoiar as culturas nas quais o escritor se via inserido. (As sagas, as canções, os mitos, quando registrados, eram precisamente isso.) Do mesmo modo, a literatura incipiente dos expatriados, dos imigrantes ou pessoas em algum tipo de diáspora concentrava-se na cultura nova ou estrangeira e, não raro, condenava essa cultura. Mesmo os mais capazes de assimilação levaram algo de sua própria cultura para esse encontro. Ainda é raro encontrar grandes florações de Joseph Conrads ou Púchkins em antologias de literatura nacional.

Literaturas mais recentes mostram-se igualmente preocupadas com o problema, tanto por parte dos nativos quanto dos estrangeiros habitantes de determinada cultura. De fato, "alienação" tornou-se a senha, a palavra de ordem para praticamente toda a literatura pós-Segunda Guerra Mundial no Ocidente. Os escritores veem a própria cultura como estrangeira: escritores de classe média traem a própria classe e aspiram pelos valores da classe ociosa ou pelos valores das classes abaixo deles; escritores de classe alta encontram inspiração entre o pobre, o "nobre", o inocente e inculto camponês; já os escritores do pós-guerra isolam-se de todos, exceto dos veteranos e das vítimas da guerra. Naturalmente, havia e há escritores que sentiam exatamente o oposto: que as coisas estavam, em geral, muito bem como estavam, e a suspeita de se sentirem estrangeiros nascia não de haver pouca mudança, mas de haver mudanças demais, acontecendo de forma rápida, quer dizer: antes de se sentirem prontos.

Que o mundo seja um lugar admiravelmente desagradável é

uma ode bem familiar aos escritores. E, em geral, é justamente no momento de reconciliação com o mundo, quando esse mundo afinal se torna um lugar suficientemente confortável, que o escritor se vê confrontado com o Grande Isolamento Final — aquele que reduz a pó todas as alienações que conheceu: a premonição da própria morte. À sombra dessa asa, mesmo a mais hostil das culturas estrangeiras se torna preferível.

Essas duas condições (minha própria consciência de ser nativa deste país e, ao mesmo tempo, de sentir-me uma estrangeira nele) são de meu interesse enquanto escritora, e gostaria de falar sobre esse senso — previsível e talvez inevitável — de isolamento em relação à cultura que permeia o país onde vivo. Os comentários que farei são aplicáveis a praticamente qualquer grupo. E aqui parafraseio a sra. Head para dizer que "posso tolerar a cultura arrogante que me é alheia, pois as coisas que amo não podem ser tocadas por ela". Soa hostil, eu sei, além de isolacionista, nada generoso e defensivo. Sei de tudo isso. No entanto estou convencida de que aquela clareza sobre quem se é e sobre a natureza da nossa própria obra entrelaça-se de forma inextricável ao nosso lugar numa tribo — ou numa nação, numa raça, num sexo ou seja lá o que for. E a clareza é necessária para a avaliação do eu e é necessária para qualquer relação produtiva com qualquer outra tribo ou cultura. Não estou postulando uma coleção de culturas conflituosas, mas simplesmente culturas explícitas, pois é a partir da clareza da própria cultura que a vida dentro de outra, ou nas redondezas de outra, ou em justaposição, se torna saudavelmente possível. Sem isso, um escritor viverá solitariamente em qualquer pináculo que atinja, e qualquer rua por onde caminhe se revelará um beco sem saída. É vital, portanto, discernir quais são "as coisas que amamos" de modo a cultivá-las.

Sempre me senti mais viva, mais alerta e mais autêntica quando me encontro entre os meus. Toda a minha energia criativa vem dali. O estímulo para qualquer esforço artístico. A compulsão para escrever, e mesmo para *ser*, se inicia pela minha consciência do povo negro, minha experiência junto a ele e mesmo meu espanto diante dele e da qualidade da nossa vida como de fato vivida (não percebida). E todos os meus instintos me dizem que tanto como escritora quanto como pessoa qualquer rendição total a outra cultura me destruiria. E o perigo não vem sempre da indiferença; vem também da aceitação. Chama-se por vezes de medo da assimilação, o horror de ser tragado por outra cultura. Mas, para mim, no coração do horror reside o que sei sobre a história da cultura que permeia este país.

Meus instintos, portanto, combinam-se com minha inteligência para me informar de que há muitos aspectos dessa cultura que não são confiáveis, nem solidários.

Cada tentativa que fiz de escrever centrou-se nessa pressuposição e nesta pergunta: o que há de valioso na cultura negra que pode ser perdido e como isso pode ser preservado e tornado útil? Não sou muito boa em escrever tratados, então frequentemente identifico as coisas que amo e valorizo representando-as em perigo; nos meus romances essas coisas são ameaçadas e por vezes destruídas. É meu modo de chamar a atenção de leitores sensíveis de forma que eles desejem essas coisas, sintam falta delas e, espero, aprendam a se importar com certos aspectos dessa vida que vale a pena preservar.

Agora, para que eu possa tentar identificar essas coisas, preciso aprender muito sobre a civilização dentro da civilização na qual cresci. Isto é, a civilização negra que funcionou dentro da branca. E as perguntas que devo me fazer são: qual era a hierarquia na minha civilização? Quem eram os árbitros dos costumes? Quais eram as leis? Quem eram os fora da lei — não os fora da lei no sentido jurídico, mas os fora da lei da comunidade? Para onde nos voltávamos em busca de consolo e conselho? E quem eram os traidores daquela cultura? Quem respeitávamos e por quê? Qual era nossa moral? O que era sucesso? Quem sobreviveu? E por quê? E em quais circunstâncias? Quais eram os comportamentos imorais? Imoral não no sentido definido pelos brancos, mas no sentido definido pelos negros.

Por muitos anos senti-me fascinada — e essa fascinação provavelmente durará a vida toda — pelo fato de que nenhum tratamento bestial aplicado a seres humanos produz bestas. Saqueadores brancos podiam forçar índios nativo-americanos a andar de uma parte do país a outra, vendo-os tombar como moscas e gado, mas eles não terminavam como gado; judeus podiam ser enfiados nas câmaras de gás como carcaças moribundas, mas não se bestializavam; sucessivas gerações de negros podiam ser escravizadas e registradas em estatísticas junto com listas sobre carregamentos de arroz, carvão e terebintina, mas eles próprios não se reduziam a carregamentos. Cada um desses grupos civilizou o horror mesmo que os oprimiu. Não funcionou, e não acho que possa funcionar. Jamais funciona; o que me preocupa é *por quê*. Por que a qualidade da vida da minha bisavó era tão melhor do que as circunstâncias da sua vida? Como era possível, sem o movimento feminista, sem um movimento de arte negra, sem movimento algum, como era possível que a pura integridade e a qualidade de sua vida fossem tão superiores às suas circunstâncias? Eu sei que ela não era atípica entre as mulheres de sua época. Era uma negra tão comum quanto qualquer outra. E nenhuma pesquisa colaboracionista, nenhuma tirania psicológica, nem os colonizadores negros, que na busca pelo emprego e pela proeminência nacional se aliavam aos que nos estupravam culturalmente, nada disso jamais me convencerá do contrário. Pois a conheci — e conheci as pessoas que ela conheceu.

Em meus próprios escritos, a fim de revelar o que me parecem as coisas difíceis, verdadeiras e duradouras, me sinto inclinada a descrever pessoas sob pressão, em circunstâncias nada fáceis, encurraladas, convocadas a agir. Você diz que é meu amigo? Então vejamos. Você diz que é um revolucionário? Então veremos como você se sai quando te empurro para o limite. Você diz que me ama? Vamos ver. O que acontece quando você segue seu destino até o fim? De que coisas você desistirá? Sob pressão, eu sei *quem* eles são, do que são feitos, e qual de suas qualidades é a última a tombar, e quais qualidades jamais tombam. Tudo isso lança uma sombra melancólica sobre minha obra. Eu sei. E me leva a personagens excepcionais, nada rotineiros. Eu sei. O que me deixa vulnerável a críticas sobre personagens bizarros e imagens negativas. Eu sei. Mas temo que terei de deixar as imagens "positivas" para os artistas de tirinhas e os personagens negros "normais" para alguma Doris Day futura, porque acho que é tolice, para não dizer irresponsabilidade, ocupar-me de batons e band--aids quando há uma praga em nossa terra. O cotidiano dos negros é certamente adorável de viver, mas quem o vive deve saber que cada dia de sua vida negra cotidiana é um triunfo da matéria sobre a mente e do sentimento sobre o senso comum. E se não sabe disso, então não sabe de nada. Como disse o jovem poeta africano Keorapetse Kgositsile: "O presente é um lugar perigoso para viver". Cosméticos literários superficiais não vão nos salvar do perigo. Na verdade, a literatura também não nos salvará. Tudo que pode fazer é apontar a necessidade talvez de defesa, mas ela própria não é essa defesa. O que pode fazer é participar no processo de identificação daquilo que possui de fato valor, e uma vez que isso se esclareça, uma vez que a tradição negra possa se libertar da moda negra, uma vez que a escrita negra pare de se exibir e de adular os voyeurs da vida negra, uma vez que pare de oferecer uma versão americana de arte de aeroporto, então uma tarefa ainda mais difícil se apresentará.

Porque é relativamente fácil identificar valores isolados. O problema se complica quando esses valores entram em conflito com outros. Nesse ponto é preciso descobrir como proteger o que há de melhor nas sensibilidades do grupo; como proteger os impulsos mais nobres. Quais são as estruturas acolhedoras dignas de serem preservadas pela comunidade? Quais os genes culturais que oferecem segurança emocional, os costumes que possibilitam liberdade sem risco excessivo ou destruição, que possibilitam coragem sem imprudência, generosidade sem desperdício, apoio sem dominação e, em tempos de problemas gravíssimos (como em alguns dos países negros no exterior), recursos para sobrevivência que podem muito bem incluir ferocidade contínua e calculada.

Escritores negros que se mostram comprometidos com a renovação dos valores podem ser identificados pelo gosto, por seus julgamentos, seu intelecto e suas obras. Não se valem da vida negra como um ornamento exótico para narrativas triviais não negras. A essência da vida negra é a substância, não a decoração, de suas obras, que giram ao redor de um eixo moral forjado entre os negros. Não impõem sobre seus personagens lições de morais alheias a respeito de lares destruídos, e pais ausentes, e pequenos poderes, e o que é ou não é um emprego proveitoso.

Não consideram a linguagem negra uma questão de engolir g's, ou um exercício em fonética questionável e ortografia inconsistente. Sabem que é muito mais complicado do que isso.

E não perdem tempo explicando seguidas vezes para a outra cultura tudo o que sentem e pensam e fazem. O que os desafia e preocupa é iluminar seus próprios irmãos, mesmo quando a iluminação inclui informações dolorosas.

Não veem os hábitos e costumes de sua gente com o olho de um etnólogo emotivo examinando objetos artesanais.

Os escritores que são também acadêmicos dos chamados estudos negros não se impressionam com acusações-padrão de "rebaixamento dos padrões" quando recomendam qualquer mudança nos currículos. Eles sabem que o trabalho deles nada tem a ver com a preservação de padrões. Tem a ver com a reformulação do conteúdo daqueles padrões de modo a aperfeiçoá-los e *elevá-los*.

Do mesmo modo, os escritores negros que são críticos não estão ocupados pintando Bertolt Brecht de preto e imprimindo novas etiquetas a seus pensamentos (que eram perfeitamente adequados às necessidades culturais dele), num tipo de "nova" crítica negra. Qualquer aparato crítico ou sistema crítico que se mostra inapropriado e estúpido quando aplicado à música negra ou à arte negra não ocidental se mostra também fraudulento quando aplicado à literatura negra.

Quando comecei a escrever, eu não dominava bem a arte de dramatizar e me via forçada às vezes a me valer de exposições como forma de dizer algo que eu não conseguia mostrar concretamente. E, no fim do primeiro livro, *O olho mais azul*, escrevi uma passagem que é o mais próximo que já cheguei do didatismo contínuo. É uma passagem inteiramente insatisfatória para mim, e eu bem gostaria de lê-la para vocês nesse contexto, mas não tenho aqui comigo um exemplar do livro. Porém nas últimas duas páginas de *O olho mais azul* se encontra, em essência, o que acredito serem os riscos de substituir liberdade por indisciplina, de se valer da deficiência de outra pessoa para exercer a própria generosidade ou de usar a miséria e os pesadelos dos outros para clarificar os próprios sonhos. Quando incorremos em todas essas coisas, então a rendição e a traição da própria cultura estão completas.

PARTE II
A LINGUAGEM DE DEUS

Eulógia para James Baldwin

Jimmy, há tanto que pensar sobre você, tanto que sentir. A dificuldade é que sua vida recusa qualquer resumo — sempre recusou. Pede, antes, contemplação. Como muitos de nós que continuamos por aqui, eu também pensei que conhecia você. Agora descubro que, a seu lado, é a mim mesma que conheço. Esse é o presente maravilhoso da sua arte e da sua amizade: você nos deu a nós mesmos para nos pensarmos e nos apreciarmos. Somos como Hall Montana assistindo, "com renovado deslumbramento", ao irmão que canta, sabendo que éramos a canção que ele cantava — "*ele é — nós*".

Nunca escutei um único comando seu, no entanto suas exigências, os desafios que você dirigia a mim, eram não obstante inequívocos, ainda que de modo algum impostos: que eu trabalhasse e refletisse com total afinco; que me erguesse sobre firmes fundações morais, mas que tais fundações estivessem assentadas na piedade; que soubesse que "o mundo está diante [de mim] e que não há necessidade de aceitá-lo tal como ele estava quando aqui entrei".

Bem, com você por perto era sempre Natal, e, num espírito festivo, você não se esqueceu de trazer ao menos três presentes. Você me deu uma língua onde habitar — presente tão perfeito que parece invenção minha. Tenho pensado seus pensamentos — o que você disse e o que escreveu — por tanto tempo que acredito que são meus. Tenho visto o mundo através dos seus olhos por tanto tempo que acreditei que aquela visão tão cristalina era minha. Mesmo agora, mesmo aqui, preciso que você me diga o que estou sentindo e como articulá-lo. Então me debrucei (mais uma vez) sobre as 6895 páginas que você publicou a fim de reconhecer minha dívida e agradecer-lhe pelo crédito.

Ninguém possuía ou habitava a língua para mim como você. Você fez do inglês americano uma língua honesta — genuinamente internacional. Expôs os segredos do idioma e o remodelou até que ele se mostrasse verdadeiramente moderno, dialógico, representativo, humano. Despiu-o de morosidades e confortos falsos, da inocência falsa, da evasão e da hipocrisia. E no lugar da desonestidade surgia a claridade; no lugar das mentiras doces e gordurosas havia um poder esbelto, bem calibrado. No lugar da dissimulação intelectual e daquilo que você chamava de "egocentricidade exasperante", você nos deu a verdade sem maquiagem. Substituiu platitudes enfadonhas por uma elegância correta. Foi àquele território proibido e empreendeu sua descolonização, "roubou-lhe a joia da ingenuidade", abriu os portões para o povo negro, de forma que, seguindo seus passos, nós também adentrássemos esse território, e o ocupássemos, e o reestruturássemos, acomodando nossa complicada paixão. Não nossas vaidades, mas nossa beleza intrincada, difícil, exigente; nosso insistente conhecimento trágico; nossa realidade vivida; nossa imaginação clássica, lustrosa. Sempre recusando as "definições de uma língua que nunca foi capaz de [nos] reconhecer". Nas suas mãos a língua era bonita de novo. Pelas suas mãos aprendemos como ela devia ser — nem incruenta, nem crua, mas viva. Houve quem ficasse furioso. Os que viram a pobreza de suas próprias imaginações refletida no espelho de mão dupla que ergueu diante deles atacaram o espelho, tentaram reduzi-lo a fragmentos que pudessem então ranquear e classificar; tentaram varrer os estilhaços onde sua imagem e a deles reluziam — presas, mas prestes a ganhar asas. Você, afinal de contas, é um artista, e a um artista está vedada uma carreira neste lugar; só lhe permitem o "hit" comercial. No entanto, os milhares que abraçaram seu texto, e que se permitiram ouvir sua língua, por esse gesto mesmo se enobreceram, abandonaram os trapos que os cobriam — civilizaram-se.

O segundo presente foi sua coragem, que pudemos compartilhar. A coragem de quem conseguia ir à vila na condição de estranho e transformava as distâncias entre as pessoas em intimidade com o mundo inteiro; coragem para entender essa experiência de uma forma que fazia dela uma revelação pessoal para cada um de nós. Foi você quem nos deu a coragem para nos apropriarmos de uma geografia inteiramente branca, hostil e alheia, pois você havia descoberto que "este mundo [isto é, a história] já não é branco, e nunca mais o será". Era sua a coragem de viver no cerne da vida e para além de suas margens; de ver e dizer o que constituía a natureza dessa vida; de reconhecer e identificar o mal, mas nunca temer ou quedar-se admirado diante dele. Uma coragem que vinha de uma inteligência impiedosa unida a uma profunda piedade, capaz de convencer qualquer um que desejasse saber que aqueles que nos desprezavam "necessitavam da autoridade moral de seus antigos escravos, que são as únicas pessoas no mundo que sabem alguma coisa sobre eles e que podem bem ser, de fato, as únicas pessoas no mundo que realmente se importam de alguma forma com eles". Quando essa combinação inatacável de mente e coração, de intelecto e paixão, se revelava, ela nos guiava por uma paisagem traiçoeira, como o fez quando você escreveu estas palavras — palavras que todo rebelde, todo dissidente e revolucionário, todo artista praticante, de Cape Town à Polônia, de Waycross a Dublin, memorizou: "Ninguém decide se opor à sociedade levianamente. É preferível sentir-se em casa entre seus compatriotas a ser escarnecido e detestado por eles. E há um certo nível no qual a zombaria das pessoas, mesmo seu ódio, de tão cego, comove: é terrível observar as pessoas se agarrarem a seus cativeiros, insistindo na própria destruição".

O terceiro presente era difícil de conceber e ainda mais difícil de aceitar. Era sua ternura. Uma ternura tão delicada que eu achava que não podia durar, mas durou, envolvendo-me. No meio da raiva, sua ternura se achegou de mim, levemente, como a criança no ventre de Tish: "Algo quase tão difícil de capturar quanto um sussurro numa multidão, tão leve e definido quanto a teia de uma aranha, me acerta sob as costelas, atordoando e surpreendendo meu coração... O bebê, virando-se pela primeira vez em seu inacreditável véu de água, anuncia sua presença e me reivindica; me diz, naquele instante, que o que pode piorar pode melhorar... Nesse meio-tempo — e para sempre — tudo só depende de mim". A você pertencia uma ternura, uma vulnerabilidade, que pedia tudo, esperava tudo, e, como o próprio Merlin do mundo, nos fornecia os meios e os modos de cumprir nossa tarefa. Acho que é por isso que eu sempre me comportava um pouco melhor ao seu redor, mostrava-me mais inteligente, mais capaz, desejando me tornar digna do amor que você esbanjava e forte o suficiente para testemunhar a dor que você testemunhou — e que suportou, embora lhe partisse o coração. Eu procurava ser generosa o suficiente para me juntar ao seu sorriso e imprudente o bastante para embarcar na sua gargalhada. Porque nossa alegria e nosso riso não eram apenas naturais; eram necessários.

Você sabia, não? Como eu precisava da sua língua e da mente que a inventava? Como eu dependia de sua coragem feroz para domar aqueles mundos selvagens? Como eu me fortalecia pela certeza que vinha de saber que você nunca me magoaria? Você sabia, não, como eu amava o seu amor? Sabia, sim. Então isto não é uma calamidade. É uma celebração. "Nossa coroa", você disse, "já foi comprada e quitada. Tudo o que precisamos fazer agora é usá-la."

E nós a usamos, Jimmy. Você nos coroou.

O sítio da memória

Minha inclusão numa série de palestras sobre memórias e autobiografia não é uma completa incongruência. Embora provavelmente seja verdade que o ficcionista se sente deslocado nessa companhia, o que tenho a dizer talvez sugira que não estou completamente fora de lugar. Para começar, talvez eu ressalte algumas diferenças entre autorrememoração (memórias) e ficção, mas também algumas semelhanças — os pontos nos quais essas duas artes se abraçam e onde o abraço é simbiótico.

Mas a autenticidade da minha presença aqui reside no fato de que boa parte da minha herança literária é constituída de autobiografias. Neste país, as origens impressas da literatura negra (tal como distinta das origens orais) são as narrativas de escravizados. Essas longas narrativas (autobiografias, memórias, lembranças), das quais bem mais de cem foram publicadas, são bastante exploradas por historiadores e estudantes da história negra. Cobrem desde a vida aventuresca de Olaudah Equiano em *The Interesting Narrative of the Life of Olaudah Equiano, or Gustavus Vasa, the African, Written by Himself* (1769) ao silencioso desespero de *In-*

cidents in the Life of a Slave Girl: Written by Herself (1861), no qual Harriet Jacobs ("Linda Brent") registra os sete anos em que ficou escondida num quarto tão pequeno que era impossível ficar de pé; da sagacidade política de Frederick Douglass em *Narrative of the Life of Frederick Douglass, an American Slave, Written by Himself* (1845) à sutileza e modéstia de Henry Bibb, cuja voz, em *Narrative of the Life and Adventures of Henry Bibb, an American Slave, Written by Himself* (1849), se apresenta cercada (seria mais apropriado dizer "carregada") de documentos atestando sua autenticidade. Bibb toma o cuidado de ressaltar que sua educação formal foi curta (três semanas), mas que ele fora "educado na escola da adversidade, das chicotadas e das correntes". Nascido no Kentucky, desistiu dos planos de fugir, pois queria se casar. Mas quando entendeu que era pai de um escravizado e assistiu à degradação da esposa e do filho, tratou de reativar seus planos.

Quaisquer que sejam o estilo e as circunstâncias dessas narrativas, elas foram escritas para dizer, principalmente, duas coisas. 1) "Esta é minha vida histórica — meu exemplo único e especial, que, embora pessoal, também representa a raça." 2) "Escrevo este texto para persuadir outras pessoas — você, o leitor, que provavelmente não é negro — de que somos seres humanos dignos da graça de Deus e do abandono imediato da escravidão." Com essas duas missões em mente, as narrativas eram claramente direcionadas.

No relato de Equiano, o propósito é bem nítido. Nascido em 1745, perto do rio Níger, e capturado aos dez anos, ele sobreviveu à travessia do Atlântico, às fazendas escravagistas, às guerras no Canadá e no Mediterrâneo; aprendeu navegação e administração com um quaker chamado Robert King; e comprou sua própria liberdade aos 21 anos. Viveu como servo livre, viajando muito e vivendo a maior parte dos seus últimos anos na Inglaterra. Aqui, ele fala aos britânicos sem meias palavras: "Espero ter a satisfação de ver a renovação da liberdade e da justiça, com o apoio do governo britânico. [...] Eu espero e conto com a atenção dos cavalheiros no poder [...]. Que chegue o tempo — a mim, ao menos, a especulação apraz — em que o povo negro poderá comemorar gratamente a era auspiciosa da liberdade extensiva". Com reticência típica do século XVIII, ele registra sua vida singular e representativa com um propósito: mudar as coisas. De fato, ele e seus coautores mudaram as coisas. Suas obras deram combustível aos incêndios que os abolicionistas estavam provocando por toda parte.

Mais difícil foi conquistar o apreço justo dos críticos literários. Os escritos dos mártires da Igreja e dos confessores são e eram lidos pela eloquência da mensagem, bem como pela experiência da redenção, mas as narrativas autobiográficas dos escravizados americanos eram frequentemente desdenhadas como "partidárias", "inflamatórias" e "improváveis". Esses ataques são particularmente difíceis de entender em vista do fato de que era extremamente importante, como vocês podem imaginar, para os escritores dessas narrativas que tudo se apresentasse da maneira mais objetiva possível — sem ofender o leitor mostrando-se furioso, ou traindo demasiada indignação, ou xingando-o. Há pouco tempo, em 1966, Paul Edwards, que editou e condensou a história de Equiano, louvou a narrativa por sua recusa em ser "inflamatória".

"Como regra", Edward escreve, "ele [Equiano] não põe nenhuma pressão emocional no leitor para além daquela que a própria situação contém — sua linguagem não se esforça em busca de nossa simpatia, antes espera que ela seja concedida naturalmente e no momento certo. Essa fuga silenciosa das demonstrações emocionais produz muitas das melhores passagens no livro."
Do mesmo modo, uma resenha de 1836 de *Life and Adventures of a Fugitive Slave*, de Charles Bell, publicada na *Quarterly Anti-Slavery Magazine*, celebrava o relato de Bell pela objetividade.

"Apreciamos ainda mais o livro, pois não é um trabalho militante... Não aborda nenhuma teoria [da escravidão], nem propõe nenhuma cronologia de emancipação."

Por mais determinados a persuadir o leitor acerca do mal da escravidão, esses escritores negros também o lisonjeavam, pressupondo sua nobreza de coração e dignidade. Procuravam invocar sua natureza mais elevada de modo a encorajá-lo a empregá-la, pois sabiam que os leitores eram pessoas que poderiam fazer a diferença na eliminação da escravidão. Suas histórias — de brutalidade, adversidade e redenção — gozavam de grande popularidade, a despeito da hostilidade crítica ou da simpatia condescendente que encontravam em muitos círculos. Houve um momento em que o apetite por "histórias de escravos" ficou difícil de silenciar, como o demonstram os índices de vendas. A *Narrative* de Douglass vendeu 5 mil exemplares em quatro meses; por volta de 1847, já vendera 11 mil exemplares. O livro de Equiano teve 36 edições entre 1789 e 1850. O de Moses Roper contou com dez edições entre 1837 e 1856; o de William Wells Brown foi reimpresso quatro vezes no ano do lançamento. O de Solomon Northup vendeu 27 mil exemplares em menos de dois anos. Um livro escrito por Josiah Henson (que alguns apontam como modelo para o Tomás de *A cabana do Pai Tomás*, de Harriet Beecher Stowe) teve uma venda antecipada de 5 mil.

Além de usarem a própria vida para expor os horrores da escravidão, esses escritores tinham outro motivo para os seus esforços. A lei que proibia tanto que se *ensinasse* um escravizado a ler e a escrever (que em muitos estados do Sul implicava penas severas) quanto que um escravizado *aprendesse* a ler e a escrever tinha de ser deitada por terra a qualquer custo. Esses escritores sabiam que alfabetização significava poder. Votar, afinal de contas, conectava-se inapelavelmente à capacidade de ler; a alfabetização era uma forma de pressupor e comprovar a "humanidade" que a Constituição lhes negava. É por isso que as narrativas ostentam o subtítulo "escrita por ele mesmo" ou "por ela mesma" e incluem introduções e prefácios redigidos por simpatizantes brancos, servindo como uma forma de autenticação. Outras narrativas, "editadas por" célebres figuras antiescravidão como Lydia Maria Child e John Greenleaf Whittier, contêm prefácios assegurando ao leitor que pouquíssima edição foi necessária. A princípio, um escravizado alfabetizado era uma contradição em termos.

É preciso lembrar que a atmosfera em que escreveram refletia não apenas a Era do Iluminismo, mas também sua irmã gêmea, nascida à mesma época, a Era do Racismo Científico. David Hume, Immanuel Kant e Thomas Jefferson, para mencionar apenas alguns nomes, documentaram suas conclusões de que os negros eram incapazes de inteligência. Frederick Douglass estava ciente do contrário e escreveu refutações do que Jefferson disse em *Notes on the State of Virginia*: "Até hoje nunca consegui descobrir que um negro tivesse enunciado um pensamento acima do nível da mera narração; nunca testemunhei nem mesmo o mais elementar traço de pintura ou escultura". Sempre achei que essa declaração devia ser gravada na porta de acesso à sala Michael C. Rockefeller do Met. Hegel, em 1813, disse que os africanos não tinham "história" e que não eram capazes de escrever em idiomas modernos. Kant desconsiderou uma observação perceptiva de um negro, dizendo: "Esse camarada era negro da cabeça aos pés, uma prova clara de que o que disse era estúpido".

No entanto, nenhuma sociedade de escravizados na história do mundo escreveu mais — ou mais profundamente — sobre sua própria escravização. O ambiente, contudo, ditava o propósito e o estilo. As narrativas são instrutivas, morais e obviamente representativas. Algumas delas modelam-se nos romances sentimentais então em voga. Mas seja qual for o nível da eloquência ou da forma, o gosto popular não encorajava os escritores a se deterem muito longamente ou muito cuidadosamente sobre os detalhes mais sórdidos de suas experiências. Quando havia algum incidente particularmente violento, ou escatológico, ou algo "excessivo", percebemos que o escritor busca abrigo nas convenções literárias da época. "Fui deixado em um estado de distração que não deve ser descrito" (Equiano). "Mas deixemos agora os duros costumes do campo [...] e voltemos nossa atenção para a vida escrava menos repulsiva tal como existia no lar da minha infância" (Douglass). "Não torturarei os sentimentos dos meus leitores com uma representação aterradora dos horrores jamais narrados daquele temeroso sistema de opressão [...]. Não é meu propósito descer às catacumbas escuras e ruidosas do inferno da escravidão" (Henry Box Brown).

Seguidas vezes os escritores condensam a narrativa com frases do tipo "Mas lancemos um véu sobre esses procedimentos terríveis demais para relatar". Moldando a experiência para torná-la palatável aos que se encontravam numa posição de mitigá-la, silenciaram sobre muitas coisas e "esqueceram" muitas outras. Havia uma seleção cuidadosa das instâncias que registrariam e uma cuidadosa descrição das que escolhiam descrever. Lydia Maria Child identificou o problema em sua introdução ao relato de abuso sexual de "Linda Brent": "Estou bem ciente de que muitos me acusarão de falta de decoro por apresentar estas páginas ao público; pois as experiências dessa mulher inteligente e muito ofendida pertencem a uma classe de temas que alguns chamam de delicados e outros, de indelicados. Essa fase peculiar da Escravidão tem sido, em geral, mantida sob um véu; mas o público deve ser apresentado às suas feições monstruosas, e eu de bom grado aceito a responsabilidade de revelá-las".

Contudo, o que é mais notável — pelo menos para mim — é que não havia menção à vida interior delas.

Para mim — uma escritora no último quarto do século xx,

não mais do que cem anos depois da Emancipação, uma escritora que é negra e mulher —, o exercício é muito diferente. Meu trabalho consiste em rasgar o véu que recobre aqueles "procedimentos terríveis demais para relatar". Esse exercício é também crítico para qualquer pessoa negra, ou que pertence a qualquer categoria marginalizada, pois, historicamente, só de raro em raro fomos convidados a participar da discussão, mesmo quando éramos o tema.

Retirar esse véu requer, portanto, certas coisas. Primeiro de tudo, preciso confiar nas minhas próprias lembranças. Devo também depender das lembranças dos outros. Desse modo, a memória tem grande peso no que escrevo, em como começo e no que penso que seja significativo. Zora Neale Hurston disse: "Como as rochas frias de aparência morta, tenho em mim memórias que saíram do material que me formou". Essas "memórias em mim" são o subsolo da minha obra. Mas memórias e lembranças não me darão acesso total à vida interior não escrita daquelas pessoas. Só o ato da imaginação pode me ajudar.

Se escrever é pensamento, descoberta, seleção, ordem e significado, é também admiração e reverência e mistério e mágica. Suponho que eu poderia dispensar os últimos quatro ingredientes se não levasse mortalmente a sério a fidelidade ao ambiente a partir do qual escrevo e no qual meus ancestrais de fato viveram. Infidelidade àquele ambiente — a ausência da vida interior, sua extirpação deliberada dos registros que os próprios escravizados redigiram — é precisamente o problema nos discursos que se desenrolavam sem nós. O modo como entro em contato com aquela vida interior é o que me move e é parte dessa conversa que tanto estabelece distinções entre minha ficção e as estratégias autobiográficas como também se apropria dessas estratégias. É um tipo de arqueologia literária: com base em certas informações e um pouco de indução, você viaja para um sítio para ver que vestígios nos alcançaram e para reconstruir o mundo que esses vestígios nos sugerem. O que faz disso ficção é a natureza do meu ato imaginativo: minha confiança na imagem — nos vestígios — aliada à lembrança, para alcançar uma espécie de verdade. Por "imagem", claro, não quero dizer "símbolo"; quero dizer simplesmente "impressão" e o sentimento que acompanha essa impressão.

A ficção, por natureza, difere do fato. Presume-se que seja produto da imaginação — invenção —, e reivindica a liberdade de dispensar o que "realmente aconteceu", ou onde de fato aconteceu, ou quando, e nada nela precisa ser publicamente verificável, embora muito possa ser verificado. Por contraste, a pesquisa do biógrafo ou do crítico literário só nos parece confiável quando os eventos da ficção podem ser rastreados para algum fato publicamente verificável. É a busca própria à escola do "Ah, sim, foi daqui que ele ou ela tirou aquela informação", que conquista sua própria credibilidade investigando a credibilidade das fontes da imaginação, não a natureza da imaginação.

O trabalho que faço não raro cai, na mente da maioria das pessoas, no reino da ficção chamada de fantástica, ou mítica, ou mágica, ou inverossímil. Não me sinto confortável com esses rótulos. Considero que minha responsabilidade mais grave (a despeito da mágica) é não mentir. Quando ouço alguém dizer que "a verdade é mais estranha que a ficção", penso que essa velha máxima é mais verdadeira do que nos parece, pois ela não afirma que a verdade é mais verdadeira que a ficção, apenas que é mais estranha — ou seja, insólita. Pode ser excessiva, mais interessante, mas o importante é que é aleatória — e a ficção não é aleatória.

Portanto, a distinção crucial para mim não é a diferença entre fato e ficção, mas a distinção entre fato e verdade. Porque fatos podem existir sem a inteligência humana, e a verdade não. Então se busco encontrar e expor a verdade sobre a vida interior de pessoas que não a registraram (o que não significa que não tivessem vida interior); se me esforço para preencher os espaços vazios deixados pelas narrativas dos escravizados, rasgando o véu que tão frequentemente as recobria e implementando as histórias que ouvi —, então a abordagem que me é mais produtiva e confiável é a lembrança que se move da imagem para o texto. Não do texto para a imagem.

Simone de Beauvoir, em *Uma morte muito suave*, diz: "Eu não sei por que fiquei tão chocada com a morte da minha mãe". E continua, ao ouvir o nome da mãe mencionado pelo padre no funeral: "A emoção me agarrou pela garganta [...]. 'Françoise de Beauvoir'; as palavras a trouxeram de volta à vida; conjuraram sua história, do nascimento ao casamento, à viuvez, ao túmulo; Françoise de Beauvoir — aquela mulher recolhida, tão raramente mencionada — se tornou uma pessoa importante". O livro se transforma, assim, numa exploração tanto de sua dor quanto das imagens nas quais a dor se enterrava.

Ao contrário de madame De Beauvoir, Frederick Douglass pede paciência do leitor para gastar meia página com a morte de sua avó — sem dúvida a perda mais profunda que ele sofrera — e se desculpa dizendo: "Foi realmente muito importante para mim. Espero que vocês não se entediem com minha indulgência". Douglass não tenta de modo algum explorar aquela morte, suas imagens ou seu significado. Sua narrativa é o mais próximo possível do factual, sem espaço para especulação subjetiva. James Baldwin, por outro lado, em *Notas de um filho nativo*, diz, recordando a vida de seu pai e a relação dos dois: "Todos os textos e canções do meu pai, que eu decidira que não tinham significado algum, foram dispostos diante de mim, quando ele morreu, como garrafas vazias esperando para guardar o significado que a vida daria a elas para mim". E então seu texto enche aquelas garrafas. Como Simone de Beauvoir, ele se move do evento para a imagem que restou. Meu percurso é o oposto: a imagem chega primeiro e me diz do que trata a "memória".

Não posso dizer como me senti quando meu pai morreu. Mas pude escrever *A canção de Solomon* e imaginar, não ele, não sua vida interior específica, mas o mundo que ele habitou e a vida privada ou interior das pessoas nesse mundo. E não posso dizer como me senti lendo para minha avó enquanto ela se revirava na cama (porque estava morrendo e não se sentia confortável), mas pude tentar reconstruir o mundo no qual ela viveu. E tenho suspeitado, com frequência, que sei mais do que ela sabia, que sei mais do que meu avô e do que minha bisavó sabiam, mas também sei que não sou mais sábia do que eles. E sempre que tentei honestamente diminuir a visão que eles tinham e provar a mim mesmo que sei mais, e quando tentei especular sobre sua vida interior e compará-la à minha, senti-me sempre esmagada pela riqueza da vida deles comparada à minha. Como Frederick Douglass falando da avó, e James Baldwin falando do pai, e Simone de Beauvoir falando da mãe, essas pessoas são meu acesso a mim mesma; são minha entrada na minha própria vida interior. E é por isso que as imagens que flutuam ao redor deles — os vestígios, por assim dizer, no sítio arqueológico — emergem primeiro, e emergem tão vividamente e de modo tão imperioso que as reconheço como meu caminho para uma reconstrução de um mundo, para uma exploração de uma vida interior que não foi registrada e para a revelação de uma espécie de verdade.

Então a natureza da minha pesquisa começa com algo inefável e flexível como uma figura apenas vagamente evocada, o canto de uma sala, uma voz. Comecei a escrever meu segundo livro, que se chamou *Sula*, graças a uma preocupação com o retrato de uma mulher e o modo como ouvi seu nome ser pronunciado. O nome era Hannah, e acho que ela era amiga de minha mãe. Não lembro de vê-la muitas vezes, mas o que nunca esqueço são a cor ao seu redor — um tom de violeta, uma sufusão de algo violeta — e seus olhos, que pareciam semicerrados. Mas o que mais recordo é como as mulheres diziam seu nome: como diziam "Hannah Peace" e sorriam entre si, e havia algum segredo que elas conheciam e sobre o qual não falavam, pelo menos não na minha presença. E eu suspeitava que ela era uma espécie de fora da lei, mas que as mulheres de alguma forma a aprovavam.

Pensar sobre a relação entre aquelas mulheres e Hannah, sobre o modo como falavam dela e como articulavam seu nome, me fez pensar sobre a amizade entre mulheres. O que é isso pelo qual elas se perdoam? E o que seria imperdoável no mundo das mulheres? Eu não quero saber mais nada sobre a srta. Hannah Peace, e não vou perguntar à minha mãe quem ela realmente era e o que ela fez e do que todas aquelas mulheres riam e por que você também sorria. Pois minha experiência quando faço isso com minha mãe é devastadora. Recebo a informação mais banal que você já ouviu na vida, ao passo que o que quero, quando começo a escrever, é manter todos os meus vestígios e imagens intactas em seu mistério. Mais tarde descobrirei os fatos. Assim posso explorar dois mundos — o factual e o possível.

O que quero fazer esta noite é rastrear uma imagem, indo de um retrato para um significado e para um texto — uma travessia que aparece no romance que estou escrevendo agora, que se chama *Amada*.

Estou tentando escrever um tipo particular de cena, e vejo uma espiga de milho. "Ver" uma espiga de milho não significa que ela paire por aqui; quer dizer apenas que ela me volta recorrentemente. E tentando descobrir "O que todo esse milho está fazendo?" eu descubro o que está fazendo.

Vejo a casa onde cresci em Lorain, Ohio. Meus pais tinham um jardim a certa distância da casa, e nesse jardim minha irmã e eu não éramos bem-vindas, quando pequenas, pois não conseguíamos distinguir entre as coisas que eles queriam cultivar e as que não queriam cultivar, então naquela época ainda não sabíamos arar a terra nem arrancar as ervas daninhas, só muito depois o conseguimos.

Vejo os dois andando, juntos, para longe de mim. Olho para suas costas e para o que levam nas mãos: suas ferramentas e, talvez, uma cesta. Às vezes, enquanto se afastam de mim, estão de mãos dadas e vão para esse outro lugar no jardim. Para chegar até lá, cruzam trilhos de trem.

Tenho consciência também de que minha mãe e meu pai dormem em horários peculiares, porque meu pai trabalha em muitos empregos e trabalha à noite. E esses cochilos são momentos de prazer para mim e para minha irmã, porque então ninguém nos dá nenhuma tarefa, nenhuma ordem, ninguém nos importuna. Além disso, há algum sentimento de prazer neles que percebo apenas vagamente. Os dois ficam bastante descansados quando tiram esses cochilos.

E mais tarde, no verão, temos a chance de comer milho, que é a única planta que consigo distinguir das outras, minha colheita preferida; as outras são de comidas que criança nenhuma gosta — couve, quiabo, os vegetais fortes, violentos, que hoje eu muito apreciaria. Mas gosto do milho porque é doce, e porque todos nos sentamos para comer, e se come com a mão, e é quente, e mesmo frio é gostoso, e os vizinhos se achegam, e os tios, e é simples e é bom.

A lembrança do milho e da auréola de emoção que o cerca se consolidou como uma força poderosa no manuscrito que estou terminando agora.

Escritores chegam a um texto e a um subtexto das mais variadas maneiras, aprendendo a cada recomeço como reconhecer uma ideia valiosa e como desenvolver a textura que acompanha essa ideia, que a revela ou dispõe da melhor maneira. O processo pelo qual isso é alcançado é infinitamente fascinante para mim. Sempre pensei que, tendo sido editora por vinte anos, eu compreendia os escritores melhor do que seus críticos mais cuidadosos, pois, examinando o manuscrito em cada um de seus estágios, eu ficava conhecendo o processo do autor ou da autora, entendia como sua mente funcionava, o que vinha sem esforço, o que demandava tempo, de onde surgia a "solução" de um problema. O resultado — o livro — era tudo a que o crítico tinha acesso.

Ainda assim, para mim, aquilo era o aspecto menos importante do trabalho. Pois, por mais ficcionais que fossem os relatos desses escritores — produtos da invenção —, o ato imaginativo atrela-se à memória. Sabe, corrigiram o curso do Mississippi em certos pontos para abrir espaço para casas e áreas habitáveis. Ocasionalmente, o rio inunda esses lugares. "Inundação" é a palavra que eles usam, mas, na verdade, não se trata de inundação: é rememoração. O rio rememora onde costumava estar. Toda água tem uma memória perfeita e está sempre tentando voltar para o começo. Escritores são assim: relembramos onde estivemos, que vale cruzamos, como eram os bancos de areia, a luz que lá havia e o percurso de volta ao nosso lugar original. É uma memória emocional — o que os nervos e a pele recordam e como tudo se parecia. E um jorro de imaginação é nossa "inundação".

Junto com as recordações pessoais, a matriz do trabalho que faço é o desejo de estender, preencher e complementar as narrativas escravas autobiográficas. Mas apenas a matriz. O que surge disso tudo é ditado por outras preocupações, não menos importantes, entre elas a integridade do próprio romance. Não obstante, como a água, eu me lembro de onde estive antes de ser "corrigida".

P.: *Eu gostaria de fazer uma pergunta sobre seu ponto de vista como romancista. É uma visão ou você fica do lado dos personagens?*

R.: Às vezes eu tento introduzir personagens genuinamente secundários, como atores figurantes. Mas eles facilmente me distraem, pois a imaginação do romancista funciona assim: cada ruela sugere uma aventura, e uma vez que você começa a reivindicá-la e descrevê-la, a coisa cresce, e você inventa mais e mais. Não me importo de fazer isso no primeiro esboço, mas depois preciso cortar. Já me vi distraída, e pessoas ganharam presenças muito maiores do que o planejado, e personagens secundários pareceram um pouco mais interessantes do que precisavam ser para os propósitos do livro. Nesse caso, tento conceder-lhes alguma coisa: se há pedacinhos de informações que quero revelar, deixo que eles façam o serviço. Mas tento não me empolgar; procuro me restringir, de modo que, no fim, a textura seja consistente e nada seja desperdiçado; no texto final, não há palavra alguma desnecessária, nem personagem que não seja absolutamente essencial.

Quanto ao ponto de vista, deve haver a ilusão de que é o ponto de vista dos personagens, quando, no fundo, não é; na verdade é a narradora — no meu caso — que está ali, mas que não se revela como tal. Gosto da sensação de uma história contada, onde você ouve uma voz, mas não pode identificá-la e pensa que é a sua própria. É uma voz confortável, que guia e ao mesmo tempo se alarma com as mesmas coisas com que os leitores se alarmam, e também não sabe o que vai acontecer em seguida. Mas essa guia não pode ter uma personalidade; só poder ter um som, e o leitor precisa se sentir confortável com essa voz, que pode então abandonar-se e revelar o diálogo interior de um personagem. Então é uma combinação que consiste em usar o ponto de vista de vários personagens, mas retendo ainda o poder de deslizar para dentro e para fora, contanto que, quando me coloco de "fora", o leitor não veja dedinhos indicando o que há ou não no texto.

O que realmente quero é aquela intimidade na qual o leitor tem a impressão de que não está de fato lendo, mas que está participando daquilo enquanto prossegue na leitura. Tudo está se desenrolando, e ele está sempre a duas pulsações à frente dos personagens, de olho no alvo.

P.: *Você já disse que escrever é um ato solitário. Você adentra um isolamento severo quando está escrevendo, de maneira que seus sentimentos fiquem como que contidos, ou precisa dar uma volta e fazer compras e...?*
R.: Eu faço de tudo. Estou nesse livro há três anos. Faço compras e olho para a parede, ou faço sei lá o quê. Então passa. Às vezes é muito intenso e eu me retiro — quero dizer, escrevo uma frase e pulo da cadeira e saio de casa correndo ou coisa do tipo; a coisa meio que te exaure em algum momento. E às vezes não. Às vezes escrevo por muitas horas seguidas todo dia. Levanto às cinco e meia e simplesmente me sento para escrever, e se não gosto no dia seguinte eu jogo fora. Mas me sento e faço. Só que agora já aprendi a chegar àquele ponto onde a coisa funciona. Nem sempre soube. Eu achava que todo pensamento que eu pensava era interessante — porque era meu. Agora sei melhor como cortar coisas que não são úteis. Posso me levantar e fazer outras coisas e pensar sobre aquilo ao mesmo tempo. Não me importo de não escrever o tempo todo; já não fico tão aterrorizada.

Quando você começa a escrever — e acho que isso é verdade para muitos escritores iniciantes —, morre de medo de que, se não escrever aquela frase direito naquele minuto, ela nunca vai lhe ocorrer de novo. E não vai. Mas não importa — outra frase vai aparecer, e provavelmente será uma frase melhor. Não me incomoda escrever mal por alguns dias, porque sei que posso consertar — e posso fazê-lo seguidas vezes, e ficará melhor. Não sinto aquela histeria que costumava acompanhar algumas daquelas passagens maravilhosas que eu achava que o mundo estava desejando loucamente que eu não esquecesse. Sou um tanto mais sanguínea quanto a essas coisas agora. Porque a melhor parte de tudo, a parte mais deliciosa, é terminar e depois refazer tudo. Para mim é o que há de mais excitante na vida: atravessar aquela primeira fase e depois ter um tempo infinito para revisar e fazer alterações. Eu reescrevo muito, incontáveis vezes, de modo que pareça que não reescrevi. A ideia é parecer que eu nunca mexi naquilo, e isso custa muito tempo e suor.

P.: *Em* A canção de Solomon, *qual era a relação entre suas memórias e o que você inventou? Era muito tênue?*
R.: Sim, era tênue. Pela primeira vez na vida eu estava escrevendo um livro no qual o palco principal era ocupado por homens, e que tinha algo a ver com minha perda, ou minha percepção da perda, de um homem (meu pai) e do mundo que desapareceu com ele. (Não desapareceu, mas senti como se desaparecesse.) Então eu estava recriando uma época que era a dele — não sua vida, biograficamente, nem nada de sua vida. Eu uso o que estiver à mão. Mas me pareceu que havia esse grande vazio depois que ele morreu, e o preenchi com um livro sobre homens, porque meus dois livros anteriores tinham mulheres como personagens centrais. Então nesse sentido era sobre minhas memórias e a necessidade de inventar. Eu tinha de fazer algo. Estava com muita raiva porque meu pai estava morto. As conexões entre nós eram como fios que minei em busca de muita força ou eram pura invenção. Mas criei um mundo masculino e o habitei, e nele havia essa busca — uma viagem da estupidez para a epifania, a viagem de um homem, um homem completo. Era minha maneira de explorar tudo aquilo, de tentar descobrir o que ele talvez soubesse.

A linguagem de Deus

Parte deste ensaio é um substituto para uma entrada ou uma série de entradas num diário ou caderno de notas que *nunca* escrevi. O tipo de diário de escritor, que li muito, que contém ideias para trabalhos futuros, esboços de cenas, observações e meditações. Mas especialmente pensamentos que reforçam problemas e soluções com os quais todo escritor se depara durante o processo de escrita.

Não escrevo esse tipo de caderno de notas por várias razões; uma delas é a indisponibilidade de momentos de ócio, outra é a forma que tomam minhas meditações. Em geral é uma resposta a alguma doença confusa, aparentemente impenetrável; uma inquietude conectada a uma imagem incômoda. (As imagens podem ser algo visto no mundo material ou não.) Outras vezes rondo um incidente, um comentário ou uma impressão peculiar o suficiente para, primeiro, provocar curiosidade, e misteriosa o bastante para, depois, reaparecer com certa recorrência. Em *O olho mais azul* tratava-se de um diálogo que tive quando criança com uma amiga, diálogo que me preocupou às vezes mais, às vezes menos, por muitos anos. Em *Sula*, era uma reação — que me parecia contraditória — da minha mãe e de suas amigas a uma mulher da cidade. Outro caso envolvia um aspecto poderosamente imagístico da mitologia masculina, aspecto inaplicável às mulheres e que desconsiderava as consequências da verdade daquele mito sobre elas. Escavando essas imagens ou comentários ou impressões, algumas questões se apresentam: o que aconteceria se minha amiga de infância conseguisse o que desejava? O que as amigas da minha mãe apreciavam ao mesmo tempo que desaprovavam? Qual era o verdadeiro truque da Boneca de Piche? Por que Margaret Garner se mostrava tão completamente sem remorsos e que efeito essa falta de remorso teria sobre a vizinhança e sobre sua família? Essas questões, óbvias, até inúteis, levavam a outras, mais sutis, quando eu lhes dava um empurrãozinho. Quando estou ruminando sobre essas coisas não estou procurando um tema ou um assunto romanesco; estou apenas divagando. A maior parte dessa divagação é vagabunda e desaparece mais cedo ou mais tarde. Contudo, ocasionalmente, dentro ou entre essas vagabundagens, uma questão maior se coloca. Eu não a anoto, nem anoto meus devaneios, porque fazê-lo lhes daria uma gravidade que talvez não mereçam. Preciso estar ou sentir que estou sendo perseguida pela questão até me convencer de que explorá-la é algo digno de um livro. Quando isso acontece, em algum momento uma cena ou um fragmento de linguagem me chega. Parece-me desperdício de tempo valioso traçar um esboço disso quando, se for interessante a ponto de merecer tratamento, eu poderia registrá-lo transformando-o diretamente numa formulação ficcional. Se descubro que me enganei quanto à força ou à fertilidade daquilo, posso sempre jogar fora. Então puxo meu bloco de anotações amarelo e vejo o que acontece.

Com o projeto ficcional sigo o mesmo procedimento: espero para ver se certas imagens prosperam ou decaem, desenvolvem-se ou implodem. Uma dessas imagens era a de um grupo de senhoritas de pé nos degraus de uma igreja episcopal metodista africana, três fileiras de mulheres, vestidas nas roupas mais sofisticadas do começo do século XX, posando como se para uma fotografia de classe ou de algum clube. São excepcionalmente bonitas e chamam muita atenção, o que se pode constatar pelos olhos que as observam. Outra imagem também é de mulheres. Garotas, na verdade. São noviças em seus hábitos fugindo da polícia que veio prendê-las. Ambos os grupos têm associações com igrejas. O primeiro nasce de uma imagem — quase como um quadro — que emergiu sem ter sido convocada; o segundo nasce de um fragmento de fofoca local nada confiável.

Duzentas e tantas páginas depois, deparo-me com um beco sem saída. Não há por onde seguir, embora eu também esteja certa de que o projeto é impossível.* Embora cada romance que escrevi, com exceção dos dois primeiros, me parecesse igualmente irrealizável, ainda me impressiono com o fato de que, quanto mais se cria, mais difícil o trabalho se torna, mais impossível a tarefa. No meu projeto atual procuro recriar, no ambiente das cidades negras do Oeste, uma narrativa sobre o paraíso — a conquista terrena do paraíso —, sua possibilidade, suas dimensões, sua estabilidade e poder de atração. A moldura temporal do romance, de 1908 a 1976, e a história de sua população, ex-escravizados e filhos de ex-escravizados, demandam que eu me apoie pesadamente nas reservas de fé dos personagens, em seu conceito de liberdade, sua percepção do divino e suas capacidades imaginativas bem como organizacionais/administrativas. Pois, como em muitas, embora nem todas, comunidades do século XIX deli-

---

* No original, parece haver uma contradição nesse ponto. A frase faria mais sentido se fosse algo nesta linha: "Not a wax, although I am also certain that the project is NOT impossible". (N. T.)

berada e cuidadosamente construídas, um sistema de crenças profundamente arraigado e inteiramente compartilhado era mais vital ao empreendimento do que resistência física, liderança e oportunidades. De fato, a fé num sistema de crenças — crenças religiosas — possibilitava a resistência, forjava lideranças e revelava oportunidades. Embora para homens e mulheres livres a prosperidade, a propriedade, a segurança e a autodeterminação fossem objetivos desejados e imagináveis, o mero desejo não podia estimular e não estimulou a jornada perigosa que eles empreenderam para dentro de territórios desconhecidos a fim de construir cidades. Qualquer história dos afro-americanos que diminua ou desconsidere a religião tanto na vida coletiva quanto na vida individual, em suas atividades políticas e estéticas, estará mais do que incompleta — será talvez fraudulenta. Desse modo, entre as dificuldades diante de mim, encontra-se o problema intimidante de mostrar não apenas como os impulsos cívicos e econômicos daquelas pessoas respondiam a princípios religiosos, mas como a vida cotidiana delas se atrelava inextricavelmente a esses princípios. Se estão corretas as pesquisas realizadas em 1994, que indicam que 96% dos afro-americanos acreditam em Deus, suspeito que os 4% que não acreditam constituem um fenômeno recente — desconhecido entre populações escravizadas ou ex--escravizadas. Aceitando que a religiosidade dos afro-americanos do século xix é um dado incontornável, então, certos textos, ficcionais ou memorialísticos, negligenciaram esse aspecto. Mas estamos em 1996, e a solução para a representação ficcional que leva esse fato em consideração não é acrescentar uma camada de religiosidade numa tela preexistente caracterizada pela migração e pela busca por cidadania, ou fazer vênia a personagens cuja crença é inabalável. Trata-se antes de construir uma obra na qual a própria crença religiosa se faça central para a narrativa.

Daí o primeiro problema com o paraíso: como tornar expressiva a linguagem religiosa, de forma verossímil e efetiva, na ficção pós-moderna, sem submeter-se a um vago igualitarismo, ou a certo tipo de espiritualismo ambiental de fins do século XX, ou à escola feminista/modernista da venerada deusa-corpo, ou a uma convicção livre, indiscriminada, da sacralidade inata de todas as coisas vivas, ou ao escolasticismo bíblico/político das seções mais entrincheiradas e ditatoriais das instituições religiosas contemporâneas — tendências entre as quais não se conta nenhuma que represente, parece-me, a prática diária de afro-americanos do século XIX e de seus filhos, nem que seja de serventia a estratégias narrativas pós-modernas. O segundo problema, então, é parte do primeiro: como narrar de forma persuasiva a fé profunda e motivadora no contexto de um mundo contemporâneo altamente secularizado e "científico". Em suma, como reimaginar o paraíso? (A pergunta que imediatamente vem à tona — para que reimaginá-lo, se os gênios mais capazes já forneceram há muito tempo uma linguagem imbatível para descrevê-lo? — é uma questão que abordarei em instantes.) Por ora quero esboçar a natureza do meu problema e explicar por que me deparo com ele.

O paraíso já não é imaginável ou, antes, é imaginado demais — o que dá na mesma — e tornou-se, assim, familiar, comum, até trivial. Historicamente, as imagens do paraíso, em prosa e poesia, procuravam ser grandiosas, mas acessíveis, apresentavam-se para além da rotina, mas eram imaginativamente concebíveis, seduziam precisamente por causa de nossa habilidade de reconhecê-las — como se de alguma forma nos "lembrássemos" das cenas. Milton fala de "árvores divinas, carregadas dos frutos mais vistosos, flores e frutos de matiz dourada,/ [...] misturada a alegres cores esmaltadas"; de "perfumes nativos"; daquela "fonte de safira, os riachos velozes, rolando em pérolas orientais e areias de ouro"; do "néctar, visitando cada planta, e flores dignas do Paraíso..."; "a dádiva da natureza jorrava profusa em montanhas, vales e planícies"; "bosques cujas árvores fecundas derramavam perfumadas seivas e bálsamos; Outras, cujo fruto, lustrado com cascas douradas, pendia amigável — verdadeiras fábulas hespérias,/ [...] de sabor delicioso;/ e entre elas gramados [...] e rebanhos/ pastando a relva macia"; "Flores de todos os matizes, e rosas sem espinho"; "grutas/ de recessos frescos, sobre as quais as videiras estendem uvas roxas, aproximando-se gentilmente/ luxuriante".

Nesta última década do século xx, associamos tal vastidão beatífica a propriedades privadas, pertencentes a abastados, vistas e visitadas por convidados ou turistas, ou exibidas regularmente para nós em produtos e promessas vendidos pelas mais variadas mídias. Um paraíso demasiadamente imaginado. Bastante disponível, ainda que apenas aparentemente; em todo caso, desejo com certeza comum, nada excepcional. Examinemos as características do paraíso físico — beleza, abundância, ócio, exclusividade e eternidade — para ver como são compreendidas em 1996.

A beleza, claro, é uma réplica do que já conhecemos, mas intensificada, refinada. Ou o que nunca conhecemos articulado. Natureza benevolente, beatífica, combinada com metais preciosos e joias. O que não pode ser é uma beleza que ultrapasse nossa imaginação.

A abundância, em um mundo de excesso e ganância obsequiosa que direciona os recursos para os que têm e força os que não têm a localizar os próprios ganhos dentro do que já foi adquirido pelos que têm, é uma característica quase obscena do paraíso. Nesse mundo de recursos viciados, de riquezas escandalosas, desavergonhadas, acachapadas, com todo o seu gigantismo vaidoso, diante dos despossuídos, a própria ideia de abundância, de suficiência, enquanto algo utópico deveria nos dar calafrios. A abundância não deveria ser limitada a um estado paradisíaco, mas antes ser integrada como parte da vida humana normal, cotidiana.

O ócio, que é a superfluidade do trabalho e da luta por recompensas na forma de comida ou luxúria, tem um valor minguante nos dias de hoje. É uma falta de desejo que sugere um tipo especial de morte sem morrer.

    Já a exclusividade ainda é uma característica atraente, até instigante, do paraíso, porque certas pessoas, os indignos, não estão presentes. As fronteiras são firmes; cães de guarda, muros, vigias estão a postos para verificar a legitimidade dos habitantes. Tais enclaves vêm florescendo de novo, como fortalezas medievais com fossos, e não parece possível ou desejável imaginar uma cidade em que os pobres possam ser acomodados. Exclusividade não é apenas um sonho acessível para os abastados, mas uma solução cada vez mais popular para a classe média. As "ruas" são entendidas como ocupadas pelos indignos e pelos perigosos; para o seu próprio bem, os jovens são impedidos de passear por elas. No entanto, os espaços públicos são motivo de lutas como se fossem privados. Quem pode apreciar um parque, uma praia, um shopping, uma esquina? O próprio termo "público" se tornou sítio de contenda. O paraíso como terreno exclusivo tem uma atração bastante real para as sociedades modernas.

    A eternidade, uma vez que evita a dor de morrer de novo, e em sua rejeição aos argumentos científicos, seculares, guarda provavelmente o maior apelo. Mas os recursos médicos direcionados para uma vida mais longa, e mais saudável, nos lembram que o desejo é por uma eternidade terrena, não por um pós-vida eterno. A sugestão, nesse caso, é a de que este mundo é tudo o que há. Desse modo, o paraíso, enquanto projeto terreno, em oposição ao celeste, apresenta sérias limitações visuais e intelectuais. Com exceção de "Apenas eu ou nós para sempre", mal tolera descrição.

    Mas isso talvez seja injusto. É difícil não notar como temos dado muito mais atenção ao inferno do que ao paraíso. O *Inferno* de Dante dá um baile no *Paraíso*. O mundo pré-Paraíso brilhantemente expresso de Milton, conhecido como Caos, é articulado de maneira muito mais plena do que seu Paraíso. A linguagem visionária da antítese alcança alturas de ardor expressivo com o qual a linguagem da tese raramente consegue competir. Há muitas razões que explicam por que as imagens dos horrores do inferno pretendiam ser virulentamente repulsivas nos séculos XII, XV e XVII. O argumento para evitá-lo tinha de ser visceral, precisava revelar como aquela eternidade era muito pior do que o inferno da vida cotidiana. Mas essa necessidade persistiu, em nossos tempos, com um acréscimo significativo. Há um influxo de livros devotados à consternação com a ausência de uma percepção do mal — se não do inferno — e com o desaparecimento da vergonha na vida contemporânea.

Cabe questionar como explicar a melancolia que acompanha essas exortações acerca de nossa desatenção, nosso mutismo, nossa apatia diante da experiência decididamente antiparadisíaca. Acredita-se, justificadamente, que o mal está disseminado por toda parte, mas, ao mesmo tempo, ele perdeu sua força aterradora. Não nos amedronta. Virou mero entretenimento. Por que não estamos tão assustados com suas possibilidades a ponto de corrermos em pânico na direção do bem? Será que qualquer tipo de pós-vida parece simples demais para nossa inteligência moderna, sofisticada, complexa? Ou será que, mais do que o paraíso, o mal demanda fantasias que precisam ser constantemente reformuladas e reforçadas? Fantasias literárias? O Inferno sempre se prestou ao glamour, às manchetes, aos smokings, é sempre ardiloso, usando máscaras ora horripilantes, ora sedutoras. Talvez precise de sangue, gosmas, talvez precise urrar apenas para chamar nossa atenção, para nos provocar, estimulando em nós sagacidade, imaginação, energia: nossa melhor performance. Depois dele o paraíso é simplesmente sua inexistência, uma ausência sem bordas e, portanto, inútil, repleta de uma paisagem já conhecida, já reconhecível: grandes árvores com sombra e frutos, gramados, palácios, metais preciosos, joias, criações de animais. Tirando a luta contra o mal, a guerra contra os indignos, parece que não há nada de que seus habitantes possam se ocupar. Um paraíso não exclusivo, sem fronteiras, do tipo "venha um, venham todos", sem medo, sem antagonista, não é um paraíso.

Sob essas circunstâncias, então, o problema literário é explorar a linguagem contemporânea a fim de revelar não apenas a complexidade intelectual do paraíso, mas uma linguagem que se aposse da imaginação não como *amicus curiae* para uma vida ingênua ou psicótica, mas como vida sã e inteligente em si mesma. Se pretendo fazer justiça à população profundamente religiosa desse projeto, se pretendo testemunhá-la, representando de forma afetuosa seu sistema moral nestes tempos alienados, insípidos e desmotivados — em que a religião serve a uma variedade de senhores, desde o fundamentalismo ininteligível e desprezado e o liberalismo letrado e bem-intencionado até o marketing televangelista, o racismo militarista e o amor ao medo —, encontro-me em sérios apuros.

Historicamente, a linguagem da religião (e falo aqui do cristianismo, mas estou relativamente certa de que isso é verdade para todas as religiões baseadas em um texto) adquire sua força, sua beleza e seu caráter intocável dos textos bíblicos ou sagrados. A linguagem religiosa contemporânea, o sermão ou o script que procuram traduzir traduções divinas em discurso "popular" ou "comum" parecem funcionar melhor por meio da canção, da anedota e dos floreios retóricos habilidosos. Entendo que a razão para modernizar a linguagem tradicional da Bíblia represente um esforço para se conectar e conquistar uma população indiferente, que já não responde à linguagem que emocionava nossos ancestrais. Competir pela atenção de um público cujo discurso foi moldado pela linguagem da mídia e do comércio e que precisa de imagens correlacionadas que acompanhem e clarifiquem o texto é um empreendimento dificílimo. E parece razoável acomodar circunstâncias modificadoras com modos alternativos de discurso. Embora eu não possa atestar o sucesso desses esforços, suspeito que a "modernização" da linguagem de Deus tem sido recompensadora — de outro modo tais esforços não teriam sido tão abundantes.

O marketing da religião requer novas estratégias, novos apelos e uma relevância que seja imediata, não contemplativa. Desse modo, a linguagem moderna, enquanto bem-sucedida na aquisição de convertidos e na manutenção espiritual dos confirmados, é forçada a se ajoelhar diante do denominador que é o mais acessível, levando à bancarrota sua sutileza, seu mistério, de maneira a financiar seu efeito. No entanto, não parece constituir um substituto à altura, não apenas porque sacrifica a ambiguidade, a profundeza e a autoridade moral, mas também porque suas técnicas são condicionantes em vez de libertadoras.

Não pretendo sugerir que não há sermões brilhantes, ensaios poderosamente inteligentes, poemas revelatórios, encômios comoventes ou argumentos elegantes. Claro que há. Nem pretendo sugerir que não há linguagem pessoal, nem orações espetaculares em sua criatividade, suas propriedades curativas, seu poder intelectual. Mas essas formas retóricas não são adequadas para a prosa de ficção extensa. A narrativa moderna é desprovida de linguagem religiosa que não recolha a maior parte de seus nutrientes de citações e alusões à versão do rei Jaime da Bíblia Sagrada. Dois exemplos de ficção que mesclam deliberadamente, com sucesso, as linguagens bíblica e moderna são os romances de Leon Forest e os contos de Reynolds Price.

As questões que me coloco são: é possível escrever prosa narrativa de inflexão religiosa que não se apoie inteira ou principalmente na linguagem bíblica? É possível revigorar a experiência e a viagem da fé, torná-la tão nova e linguisticamente desonerada como o era para os primeiros crentes, que não tinham coleção de livros na qual se apoiar?

Escolhi essa tarefa, essa obrigação, em parte porque me sinto alarmada diante do rebaixamento da linguagem religiosa na literatura — o estilo carregado de clichês, a apatia, a recusa em se abastecer de um vocabulário que transcenda o marketing (ou a insistência em se abastecer precisamente com o vocabulário do marketing), a substituição da clareza filosófica pela terminologia da psicologia popular; o triunfalismo patriarcal, a práxis ditatorial moralmente dogmática, os aplausos que concede a si mesma mais pela performance que pelo conteúdo; a má opinião de sua missão.

Como pode uma romancista representar o êxtase em termos não sexuais, não orgiásticos? Como pode uma romancista, numa terra de abundâncias, expressar o amor ilimitado imerecido, aquele que "ultrapassa todo entendimento", sem apelar ao prazer consumista do ganhador da loteria? Como evocar o paraíso numa era de parques temáticos?

Até este momento, a resposta, infelizmente, é simples: esta romancista não pode.

Por ora, escolhi outra coisa, outra estratégia para concretizar esses conflitos e paixões ultrapassadas, embora instrutivas. Não usar o laudatório, o extasiante, o grandioso etc., mas revelar suas consequências.

Aqui gostaria de fazer o que sempre faço quando as perguntas se tornam respondíveis apenas pelo ato da narração: começar a história.

"Que atirem na menina branca primeiro. Com o resto eles podem se demorar."

Grendel e sua mãe

Espero que vocês concordem que a peça literária da qual quero me valer, como diz um de seus tradutores, "iguala-se ao nosso conhecimento da realidade no momento presente". Espero também que descubram nas linhas de associação que traçarei entre uma sensibilidade medieval e uma sensibilidade moderna um terreno fértil no qual possamos avaliar nosso mundo contemporâneo.

Contarei uma história para vocês. Primeiro porque narrativas são provavelmente o modo mais efetivo de o conhecimento ser estruturado e, segundo, porque sou uma contadora de histórias. A prática da escrita me faz certas demandas que nada mais em minha vida me faz. A busca pela linguagem, em outros escritores ou ao originá-la, constitui uma missão. Mergulhar na literatura não é nem uma fuga nem uma rota inequívoca para o conforto. Tem sido um engajamento constante, por vezes violento e sempre provocativo com o mundo contemporâneo, as questões da sociedade em que vivemos. Então vocês não hão de se surpreender se retiro meu texto de fontes antigas embora nada remotas. A história é a seguinte. Enquanto a conto, vocês talvez se lembrem dos eventos, da retórica e da ação de muitos conflitos militares e conflagrações violentas dos nossos dias.

Era uma vez um monstro que comia homens, de crueldade sem precedente e apetite sem paralelo, que vagava geralmente à noite e se concentrava acima de tudo nas pessoas de um reino em particular, mas só porque assim o escolheu. Seu nome era Grendel, e há uma dúzia de anos ele desmembrava, mastigava e engolia os rebanhos, os guerreiros e os cidadãos da Escandinávia.

O líder do país sitiado vivia na grande fortaleza do hidromel com a rainha, sua família, amigos, guardas, conselheiros e um grande exército de heróis. Toda noite, quando o líder se retirava, guardas e guerreiros se punham de prontidão para proteger a fortaleza e seus habitantes da destruição e tentar, se possível, abater o inimigo noturno. E toda noite Grendel os agarrava como se fossem cerejas maduras numa árvore eternamente carregada. Encontravam-se na mesma situação que os finlandeses em uma de suas sagas: "presos à grande roda da necessidade, prisioneiros de um código de lealdade e bravura, destinados a buscar a glória aos olhos do mundo guerreiro. As pequenas nações se agrupam ao redor de seu senhor, as nações maiores buscam guerra e ameaçam as menores, um senhor morre, as defesas se desbaratam, o inimigo ataca, a vingança em honra dos mortos se transforma numa ética para os vivos, uma carnificina leva a outra, as rodas giram, e as gerações se repetem".

Mas o que nunca parecia preocupá-los era quem era Grendel e por que ele os incluíra em seu menu. Em nenhum momento da história essa questão é colocada. E assim é por uma razão muito simples: o mal não tem pai. É sobrenatural e existe sem explicação. As ações de Grendel são ditadas por sua natureza; a natureza de uma mente estranha — um impulso não humano. Ele é a essência daquele que o despreza, que o quer não apenas morto, mas bem nutrido, de modo que sua morte oferece recompensas ao matador:

comida, terra, riqueza, água — o que seja. Como o genocídio, a limpeza étnica, o assassinato em massa, ou assalto individual em busca de lucro. Mas Grendel escapa dessas razões: ninguém o atacou ou ofendeu; ninguém tentou invadir sua casa ou expulsá-lo de seu território; ninguém lhe roubou nada ou lhe despertou o ódio. Ninguém nem sequer sabia quem ele era. Ele não estava com raiva dos dinamarqueses; não queria governar suas terras ou saquear seus recursos ou estuprar suas mulheres, então não havia argumentos possíveis contra ele. Nem suborno, negociações, comércio. Implorar era inútil. Os seres humanos, mesmo quando mais corruptos, egoístas e ignorantes, podem se tornar disponíveis à razão, são educáveis, recuperáveis e, mais importante, sondáveis. Os humanos têm palavras para a loucura, explicações para o mal, e um sistema de contrapartidas para os que cometem transgressões ou são considerados fora da lei. Mas Grendel estava além da compreensão, era insondável. O monstro perfeito: destituído de vida mental, sem nenhum discurso inteligível. Nas ilustrações que o imaginavam e na linguagem que o descreve, Grendel é feio: peludo, o corpo recurvo, fedendo, mais confortável se de quatro. Mas mesmo sem garras ou fileiras de dentes de tubarão, mesmo se tivesse sido bonito, o horror não seria mitigado; sua presença no mundo era uma afronta.

Por fim, naturalmente, um herói corajoso e hábil chamado Beowulf se oferece para livrar o reino daquela pestilência. Ele e sua equipe de guerreiros adentram a terra, anunciam seu propósito e são recebidos com entusiasmo. Na primeira noite, depois de uma celebração para animar suas forças e estimular a bravura, a guerra é vencida — ou assim parece. Quando o monstro chega, sofrem apenas uma baixa antes de Beowulf arrancar o braço de Grendel, escorraçando-o com um sangramento fatal, manco e choroso, arrastando-se de volta para casa de sua mãe, onde ele morre.

Sim, mãe. Disse antes que o mal não tem pai. Na maneira verdadeiramente folclórica, épica, a força do mal, da destruição, é feminina. Monstros, parece, também precisam nascer, e como suas irmãs — Eva, Pandora, a esposa de Lot, Helena de Troia e a fêmea que se senta às portas do inferno de Milton, parindo cachorros cruéis que devoram uns aos outros e são substituídos por novas ninhadas do ventre de sua mãe — a mãe de Grendel é mais repulsiva, mais "responsável" pelo mal do que seu filho. Curiosamente, ela não tem nome e não pode falar (gostaria de desbravar essas imagens, mas terá de ser em outro momento). Em todo caso, essa fêmea silenciosa e repulsiva é uma mãe e, ao contrário de sua cria, tem, sim, uma razão para matar: vingar o filho. Ela corre imediatamente para a fortaleza do hidromel, interrompe os guerreiros que se refestelam vitoriosos e enche o saco que leva consigo com seus corpos esmagados. Sua vingança instiga uma segunda incursão, ainda mais determinada, de Beowulf, dessa vez para dentro do território do monstro, seu lar. Beowulf nada, atravessando águas carregadas de demônios, é capturado e, adentrando o covil da mãe, desarmado, é forçado a usar as próprias mãos. Luta bravamente, mas sem sucesso. Súbita e felizmente, agarra uma espada que pertence à mãe. Corta a cabeça da mulher com a arma dela própria, e depois a cabeça do cadáver de Grendel. Uma coisa curiosa acontece em seguida: o sangue da vítima derrete a espada. A leitura convencional reza que o sangue da criatura é tão asqueroso que derrete o aço, mas a imagem de Beowulf parado de pé com a cabeça da mãe em uma mão e um cabo de espada inútil na outra encoraja outras interpretações. Uma delas sendo que talvez o uso da violência contra a violência — independentemente do bem e do mal, do certo e do errado — é em si mesmo tão perverso que a espada da vingança colapsa, exausta ou envergonhada.

Beowulf é um clássico épico do bem que vence o mal; da brutalidade inimaginável que sucumbe à força física. Bravura, sacrifício, honra, orgulho, recompensas em reputação e riqueza — tudo isso se cumpre nessa estimulante história medieval. Em narrativas heroicas desse gênero, a glória não se encontra nos detalhes; as forças do bem e do mal são óbvias, francas, o triunfo daquele sobre este é merecido, justificado e delicioso. Como diz Beowulf: "É sempre melhor/ vingar os entes queridos do que aquiescer ao luto/ [...] Então erga-se, meu senhor, e vamos imediatamente/ partir no encalço da mãe-ogro./ Garanto que ela não escapará,/ nem nas entocas sob a terra, nem nos bosques montanhosos,/ nem para o fundo do oceano. Ela não terá para onde fugir".

A sociedade contemporânea, contudo, inquieta-se diante do conceito do mal puro, desmotivado, bem como da virtude piedosa, incorrupta. Os escritores e acadêmicos contemporâneos buscam algo mais.

Um desafio para as expectativas incontornáveis mas estreitas dessa narrativa heroica parte de um escritor contemporâneo — o falecido John Gardner, em seu romance intitulado *Grendel*. Narrado do ponto de vista do monstro, é um tour de force e um empreendimento estético e intelectual que se aproxima da indagação subjacente a muitos dos presentes esforços para lidar com o tipo de guerra global permanente na qual nos encontramos engajados agora: quem é Grendel? O autor nos pede para adentrar sua mente e pôr à prova a pressuposição de que o mal é flagrantemente ininteligível, arbitrário e indecifrável. Ao assumir a voz de Grendel, seu ponto de vista, Gardner de imediato estabelece que, ao contrário do personagem do poema, Grendel não é desprovido de pensamento e não é uma fera. Pelo contrário, no momento em que o leitor lhe é apresentado, Grendel se encontra refletindo sobre animais de verdade. No início do romance, observa um carneiro, ruminando: "Não acho que meu cérebro seja prensado, como o do carneiro, pelas raízes dos chifres". E "Por que não podem essas criaturas conhecer um pouco de dignidade?".

A versão de Gardner apresenta a mesma trama e os mesmos personagens do poema, apoiando-se em descrições e convenções semelhantes: ao se referir a mulheres, por exemplo, só as rainhas têm nome. Se a mãe de Grendel tem um nome, é tão impronunciável quanto ela própria é silenciosa. Na introdução que escreveu para sua tradução de *Beowulf*, Seamus Heaney enfatiza o movimento do mal do "lá fora" para o "aqui dentro" — das margens do mundo para o interior do castelo — e foca no brilhantismo artístico do poema, nos "belos artifícios de sua linguagem"; Gardner, por outro lado, procura penetrar na vida interior — emocional, consciente — do mal encarnado e prioriza o poeta como aquele que organiza a desordem do mundo, que costura histórias díspares imprimindo-lhes significado. No romance de Gardner, aprendemos que Grendel se distingue dos carneiros que não conhecem ou recordam o próprio passado. Aprendemos que Grendel, no começo, se encontra consumido por ódio e que isso não lhe dá nem orgulho nem vergonha. Que nutre profundo desprezo pelos sobreviventes de seus ataques. Assistindo aos dinamarqueses enterrando seus mortos, assim descreve a cena: "Ao pé da montanha, começa a escavação, lenta como um canto lutuoso. Erguem um montículo para a pira funerária, para quaisquer braços ou pernas ou cabeças que minha pressa deixou para trás. Enquanto isso, lá em cima, na fortaleza destroçada, os construtores martelam, substituindo a porta [...], industriosos e estúpidos como formigas trabalhadoras — mas empreendendo algumas pequenas mudanças, coisas tolas: acrescentam uns pregos a mais, ou outra chapa de ferro, sempre com um dogmatismo incansável". Esse desprezo se estende para o mundo em geral. "Eu compreendia que o mundo não significava nada: era um caos mecânico de inimizade bruta e casual sobre o qual impomos nossas esperanças e nossos medos. Entendia que, de maneira final e absoluta, eu era tudo que existia. Todo o resto, eu bem via, é meramente o que se bate contra mim e contra o que me bato, cegamente — tão cegamente quanto tudo o mais que não sou eu. Sou eu quem cria o universo inteiro, uma piscadela por vez."

Mas o tema fundamental do romance reside nas possibilidades de Grendel — primeiro, o encontro com uma linguagem artística, estudada, formulada (ao contrário de ruídos, grunhidos, gritos e grasnidos) e, segundo, o diálogo com o dragão que se senta sobre a montanha, guardada por ele há muitos séculos. Em relação à linguagem, o encontro com o poeta, que é chamado de Modelador, lhe oferece a possibilidade de transformação. Grendel sabe que a canção do Modelador é cheia de mentiras e ilusão. Tem assistido atentamente às batalhas dos homens e sabe que eles não são gloriosos como o Modelador os descreve. Não obstante, ele sucumbe à linguagem do poeta graças ao seu poder de transformar, o poder de elevar e de desencorajar a ação pérfida. Assim descreve a potência do poeta: "Ele remodela o mundo [...]. Como o seu nome sugere. Ele olha para o mundo bruto com olhos estranhados e transforma galhos secos em ouro". É graças a essa linguagem plasmada, elevada, repleta de padrões que Grendel se torna capaz de contemplar a beleza, reconhecer o amor, sentir pena, desejar piedade e experimentar o sentimento de vergonha. É graças à imaginação do Modelador que ele considera a equiparação da qualidade com significado. Em suma, ele desenvolve uma fome desesperada pela vida de um ser completamente humano. "Meu coração", ele diz, "ficou leve com a bondade de Hrothgar e pesado de dor por meu próprio passado sanguinolento." Inundado por essas reflexões sobre o bem e a leveza, ele vai à fortaleza do hidromel chorando por piedade, ansiando dolorosamente por uma comunidade que aplaque sua terrível solidão. "Saí em disparada para a fortaleza, o coração pesado, implorando 'Piedade! Paz!'. O harpista interrompeu a música, as pessoas gritaram [...]. Os homens bêbados se lançaram contra mim com machados. Eu me ajoelhei, gritando: 'Amigo! Amigo!'. Mas eles me golpeavam, rosnando como cães." Grendel então capitula para as vastidões profundas do seu ódio. No entanto, sente-se ainda confuso, dividido entre "as lágrimas e os berros de desprezo". Viaja até o dragão em busca de respostas para suas próprias indagações cósmicas: por que estou aqui? O que é Deus? O que é o mundo?

Ao fim de uma discussão longa e fascinante, repleta da indiferença, da amargura e do cinismo do dragão, Grendel recebe um conselho: "Junte uma pilha de ouro e se sente sobre ela". Entre a suspeita de Grendel de que uma linguagem nobre produz comportamentos nobres (assim como uma linguagem débil e vazia produz comportamentos débeis e vazios) e a visão do dragão acerca da estupidez, da banalidade e da irrelevância do homem, sua própria negação do "livre-arbítrio e da intercessão" — nesse ponto, precisamente nesse ponto, reside a dimensão em que a vida cívica e intelectual respira e se agita. O dilema de Grendel também é o nosso. É o nexo entre o Modelador e o dragão; entre Santo Agostinho e Nietzsche, entre arte e ciência; entre o Velho Testamento e o Novo, entre a espada e a charrua. É o espaço para o pensamento bem como o ato de pensar; um espaço magnético, puxando-nos da reação ao pensamento. Recusando respostas fáceis e a violência que se comete porque, na crise, é a única coisa que se sabe fazer.

Respostas absolutas, como as que Grendel desejava, perguntas cinicamente preparadas, com as que o dragão ofereceu, podem diluir o projeto educacional e fazê-lo errar o alvo. Neste país, onde se venera a competição e a crise é a força que impulsiona a informação temperada pela mídia, e onde homogeneidade e diferença, diversidade e conformidade, são consideradas o ideal nacional, conclamam-nos tanto para evitar a violência quanto para aderir a ela; para hesitar entre vencer a todo custo e cuidar dos nossos vizinhos; entre o medo do estranho e o conforto do familiar; entre o feudo de sangue dos escandinavos e a ânsia do monstro por comunidade e aprendizado. Era a influência desses opostos que castigava Grendel e que perturba e incapacita o discurso nacional, educacional e pessoal.

A crise é uma confluência potencializada, por vezes sangrenta, obviamente perigosa e sempre tensa de eventos e de visões sobre tais eventos. Volatilidade, teatralidade e ameaças pairam ao redor de nós na crise. Como a guerra, a crise demanda "respostas finais", ação rápida e afirmativa — para apagar incêndios, derramar sangue e apaziguar consciências.

Por vezes a demanda por uma ação rápida e definitiva é tão aguda que toda energia é reunida para evitar a crise da crise iminente. O efeito da militarização de virtualmente toda situação fluida e de todo problema social tem sido uma inércia crescente, se não uma paralisia plenamente estabelecida. Tem produzido também um apetite sempre maior por representações cada vez mais estimulantes e intensas da crise. (Reparem na pletora de entretenimento televisionado dedicado a crises substitutas ou falsas — a sobrevivência em países de Terceiro Mundo entre pessoas para quem a sobrevivência é uma condição banal da vida.) Esse apetite não é diferente da insensibilidade anestesiada; é, na verdade, uma expressão vívida disso. Uma vez que o gosto por imagens sangrentas de conquista é introduzido, pode não ser facilmente saciado.

Dissertei sobre essa versão midiática da crise com o intuito de distingui-la do conflito. O conflito é o choque entre forças incompatíveis, o Modelador contra o dragão; uma desarmonia clamando por ajuste, mudança ou trégua. O conflito reconhece oposições legítimas, interpretações diferentes mas honestas de dados, teorias conflitantes. Essas oposições podem ser militarizadas, talvez tenham de ser, mas não na academia. Pelo contrário: devem ser abraçadas para que a educação de fato ocorra. Conflito nos corredores da academia é diferente do conflito nas galerias comerciais ou no campo de batalha. Nos corredores acadêmicos, ao contrário das galerias comerciais, o conflito não é um jogo de video-game para se jogar por brincadeira, nem uma gafe social a ser evitada a todo custo. Tem má reputação só porque fomos ensinados a associá-lo com vencer ou perder, com a necessidade desesperada de estar certo, de ser alfa. Com a violência. Conflito não é apenas outra palavra para crise, ou para guerra ou competição. O conflito é uma condição da vida intelectual e, creio eu, seu prazer. Atiçar a mente para se engajar é precisamente o propósito da mente. Assim como o corpo está sempre lutando para se recuperar de seu próprio abuso, para se manter vivo, do mesmo modo a mente anseia por conhecimento. Quando não está ocupada tentando aprender, degrada-se.

A mente é, de fato, um palácio. Não apenas por sua percepção de simetrias e do escandalosamente belo, mas também porque pode inventar, imaginar e, mais importante, examinar.

Gosto de pensar que o ponto de vista de John Gardner prevalecerá: o de que a linguagem — informada, bem formulada, arrazoada — se tornará a mão que detém a crise e abre espaço para o conflito criativo e construtivo, surpreendendo nossa vida e afiando nosso intelecto. Sei que vale a pena lutar pela democracia, não pelo fascismo. Para conquistar aquela se faz necessário o esforço inteligente. Para conquistar o último nada é preciso. Você só tem de cooperar, manter silêncio, concordar e obedecer até que o sangue da mãe de Grendel aniquile sua própria arma e a arma do vencedor.

A escritora diante da página

Certa vez conheci uma mulher chamada Hannah Peace. Digo que "conheci", mas nada poderia ser menos preciso. Eu tinha talvez quatro anos quando ela vivia na cidade em que nasci. Não sei por onde anda agora (ou mesmo se está viva) ou de quem ela era parente naquela época. Não era sequer uma pessoa que visitasse nossa casa. E até hoje eu não poderia descrevê-la de forma a fazê-la reconhecível numa fotografia, e eu mesmo não a reconheceria se ela entrasse agora mesmo nesta sala. Mas tenho uma memória dela, que é assim: a cor de sua pele — seu tom mate. Uma aura púrpura rondava sua figura. E os olhos não completamente abertos. Dela emanava certo alheamento que me parecia de natureza bondosa. Mas lembro sobretudo de seu nome — ou do modo como as pessoas o pronunciavam. Nunca Hannah ou srta. Peace. Sempre Hannah Peace — e algo mais. Algo secreto — certa admiração talvez. E uma dose de perdão, sem dúvida. Quando pronunciavam seu nome, todos (as mulheres e os homens) a perdoavam por alguma coisa.

Não é muito, eu sei: os olhos semicerrados, a ausência de

hostilidade, a pele salpicada de poeira lilás. Mas é mais do que suficiente para evocar um personagem — na verdade, qualquer detalhe a mais teria impedido (para mim) o surgimento de um personagem ficcional. O que é útil — definitivo — é a galáxia de emoções que acompanhava essa mulher quando persigo a memória que tenho dela, não a mulher em si.

No exemplo de Hannah Peace era o ter-sido-facilmente-perdoada que me chamava a atenção, e essa qualidade, o "ser facilmente perdoada", que acredito recordar em conexão com uma sombra de uma mulher que minha mãe conhecia, é o tema de *Sula*. As mulheres se perdoam — ou aprendem a se perdoar. Uma vez que essa peça da constelação se tornou aparente, passou a dominar as outras peças. O próximo passo era descobrir o que havia para ser perdoado entre mulheres. Coisas assim agora precisam ser postas e inventadas, pois vou contar uma história sobre perdão feminino. As coisas a serem perdoadas são erros graves e contravenções violentas, mas o ponto era menos a coisa a ser perdoada do que a natureza e a qualidade do perdão entre mulheres — que é o mesmo que dizer: a amizade entre mulheres. O que se tolera numa amizade é determinado pelo valor emocional do relacionamento. Mas *Sula* não é (simplesmente) sobre amizade entre mulheres, mas entre mulheres negras — termo qualificativo cujas responsabilidades artísticas implicadas sempre se me apresentam antes de encarar a página. Antes do ato da escrita, antes do bloco amarelo ou da folha em branco, vêm os princípios que informam a ideia de escrever. Tratarei deles num instante.

    O que quero que minha ficção faça é estimular o leitor à participação ativa na experiência não narrativa, não literária do texto. E recusar isso torna difícil ao leitor se confinar a uma aceitação fria e distanciada dos dados. Quando se olha para um quadro muito bom, a experiência de olhar é mais profunda do que os dados acumulados ao observar o quadro. O mesmo, creio, é verdade no que diz respeito à audição da boa música. Assim como o valor literário de um quadro ou de uma composição musical é limitado, também o valor literário da literatura é limitado. Às vezes penso como deve ter sido glorioso ter escrito drama no século XVI na Inglaterra, ou poesia na Grécia antes de Cristo, ou narrativas religiosas no ano 1000 d.C., quando a literatura era uma necessidade e não existia uma história crítica que restringisse ou diminuísse a imaginação do escritor. Como deve ser maravilhoso não depender das associações literárias do leitor — sua experiência livresca — que podem ser um empobrecimento tanto de sua imaginação quanto da imaginação do escritor. É importante que o que eu escreva não seja meramente literário. E é sendo extracuidadosa para não cair em imposturas literárias que me mostro mais autoconsciente em minha escrita. Evito, talvez de forma demasiadamente estudada, mencionar nomes ilustres, listas, referências literárias, a não ser que oblíquas e baseadas no folclore escrito. A escolha de um conto popular ou de uma lenda folclórica é feita sempre sob medida para as ações e os pensamentos do personagem de uma forma que o assinala, oferecendo uma camada de ironia, por vezes de humor.

Milkman, prestes a conhecer a negra mais velha do mundo, a mãe das mães que passou a vida cuidando dos necessitados, entra em sua casa pensando num conto europeu, "João e Maria", uma história sobre pais que abandonam os filhos numa floresta e sobre uma bruxa que pretende se alimentar deles. Sua confusão naquele ponto, sua confusão e sua ignorância cultural e racial, são sublinhadas. Também é digno de atenção que a cama de Hagar seja descrita como a cama escolhida pela Cachinhos Dourados. Em parte pela preocupação de Hagar com o cabelo e em parte porque, como a Cachinhos Dourados, uma gatuna como poucos, ela sente grande desejo por coisas materiais, despreza direitos de propriedade e a intimidade das outras pessoas. É também emocionalmente egoísta e confusa.

Essa fuga deliberada de referências literárias se tornou, no meu caso, um hábito firme, quiçá tedioso, não apenas porque as referências levam a imposturas, não apenas porque recuso as credenciais que elas oferecem, mas também porque são inapropriadas para o tipo de literatura que desejo escrever, para os propósitos dessa literatura e para a disciplina da cultura específica que me interessa. (Ênfase no *me*.) Referências literárias nas mãos dos escritores que amo podem ser extremamente reveladoras, mas também podem oferecer um conforto que não quero que o leitor tenha, pois quero que ele reaja no mesmo nível no qual um leitor iletrado ou pré-literário reagiria. Quero subverter seu conforto tradicional, de modo que ele vivencie outra espécie de conforto, menos ortodoxa: o conforto de estar na companhia de sua própria imaginação solitária.

Meus começos enquanto escritora se centravam bastante no estabelecimento desse desconforto, dessa intranquilidade, com o intuito de insistir que o leitor se apoiasse em outro conjunto de conhecimentos. Por mais fracos que fossem aqueles começos em 1965, eles, não obstante, apontavam-me na direção do processo que me engaja hoje, em 1982: confiar na memória e por meio dela escolher tema e estrutura. Em *O olho mais azul* a recordação do que senti ao ouvir uma criança da minha idade dizer que rezava para ter olhos azuis me deu o primeiro pedaço. Tentei então distinguir entre um pedaço e uma parte (do mesmo modo que um pedaço de um corpo humano é diferente de uma parte de um corpo humano).

À medida que comecei a desenvolver partes a partir de pedaços, descobri que as preferia desconectadas — que se relacionassem, mas que não se tocassem; que rondassem, mas não se enfileirassem —, pois a história dessa oração era a história de uma percepção fraturada, estilhaçada, resultado de uma vida estilhaçada e dispersa. O romance terminou sendo uma composição de partes circulando umas às outras, como a galáxia que acompanha a memória. Ressalto o aspecto fragmentário da memória porque frequentemente queremos a coisa inteira. Quando acordamos de um sonho queremos lembrá-lo por completo, embora o fragmento do qual nos lembramos possa ser — muito provavelmente é — a parte mais importante do sonho. As designações de parte e capítulo, como convencionalmente aplicadas aos romances, nunca me foram de grande serventia ao escrever. Nem o resumo. (Aceito seu uso por causa do trabalho do designer e para facilitar as conversas sobre o livro. Geralmente faço o resumo no último minuto.)

Pode haver jogo e arbitrariedade no modo como a memória emerge, mas não no modo como a composição se organiza, especialmente quando desejo recriar o jogo e a arbitrariedade no modo como os eventos narrativos se desenrolam. A forma se torna a interpretação exata da ideia que a história pretende expressar. Nada mais tradicional do que isso — mas as fontes das imagens não são tradicionalmente romanescas ou literárias. A imagem visual de um espelho fragmentado, ou do corredor de espelhos partidos refletidos em olhos azuis, é tanto a forma quanto o contexto de *O olho mais azul*.

A narração é um dos modos como organizamos o conhecimento. Sempre achei que era a forma mais importante de transmitir e receber conhecimento. Estou menos certa disso agora — mas se o fato de que o anseio por narrativa jamais diminuiu serve de indicação, a fome por ela continua tão intensa quanto o era no monte Sinai, no Calvário ou entre os pântanos. (Mesmo quando os romancistas abandonam a forma narrativa ou se cansam dela, tratando-a como mimetismo fora de moda, os historiadores, os jornalistas e os artistas mantêm-na viva.) Ainda assim, a narrativa não é nem nunca foi suficiente, tal como o objeto desenhado numa tela ou numa caverna nunca é simplesmente mimético.

Meu pacto com o leitor não é revelar uma realidade já estabelecida (literária ou histórica) sobre a qual ele ou ela e eu concordamos. Não quero pressupor nem exercer esse tipo de autoridade. Considero essa atitude condescendente, embora muitas pessoas a considerem confortável e tranquilizadora. E porque meu campo de ação é a comunidade negra, as demandas artísticas da cultura negra são de tal ordem que não posso ser condescendente, não posso controlar ou pontificar. Na cosmologia do Terceiro Mundo tal como a entendo, a realidade não se encontra já constituída por predecessores literários pertencentes à cultura ocidental. Se meu trabalho é confrontar uma realidade diferente daquela recebida do Ocidente, devo centralizar e animar um conjunto de informações desacreditadas pelo Ocidente — desacreditadas não porque não sejam verdadeiras ou úteis ou mesmo de algum valor racial, mas porque são informações pertencentes a um povo desacreditado, informação desprezada como "lenda" ou "fofoca" ou "mágica" ou "sentimento".

Se minha obra deve refletir fielmente a tradição estética da cultura afro-americana, preciso fazer uso de suas formas artísticas, traduzindo-as para o papel impresso: o caráter antifônico, a natureza grupal da arte, sua funcionalidade, a dimensão improvisacional, a relação com a performance que se dá perante um público, a voz crítica que sustenta a tradição e os valores comunais, mas que também cria uma ocasião para o indivíduo transcender ou desafiar as restrições do grupo.

Operando com essas regras, o texto, se levar em consideração a improvisação e a participação do público, não pode ser uma autoridade — deve ser o mapa. Deve abrir caminhos para que o leitor (a plateia) participe da história. A linguagem, se deve permitir a crítica tanto da rebelião quanto da tradição, deve ser tanto índice quanto máscara, e a tensão entre os dois tipos de linguagem é sua própria libertação e seu poder. Para que minha obra seja funcional em relação ao grupo (à aldeia, por assim dizer), deve testemunhar e identificar perigos, bem como possíveis refúgios; deve discernir aquilo que é útil no passado e aquilo que deve ser descartado; deve tornar possível a preparação para o presente bem como sua vivência; e deve fazê-lo não evitando problemas e contradições, mas examinando-os; por fim, não deve sequer tentar resolver problemas sociais, mas deve certamente procurar clarificá-los.

Antes de me valer de Tar Baby para tentar ilustrar alguns desses pontos, deixem-me dizer de pronto que há escritores negros eminentes e poderosos, inteligentes e talentosos, que não apenas reconhecem a literatura ocidental como parte de sua própria herança, mas que a têm empregado com muito proveito, de forma a iluminar ambas as culturas. Nem me oponho nem sou indiferente a suas obras e pontos de vista. Pelo contrário: muito os aprecio, precisamente como aprecio um mundo de literaturas das mais variadas culturas. A questão não é a legitimidade ou a "correção" de um ponto de vista, mas a diferença entre meu ponto de vista e o deles. Nada me seria mais odioso do que uma prescrição monolítica que decrete o que a literatura negra é ou deve ser. Eu apenas queria escrever uma literatura que fosse irrevogável, inegavelmente negra, não porque seus personagens fossem negros, ou porque eu sou negra, mas por tomar como meta criativa e por buscar como credenciais aqueles princípios reconhecíveis e verificáveis da arte negra.

TAR BABY

Relembrando a história contada.
Recusando-se a ler a versão moderna, ocidentalizada.

Selecionando os pedaços que eram perturbadores ou simplesmente memoráveis: medo, piche, a indignação do coelho diante de uma falha nas tradicionais boas maneiras (a boneca de piche não fala). Por que a boneca de piche foi criada? Com que propósito? O que o fazendeiro pretendia proteger e por que ele pensou que a boneca seria atraente para o coelho (o que ele sabia e qual foi seu grande erro)? Por que a boneca de piche coopera com o fazendeiro? As coisas que o fazendeiro pretende proteger querem ser protegidas? O que faz seu trabalho ser mais importante do que o do coelho? Por que o fazendeiro acredita que uma moita de roseira-brava é punição suficiente? O que a moita de roseira-brava representa para o coelho, para a Boneca de Piche e para o fazendeiro?

CRIAÇÃO

Agrupar as peças acima em partes.
Concentrar-se no piche como uma parte. O que é e de onde vem; seus usos sagrados e seus usos profanos, cuja consideração conduz a um motivo orientador: terra a-histórica e terra histórica. Como esse tema se traduz na estrutura.

1. Do mar (aquilo que existia antes da terra) surge tanto o começo quanto o final do livro — em ambos o Filho emerge do mar numa seção que não é numerada como capítulo.
2. A terra que emergiu do mar e sua conquista pelo homem moderno; essa conquista tal como vista por pescadores e nuvens. A dor que causou às formas de vida conquistadas.
3. Movimento da terra para a casa: seus espaços, sua qualidade de abrigo. A atividade para a qual os espaços foram projetados: comer, dormir, assear-se, divertir-se etc.

4. As casas afetadas precisamente como a terra foi afetada. O caos da terra duplicada na casa projetada para a ordem. A perturbação é causada pelo homem nascido do ventre do mar acompanhado pelos odores de amônia do nascimento.
 5. O conflito que se segue é entre as forças a-históricas (puras) e históricas (sociais) inerentes ao uso do piche.
 6. Além disso, o conflito se dá entre dois tipos de caos: o civilizado e o natural.
 7. A revelação, portanto, é a revelação de segredos. Todo mundo, salvo esta ou aquela exceção, tem segredos: atos cometidos (como é o caso com Margaret e o Filho) e pensamentos não ditos, mas influentes (como com Valerian e Jadine). E, por fim, o segredo mais profundo e mais antigo de todos: que quando observamos outra vida, outra vida também nos observa.

Peço desculpas por me valer de minha própria obra como ilustração para aqueles entre vocês que talvez não estejam familiarizados. Mas, caso eu tivesse escolhido material de outros escritores, a possibilidade de que também fosse pouco familiar seria igualmente grande.

Minha falta de habilidade para considerar o mundo em outros termos que não verbais implica que não sou capaz de não pensar sobre escrever. É o "mundo coerente" para mim. Então fico perplexa pelo medo e pela apreensão com que alguns escritores tratam o processo. E me entedio com a tinta e o espaço que se devota à morte da ficção quando o funeral já dura mais do que a vida da própria arte; podemos ficar seguros de que o cadáver é imortal. E o adeus tem pelo menos 110 anos.

Aquilo a que os obituaristas da ficção respondem é o perigo

no qual se encontra a literatura. Perigo que pode ser categorizado em três partes:

1. Primeiro, a suspeita (ou o fato — não tenho certeza) de que as melhores mentes jovens não têm sido atraídas pela escrita, que a tecnologia, a arquitetura pós-moderna, a música "nova", o cinema etc. são mais desafiadores e excitantes.
2. Em segundo lugar, a convicção (ao menos na academia) de que a ficção narrativa é obsoleta, pois é ditatorial, burguesa ou autocongratulatória em sua tentativa de manter o status quo.
3. Em terceiro lugar, entre as categorias do perigo, conta-se o requerimento de crescimento dos editores — as demandas do mercado estreitam as possibilidades de novos escritores encontrarem uma casa editorial.

Há, claro, alguns outros perigos, talvez mais imediatos (estabilidade global, pobreza, fome, amor, morte), então, de fato, não é a época mais propícia para escrever. Ao que só se pode responder: e daí? Quando foi propício? Na Inglaterra de Chaucer, infestada pela praga? Durante a Segunda Guerra, quando Eudora Welty escreveu? Na Primeira Guerra de Virginia Woolf? Na brutalidade da África do Sul de Nadine Gordimer? Numa Grécia em que 94% da população era composta de escravizados, entre os quais viveu Platão?

Enquanto escritores, o que fazemos é relembrar. E relembrar este mundo é criá-lo. A responsabilidade do escritor ou da escritora (qualquer que seja seu tempo) é mudar o mundo — melhorar sua época. Ou, posto de maneira menos ambiciosa, ajudar a dar-lhe sentido. Só para descobrir que não faz sentido. Não *um* sentido apenas. Como 2 bilhões de pessoas fariam apenas *um* sentido?

Tenho idade suficiente para ter visto as Luzes do Norte (1938) e lembro-me daquele evento tão profundo, tão chocante, deflagrando-se nos céus sobre Lorain, Ohio. Depois daquilo, como poderia me contentar com uma cor apenas? Ou com uma simples Hannah Peace?

O problema com *Paraíso*

Quero começar minha reflexão sobre o problema que percebo no *Paraíso* com alguns comentários sobre o ambiente no qual trabalho e no qual muitos escritores trabalham. A construção da raça e suas hierarquias têm um poderoso impacto na linguagem expressiva, assim como a linguagem interpretativa, figurativa, impacta poderosamente a construção de uma sociedade racial. A troca íntima entre a atmosfera do racismo e a linguagem que o afirma, apaga, manipula e transforma é inevitável entre ficcionistas, que têm de sustentar um olhar fixo sobre o reino da diferença. Estamos sempre sendo compelidos e tragados para um imaginário de vidas que nunca vivemos, emoções que nunca sentimos e não existem no âmbito da nossa experiência, na direção de pessoas que nunca convidamos para os nossos sonhos. Imaginamos velhos quando somos jovens, escrevemos sobre gente rica quando não temos nada, sobre gêneros que não são o nosso, gente que não existe em lugar nenhum além de nossa cabeça, professando pontos de vista que não apenas não compartilhamos, como podemos muito bem desprezar. Escrevemos sobre nacionalidades sobre as quais temos um conhecimento meramente superficial. A disposição, a necessidade e a excitação de se mover em território desconhecido constituem tanto o risco quanto a satisfação do ofício. Dos diversos reinos da diferença, o mais difícil de imaginar convincentemente é o da diferença racial. É uma resistência nascida de séculos de insistência política e aparato social. E embora tenha uma força quase absoluta na vida política e doméstica, concedeu-se ao reino da diferença racial um peso intelectual que ele não pode reivindicar. Trata-se de um reino que, na verdade, não é de modo algum um reino. Um vazio que tudo consome, sua dificuldade enunciatória não diminui com a descoberta que se está narrando algo que é tanto constitutivo quanto fraudulento, comum e estranho. Uma linguagem crítica forte se faz disponível clarificando essa descoberta do fosso que não é nada, bem como a apreensão que essa descoberta provoca. Mas uma coisa é identificar a apreensão; outra bem diferente é implementá-la, narrá-la, dramatizar seu jogo. Excursões ficcionais para esses reinos são tão infinitamente intrigantes para mim quanto são instrutivas no modo como o poder da diferença racial é apresentado. Essas incursões imaginativas podem ser sofisticadas, habilidosas e bem-sucedidas, ou frágeis e desinformadas. Mas nunca acidentais. Para muitos escritores não é suficiente indicar ou representar a diferença, suas falhas e sua solidez. É mais central a seus projetos usá-la para propósitos metafóricos e estruturais. Muitas vezes potencializar ou ornamentar a diferença racial se torna uma estratégia de genuflexão perante a própria raça, a respeito da qual o indivíduo se sente desconfortável.

 Estou profunda e pessoalmente envolvida em descobrir como manipular, transformar e controlar a linguagem metafórica e imagística de modo a produzir algo que possa constituir uma prosa tanto especificamente racial quanto racialmente livre: uma literatura que é livre das restrições imaginativas que a linguagem racialmente modificada impõe sobre mim. O projeto *Paraíso* me demandou primeiro reconhecer e identificar uma linguagem e estratégias racialmente flexionadas e depois empregá-las para alcançar um efeito contrário, desativando seu poder, convocando poderes opostos e liberando o que sou capaz de inventar, registrar, descrever e transformar da camisa de força na qual uma sociedade racializada pode nos enredar, como frequentemente o faz.

É importante lembrar que, além da poesia e da prosa narrativa, o discurso racial atravessa todas as disciplinas acadêmicas: teologia, história, ciências sociais, crítica literária, direito, psiquiatria e ciências naturais. Com isso me refiro a algo mais relevante do que os traços de racismo que sobrevivem na linguagem como elementos supostamente normais e inevitáveis — os insultos, os privilégios de pele (a equiparação entre o preto e o mal e entre o branco e a pureza), o desrespeito ortográfico dedicado ao falar dos afro-americanos, a pseudociência desenvolvida para desacreditá-los etc. Refiro-me também a algo além das pautas flagrantemente racistas que são promovidas em certas pesquisas nessas disciplinas. Refiro-me à capacidade de ação e à licença que o discurso racial oferece a certos intelectuais, ao mesmo tempo que frutifica, vedando o conhecimento sobre a raça na qual esse discurso se apoia. Uma das características mais malevolentes do pensamento racista é o fato de que nunca parece produzir conhecimento novo. Parece capaz apenas de se reformular e se reconfigurar em afirmações múltiplas, mas estáticas. Não possui referente no mundo material. Como o conceito de sangue negro, ou sangue branco, ou sangue azul, é projetado para criar e empregar um campo encerrado em si mesmo, construindo fronteiras artificiais e sustentando-as contra toda razão e contra toda evidência.

O problema de escrever numa linguagem na qual os códigos da hierarquia racial e o desdém estão profundamente embebidos se exacerbou quando comecei *Paraíso*. Naquele romance eu estava determinada a centrar-me no ataque à infraestrutura metonímica e metafórica na qual esse tipo de linguagem se apoia e com a qual se regozija. Tenho consciência de como a brancura amadurece e ascende ao trono do universalismo mantendo o poder de descrever e de impor suas descrições. Desafiar essa visão de universalismo, exorcizar, alterar e neutralizar a confrontação entre negros e brancos e concentrar-me no resíduo dessa hostilidade me pareceu um projeto desafiador e artisticamente libertador. O material havia algum tempo despertava em mim profundo interesse: as cidades inteiramente negras fundadas por afro-americanos no século XIX ofereciam um rico campo a ser explorado por meio de uma linguagem ao mesmo tempo especificamente racial e racialmente livre. Presumi que o leitor estaria habituado a algumas poucas abordagens da literatura afro-americana: 1) lê-la como sociologia, não arte; 2) uma leitura que antecipava o prazer ou a crise — o frisson do encontro com o exótico ou do sentimentalmente familiar com o romântico; 3) uma leitura familiarizada, atenta aos códigos raciais, dependente deles. Eu queria transgredir e tornar inúteis tais pressuposições.

Paraíso põe uma comunidade inteiramente negra, escolhida por seus habitantes, ao lado de uma comunidade sem raça, também escolhida por seus habitantes. Os fundamentos para as tradicionais hostilidades entre negros e brancos se deslocam para a natureza da exclusão, as origens do chauvinismo, as fontes de opressão, ataque e matança. A comunidade exclusivamente negra é toda ela voltada para a raça: sua preservação, o desenvolvimento de poderosos mitos de origem e a garantia de sua pureza. No convento das mulheres, outras mulheres que não as freiras, a raça é indeterminada. Todos os códigos raciais são eliminados, deliberadamente suspensos. Tentei dar uma descrição tão plena das mulheres que conhecer a identidade racial delas se tornaria irrelevante.

Sem interesse pela tensão entre brancos e negros que se espera que seja central em qualquer ficção escrita por um autor afro-americano, o livro se arma de uma tela alargada. Não condicionado pelo vocabulário cansado e cansativo da dominação racial, fora dos limites de um debate já definido, o romance procura se desincumbir dos limites que as figurações de uma linguagem racial impõem à imaginação ao mesmo tempo que normaliza uma cultura particular. Para muitos leitores americanos isso era perturbador: alguns admitiram a preocupação em descobrir quem era a menina branca; outros fizeram essa pergunta inicialmente, depois abandonaram a dúvida; outros nunca se preocuparam com essa descoberta, seja por lerem todas as garotas como negras ou, os mais sortudos, por lerem todas as garotas como gente plenamente formada. No inglês americano, eliminar os marcadores raciais é desafiador. Há questões de descrição física, de diálogo, de pressuposições sobre background e status social, de diferenças culturais. Os problemas técnicos foram diminuídos porque a ação acontecia nos anos 1970, quando as mulheres passeavam sozinhas e quando a cultura afro-americana alcançou um apogeu de influência sobre a cultura americana em geral. Os conflitos no texto são relacionados a questões de gênero, ou geracionais. São conflitos em relação à história: quem contará e, portanto, controlará a história do passado? Quem moldará o futuro? São conflitos de ética e valor. De identidade pessoal. O que é masculinidade? Feminilidade? E, finalmente, mais importante: o que é ser uma pessoa?

    Levantar essas questões me parecia mais instigante quando ampliadas por desejos de liberdade e segurança; de plenitude, descanso e beleza; por contemplações do efêmero e do eterno; pela procura de um lugar ao sol, de respeito, amor, graça — em suma, paraíso. E isso lança luz sobre o segundo problema com *Paraíso*: como tornar expressiva a linguagem religiosa, de forma verossímil e efetiva, na ficção pós-moderna, sem se submeter a um vago igualitarismo, ou a certo tipo de espiritualismo ambiental de fins do século XX, ou à escola feminista/modernista da venerada deusa--corpo, ou a uma convicção livre, indiscriminada, da sacralidade inata de todas as coisas vivas, ou ao escolasticismo bíblico/político das seções mais entrincheiradas e ditatoriais das instituições religiosas contemporâneas — tendências entre as quais não se conta nenhuma que represente, parece-me, a prática diária de afro-americanos do século XIX e de seus filhos, nem que sirva a estratégias narrativas pós-modernas. Como narrar de forma persuasiva a fé profunda e motivadora no contexto de um mundo contemporâneo altamente secularizado e "científico"? Em suma, como reimaginar o paraíso?

O paraíso já não é imaginável ou, antes, é imaginado demais — o que dá na mesma — e se tornou, assim, familiar, comum, até trivial. Historicamente, as imagens do paraíso, em prosa e poesia, procuravam ser grandiosas, mas acessíveis, apresentavam-se para além da rotina, mas eram imaginativamente concebíveis, seduziam precisamente por causa de nossa habilidade de reconhecê-las — como se de alguma forma nos "lembrássemos" das cenas. Milton fala de "árvores divinas, carregadas dos frutos mais vistosos, flores e frutos de matiz dourada,/ [...] misturada a alegres cores esmaltadas"; de "perfumes nativos"; daquela "fonte de safira, os riachos velozes, banhando pérolas orientais e areais de ouro"; do "néctar, visitando cada planta, e flores dignas do Paraíso..."; "a dádiva da natureza jorrava profusa em montanhas, vales e planícies"; "bosques cujas árvores fecundas derramavam perfumadas seivas e bálsamos; Outras, cujo fruto, lustrado com cascas douradas, pendia amigável — verdadeiras fábulas hespérias,/ [...] de sabor delicioso;/ e entre elas gramados [...] e rebanhos/ pastando a relva macia"; "Flores de todos os matizes, e rosas sem espinho"; "grutas/ de recessos frescos, sobre as quais as videiras estendem a uva púrpura, aproximando-se gentilmente,/ luxuriante".

Nesta última década do século XX, associamos tal vastidão beatífica a propriedades privadas, pertencentes aos abastados, vistas e visitadas por convidados ou turistas, ou exibidas regularmente para nós em produtos e promessas vendidos pelas mais variadas mídias. Um paraíso demasiadamente imaginado. Bastante disponível, ainda que apenas aparentemente; em todo caso, um desejo bem comum, nada excepcional. Examinemos as características do paraíso físico — beleza, abundância, ócio, exclusividade e eternidade — para ver como são compreendidas em 1995.

A beleza, claro, é uma réplica do que já conhecemos, mas intensificada, refinada. Ou o que nunca conhecemos articulado. Natureza benevolente, beatífica, combinada com metais preciosos e joias. O que não pode ser é uma beleza que ultrapasse nossa imaginação.

A abundância, em um mundo de excesso e ganância obsequiosa que direciona os recursos para os que têm e força os que não têm a localizar os próprios ganhos dentro do que já foi adquirido pelos que têm, é uma característica quase obscena do paraíso. Neste mundo de recursos viciados, de riquezas escandalosas, desavergonhadas, acachapadas, com todo o seu gigantismo vaidoso, diante dos despossuídos, a própria ideia de abundância, de suficiência, enquanto algo utópico deveria nos dar calafrios. A abundância não deveria ser limitada a um estado paradisíaco, mas antes se integrar como parte da vida humana normal, cotidiana.

O ócio, que é a superfluidade do trabalho e da luta por recompensas na forma de comida ou luxúria, tem um valor minguante nos dias de hoje. É uma falta de desejo que sugere um tipo especial de morte sem morrer.

Já a exclusividade ainda é uma característica atraente, até instigante, do paraíso, porque certas pessoas, os indignos, não estão presentes. As fronteiras estão firmes; cães de guarda, muros, vigias estão a postos para verificar a legitimidade dos habitantes. Tais enclaves vêm florescendo de novo, como fortalezas medievais com fossos, e não parece possível ou desejável imaginar uma cidade em que os pobres possam ser acomodados. Exclusividade não é apenas um sonho acessível para os abastados, mas uma solução cada vez mais popular para a classe média. As "ruas" são entendidas como ocupadas pelos indignos e pelos perigosos; para o seu próprio bem, os jovens são impedidos de passear por elas. No entanto, os espaços públicos são motivo de lutas como se fossem privados. Quem pode apreciar um parque, uma praia, um shopping, uma esquina? O próprio termo "público" se tornou sítio de contenda. O paraíso como terreno exclusivo tem uma atração bastante real para as sociedades modernas.

A eternidade, uma vez que evita a dor de morrer de novo, e em sua rejeição aos argumentos científicos, seculares, guarda provavelmente o maior apelo. Mas os recursos médicos direcionados para uma vida mais longa, e mais saudável, nos lembram que o desejo é por uma eternidade terrena, não por um pós-vida eterno. A sugestão, nesse caso, é a de que este mundo é tudo o que há. Desse modo, o paraíso, enquanto projeto terreno, em oposição ao celeste, apresenta sérias limitações visuais e intelectuais. Com exceção de "Apenas eu ou nós para sempre", mal tolera descrição.

Mas isso talvez seja injusto. É difícil não notar como temos dado muito mais atenção ao inferno do que ao paraíso. O *Inferno* de Dante dá um baile no *Paraíso*. O mundo pré-Paraíso brilhantemente expresso de Milton, conhecido como Caos, é articulado de maneira muito mais plena do que seu Paraíso. A linguagem visionária da antítese alcança alturas de ardor expressivo com o qual a linguagem da tese raramente consegue competir. Há muitas razões para explicar por que as imagens dos horrores do inferno pretendiam ser virulentamente repulsivas nos séculos XII, XV e XVII. O argumento para evitá-lo tinha de ser visceral, precisava revelar como aquela eternidade era muito pior do que o inferno da vida cotidiana. Mas essa necessidade persistiu, em nossos tempos, com um acréscimo significativo. Há um influxo de livros devotados à consternação com a ausência de uma percepção do mal — se não do inferno — e com o desaparecimento da vergonha na vida contemporânea.

Cabe questionar como explicar a melancolia que acompanha as exortações que tratam de nossa desatenção, nosso mutismo, nossa apatia diante da experiência decididamente antiparadisíaca. Acredita-se, com razão, que o mal está disseminado por toda parte, mas, ao mesmo tempo, ele perdeu sua força aterradora. Não nos amedronta. Virou mero entretenimento. Por que não estamos tão assustados com suas possibilidades a ponto de corrermos em pânico na direção do bem? Será que qualquer tipo de pós-vida parece simples demais para nossa inteligência moderna, sofisticada, complexa? Ou será que, mais do que o paraíso, o mal demanda fantasias que precisam ser constantemente reformuladas e reforçadas? Fantasias literárias? O Inferno sempre se prestou ao glamour, às manchetes, aos smokings, é sempre ardiloso, valendo-se de máscaras ora horripilantes, ora sedutoras. Talvez precise de sangue, gosmas, talvez precise urrar apenas para chamar nossa atenção, para nos provocar, estimulando em nós sagacidade, imaginação, energia: nossa melhor performance. Depois dele o paraíso é simplesmente sua inexistência, uma ausência sem bordas e, portanto, inútil, repleta de uma paisagem já conhecida, já reconhecível: grandes árvores com sombra e frutos, gramados, palácios, metais preciosos, joias, criações de animais. Tirando a luta contra o mal, a guerra contra os indignos, parece que não há nada de que seus habitantes possam se ocupar. Um paraíso não exclusivo, sem fronteiras, do tipo "venha um, venham todos", sem medo, sem antagonista, não é um paraíso.

Sob essas circunstâncias, então, o problema literário é explorar a linguagem contemporânea a fim de revelar não apenas a complexidade intelectual do paraíso, mas uma linguagem que se aposse da imaginação não como *amicus curiae* para uma vida ingênua ou psicótica, mas como vida sã e inteligente em si mesma. Se pretendo fazer justiça à população profundamente religiosa desse projeto, se pretendo testemunhá-la, representando de forma afetuosa seu sistema moral nestes tempos alienados, insípidos e desmotivados — em que a religião serve a uma variedade de senhores, desde o fundamentalismo ininteligível e desprezado e o liberalismo letrado e bem-intencionado até o marketing televangelista, o racismo militarista e o amor ao medo —, encontro-me em sérios apuros.

Historicamente, a linguagem da religião (e falo aqui do cristianismo, mas estou relativamente certa de que isso é verdade para todas as religiões baseadas em um texto) adquire sua força, sua beleza e seu caráter intocável dos textos bíblicos ou sagrados. A linguagem religiosa contemporânea, o sermão ou o script que procuram traduzir traduções divinas em discurso "popular" ou "comum" parecem funcionar melhor por meio da canção, da anedota e dos floreios retóricos habilidosos. Entendo que a razão para modernizar a linguagem tradicional da Bíblia represente um esforço para se conectar e conquistar uma população indiferente, que já não responde à linguagem que emocionava nossos ancestrais. Competir pela atenção de um público cujo discurso foi moldado pela linguagem da mídia e do comércio e que precisa de imagens correlacionadas que acompanhem e clarifiquem o texto é um empreendimento dificílimo. E parece razoável acomodar circunstâncias modificadoras com modos alternativos de discurso. Embora eu não possa atestar o sucesso desses esforços, suspeito que a "modernização" da linguagem de Deus tem sido recompensadora — de outro modo tais esforços não teriam sido tão abundantes.

O marketing da religião requer novas estratégias, novos apelos e uma relevância que seja imediata, não contemplativa. Desse modo, a linguagem moderna, enquanto bem-sucedida na aquisição de convertidos e na manutenção espiritual dos confirmados, é forçada a se ajoelhar diante do denominador que é o mais acessível, levando à bancarrota sua sutileza, seu mistério, para financiar seu efeito. No entanto, não parece constituir um substituto à altura, não apenas porque sacrifica a ambiguidade, a profundeza e a autoridade moral, mas também porque suas técnicas são condicionantes em vez de libertadoras.

Não pretendo sugerir que não há sermões brilhantes, ensaios poderosamente inteligentes, poemas revelatórios, encômios comoventes ou argumentos elegantes. Claro que há. Nem pretendo sugerir que não há linguagem pessoal, nem orações espetaculares em sua criatividade, suas propriedades curativas, seu poder intelectual. Mas essas formas retóricas não são adequadas para a prosa de ficção extensa. A narrativa moderna é desprovida de linguagem religiosa que não colha a maior parte de seus nutrientes de citações e alusões a textos sagrados.

É possível escrever prosa narrativa de inflexão religiosa que não se apoie inteira ou principalmente na linguagem bíblica? É possível revigorar a experiência e a viagem da fé, torná-la tão nova e linguisticamente desonerada como o era para os primeiros crentes, que não tinham coleção de livros na qual se apoiar?

Escolhi essa tarefa, essa obrigação, em parte porque me sinto alarmada diante do rebaixamento da linguagem religiosa na literatura — o estilo carregado de clichês, a apatia, a recusa em se abastecer de um vocabulário que transcenda o marketing (ou a insistência em se abastecer precisamente com o vocabulário do marketing), a substituição da clareza filosófica pela terminologia da psicologia popular; o triunfalismo patriarcal, a práxis ditatorial moralmente dogmática, os aplausos que concede a si mesma mais pela performance que pelo conteúdo; a má opinião de sua missão. Como pode uma romancista representar o êxtase em termos não sexuais, não orgiásticos? Como pode uma romancista, numa terra de abundâncias, expressar o amor ilimitado imerecido, aquele que "ultrapassa todo entendimento", sem apelar ao prazer consumista do ganhador da loteria? Como evocar o paraíso numa era de parques temáticos?

Por ora, a resposta, infelizmente, é que esta romancista não pode. Escolhi outra coisa, outros meios de revigorar essa investigação. Escolhi não apenas explorar a ideia do paraíso, mas também interrogar a imaginação restrita que o tem concebido.

Mas isso, penso eu, é tema para outro ensaio.

Sobre *Amada*

Comecei a pensar em *Amada* em 1983. Como acontecia desde os meus primeiros anos como escritora, fui impelida a esse romance pela minha complicada relação com a história. Uma relação que era cautelosa, atenta, mas aberta à persuasão. Era uma cautela baseada nos meus primeiros anos como estudante, quando eu atentava para certos apagamentos, certas ausências e silêncios na história escrita que me apresentavam — silêncios que eu tomava como censuras. A história, parecia, era sobre eles. E se eu ou alguém que me representava acontecia de ser mencionado numa ficção, geralmente se tratava de algo que eu preferia ter pulado. Não apenas nas obras de Harriet Beecher Stowe ou na humilhação inconcebível de um homem adulto pelas mãos de crianças, em Mark Twain; naqueles anos não havia trégua nem mesmo na enciclopédia ou nos textos de história. Embora eu mantenha um olhar frio ao ler textos históricos, não é um olhar mais frio do que aquele que os historiadores mantêm e devem manter quando leem ficção. No entanto, a despeito da minha cautela, do meu ceticismo, nutro uma dependência, sólida e contínua, da história, em parte por buscar informações, mas sobretudo por buscar precisamente aquelas lacunas, aqueles apagamentos, aquela censura. É nos interstícios da história registrada que frequentemente encontro o "nada" ou o "não o bastante" ou a informação "indistinta", "incompleta", "desacreditada" ou "enterrada" que me interessa. Por exemplo, em 1963, meu primeiro romance, *O olho mais azul*, foi uma consequência de me sentir oprimida pelo completo desinteresse por certa parte da população (à qual eu pertenço) nos textos de história e de literatura. De todos os personagens escolhidos para exame artístico, com empatia ou desprezo, jovens garotas negras e vulneráveis estavam profundamente ausentes. E, quando apareciam, eram tratadas como piada ou ocasião para piedade — piedade sem compreensão. Parece que ninguém sentia falta delas no centro do palco e ninguém as levava a sério além de mim. Mas nunca culpei a literatura por isso. Os escritores escrevem sobre o que gostam e sobre o que lhes interessa. E mesmo escritores afro-americanos (homens, na maior parte, mas nem sempre) deixaram evidente que, exceto na condição de pano de fundo, meninas negras pré-púberes eram incapazes de prender-lhes a atenção ou estimular sua curiosidade. No entanto, a falta de curiosidade dos escritores não era a questão. Para mim, o silêncio escolhido ou forçado, o modo como a história era escrita, controlava e moldava o discurso nacional.

Por mais que a análise histórica tenha mudado (e mudou enormemente) e se tornado mais abrangente nos últimos quarenta anos, os silêncios sobre certas populações (minorias), quando finalmente articulados, ainda são entendidos como relatos suplementares de uma experiência marginal; um registro suplementar, dissociado da história oficial; uma nota de rodapé expandida, por assim dizer, que é interessante, mas de pouca centralidade no passado da nação. A história racial, por exemplo, continua em paralelo aos textos históricos principais, mas só raramente é vista como parte fundamental, sendo integrada ao tecido completo. Esses textos paralelos ou ancilares têm conquistado um grande público leitor, mas permanecem consideravelmente controversos. (Debates sobre os materiais de leitura prosperam em muitas escolas.) Embora os silêncios tenham provocado virtualmente todas as minhas obras, habitá-los com uma imaginação própria é fácil de registrar, mas não tão fácil de fazer. Preciso encontrar o gancho, a imagem, o artigo de jornal que produza uma meditação ininterrupta, um "e se?", um "como deve ter sido aquilo?".

Amada teve origem como uma questão geral e foi encetado por um recorte de jornal. A questão geral (lembrem-se, isso remonta ao começo dos anos 1980) indagava de que maneira — que não direitos iguais, representatividade, salários etc. — o movimento das mulheres definia a tão buscada liberdade. Uma área importante de intenso debate dizia respeito ao controle do próprio corpo — uma discussão tão frequente agora quanto naquela época. Muitas mulheres estavam convencidas de que esses direitos envolviam o poder de escolher ser mãe, sugerindo que não ser mãe não era um déficit e que optar pela não maternidade (não importa por quanto tempo) constituía algo a ser acrescentado a uma lista de liberdades, isto é: podia-se escolher viver uma vida livre da procriação e nenhum julgamento negativo se aplicaria.

Outro aspecto do movimento das mulheres envolvia encorajá-las a apoiar outras mulheres. Para que o relacionamento com outra mulher não se subordinasse ao relacionamento com um homem. Isto é, o tempo gasto com uma amiga não era tempo de inatividade. Era tempo real.

A conclusão do debate era mais complicada do que isso (havia muito conflito de classe subjacente a tudo), mas essas eram as questões que emergiam com gosto. Tratei da segunda questão (mulheres como amizades importantes) em *Sula*. Mas a primeira questão — a liberdade como autoridade sobre o próprio corpo, o não procriar como marca de liberdade — me engajava profundamente.

E também aqui os silêncios dos registros históricos e a marginalização das minorias no debate reivindicavam minha atenção e se provaram um mundo complexo a ser explorado. Do ponto de vista da mulher escravizada, por exemplo. Suponha que ter filhos, ser chamada de mãe, fosse o supremo ato de liberdade — não seu oposto? Suponha que, em vez de ser requisitada a ter filhos (por causa do gênero, da condição escrava e do lucro), ela escolhesse ser responsável por eles; reivindicá-los como seus, e ser, em outras palavras, não uma procriadora, mas uma mãe. Sob a escravidão americana, tal reivindicação era não apenas socialmente inaceitável; era ilegal, anárquica. Era também expressão de uma intolerável independência feminina. Era liberdade. E se essa reivindicação se estendesse ao infanticídio (pela razão que fosse — nobre ou ensandecida), podia se tornar, e de fato se tornava, politicamente explosiva.

Essas linhas de pensamento se agruparam quando lembrei de um artigo de jornal que eu lera por volta de 1970, uma descrição de uma causa célebre abolicionista que tratava de uma escravizada chamada Margaret Garner, que lançara, de fato, essas reivindicações. Os detalhes de sua vida eram fascinantes. Mas selecionei e manipulei suas partes para servirem aos meus propósitos. Ainda assim minha relutância em adentrar o período da escravidão era paralisante. A necessidade de reexaminá-la e imaginá-la era repelente. Além disso, eu achava que ninguém mais desejaria escavar profundamente a vida interior de escravizados, senão para evocar sua nobreza, ou sua opressão, para se indignar ou afetar piedade. Nada disso me interessava. O ato de escrever é uma espécie de ato de fé.

Por vezes o que já existe — o que já está escrito — é perfeito, e a imitação se torna absurda e intolerável. Mas uma coisa perfeita não é tudo. Outra coisa, uma coisa diferente, se faz necessária. Por vezes o que já existe simplesmente não é o bastante; outras vezes é indistinto, incompleto, está talvez em erro ou mesmo enterrado. Por vezes, claro, não há nada. E para um romancista essa é a verdadeira excitação. Não o que existe, mas o que não existe. Uma porta enorme esconde esse nada; é feita de material pesado, seguro. Sino nenhum pede para ser tocado. Então você para ali — ou se afasta e, mais tarde, enfiando a mão no bolso, encontra uma chave que você sabe que abre a porta (ou assim você deseja). Mesmo antes de o ferrolho ceder, você sabe que vai encontrar o que esperava: um mundo ou dois que transforma aquele "não o bastante" em algo mais; a frase ou o período que se insere naquele nada. Com a frase certa, esse sentido, turvo, ilumina-se de uma luz diferente. Através daquela porta há um tipo de liberdade que assusta governos, sustenta outros e livra nações inteiras de sua confusão. Mais importante, contudo, é que o escritor ou a escritora que atravessa aquela porta com a linguagem de seu próprio pensamento e de sua própria imaginação adentra um território não colonizado, que ele/ ela pode reivindicar como sendo seu de direito — por um momento, ao menos.

O esforço compartilhado para não imaginar a vida escrava tal como vivida a partir de seu próprio ponto de vista se tornou o subtema, a estrutura da obra. O esquecimento do passado era o motor, e os personagens (com uma exceção) têm o esquecimento como meta. A exceção sendo a figura que se mostra ávida por um passado, desesperada para ser não apenas lembrada, mas confrontada, posta em questão. Essa personagem seria a única em posição de expressar corretamente um julgamento sobre seu próprio assassinato: a criança morta. Amada. Assim, depois de seguir inúmeras pistas procurando determinar a estrutura, decidi que a coisa menos controversa que se pode dizer a respeito da instituição da escravidão em vista da contemporaneidade é que ela nos assombra a todos. Que das mais diversas maneiras nossa vida está entrelaçada ao passado — nós o manipulamos e, temendo seu abraço, o ignoramos e distorcemos e menosprezamos para que sirva aos nossos propósitos, entretanto nunca conseguimos apagá-lo. Quando finalmente entendi a natureza do que nos assombra — como se constitui tanto do que desejamos quanto do que tememos —, pude enxergar os traços de uma presença fantasmagórica, o resíduo de um passado reprimido através de certos detalhes concretos, mas alusivos. Pegadas. Que desapareçam e retornam apenas para desaparecer de novo. Antes de começar a escrever, os fechos dos meus romances precisam estar nítidos na minha mente. E assim pude descrever essa aparição mesmo antes de saber tudo o que conduziria a ela.

Chinua Achebe

Sinto grande prazer em ter a oportunidade de dizer algumas coisas em público que jamais disse para a pessoa que é o tema destes comentários — Chinua Achebe. Minha dívida para com o sr. Achebe é do melhor tipo. Grande, sem prazo de restituição e livre de juros. Deixem-me descrevê-la para vocês. Em 1965, comecei a ler literatura africana. A devorar, na verdade. Era uma literatura que nunca tinha chegado até mim, mas por essa época eu havia descoberto uma livraria em Nova York chamada Africa House, que oferecia, entre outras coisas, números passados de revistas como *Transition*, *Black Orpheus* e obras de vários escritores africanos de todo o continente. Amos Tutuola, Aye Kwei Armah, Ezekiel Mphahlele, James Ngugi, Bessie Head, Christina Ama Ata Aidoo, Mongo Beti, Léopold Senghor, Camara Laye, Ousmane Sembène, Wole Soyinka, John Pepper Clark: a sacudida que esses escritores me deram foi explosiva. A confirmação de que a literatura africana não se limitava a Doris Lessing e Joseph Conrad foi tão atordoante que fui levada a buscar dois acadêmicos que ajudassem a preparar uma antologia dessa literatura. Naquela época a literatura africana não era objeto de estudo nas escolas americanas. Mesmo nos chamados cursos de literatura universal, os africanos não tinham nenhuma reputação ou presença. Mas eu estava determinada a canalizar o prazer, o significado e o poder daquela literatura no meu trabalho como editora. A publicação de *Literatura africana contemporânea* em 1972 foi o começo desse caso de amor.

Mas a consequência mais profunda e mais pessoal foi o impacto que os romances de Chinua Achebe tiveram sobre os meus primeiros passos como escritora. Eu lera seu ensaio em *Transition* sobre as dificuldades de definir a literatura africana e conhecia suas ramificações entre escritores afro-americanos. Nesse ensaio, Achebe citava os comentários de James Baldwin sobre o tema da manipulação e da escolha da linguagem na definição de literaturas nacionais e culturais e a ressonância disso entre escritores marginalizados. "Minha querela", dizia Baldwin, "com a língua inglesa é que o idioma não refletia nada da minha experiência. [...] Talvez [...] eu nunca tenha tentado usá-la, tendo aprendido apenas a imitá-la. Se esse era o caso, talvez ela pudesse suportar o peso da minha experiência se eu encontrasse estamina suficiente para desafiá-la, e a mim mesmo, nesse teste." Contudo, teorizar uma definição é uma coisa. Executar uma teoria é outra. A "resposta" de Achebe, por assim dizer, encontrava-se em sua obra. Ele (junto com Camara Laye, Bessie Head e outros) representou uma educação completa na minha vida. Aprender a desmembrar o olhar com o qual eu me debatia (a escrita corrente, mas um pouco apreensiva em vista de um leitor não negro que ameaçava e tingia muita literatura afro-americana); descobrir como eliminar, como manipular o olhar eurocêntrico de modo a estender e descortinar a minha própria imaginação. Atribuo essas lições aprendidas a Chinua Achebe. Nas páginas de *Tudo se despedaça* encontrei não a tese, mas o exemplo; nas de *No Longer at Ease, Anthills of the*

Savannah, a premissa de que a autenticidade, a força, os vales da beleza eram abundantes. A obra de Achebe libertou minha inteligência artística como nada mais o tinha feito. Tornei-me capaz de readentrar e reabitar meu próprio meio sem os serviços de um guia nativo.

Então, na verdade, não foi uma dívida que contraí em 1965. Foi um presente que ganhei.

Apresentação de Peter Sellars

Peter Sellars me aconselhou a deixar de lado qualquer ideia que eu tivesse para esta apresentação. Fazia questão de duas e apenas duas frases: "Obrigada por terem vindo". E "Sem mais demoras, Peter Sellars".

Por minha própria conta e risco, desafio suas ordens, mas apelo a uma pessoa que, talvez para a surpresa dele, é uma "autoridade maior".

Por acaso, conheço a mãe de Peter Sellars. Encontrei-a várias vezes em vários países. Ela é, em uma palavra, adorável. E suspeitando da alegria difícil que os filhos criativos representam — seja na Pensilvânia, onde Peter nasceu, ou em Denver, Colorado, onde encenou Beethoven no pódio que o próprio pai lhe construiu, ou em Phillips Andover, ou em Harvard dirigindo *Coriolano*, recebendo uma chave Phi Beta Kappa e um convite para dirigir uma produção do American Repertory Theater no Loeb; ou estudando no Japão, na China e na Índia; ou sendo o diretor da Boston Shakespeare Company, do American National Theater, do Kennedy Center; ou recebendo o prêmio MacArthur. Como eu dizia — suspeitando da alegria difícil da mãe, estou certa de que ela sentiria o mesmo prazer que sinto ouvindo uma apresentação do filho um pouco mais expansiva. Então, por afeição à sra. Sellars, uma professora de inglês, irei me curvar à sua autoridade e, espero, ao seu desejo, e acrescentarei algumas frases às duas que seu filho me recomendou gravemente.

Por vezes buscamos na arte segurança, um abrigo onde encontramos ordem, serenidade; buscamos beleza reconhecível, até tradicional, antecipando que a forma artística nos conduzirá dos nossos eus mundanos para uma profundidade que também habitamos.

Mas na arte também buscamos por vezes o perigo, o fascínio do estranho, compreendendo subitamente o que há de insólito no familiar. Vamos à arte para sermos incitados, movidos a reavaliar pensamentos que dávamos como certos; para aprender outros modos de ver e ouvir. Para sermos excitados. Provocados. Perturbados.

Para nossa sorte, entre os artistas contemporâneos, Peter Sellars é raro: ele nunca nos pede que façamos essas escolhas, que selecionemos o botão vermelho ou o verde, o botão de comida ou de não comida, como ratos num laboratório optando entre dois tipos opostos de prazer ou poder ou gênio. Sua obra sempre representou segurança e perigo; tanto o abrigo do reconhecível quanto o terreno não mapeado do não familiar.

Sua devoção quase piedosa à música original, ao script completo, à duração não comercial (que respeita o público pressupondo nele uma capacidade de atenção — um banco de memórias — maior do que o de uma mosca). Em sua fidelidade, em seu respeito pela obra em si, encontramos segurança, tranquilização.

A convicção arraigada de Peter de que a arte profunda — à revelia de sua data de origem — é sempre contemporânea nos possibilita um acesso revigorado a seu remédio quando ele retira as incrustações do tempo e do uso para expor sua verdade. Seja *Le Nozze di Figaro*, de Mozart, *Don Giovanni, Così fan Tutti*; seja *Julius Caesar in Egypt*, de Handel; *Seven Deadly Sins*, de Kurt Weill; *O mercador de Veneza*, de Shakespeare; *O anel* de Wagner; *O inspetor geral*, de Gogol — seja o que for. Sempre agregando abordagens — que de outra forma seriam mutuamente exclusivas — das obras de arte: fidelidade e ressuscitação; segurança e perigo; pesquisa dedicada e montagem escandalosamente inovadora; interpretação pessoal impressionantemente incisiva e confiança quase impertinente nos instintos dos atores. Pela capacidade de Peter de abarcar as duas abordagens, tornamo-nos conscientes de como a arte é irresistível. E conscientes da reverência dele próprio pelas possibilidades da arte — de nos manter sãos ou nos tornar sãos. Conscientes de seu amor absoluto por ela. Sua fé total nela. E em nós.

Obrigada por terem vindo. Sem mais demoras, Peter Sellars.

Tributo a Romare Bearden

Para chegar ao cerne do meu ponto de vista sobre a arte de Romare Bearden e sobre o discurso em relação à arte afro-americana em geral, preciso recuar um pouco, para o meu próprio bem, se não para o de vocês, a fim de colocar meus comentários em contexto. Coisas extraordinárias estavam acontecendo nos anos 1960 entre afro-americanos. O reino da mudança política durante aquele período tem recebido, como deve receber, uma atenção minuciosa, quase exaustiva. No entanto, apesar de algumas críticas singulares à arte afro-americana em seu momento de origem e outras um tanto mais expansivas em um período posterior, a exploração da arte visual em sua relação com outros gêneros na cultura afro-americana parece ainda hesitante. (Não pude comparecer ao debate de sábado sobre Bearden e outras artes e disciplinas, então os comentários que se seguem podem muito bem acabar não servindo para muita coisa.) Onde a análise desse aspecto transgênero existe, apoia-se em termos como "inspiração", "semelhanças", "espírito", "vitalidade", "intensidade", "drama", "vivacidade", valores culturais compartilhados. Há inúmeras razões para esse vocabulário emocional um tanto quanto vago: artistas são notoriamente evasivos em relação aos seus processos criativos; é preciso certa presença de espírito, se não fé, para um acadêmico impor conexões e ecos entre disciplinas se ele ou ela não se consideram especialistas. Ramificações estéticas são bastante difíceis de iterar.

Mais importante, a atenção inicial dos acadêmicos à arte e à literatura afro-americana se voltava à formação de um cânone — seguindo o exemplo do formato oficial estabelecido para o ranqueamento da produção da arte. O cânone alternativo que os novos críticos negros demandavam tinha muitos objetivos (nacionalismo, sucesso revolucionário, hegemonia cultural), entre os quais se destacava uma estética posta a serviço de uma agenda política forte e de um florescimento cultural coeso. Entendia-se a estética como um "corretivo" ao "mainstream americano poluído"; uma "irmã" do movimento *black power*. Os artistas eram encorajados e julgados pelos "usos" a que suas obras podiam ser devotadas na criação de um sentido de nação. Os sentimentos dos que acreditavam que esse era o papel de sua obra eram bem conhecidos — como qualquer resenha de poesia dos anos 1960 atestará. E não há dúvida de que questões de "autenticidade" — de representar a vida vivida e as preocupações da população negra — ainda são sine qua non em virtualmente toda arte afro-americana, seja no rap, no cinema, na literatura ou nas artes plásticas. Quão bem-sucedida, distorcida ou mesmo quão triunfalmente essa autenticidade se expressa ainda informa boa parte do impulso crítico.

Embora a explosão de energia criativa fosse enorme nos anos 1960, sua crítica não recusou — talvez não pudesse recusar — a eterna e eternamente irrelevante discussão sobre como e se a arte de um artista negro poderia ser ou deveria ser considerada "universal", isto é, "mainstream", "para além da raça", "livre de agenda" etc. O cerne do argumento sugeria que se o que era produzido era meramente político, então não era arte; e se era meramente bonito, não era relevante. Assim, os críticos se concentraram na precisão do valor sociológico e/ou no valor inspiracional, de "autoajuda", da obra. Algumas obras foram celebradas como representativas, autênticas; outras foram julgadas inaceitáveis, se não eram exatamente enaltecedoras; e outras foram desprezadas como protesto cru ou propaganda. Praticamente todo escritor afro-americano no passado próximo ou distante — James Baldwin, Zora Neale Hurston, Ralph Ellison, Richard Wright, Gwendolyn Brooks, Phillis Wheatley — foi convocado ou se sentiu convocado a explicar o que significava ser um artista negro. A completa idiotice desse desafio foi suficiente para forçar artistas (raivosamente, ou com grande incômodo, suspeito) a responder. Romare Bearden já vinha desenvolvendo seu trabalho bem antes dos anos 1960 e viajara muito, estudando cuidadosamente a arte antiga e moderna. Seus lares incluem o Sul, o Norte, a Europa, o Caribe, paisagens campestres, varandas, ruas urbanas, clubes, igrejas. Então foi com certo prazer que li um comentário seu sobre a questão da raça ou sobre os fatores sociais em sua obra.

"Receio", ele disse, "que, a despeito das minhas intenções, em algumas instâncias os comentaristas se inclinaram a enfatizar demais o que lhes parecia ser os elementos sociais em minha obra. No entanto, embora minha resposta a certos elementos humanos seja óbvia e inevitável, também me apetece notar que, após a devida reflexão, muitas pessoas se descobriram tão ocupadas com as implicações estéticas das minhas pinturas quanto com o que bem pode ser minha compaixão humana."

As palavras decisivas, para mim, são "minha resposta a certos elementos é óbvia e inevitável". Como, ele pergunta, um artista humano não responderia a coisas humanas, que são por natureza coisas sociais? Ele dá como incontornável a humanidade de seu tema, e, como se tem dito, isso é em si mesmo um ato radical num país com uma longa história de desumanização consistente e propositai de sua população negra. Bearden também se alegra em se referir a "implicações estéticas". Vale dizer: há informação, verdade, poder e beleza em sua escolha de cor, forma, na alocação estrutural e estruturada de imagens, em fragmentos construídos a partir de superfícies planas, ritmo implícito na repetição e no próprio material — cada passo determinando os seguintes, possibilitando o olhar e o fato da espontaneidade, da improvisação. Essa é a linguagem apropriada empregada para delinear seu trabalho e para sugerir sua relação com outro gênero — a música. O que é muito interessante, já que, seja qual for a visão de estética na crítica, ela tradicionalmente se confina à exploração de uma forma artística, não das relações entre elas. É curioso, considerando como os artistas são afetados por outras disciplinas, que essa abordagem, que tanto se assemelha à crítica tradicional, se sustente a despeito da insistência da própria arte em suas fontes mais abrangentes e seu diálogo interdisciplinar. O cruzamento de fertilizações entre artistas dentro de um gênero é um tema bastante analisado. Bem menos são as instâncias onde as fronteiras entre os gêneros estão implícitas.

A influência e a representação da música afro-americana são essenciais ao comentário sobre a obra de Romare Bearden, como é a relação entre as peças e a sensibilidade de August Wilson. A influência musical — o alinhamento em relação à música — é também uma observação comum na crítica à minha própria obra, bem como minhas considerações explícitas sobre o tema. O que quero descrever esta noite são outras formas pelas quais artistas de disciplinas díspares desdobram, energizam e transferem a estética de uma a outra.

Permitam que eu me demore por um momento sobre alguns aspectos do meu próprio processo criativo que são, de fato, respostas à obra de Romare Bearden. Devo dizer que tenho sido generosa comigo mesma no que diz respeito a buscar ideias de outros pintores que não Bearden, embora elas sejam geralmente cenas ou arranjos figurativos em telas. Em Bearden o que me fascina é a sensualidade táctil de sua obra, a pureza do gesto e especialmente o subtexto da humanidade agressiva, ali diante dos nossos olhos, de seus temas. Este último não é pouca coisa quando a urgência da desestereotipização é tão forte que pode facilmente empurrar um artista para o sentimentalismo. O fio da navalha embutido na obra de Bearden a protege ou deve protegê-la de avaliações fáceis, indulgentes, de seus temas. Entre os aspectos de sua obra que me atraem, este é prioritário: a ausência de condescendência.

Outro aspecto do meu próprio processo envolve a composição do texto. Um exercício em camadas que sempre empreendo e que tem mais elementos em comum com a pintura do que com a literatura.

Preciso de três tipos de informações para completar, às vezes até para começar, uma narrativa. Uma vez que me decido por uma ideia e por uma história pela qual examiná-la, preciso da estrutura, do som, da paleta. Não necessariamente nessa ordem. O som de um texto claramente envolve a qualidade musical do diálogo e da linguagem escolhida para contextualizá-lo. Escrevi em outro lugar sobre minhas escolhas para a abertura de *Amada*, e repito aqueles comentários aqui: em referência àquela abertura — "O 124 era rancoroso. Cheio do veneno de um bebê." —, tomei o cuidado de ilustrar o ritmo necessário e a qualidade de texto falado: "Há algo nos números que lhes dá um tom de coisa falada, ouvida, nesse contexto, porque num livro esperamos palavras para serem lidas, não números para dizer, ou ouvir. E o som do romance, por vezes cacofônico, por vezes harmonioso, deve ser um som do ouvido interior, ou um som que vai além da escuta, imbuindo o texto com uma ênfase musical que as palavras por vezes conseguem alcançar até melhor do que a música". Eu poderia explicar por que a segunda frase não é bem uma frase — é na verdade uma oração subordinada que ganha o status de frase apenas para garantir a ênfase na palavra "cheio". Num esforço para minimizar o estranhamento da presença de uma bebê fantasma, de modo que o leitor entenda sua presença como algo normal, tal como os habitantes da residência a entendem. O dado extraordinário sendo o poder dessa bebê ("cheio"), e não sua existência. Descrevendo nesse nível de detalhe a natureza crucial do som na minha obra, meu objetivo não é ressaltar certo tipo de poesia forçada ou lirismo, mas antes que tipo de significado pode ser vislumbrado e comunicado a partir do som, pela qualidade auditiva do texto. Quero sugerir que é algo mais do que ser influenciada pelo blues ou pelo jazz. É examinar a música em busca do significado que ela contém. Em outras palavras, as "implicações estéticas" de que falou Romare Bearden devem incluir o que em geral se encontra ausente da análise estética. Frequentemente, a análise mede o sucesso da técnica em evocar um prazer, uma resposta chocante, comovente ou emocionalmente satisfatória.

Raras vezes se centra na informação, no significado que o artista está comunicando por meio de seu estilo, sua estética. Pode-se dizer, e já se disse, que as técnicas de colagem, empregadas por tantos artistas modernos (Matisse, por exemplo), foram levadas a um novo patamar por Bearden e refletem a vida "fraturada" que ele representa — uma intervenção na superfície plana que repudia ao mesmo tempo que parte do cubismo de períodos anteriores — colagem representativa do ímpeto modernista da vida afro-americana bem como de sua insurgência. Tanto estrutura quanto improvisação informam essa escolha, o que é a essência da música afro-americana. O que me atrai nessa técnica é como as paradas abruptas e uma liquidez inesperada potencializam a narrativa de uma forma que uma estrutura linear de começo, meio e fim não consegue. Assim, reconheço que meu próprio abandono da sequência temporal tradicional (e então isso, e depois aquilo) é um esforço para capitalizar a partir dessas tendências modernistas. E para dizer algo da vida em camadas — não a vida fraturada ou fragmentada da sociedade negra, mas a vida em camadas da mente, da imaginação e do modo como a realidade é de fato percebida e vivenciada.

O terceiro elemento, a paleta, ou a cor, é uma das últimas decisões cruciais que tomo ao desenvolver um texto. Não uso cores para "embelezar" ou agradar, ou estabelecer uma atmosfera, mas para sugerir e delinear os temas dentro da narrativa. As cores dizem algo direta ou metaforicamente. As pinceladas de vermelho, branco e azul no começo de *A canção de Solomon* devem pairar silenciosamente na mente do leitor como a bandeira americana ao fundo que a ação comenta. A suspensão das cores em *Amada*, seu repúdio de todas as cores até que tenham um significado profundo para o personagem: Baby Suggs desejando-as ardentemente; a surpresa de Sethe quando consegue permitir que transpareçam; o drama de um retalho laranja numa manta de cinzas deprimentes. Essas distribuições calculadas de cores ou da ausência de cor, a cuidadosa inserção do branco por suas muitas conotações (o vestido branco, um tanto nupcial, da figura rezando ao lado de Sethe; os vestidos das damas da igreja na mesa do bolo em *Tar Baby*), a repetição de uma coleção de cores escolhidas para dirigir o leitor para cenas específicas, relacionadas, em *Paraíso*, nada disso imita as escolhas de um Romare Bearden, mas se alinha claramente ao processo.

Estou convencida de que, entre as razões por que Bearden deve ser largamente visto em galerias — e por que deve ocupar a atenção crescente de pesquisadores de arte afro-americana —, a formação do cânone se conta apenas em parte, de forma mínima e suplementar, assim como a necessidade de saciar o desejo nacionalista e o tributo ao seu gênio. A razão mais significativa para a exploração das ressonâncias, dos alinhamentos, das conexões, das fontes híbridas da arte afro-americana é o retumbante diálogo estético entre artistas. Separar formas artísticas, compartimentalizá-las, é conveniente para os estudos, a instrução, as instituições. Mas é pouco representativo de como os artistas de fato trabalham. O diálogo entre Bearden, o jazz e os músicos é um começo óbvio. As influências que os escritores admitem é um passo a mais. As fronteiras estabelecidas para o conforto do estudo são, creio, não apenas porosas, são líquidas. Localizar instâncias dessa liquidez é vital para que a arte afro-americana seja reconhecida pela complexa operação que ela representa e pelo profundo significado que contém.

Romare Bearden certa vez se sentou ao meu lado no avião e me disse que me enviaria uma coisa. E enviou. Um retrato extraordinário, absolutamente estonteante, de um personagem de um dos meus livros. Não sua Pilates de 1979, mas a Pilates em *A canção de Solomon* — parte de uma série, suponho. Imagine só minha surpresa diante do que ele viu. Coisas que eu mesma não tinha visto ou compreendido quando a inventei. O que ele fez de seus brincos, de seu chapéu, de seu saco de ossos — muito além da minha descrição, limitada pela palavra, repleta de vida que tanto a energizava quanto emudecia; solitária, desafiando qualquer um a privá-la de seus símbolos, sua história, seu propósito. Eu tinha visto sua determinação, sua sabedoria, ou sua excentricidade sedutora, mas não a ferocidade que ele viu e expressou.

Mais tarde adquiri uma aquarela sua, uma fileira de músicos ao estilo Preservation Hall, parados na frente de um barco, todos de branco com suas tradicionais faixas coloridas. Pela primeira vez em uma representação de músicos de jazz negros eu vi quietude. Não o movimento físico frenético, desimpedido que geralmente se vê em representações de músicos — mas a quietude em seu centro. Era, numa palavra, sagrado, contemplativo. Um vislumbre de um aspecto em geral obscuro daquela arte.

 Esse tipo de insight é raro. Apresentá-lo, ressaltá-lo, analisá-lo é muito mais instigante do que apenas apreciá-lo. O legado nos impõe que pensemos profundamente sobre o que Romare Bearden nos deu e sobre o que a arte afro-americana nos implora que descubramos.

Faulkner e as mulheres

Sinto-me ambivalente em relação ao que estou prestes a fazer. Por um lado, quero fazer o que todo escritor deseja: explicar tudo ao leitor primeiro, de modo que não haja problemas durante a leitura. Minha outra inclinação é correr aqui, ler e depois fugir para que não haja necessidade de contextualizar coisa alguma. Já li este manuscrito três ou quatro vezes antes, e sempre aprendo algo no processo de leitura, o que nunca foi o caso em relação a qualquer outro livro que escrevi. Então quando fui convidada para vir a Oxford falar nesta conferência sobre algum aspecto relacionado ao tema "Faulkner e as mulheres", recusei, explicando que não poderia me concentrar para tecer alguns comentários sobre "Faulkner e as mulheres", pois eu andava profundamente envolvida na escrita de um livro e não queria nenhum tipo de distração. E, então, muito educadamente, os diretores da conferência convidaram-me a ler parte do manuscrito que me mantinha tão obcecada, de maneira que eu pudesse comparecer à conferência, associando-me ao Centro de Estudos de Cultura Sulista, além de visitar o Mississippi e "passar a noite", como se diz. Então, por um lado, desculpo-me por ler algo que ainda não está pronto, apenas em processo, mas foi a forma que encontrei para satisfazer meu desejo de visitar o campus da Universidade do Mississippi. Espero que, ao fim da leitura, haja alguma satisfação ondulando pela plateia. Minha outra hesitação se deve simplesmente ao fato de que parte do que lerei pode talvez não vir a ser publicada, já que um manuscrito está em constante transformação. Antes de ler para um grupo reunido a fim de discutir "Faulkner e as mulheres", gostaria também de acrescentar que, em 1956, passei um bom pedaço de tempo pensando sobre o sr. Faulkner, pois ele era o tema de uma tese que escrevi em Cornell. Um tratamento tão exaustivo de um autor torna impossível retornar a ele por um bom tempo. Antes é preciso que a energia tenha se dissipado de alguma forma. Mas devo dizer, mesmo antes de começar a ler, que meu interesse por Faulkner não era apenas acadêmico. De um modo bastante pessoal, bastante pessoal enquanto leitora, William Faulkner teve um enorme efeito sobre mim, um enorme efeito.

O título do livro é *Amada* e começa assim:

[A autora lê um trecho de sua obra em andamento e, em seguida, responde a perguntas do público.]

MORRISON: Estou interessada em responder às perguntas de quem por acaso as tenha. E se vocês se levantarem e se identificarem antes de fazer a pergunta, darei o meu melhor.

P.: *Sra. Morrison, você comentou que escreveu uma tese sobre Faulkner. Que efeito Faulkner teve sobre sua carreira literária?*
R.: Bem, não sei se ele teve algum efeito sobre minha obra. Sou representativa, acho, de todos os escritores que estão convencidos de que são completamente originais e que caso reconhecessem uma influência logo a abandonariam o mais rápido possível.

Mas, enquanto leitora nos anos 1950 e, claro, também depois (eu disse 1956 porque foi o ano em que eu me encontrava trabalhando numa tese que o envolvia), eu me concentrava na obra de Faulkner. Não acho que minha resposta tenha sido diferente da de qualquer outro estudante à época, na medida em que havia em Faulkner esse poder e coragem — a coragem de um escritor, um tipo especial de coragem. Minhas razões, acho, para me interessar e me comover profundamente com todos os seus temas tinham algo a ver com meu desejo de descobrir alguma coisa sobre este país e essa articulação artística de seu passado que não estava disponível na história, que é o que a arte e a ficção podem fazer, mas que a história por vezes se recusa. Suponho que a história também possa humanizar o passado, mas com frequência ela se recusa a fazê-lo, por razões perfeitamente lógicas. Porém havia uma investigação articulada de uma era que um ou dois autores ofereciam e Faulkner estava sem dúvida à frente dessa investigação. E havia também outra coisa sobre Faulkner que só posso chamar de "mirada". Ele tinha uma mirada que era diferente. Parecia, à época, semelhante a um olhar, talvez até um olhar fixo, um recusar-se a virar o rosto, próprio da sua escrita, que eu achava admirável. Por essa época nem me passava pela cabeça escrever romances. Mas então escrevi, e eu mesma me surpreendi muito com isso, e sabia que escrevia por razões que não eram apenas literárias. Não encontro conexões fortes entre minha obra e a de Faulkner. De um jeito memorável e extraordinário há marcos literários na vida de cada um. Na minha, há quatro ou cinco, e espero que todos sejam do tipo que correspondem aos critérios de todo mundo sobre quem deve ser lido, mas alguns não são. Alguns livros são simplesmente terríveis em termos técnicos, e não obstante são fenomenais: são bons demais para serem corretos. Com Faulkner havia sempre algo por emergir. Além disso, ele conseguia deixar você furiosa de um jeito maravilhoso. Não provocava apenas deleite — havia também aquela outra qualidade que é tão importante quanto a devoção: indignação. O ponto é: com Faulkner, nunca se ficava indiferente.

P.: Sra. Morrison, você poderia falar um pouco sobre a criação da personagem Sula?

R.: Ela apareceu como muitos personagens — não todos — plenamente encarnada e completa quase de imediato, mesmo seu nome. Senti essa intimidade enorme. Quero dizer, eu sabia exatamente quem ela era, mas tive trabalho tentando transformá-la. Quero dizer, tive trabalho tentando transformá-la no tipo de pessoa que irritaria todo mundo, o tipo de pessoa que te deixa furioso, sem no entanto torná-la tão repulsiva a ponto de você não poder considerá-la ao mesmo tempo atraente — uma natureza que era sedutora mas desconcertante. E jogar com isso era difícil para mim porque eu queria descrever as qualidades de certas personalidades que podem ser exploradas por pessoas convencionais. A fora da lei e a aventureira, não como alguém partindo em busca de uma fortuna, mas como uma mulher é uma aventureira, que tem a ver com sua imaginação. E pessoas assim são sempre memoráveis e geralmente atraentes. Mas ela era problemática. E quando terminei o livro, *Sula*, senti falta dela. Conheço bem a sensação de sentir falta de personagens que, quando você termina o livro, são muito mais reais do que pessoas reais.

P.: Sra. Morrison, antes você disse que ler uma obra em andamento a ajuda como escritora. Você poderia explicar como essa leitura a ajuda?

R.: Essa história de ler meu próprio manuscrito em busca de informação é bem nova para mim. Enquanto escrevo, nunca imagino um leitor ou um ouvinte, nunca. Eu sou o leitor e o ouvinte, e acho que sou uma leitora excelente. Leio muito bem. Eu realmente sei o que se passa. O problema no começo era ser uma escritora tão boa quanto a leitora que eu era. Mas tenho que supor que não apenas escrevo livros, também os leio. Com isso não quero dizer que olho para ver o que escrevi; quero dizer que posso manter a distância entre mim mesma enquanto escritora e o que está na página. Algumas pessoas conseguem fazer isso, e outras precisam aprender. Algumas não conseguem, e você percebe isso porque, se tivessem lido o próprio trabalho, elas nunca teriam escrito daquela maneira. Revisão é o processo. É um tipo longo de processo de leitura, e tenho que imaginar que sou também essa leitora muito crítica, muito minuciosa e desconfiada que é inteligente o suficiente para participar bastante no texto. Não gosto de ler livros em que todo o trabalho já foi feito e não há lugar para mim. Então o esforço é escrever de modo que haja algo acontecendo entre mim e mim mesma — enquanto escritora e enquanto leitora. Agora, em alguns casos, fico contente em escrever certos tipos de livros sem lê-los para um público. Pois há outros em que senti — neste aqui em particular, porque é diferente — que o que eu, enquanto leitora, estou sentindo não é suficiente, que eu precisava de uma cota maior, por assim dizer, porque as possibilidades são infinitas. Não estou interessada na ajuda de ninguém em termos de técnica de escrita — não é isso. Estou falando apenas de nuances de significados, não a partitura, mas a ênfase aqui e ali. É esse tipo de coisa que quero descobrir, se meu ouvido em relação a esse livro é ou não confiável como sempre achei que fosse com os outros. Portanto, concordo rapidamente em ler porções desse manuscrito. Em todas as outras ocasiões nunca negociei um contrato para um livro antes de ele estar quase pronto, porque não queria o sentimento de que ele pertencia a outra pessoa. Já para esse livro negociei um contrato num estágio ainda muito inicial.

Então é possível que algo nessa história de ler seja uma forma de tomar posse de novo do livro. Tem de ser meu, e preciso estar disposta a não fazê-lo ou destruí-lo, ou fazê-lo, conforme o caso. Mas suponho, sim, que eu sou a leitora, e, no passado, quando ficava em dúvida, se tinha algum problema, as pessoas que eu procurava para me ajudar a clarificar alguma frase ou palavra eram as pessoas do livro. Eu as conjurava e perguntava sobre isto ou aquilo. E em geral elas são muito cooperativas, desde que tenham sido plenamente imaginadas — e se você sabe o nome delas. Se você não sabe o nome delas, elas não falam muito.

P.: Sra. Morrison, você poderia discutir o uso do mito e do folclore na sua ficção?
R.: Isso não vai soar muito bem, mas preciso dizer mesmo assim. Há infinitamente mais passado do que há futuro. Talvez não em termos cronológicos, mas em termos de informação certamente sim. Então a cada passo para trás há um outro mundo, e outro mundo. O passado é infinito. Eu não sei se o futuro é, mas sei que o passado é. As lendas — tantas delas — não são apenas sobre o passado. Elas também apontam como operar em tempos contemporâneos e oferecem sugestões sobre o futuro. Então por esse lado elas nunca me parecem simples, jamais. Tento incorporar essas características míticas que para mim são muito fortes na arte negra em todo lugar, seja na música ou nas narrativas ou na pintura ou o que for. Simplesmente me pareceu que essas características precisavam ser incorporadas à literatura negra caso essa literatura precisasse continuar sendo isso. Não era suficiente escrever sobre negros, porque qualquer um pode fazer isso. Mas era importante para mim enquanto escritora tentar tornar a obra irrevogavelmente negra. Isso me demandava o uso do folclore como pontos de partida — como, por exemplo, nesse livro, *Amada*, que

começou com uma história sobre uma escravizada, Margaret Garner, que fora capturada com seus filhos pouco depois de fugir de uma fazenda. E em vez de submetê-los ao que era uma vida irrespirável ou insuportável, ela os matou ou tentou matar. Ela não conseguiu, e os abolicionistas se valeram muito do caso dela. Essa história, com algumas outras coisas, vinha me perseguindo havia muito, muito tempo. Podem imaginar uma mulher escravizada cujos filhos não pertencem a ela? Que se importa a ponto de matá-los? Podem imaginar a ousadia, e também as recriminações, a autopunição, a sabotagem, e a autossabotagem, quando você ama tanto que não pode suportar que essa coisa que você ama seja maculada? Se for para ela ser maculada, é preferível que morra. Porque ela é você. É a melhor parte de você, e aquilo era a melhor parte dela. Então era uma questão tão séria que ela preferia que eles não existissem. E foi ela quem fez essa correção. Isso é uma pequena parte do tema desse livro, mas era isso que estava cozinhando na minha cabeça, por assim dizer, quando comecei. Então nesse caso eu parti de um fato histórico e incorporei esse fato ao mito em vez do contrário.

P.: *Sra. Morrison, agora há pouco você disse que não tinha intenção de se tornar uma escritora quando começou a escrever. Pode explicar o que quis dizer com isso?*

R.: Eu estava num lugar que não era meu, e eu não ficaria lá por muito tempo, então não queria pintar tudo de um jeito mais bonito do que era de fato. E não queria conhecer ninguém e não gostava de ninguém, e eles também não gostavam de mim; e eu não tinha problema com isso, mas me sentia solitária. Estava muito mal. Meus filhos eram pequenos, então escrevi essa história. Eu tinha escrito uma historinha antes, no tempo que eu podia separar para trabalhá-la à noite. (Crianças vão para a cama, se você as treinar, às sete. Acordam às quatro, mas vão para a cama às sete.) Então depois de colocá-las na cama, eu escrevia, e gostava. Gostava de pensar sobre aquilo. Gostava de estabelecer aquele tipo de ordem em algo que estava desordenado na minha cabeça. E eu também sentia que havia uma enorme indiferença em relação a essas pessoas, a mim, a vocês, garotas negras. Era como se essas pessoas não tivessem vida, nenhuma existência na mente de ninguém, exceto perifericamente. E quando começava a escrever, me parecia que aquilo era a coisa mais importante no mundo. Levei uma eternidade para escrever meu primeiro livro: quase cinco anos por um livrozinho. Porque eu gostava tanto de escrevê-lo, eu escrevia um pouquinho, sabe, e depois pensava sobre aquilo. Na época eu era editora de texto. Não estava tentando ser escritora, e não deixei ninguém saber que eu estava escrevendo esse livro, porque pensava, com razão, que me despediriam. Talvez não de cara, mas não queriam que eu escrevesse. Sentiram-se traídos de toda forma. Se você é uma editora, seu dever é adquirir livros, não produzi-los. Há uma leve relação de concorrência entre editores e autores que acho que provavelmente funciona bem. Mas era por isso que eu guardava segredo sobre o livro. Não sei o que me fez escrevê-lo. Acho que eu só queria terminar a história para depois me divertir lendo. Mas foi o processo que me fez pensar que eu devia fazer aquilo de novo, e soube então que era assim que eu queria viver. Eu me sentia muito coerente quando estava escrevendo aquele livro. Mas ainda não me dizia escritora. E foi só no terceiro livro, *A canção de Solomon*, que eu finalmente disse — não por iniciativa própria, o que me envergonha dizer, mas por iniciativa de outra pessoa — "é isso que eu quero fazer". Eu tinha escrito três livros. Foi só quando terminei *A canção de Solomon* que pensei, "talvez seja *só* isso que eu faço". Porque até então eu sempre dizia que eu era uma editora *que* também escrevia e uma professora *que* também escrevia. Nunca dizia que era escritora.

Nunca. E não era só por tudo que vocês podem estar pensando. Era também porque a maioria dos escritores precisa real e verdadeiramente se dar permissão para vencer. Isso é muito difícil, em particular para as mulheres. Você precisa se permitir, mesmo quando já está trabalhando. Você já está escrevendo todo dia, enviando livros, e mesmo assim ainda precisa se dar permissão. Eu conheço escritoras cujas mães são escritoras, que ainda assim precisaram atravessar um longo processo com outra pessoa — um homem ou uma editora ou uma amiga — até finalmente alcançarem o ponto onde podem dizer: "Está tudo bem. Não tem problema". A comunidade diz que não tem problema, seu marido diz que não tem problema. Seus filhos dizem que não tem problema. Sua mãe diz que não tem problema. Finalmente, todo mundo diz que não tem problema, e então você tem a permissão de todo mundo. Aconteceu comigo: até eu me deparei com um momento depois de ter escrito meu terceiro livro em que finalmente pude dizê-lo. Então você passa pelo controle de passaporte e alguém pergunta: "O que você faz?". E você diz: ESCREVO.

A fonte da autoestima

Quero falar sobre dois livros, sugerindo uma espécie de progressão que, segundo me parece, existe na minha obra. Quero falar um pouco sobre *Amada* e um pouco sobre um novo romance, apontando alguns dos obstáculos que criei para mim mesma ao desenvolver esses livros e, ilustrando com exemplos bem pequenos retirados dos livros, falar talvez dos modos como me conduzi nesse trabalho.

Numa grande universidade pública, alguém me disse o seguinte: "Você sabe que *você*" — isto é, eu — "é ensinada em 23 disciplinas separadas neste campus?". Não 23 grupos separados de estudantes, mas 23 diferentes disciplinas. E fiquei muito envaidecida com isso, e muito interessada, mas um tanto impressionada, pois pensei, bem, com exceção, digamos, da literatura afro-americana e dos estudos sobre mulheres, ou, quem sabe, dos departamentos de língua inglesa e lugares assim, como minha obra poderia ter alcançado 23 disciplinas? Bem, algumas delas eram de estudos jurídicos, e algumas eram disciplinas de cursos de história, outras de ciências sociais, outras de psiquiatria, e por aí vai. E com exceção de algumas coisas óbvias que eu poderia alegar sobre *Amada*, pareceu-me, então, que o livro se tornara uma espécie de fonte altamente útil para os mais variados propósitos em várias disciplinas e vários gêneros e vários campos. E pensei, bem, talvez não haja apenas uma fome por esse tipo de informação, talvez o livro seja uma espécie de substituto, uma versão mais íntima da história, e nesse sentido se tornou útil de um modo que outros romances que escrevi talvez nunca tenham se tornado. *A canção de Solomon* não é lido assim, nem *Sula*, mas *Amada* é lido desse modo e talvez seja por isso que ele está tão disseminado em um campus que pode acomodar muitas disciplinas e gêneros e abordagens. Então minha sensação era a de que o livro era um tanto íntimo, mas talvez também uma espécie de atalho para a história. Por isso quero falar sobre como lidei com a história, ou como tive de lidar com a história, ao escrever *Amada*. E a partir disso avançar do impacto da história nessa forma ficcional para a cultura de um período posterior, os anos 1920, e como essa cultura influenciou a construção de um novo romance, *Jazz*.

Tentando refletir sobre como se lida com algo tão formidável e tão bem pesquisado quanto a história, e como é possível convertê-la, ou ignorá-la, ou romper suas fronteiras ou o que quer que seja para desenvolver um romance, eu estava falando alguns anos atrás a uma plateia em Tulsa, Oklahoma, e o público era formado por bibliotecários, e gente da comunidade e estudantes e muitos professores, professores do ensino médio e de escolas particulares, e durante o momento para perguntas e respostas que se seguiu à minha leitura e à minha palestra, uma professora me fez uma pergunta. Ela queria saber se, enquanto autora de *Amada*, eu poderia dar alguma sugestão sobre como ensinar esse romance quando, como ela disse, não havia nenhum guia de leitura disponível. Eu não teria ficado tão pasma se um estudante tivesse feito aquela pergunta, mas fiquei um pouco pasma por ela ter feito, então eu disse: "Eu não sei bem como ensinar *Amada*, e certamente não vou saber dizer como você deve ensiná-lo, mas como você mencionou que não há nenhum guia de leitura, talvez um dos modos de ensiná-lo seja pedir aos seus alunos que produzam um". E ela como que sorriu, como se eu não tivesse levado a pergunta dela a sério, mas foi o melhor que pude fazer naquelas circunstâncias.

Mas o que é curioso é que mais tarde, seis ou sete meses depois, recebi uma encomenda dela, e no pacote havia três volumes ou edições, acho que se pode dizer assim, de guias de leitura. O que aconteceu é que ela tinha levado a sério minha resposta e propusera aos seus melhores alunos a tarefa de produzir guias de leitura sobre o romance. Dividiu-os em três equipes, e cada equipe produziu um livreto com capa, prefácio, agradecimentos e sumário, e em seguida aquela longa análise, por assim dizer, típica de guias de leitura. E cada um tinha recebido um prêmio — de um a três —, e os estudantes me enviaram fotografias de suas equipes, com cartazes informando seus nomes. E escreveram cartas.

Naturalmente, para fazer aquilo, eles tiveram de ler o livro com muito cuidado, precisaram fazer leituras de fontes secundárias, traçar referências literárias e tudo o mais. Então acabou sendo, tenho certeza, um projeto bem interessante. Li as cartas deles com muito cuidado, e na maior parte as cartas eram elogiosas, mas, como vocês sabem, o que é bacana nos estudantes de ensino médio é que eles não são obrigados a ser elogiosos, e particularmente depois de terem feito todo aquele trabalho, eles se sentem como que na condição de autoridades e não precisam elogiar você de modo algum. Então eles me fizeram as perguntas que não tinham conseguido responder de uma forma que os satisfizesse. Estou chegando ao que descobri ser a principal reclamação deles. A mais consistente, a que sobraria caso você tomasse todas as reclamações e as amarrasse numa só, é que ficaram ou alarmados ou ofendidos com a sexualidade explícita em *Amada* e a franqueza com que algumas daquelas cenas foram descritas, e não entendiam a necessidade do uso daquele tipo de franqueza. Por um lado, era reconfortante encontrar estudantes que ainda ficavam ofendidos com descrições de sexualidade, então fiquei bem feliz com isso, mas por outro lado foi algo bastante desconcertante para mim porque ninguém ficou ofendido, confuso ou incapacitado de entender o contexto no qual se passa a história, que é a escravidão. A sexualidade os perturbou. Mas a violência e a criminalidade e a licenciosidade naquela instituição não os alarmaram nem os ofenderam.

Isso demonstrava que um dos problemas de escrever romances que têm base histórica é que você não questiona a história. Não a analisa de verdade, não a confronta, não entra em conflito com o historiador ou mesmo com a versão do romancista. Você meio que aceita, engole, concorda com aquilo. Nada parece fora do lugar. Embora, na verdade, eu tenha escrito o livro para entrar naquele período histórico a partir de um ponto de vista que era inteiramente diferente da história oficial, não em termos de dados ou informação, mas em termos do que era possível obter do leitor. Parecia que tudo fora analisado por esses astutos estudantes, exceto as principais pressuposições do texto. Então ou fiz um trabalho muito bom, ou fiz um trabalho muito ruim.

Mas, na verdade, o problema residia na natureza da própria criatura em questão — o problema de tentar mesclar certo tipo de história terrivelmente familiar e, ao mesmo tempo, alienante. A questão era: como estimular o pensamento crítico e extrair uma forma artística honesta dos silêncios e das distorções e das evasões da história tal como recebida, e como articular e engajar uma história tão carregada de emoção e tão coberta por um desgosto profundo e por uma repugnância. Pois presumo que todo mundo ou entenderia, racionalizaria, defenderia, ou sentiria repulsa por aquela história. Então meu trabalho enquanto romancista é tentar torná-la palatável, mas ao mesmo tempo marginalizar a história, em certo sentido. A relação entre história e ficção é o que me preocupava, ou antes o esforço para desarticular o jugo da história me mantendo ao mesmo tempo na palma de sua mão, por assim dizer. Especialmente essa parte da história e esse romance em particular.

Para os propósitos do restante desta palestra, quero que concordemos que, em toda a nossa educação, dê-se ela em instituições ou não, em lares ou nas ruas, seja ela acadêmica ou vivencial, sempre há um tipo de progressão. Passamos dos dados brutos à informação, ao conhecimento e à sabedoria. E separar uma coisa da outra, ser capaz de distinguir entre esses estágios, isto é, conhecer as limitações e os perigos de exercitar um desses aspectos sem os outros, e respeitar ao mesmo tempo cada categoria da inteligência, é o que geralmente se considera o objetivo da educação séria. E se concordamos que existe uma progressão positiva, então vocês entenderão de imediato como pode ser desalentador esse projeto de extrair ou construir ficção a partir da história, ou que é fácil, e sedutor, presumir que dados brutos constituem conhecimento de fato. Ou que informação é sabedoria. Ou que o conhecimento pode existir sem dados. E quão fácil uma coisa pode se pavonear se disfarçando de outra. E quão rapidamente podemos esquecer que a sabedoria sem conhecimento, sabedoria sem fatos, é apenas palpite.

Ao escrever *Amada*, todas essas questões se tornaram extremamente agudas. Porque eu resistia aos dados à minha disposição, sentindo-me perfeitamente informada. Eu não precisava saber certas coisinhas, podia inventá-las facilmente — eu tinha lido os mesmos livros sobre escravidão que vocês têm, os livros históricos, o *Slavery to Freedom* e *Roll, Jordan, Roll*, e *Slavery and Social Death*, e a coleção Aptheker de documentos etc. Tinha lido *Black Family in Slavery and Freedom*, de Gutman, mas sobretudo as autobiografias dos próprios escravizados, tendo, portanto, informações de primeira mão das pessoas que passaram por aquilo. Acrescente-se a isso minha própria intuição, e vocês podem imaginar o tamanho da minha confiança e a armadilha para a qual ela me conduziria, que seria confundir dados brutos com informação e conhecimento com palpites e tudo o mais. Eu achava que sabia muito sobre aquilo. E essa arrogância foi o primeiro obstáculo.

O que eu precisava é que a imaginação servisse de esteio aos fatos, aos dados brutos, e não fosse esmagada por eles. Imaginação que personalizasse a informação, que a tornasse íntima, mas que não se oferecesse como um substituto. Se a imaginação pudesse fazer esse papel, então haveria a possibilidade de conhecimento. Quanto à sabedoria, eu não tocaria nisso, claro, e deixaria aos leitores a tarefa de produzi-la.

Então cá estou eu me apropriando de uma vida histórica — a vida de Margaret Garner — a partir de um artigo de jornal, que é confiável apenas em parte, sem nada mais pesquisar sobre ela, mas pesquisando muita coisa ao redor dela. Como eram as coisas de 1865 a 1877 durante a Reconstrução naquela parte do país, de modo que todos os detalhes estivessem presentes. Mas reconhecendo também que parte do processo imaginativo ao lidar com a história era que no artigo o pastor que a entrevistava e contava a história dela com muito espanto se recusava a fazer qualquer julgamento sobre ela. Ele suspendeu todo juízo. E foi assim que todo mundo reagiu, embora escrevessem poderosos editoriais se contrapondo à Lei do Escravo Fugitivo e tudo o mais, havia essa espécie de recusa em julgar. E aquele pedacinho de informação me pareceu essencial — a incapacidade de julgar o que essa mulher havia feito. A suspensão perante o julgamento, a recusa não de saber, mas de concluir. E parecia haver um pequeno grão de alguma coisa ali.

Por que não julgá-la? Todo mundo tinha julgado. O que ela

fez era claramente terrível. E isso era um julgamento. Era obviamente inconcebível. Era devastador, era monstruoso. Mas o curioso era que, por mais devastador, por mais monstruoso, escandaloso e desumano que fosse, não era ilegal. Era tudo menos isso. A lei não reconhecia a relação, então não havia um idioma jurídico que abarcasse aquilo. Margaret Garner não foi julgada por assassinato; foi julgada pelo que a lei podia acomodar, o que a lei podia julgar, o que a lei considerava "fora da lei": o roubo de propriedade.

A questão para mim se tornou, então, se a lei não se dispõe a julgá-la, e se sua sogra não pode julgá-la, quem pode? Quem está em posição de condená-la, absolutamente, por algo que as cortes nem sequer admitiriam como suscetível de litígio? O dedo acusador deve ter muito peso se é para ser um dedo em que Margaret Garner preste atenção. E esse dedo só poderia ser, claro, a sua filha, aquela que ela chegou a matar — com sucesso, se se pode dizer assim — antes de ser detida. Embora eu não estivesse com pressa ou ansiosa para pisar esse terreno, eu pensei, bem, se ela poderia fazer isso, eu poderia de algum modo imaginar, ou pensar sobre isso, e ver o que aconteceria se a filha morta fosse introduzida no texto. E claro que o que aconteceu foi que ela desestabilizou tudo, reformulou sua própria história e mudou inteiramente a linguagem.

O outro problema — isto é, além da história, do esboço ou da trama da vida de Margaret Garner e das alterações que eu faria tendo meus próprios propósitos em mente —, ao levar o projeto a cabo, era o da escravidão. Teria sido maravilhoso para mim se ela tivesse feito isso em alguma outra época — dez anos atrás, por exemplo —, e assim eu poderia lidar com isso, mas aconteceu durante a escravidão. Então a pergunta é como abordá-la. Como habitá-la sem se entregar a ela? Sem torná-la o foco do romance, em vez dos próprios escravizados. O problema é como tirar o poder imaginativo, o controle artístico da instituição da escravidão e transportá-lo para seu lugar de direito — para as mãos dos indivíduos que conheceram a escravidão, certamente tão bem quanto se poderia conhecer, ou seja, os escravizados. E, ao mesmo tempo, não menosprezar aquele horror. Porque o problema é sempre a pornografia. É muito fácil escrever sobre uma coisa como essa e adotar a posição do voyeur, onde na verdade a violência, o grotesco, a dor e o sofrimento se tornam a própria justificativa para ler. E há um tipo de regozijo na contemplação do sofrimento do outro. Eu não queria entrar nessa área, e foi difícil discernir — difícil e importante discernir onde se achavam essas linhas, onde parar e como efetuar um tipo de resposta visceral e intelectual sem cair nas garras da instituição e torná-la sua própria razão de ser. Eu não queria ruminar esse mal e lhe conceder uma autoridade que ele não merecia, um glamour que ele não tinha de fato; eu queria devolver o arbítrio às mãos dos escravizados, que foram sempre anônimos, ou planos, como toda vez me pareceu, em boa parte da literatura, embora nem sempre.

Agora, claro, cá temos algo entre trezentos e quatrocentos anos para examinar, e essa é uma experiência que lhe impõe uma dose de humildade. Você descobre que a mera documentação — a história — é longa demais. É grande demais, terrível demais, pesquisada demais, antiga demais, recente demais, defendida, racionalizada, desculpada, combatida demais, e muito conhecida e muito desconhecida, e comovente demais, e misteriosa. E, para explicar outros tipos de opressão, como a das mulheres, era também muito apropriada.

Então estou explorando uma área que sei que já foi demasiadamente remexida, mas que permanece ao mesmo tempo intocada — atraente num sentido nada saudável, e repulsiva, abafada e reprimida em outro. O que eu precisava então, para lidar com o que eu considerava intratável, era de algum pequeno fragmento, alguma coisa concreta, alguma imagem que participasse do mundo concreto. Algo doméstico, que pudesse servir de gancho para o livro, que dissesse tudo o que você queria dizer em termos bastante humanos e pessoais. E para mim essa imagem, essa coisa concreta foi a mordaça de ferro.

Nas minhas leituras eu encontrara referências a essa coisa que as pessoas colocavam na boca dos escravizados. As narrativas dos escravizados eram bem parecidas com os romances do século XIX, havia certas coisas sobre as quais não se falava muito, inclusive porque eles escreviam para gente branca, pessoas que eles queriam atrair para a causa abolicionista ou para fazer trabalho de tipo abolicionista, então eles não se demoravam, não gastavam muito tempo dizendo àquelas pessoas quão terrível era tudo aquilo.

Como não queriam insultar os leitores, pois precisavam do dinheiro deles, criavam uma espécie de história otimista: eu nasci, foi terrível, depois escapei, mas ainda há gente lá, e vocês deveriam ajudá-los. Não paravam para fazer longas descrições; havia muita alusão e muita referência, mas nada explícito. Então às vezes você pode ler que Equiano entra numa cozinha na Nova Inglaterra e se depara com uma mulher cozinhando, e ela está com essa coisa na boca, e ele pergunta "O que é aquilo?", e alguém responde "Ah, é um bridão", b-r-i-d-ã-o, e ele diz "Eu nunca vi nada tão terrível na minha vida" e se retira e não fala mais sobre aquilo. Além disso, já tinha visto muitas referências, como em certas entradas de diário, entradas bem seletivas, de William Byrd, da Virgínia, na primeira parte do século XVIII, 1709, 1712. Seus editores o descrevem como "o cavalheiro mais polido e educado da Virgínia, um senhor de modos gentis, que investiu em algumas de suas cartas contra os brutos que maltratavam seus escravizados".

8 de fevereiro: *Jenny e Eugene foram açoitados.* Abril: *Ana foi açoitada.* Maio: *A sra. Byrd açoitou a ama.* Maio: *Ma foi açoitada.* Junho: *Eugene* (uma criança) *foi açoitado por fugir. Puseram a mor-*

daça nele. Setembro: *Surrei a Jenny*. Setembro: *Jenny foi açoitada*. Setembro: *Surrei Anna*. Novembro: *Eugene e Jenny foram açoitados*. Dezembro: *Eugene foi açoitado por não fazer nada*. Depois no ano seguinte, em julho: *A negra fugiu de novo com a mordaça na boca*. Julho de novo: *Encontraram a negra e a amarraram, mas ela fugiu de novo à noite*. Cinco dias depois: *Minha esposa, contra a minha vontade, fez a pequena Jenny ser queimada com ferro quente*. No mês seguinte: *Tive uma briga severa com a pequena Jenny e bati muito nela, pelo que me lamentei*. No mesmo mês: *Eugene e Jenny foram surrados*. Outubro: *Açoitei três escravas*. Novembro: *A negra fugiu*.

E há mais três ou quatro páginas disso. E é verdade que, levando em consideração outros tipos de tratamento, esse não era dos piores. Mas as duas referências à mordaça de ferro, que ele não explica ou descreve, eram similares a muitas outras que li. Tive muito trabalho tentando encontrar descrições desse instrumento, imagens, como ele era, o que fazia e tudo o mais. E foi muito, muito difícil, embora eu tenha tido bastante sorte — encontrei algumas ilustrações.

Mas senti, no fim, que aquilo não era algo que precisasse ser descrito de fato. Se eu tivesse descrito exatamente tal como era, se tivesse encontrado as palavras exatas, isso teria arruinado meu propósito. Era suficiente saber que você não podia encomendar uma daquelas engenhocas em algum grande depósito, você mesmo tinha de construí-las. Era suficiente saber que aquelas coisas — feitas à mão — não eram restritivas, isto é, não eram feitas de maneira que você não pudesse trabalhar. A ideia era que você continuasse trabalhando. E era importante saber também que não apenas escravizados as usavam, também eram bastante usadas em mulheres brancas, que, por vezes, suponho, precisavam daquilo, ou alguém achava que precisavam, do mesmo tipo de coisa, porque aquela mordaça de ferro é apenas uma coisa que colocam na sua boca e que machuca e que, suponho, é inconveniente, mas sabe qual é o resultado? Você fica caladinha. Não consegue mexer a língua. E para mulheres, sabemos, aquele seria o instrumento de tortura por excelência.

Não descrever a mordaça técnica, fisicamente, ganhou primazia, pois eu queria que ela permanecesse indescritível, mas não desconhecida. Então a questão agora era representar não o seu aspecto, mas qual a sensação de usá-la e o que aquilo significa, em termos pessoais. Agora, isso andava em paralelo com a minha atitude em relação à escravidão, pois eu não queria descrever *como* era a escravidão, mas sim o que se *sentia* naquela situação e o que aquilo significava. Então eliminei todas as informações dos registros de inquisição que li — são Paulo e *Harper's Weekly* e Equiano e os diários de senhores de escravos — e tentei criar uma linguagem que ajudasse a mim e, espero, aos leitores, descobri-lo. Em momento algum em *Amada* esse instrumento é descrito. Mas é onde acabei chegando ao tentar evidenciá-lo ou quando tentei expressar que tipo de sentimentos ele provocava e qual era seu significado.

Nesse ponto, nessa pequena passagem, Sethe acaba de descobrir que seu marido provavelmente nunca foi embora da fazenda, Doce Lar, e que ele provavelmente viu o que aconteceu com ela, pois Paul D pensa assim. E ela fica com raiva quando escuta isso, porque quer saber de Paul D por que, se viu o marido dela sucumbir daquele jeito, por que não o ajudou, e por que não lhe disse nada, por que simplesmente se afastou sem dizer nada, e ele respondeu que não podia, porque estava com essa coisa na boca. E no fim ela pede que ele fale não sobre o que ela está sentindo sobre o marido dela, o ex-marido, mas sobre como aquilo deve ter sido para ele.

Ele quer me contar, ela pensou. Quer que eu pergunte sobre como a língua fica machucada, pressionada pelo ferro, como a necessidade de cuspir é tão profunda que você chora de tanto querer. Ela já conhecia tudo aquilo, já o testemunhara muitas vezes antes da Doce Lar. Homens, garotos, menininhas, mulheres. A ferocidade que explodia nos olhos no momento em que os lábios eram repuxados. Dias depois de retirar, espalhava-se gordura de ganso nos cantos da boca, mas nada aliviava a língua ou abrandava o furor do olhar.

Seethe olhou nos olhos de Paul D para conferir se ainda havia algum vestígio neles.

"Pessoas que eu via quando era criança", ela disse, "que tinham sofrido a mordaça pareciam sempre ferozes depois disso. Seja lá por que razão usavam aquilo, não funcionava, pois colocava uma ferocidade onde antes não havia. Quando olho para você, não vejo isso. Não há ferocidade nenhuma no seu olhar."

"Há um jeito de colocar e tem um jeito de extirpar. Conheço os dois e não sei decidir qual é o pior." Ele se sentou ao lado dela. Sethe olhou para ele. À luz esmaecida do dia, seu rosto, acobreado e reduzido aos ossos, suavizou seu coração.

"Você quer falar sobre isso?", ela perguntou.

"Não sei. Nunca falei sobre isso. Para alma nenhuma. Cantei sobre isso às vezes, mas nunca falei com ninguém."

"Pois fale. Posso ouvir."

"Talvez. Talvez você possa ouvir. Só não sei se posso falar. Falar direito, digo, porque a questão não era a mordaça — não era isso."

"E o que era?"

"Os galos", ele disse. "Passar perto dos galos vendo que eles me olhavam."

Sethe sorriu. "No pinheiro?"

"Sim." Paul D sorriu com ela. "Devia ter uns cinco empoleirados lá, e pelo menos umas cinquenta galinhas."

"Até o Mister?"

"Não logo de cara. Mas não dei vinte passos antes de avistá-lo. Desceu da estaca da cerca e se sentou no tonel."

"Ele amava aquele tonel", Sethe disse, pensando. Não, não havia como parar agora.

"Amava. Como um trono. Eu que tirei ele da casca, sabe. Teria morrido não fosse por mim. A galinha tinha dado o fora com todos os pintinhos enfileirados atrás dela. E sobrou esse ovo. Parecia vazio, mas depois vi que se mexia, então abri e lá veio o Mister, com o pé ruim e tudo. Vi aquele puto crescer e castigar tudo naquele quintal."

"Ele sempre foi odioso."

"Sim, odioso, pode ter certeza. E sanguinário também, e ruim. O pé torto abanando. A crista do tamanho da minha mão, meio avermelhada. Sentou-se ali no tonel me olhando. Juro que sorriu. Minha cabeça cheia do que eu tinha visto da Halle pouco antes. Nem na mordaça eu pensava. Só em Halle e antes dele em Sixo, mas quando vi Mister entendi que era eu também. Não só eles, eu também. Um louco, outro vendido, outro desaparecido, outro queimado, e eu lambendo ferro com as mãos amarradas nas costas. O último dos homens da Doce Lar.

"Mister, ele parecia tão...livre. Melhor do que eu. Mais forte, mais durão. Filho da puta não conseguiu nem sair sozinho da casca, mas mesmo assim era rei, enquanto eu..." Paul D calou e apertou a mão esquerda com a direita. Manteve-se assim tempo suficiente para que a mão e o mundo se acalmassem e o deixassem continuar.

"Mister teve permissão de ser e continuar sendo o que ele era. Mas eu não pude ser e continuar sendo o que eu era. Mesmo se você o jogasse na panela estaria jogando na panela um galo chamado Mister. Mas de jeito nenhum eu seria Paul D outra vez, vivo ou morto. O professor me transformou. Eu virei outra coisa, e essa coisa era menos do que uma galinha sentada num tonel ao sol."

Sethe pôs a mão no joelho dele e fez um carinho.

Paul D tinha somente começado, o que contava era apenas o

começo, quando os dedos dela em seu joelho, macios e apaziguadores, o calaram. Melhor assim. Melhor assim. Dizer mais talvez os empurrasse para um lugar de onde não conseguiriam sair. Deixaria o resto onde devia ficar: na latinha de tabaco enterrada em seu peito onde antes havia um coração vermelho. A tampa enferrujada fechada. Ele não a abriria na frente dessa mulher doce e forte, pois se ela sentisse o cheiro do que havia ali ele se envergonharia. E a magoaria saber que dentro dele não havia um coração vermelho, vivo como o do Mister, batendo.

Quando deixei esse projeto para trás, que considerei um tanto incompleto, comecei a pensar sobre outro ponto importante na vida americana que foi também um momento extremamente importante na vida afro-americana sobre o qual eu desejava escrever, mas dessa vez meu problema não era como lidar com a *história*, mas antes como lidar com a *cultura*. Não havia muita história escrita sobre os anos 1920, o período que chamo de jazz, ou que nós chamamos de jazz. Havia muitos e muitos livros, muitos e muitos filmes, muitas imagens e tudo o mais, mas havia ainda essa espécie de entendimento gigantesco, poderoso e amorfo do que foi aquela cultura.

Se digo a palavra "jazz", tenho certeza de que algo vem à mente, algo bastante concreto ou talvez algo não específico, talvez apenas a música, certo tipo de música. E se persigo essa imagem do jazz, um exemplo pode vir à tona, ou um músico, ou um arranjo, ou uma canção, ou talvez apenas os clubes, o rádio, o que quer que venha à mente. Os lugares onde esse tipo particular de música que chamamos de jazz é tocado. Ou talvez apenas o gosto que vocês têm por essa música, ou sua desaprovação, sua indiferença. Mas no que quer que você esteja pensando sobre essa música, por trás disso está a lembrança — se é que isso não é a principal característica da sua memória, ou da sua associação — de que jazz é uma música que os negros tocam, ou que criaram, ou moldaram. Mas que não é tocada ou mesmo apreciada exclusivamente por eles, agora, ou já há muito, muito tempo. E também o fato de que a apreciação do jazz é um dos poucos fenômenos em que certo tipo de transcendência racial ou de um abraço que transcende a raça é possível. O que não significa que não tenha havido exploração, mas mesmo a exploração só foi possível por causa do interesse por aquilo, a paixão, e o abraço que de fato aconteceu inter-racialmente, por assim dizer.

As definições de "jazz" no dicionário listam geralmente três ou quatro entradas relacionadas à música, a informação de onde se originou em New Orleans por volta do começo do século xx, depois se seguem caracterizações da música com palavras bastante interessantes. "Compulsiva", por exemplo, é muito usada. "Intricada." "Livremente improvisada." Depois por vezes catalogam o percurso do jazz do diatonismo ao gramaticismo e à atonalidade, a seguir passam a listar outras entradas nas quais jazz não é um estilo musical, mas o tipo de dança que acompanha essa música e que tem certas características semelhantes. Que, em todo caso, se distingue por gestos e movimentos corporais *violentos*. Passadas essas definições, vêm as acepções da palavra como gíria, incluindo "vigoroso", "vivaz", "espirituoso" e "insinceridade", "exagero" e "pretensão". *Esse jazz todo. Não me venha com esse jazz todo.* Isto é, algo em que você não deve prestar muita atenção, pois é um comentário hiperbólico. Já algo que é *jazzy* é muito enérgico e incrivelmente ativo.

Não acho que alguém realmente precise desses esclarecimentos do dicionário, pois um dos aspectos atraentes do termo é sua associação relaxada de energia e sensualidade. E liberdade. E libertação. E complexidade. Tudo isso. Tudo isso com o pano de fundo de uma música célebre, inventada e moldada pelos negros. Eu, de minha parte, não penso na música primeiro. Mas entre as muitas imagens que podem vir à tona, uma seria a de uma espécie de período histórico recente, os anos 1920, o período que se conhece como Era do Jazz. E conectado a esse termo pode estar o som da música que afetou ou serviu de cenário para uma era ou uma geração de pessoas que associamos ao período. "Jazz Age" sugere um imaginário mais detalhado — Lei Seca, mudanças na moda que eram alarmantes e excitantes em alguns círculos, cabelos curtos e saias nas quais as mulheres podiam finalmente andar e trabalhar e se mover. E dançar. Mas também sugeria uma espécie de inconsequência e licenciosidade e sexualidade.

Mas se você direcionar a Era do Jazz tal como acabei de descrever para servir aos seus interesses mais literários, então fazemos uma associação com escritores que alcançaram a maturidade ou estrearam ou fizeram algo fantástico ou que tiveram alguma influência ou fama durante os anos 1920 e o começo dos anos 1930, então começamos a pensar naquela poesia maravilhosa e no teatro e nos romances de todo um grupo de artistas americanos do período posterior à Primeira Guerra: Dos Passos e Fitzgerald e Hemingway e Stein e Pound e, bem, vocês conhecem a lista, é uma lista familiar, mas também é familiar a constelação de coisas e pessoas, o tom, a música e a história que a palavra "jazz" evoca, e tudo isso é entendido como sendo peculiarmente americano. Uma atitude peculiarmente americana. E sugere um modernismo americano que se demorou por um bom tempo até surgir algo depois daquilo, e outra coisa e mais outra.

É um fenômeno cultural americano e, como tal, representa algo maior do que qualquer uma das definições ou conotações que mencionei. É, na verdade, um conceito. E é interessante para mim enquanto escritora porque é um conceito pleno de contradições. É americano, inquestionavelmente americano *e* etnicamente marginal. É negro *e* livre. É complexo *e* selvagem. É espontâneo *e* treinado. É exagerado *e* simples. É constantemente inventado, sempre novo em folha, mas de algum modo familiar e reconhecível. Onde você estiver no mundo, se você diz "jazz", as pessoas dizem "Ah, sim, sim. Eu lembro". Ou "eu entendo". Ou "eu conheço". E eu não sei se elas estão pensando em Josephine Baker ou sei lá o quê, mas é sempre "Ah, sim, sim. Jazz. Eu conheço". É algo imediatamente entendido, qualquer explanação se torna redundante.

Essas contradições têm estado em meus pensamentos, pois eu vinha tentando refletir sobre outros conceitos que abarcam essa transição muito, muito importante, e essa transformação na história dos afro-americanos, que é, em grande parte, uma transformação na história deste país. Meu esforço então envolvia não a história, mas a cultura do jazz, que é muito mais inefável e vaporosa, e meu objetivo era desmistificar e revalorizar a ideia do jazz. E fazer isso a partir de um ponto de vista que precede sua apropriação — você sabe, quando a coisa se torna de todo mundo e de ninguém — e que reculturaliza e desculturaliza essa ideia.

Olhar para dentro desse período na vida negra é parte de uma longa investigação que comecei com *Amada*, que no fim é uma reflexão sobre a autoestima, tanto em termos de raça quanto de gênero, e sobre como essa autoestima se desenvolve ou como se perverte, como floresce ou sucumbe, e sob quais circunstâncias. Em *Amada* eu estava interessada no que contribuiria de maneira mais significativa para a autoestima de uma mulher escravizada. O que era seu amor-próprio? Que valor ela atribuía a si mesma? E me convenci, e a pesquisa corroborou meu palpite, minha intuição, de que era sua identidade enquanto mãe, sua habilidade de ser e de permanecer sendo exatamente o que a instituição dizia que ela não era. Isso é que era importante. Chegando ao período da Reconstrução e mais além, por mais difícil que fosse funcionar enquanto mãe com controle sobre o destino de seus filhos, aquilo ainda viria a se tornar, depois da escravidão, uma responsabilidade jurídica. Então é daí que vinham as fontes de autoestima para Margaret Garner ou Sethe. E é algo exagerado, porque é de fato importante e estranho e vital. Mas quando Sethe pergunta "Eu? Eu?", ao final de *Amada*, aquilo envolve um movimento real na direção do reconhecimento da autoestima.

Contudo, a resposta à pergunta dela só me parecia vir ou se fazer disponível uma geração ou duas depois, quando a possibilidade de liberdade pessoal, e interior, de liberdade imaginativa — não liberdade política ou econômica, ainda distantes, embora tivesse havido algumas mudanças — podia afinal ser acionada. Então me parecia que, enquanto a história, os fatos dos historiadores tradicionais, tanto documentavam quanto negavam essa mudança na vida negra e na cultura, a informação disponível nos sinais culturais me sugeria alterações nas formulações e nas fontes de autoestima. A música, e as letras, os performers me apontaram os primeiros sinais dessa mudança na cultura. E os movimentos, as migrações de áreas rurais para áreas urbanas, guardavam outros tipos de informação. A literatura, a linguagem, os costumes, as posturas, tudo isso era de meu interesse.

Pareceu-me que os anos 1920, com o nascente e irresistível idioma do jazz, só era tão peculiar precisamente por causa dessa mudança. Aquele período, a Era do Jazz, foi uma época em que os negros deixaram muitos rastros da sua agência na cena cultural. E essa agência — despercebida em termos políticos e econômicos — informa meu projeto. E todos os termos que mencionei antes — "rebeldia", "violência", "sensualidade", "liberdade", "complexidade", "invenção" e "improvisação" — foram intimistas na figuração maior desse termo. Nas relações amorosas subjetivas, exigentes, profundamente pessoais. O único lugar onde os afro-americanos podiam se impor e sucumbir por sua própria escolha. Onde eles não se casavam com quem lhes fora determinado, ou que vivia na mesma rua, ou na casa ao lado. Onde podiam efetuar a escolha mais improvável possível — optando por se apaixonar. Reivindicando um outro como ser amado. Não por causa de relações filiais de sangue ou proximidade, mas precisamente porque era algo ad hoc, acidental, fatídico, porém não previsível.

E essa assertividade, essa agência criativa, parecia mais clara na música, no estilo, na linguagem dessa era pós-Reconstrução que representava tanto transição quanto transformação. A vida vivida entre sacos de farinha ou no enfado do simples algodão lhes dá uma fome, um desespero por cor e padrões e cores primárias poderosos, do mesmo modo que centenas de anos sendo acasalados ou obrigados a este ou aquele casamento, centenas de anos pedindo permissão para se juntar a outra pessoa, tendo de tomar medidas drásticas, extraordinárias, para manter uma família unida e para se comportar como uma família. E tudo isso em meio a uma tensão gigantesca, com pouquíssimas evidências de que qualquer coisa iria mudar. Os escravizados fariam tudo que você pedisse, suportariam tudo, se você lhes desse alguma esperança de ficar com os filhos. Faziam qualquer coisa. Cada impulso, cada gesto, era no sentido de manter seus filhos.

Bem, sob essas pressões históricas, o desejo de escolher parceiros, o desejo de amor romântico, opera como um lugar, um espaço separado para a reivindicação individual do eu. É parte, talvez a maior, certamente uma parte importante, da reconstrução da identidade. Parte do "eu" tão hesitantemente articulado em *Amada*. É isso que ela precisa descobrir. E é o que explica a satisfação nas letras e na frase musical do blues, não importando se a relação floresce ou não (quase sempre não). Em geral, vocês sabem, alguém foi embora e não vai voltar ou alguma coisa terrível aconteceu e você nunca mais vai ver essa pessoa. Caso a afeição volte ou não, caso o ser amado seja recíproco ou não em seu ardor, o amante, o cantor alcançou alguma coisa, conquistou alguma coisa no próprio ato de estar apaixonado. É impossível ouvir o lamento do blues sem reconhecer a rebeldia, a grandeza, a agência que frequentemente contradizem o pranto do amor perdido. Talvez seja por meio dessa agência, e pela assertividade ainda mais poderosa do que chamamos de "jazz", que se vale desses gestos, que aquilo que é solução de compromisso se torna reconciliação. É também o modo como a imaginação fomenta possibilidades reais: se você não pode imaginar, não pode ter. E uma terceira coisa cresce, onde o desespero pode ter estado, e mesmo onde o passado impõe seu domínio sem trégua. E é essa terceira coisa que o jazz cria e que se cria nesses espaços e nessas interseções de raça e gênero que me interessa e que informou e impeliu a escrita desse livro chamado *Jazz*. Quero ler apenas uma ou duas páginas, que são uma espécie de ilustração daquele gesto de escolha e amor:

> É bom quando adultos sussurram um para o outro debaixo dos lençóis. Seu êxtase é mais um suspiro de folhas do que um urro, e o corpo é o veículo, não o objetivo. Eles se esticam, esses adultos, por algo muito, muito além, debaixo da pele. Enquanto sussurram estão lembrando das bonecas que ganharam nas feiras de infância e dos barcos de Baltimore em que jamais navegaram. As peras que deixaram pender dos ramos, pois se as apanhassem elas já não lá estariam, e ninguém mais veria aquela madureza se eles as arrancassem para si. Já ninguém avistaria aquelas peras e imaginaria seu sabor. Respirando e murmurando debaixo dos lençóis que ambos lavaram e penduraram no varal, numa cama que escolheram juntos e que mantiveram inteira, ainda que uma das pernas se apoie num dicionário de 1916 e que o colchão, curvado como a palma de um pastor convocando testemunhas em Seu nome, afundasse, encerrando-os e abafando seus sussurros de amor antigo. Estão debaixo dos lençóis, pois já não precisam velar um pelo outro; não há garanhão sedutor ou olhar furtivo de prostituta que os desfaça. Estão

voltados para dentro um do outro, unidos pelas feiras de infância e pelos navios que zarparam de portos que eles nunca conheceram. É isso que há naqueles sussurros embaixo do lençol.

Mas há outra parte, não tão secreta. A parte em que os dedos se tocam quando um passa o pires e a xícara para o outro. A parte em que ele esconde o decote dela enquanto esperam o bonde, e ela espana os fiapos de seu terno de sarja azul quando saem do cinema e caminham pela tarde.

Invejo esse amor público. Eu mesma só conheci o amor secreto, compartilhado em segredo, e desejei, e como desejei, exibi-lo — dizer em alto e bom som o que eles não têm nenhuma necessidade de expressar: *Que só amei você, que entreguei todo o meu ser imprudente para você e mais ninguém. Que quero que você me ame também e que me demonstre. Que amo como você me abraça, como me deixa ficar bem juntinho de você. Gosto dos seus dedos para lá e pra cá, subindo, virando. Faz muito tempo que fito seu rosto e senti falta dos seus olhos quando você se afastou de mim. Conversar com você e ouvir suas respostas — é o que me toca.*

Mas não posso dizer isso em voz alta; não posso contar a ninguém que tenho esperado por isso minha vida inteira e que ser escolhida para esperar é a razão de eu poder fazê-lo. Se eu fosse capaz, eu o diria. Diria faça-me, refaça-me. Você é livre para fazê-lo e eu sou livre para deixar que você o faça, pois veja, veja. Veja onde estão suas mãos. Agora.

Rememória

Suspeito que minha dependência da memória enquanto ignição confiável é mais ansiosa do que é para a maioria dos escritores de ficção — não porque escrevo (ou quero escrever) em termos autobiográficos, mas porque estou bastante alerta ao fato de que escrevo numa sociedade inteiramente racializada que pode debilitar e que de fato debilita a imaginação. Rótulos sobre centralidade, marginalização, minorias, gestos de culturas que se apropriam ou que são apropriadas, heranças literárias, pressões para tomadas de posição — tudo isso vem à tona quando sou lida ou criticada ou quando componho. É uma condição tão intolerável quanto inevitável. A mim são feitas perguntas bizarras inconcebíveis se postas a outros escritores: você acha que algum dia escreverá sobre gente branca? Não é terrível ser chamada de escritora negra?

Eu gostaria que minha imaginação fosse o mais livre possível e o mais responsável possível. E gostaria de talhar um mundo tanto culturalmente específico quanto "livre de questões raciais". O que se me apresenta como um projeto cheio de paradoxos e contradições. Escritores ocidentais ou europeus acreditam ou podem optar por acreditar que suas obras são naturalmente "livres de questões raciais" ou que "transcendem a raça". Se são ou não é outra questão — o fato é que o problema não os preocupou. Contudo, eles podem pensar dessa maneira, porque apenas os Outros são "racializados" — os brancos não. Ou pelo menos é o que reza a sabedoria convencional. A verdade, naturalmente, é que somos todos "racializados". Desejando essa mesma soberania, precisei originar meus próprios projetos ficcionais de um modo que libertasse a mim mesma, ao meu trabalho e à minha habilidade de fazê-lo. Eu tinha três escolhas: ignorar ou tentar ignorar a raça completamente e escrever sobre a Segunda Guerra Mundial ou conflitos domésticos sem nenhuma referência a raça. Mas isso apagaria um dos fatos mais inspiradores da minha existência e da minha inteligência. A segunda opção era me tornar uma observadora fria "objetiva" escrevendo sobre conflitos e/ou harmonias raciais. Nesse caso, contudo, eu seria forçada a conceder o centro do palco a ideias preconcebidas sobre centralidade, e o tema de todo modo seria sempre raça. Por fim, uma terceira opção seria buscar novos territórios: encontrar um modo de libertar minha imaginação das imposições e limitações da raça e explorar as consequências de sua centralidade no mundo e na vida das pessoas sobre as quais eu desejava avidamente escrever.

    Primeiro foi meu esforço para me apoiar na memória, e não na história, pois eu sabia que não poderia, e não deveria, buscar na história oficial os insights sobre especificidade cultural que eu desejava. Depois, decidi diminuir, excluir ou mesmo congelar qualquer dívida (explícita) para com a história literária ocidental. Nenhum desses esforços foi inteiramente bem-sucedido, nem eu deveria ser parabenizada caso tivessem sido. No entanto, me pareceu extremamente importante tentar. Vocês hão de entender como teria sido imprudente de minha parte se eu tivesse buscado insights sobre minha própria cultura em Conrad, Twain, Melville, Stowe, Whitman, Henry James, James Fenimore Cooper, ou mesmo Saul Bellow, em Flannery O'Connor ou Ernest Hemingway. Teria sido igualmente estúpido, além de devastador, amparar-me em Kenneth Stampp, Lewis Mumford, Herbert Gutman, Eugene Genovese, Moynihan, Emerson, Jefferson ou qualquer um desses sábios da história dos Estados Unidos, em se tratando de pesquisas que me iluminassem sobre essas questões. Havia e há, contudo, outra fonte à minha disposição: minha própria herança literária de narrativas de escravizados.

Para adentrar imaginativamente esse território incitei a memória a se metamorfosear no tipo de associação metafórica e imagística que descrevi no começo desta palestra com Hannah Peace.

Mas escrever não é simplesmente relembrar ou rememorar ou mesmo epifania. É fazer, criar uma narrativa imbuída (no meu caso) de características legítimas e autênticas dessa cultura específica.

Ciente das expectativas e imposições raciais que minha ficção encorajaria, e em contraposição a tais expectativas e imposições, para mim era importante não revelar, isto é, reforçar realidades já estabelecidas (literárias ou históricas) sobre as quais o leitor e eu concordássemos de antemão. Eu não poderia exercer esse tipo de autoridade sem me engajar em outro tipo de processo cultural totalizante.

Foi em *Amada*, contudo, que todas essas questões se mesclaram para mim de modo inédito. História versus memória, memória versus esquecimento. Rememória, como em relembrar e rememorar, como em reagrupar os membros do corpo, da família, da população do passado. E foi o conflito, a batalha campal entre lembrança e esquecimento, que se tornou o mecanismo da narrativa. O esforço tanto para lembrar quanto para não saber plasmou-se na própria estrutura do texto. Ninguém no livro consegue demorar-se demais no passado; e ninguém consegue evitá-lo. Não há história literária ou jornalística ou acadêmica confiável que lhes esteja disponível e que lhes sirva, pois vivem em uma sociedade e num sistema em que são os conquistadores que escrevem as narrativas da vida deles. Fala-se e se escreve sobre eles — são objetos da história, não sujeitos que a habitam. Desse modo, a reconstituição e a rememoração de um passado utilizável não apenas são a principal preocupação dos personagens centrais (Sethe para saber o que aconteceu com ela, mas também para não saber, de maneira a justificar sua ação violenta; Paul D para parar e relembrar o que o ajudou a construir sua identidade; Denver para desmistificar seu próprio nascimento e adentrar o mundo contemporâneo com o qual ela reluta em engajar-se), como a estratégia narrativa, a estruturação da trama acessa a angústia da lembrança, sua inevitabilidade, as chances de libertação que residem no processo.

[Leitura]

As páginas finais em que a memória é insistente e no entanto se torna o processo de mutação do fato em ficção, depois em folclore e, por fim, em nada.

O romance no qual trabalhei depois de *Amada* apresentava uma série de circunstâncias diferentes a esse respeito. Algumas das circunstâncias que cercaram a escrita de *A canção de Solomon* incluíam um acesso que eu acreditava que a contemplação do meu pai tornava possível para mim. No entanto, esse projeto dependia também de apreender minha mãe. A história se passa em 1926, que é a época da juventude de minha mãe. Ou seja, sua memória daquela época tal como ela me conta é tanto um véu que esconde certas partes quanto um rasgo pelo qual se faz possível enxergar. Acredito que essa pequena seção é a essência da memória que se transforma em nostalgia e remorso, até vir a ser, por fim, uma possibilidade bastante tênue, mas não tão frágil, de esperança pelo presente.

Memória, criação e ficção

> *Para uma obra de arte não é suficiente exibir planos e linhas ordenadas. Se uma pedra é lançada contra um grupo de crianças, elas rapidamente se dispersam em várias direções. Um reagrupamento, uma ação, foi alcançado. Isso é composição. Esse reagrupamento, apresentado por meio da cor, das linhas e dos planos, é um motivo artístico e pictórico.*
>
> Edvard Munch

Gosto dessa citação, como de muitos comentários que os pintores fazem sobre suas obras, porque me esclarece um aspecto da criação que me diz respeito como escritora. Sugere como aquela parte interior do crescimento de um escritor (a parte que é algo tanto distinto quanto indistinguível do ofício) se conecta não apenas a uma série de estímulos locais e localizados, mas também à memória: o pintor pode copiar ou reinterpretar a pedra — suas linhas, planos ou curvas —, mas a pedra que provoca um acontecimento entre as crianças ele deve relembrar, pois é algo que já aconteceu e passou. Ao se sentar diante de seu caderno de esboços, ele relembra como a cena se deu, mas sobretudo relembra o ambiente que acompanha a cena.

Junto com a pedra e as crianças dispersas há toda uma galáxia de sentimentos e impressões cujo movimento e conteúdo podem parecer, a princípio, arbitrários, até incoerentes. Porque tanta coisa na vida pública e acadêmica nos proíbe de levar a sério o ambiente dos estímulos soterrados, é não raro extremamente difícil buscar tanto o estímulo quanto sua galáxia e reconhecer-lhes o valor quando chegam. Para mim a memória é sempre fresca, apesar do fato de o objeto relembrado não mais existir.

A memória (o ato deliberado da rememoração) é uma forma de criação que depende de um ato de vontade. Não é um esforço para descobrir como tudo se deu de fato — isso é pesquisa. O ponto é refletir sobre o modo como se dá a aparição da memória e por que ela se mostra de determinada maneira.

Certa vez conheci uma mulher chamada Hannah Peace. Digo que "conheci", mas nada poderia ser menos preciso. Eu tinha talvez quatro anos quando ela vivia na cidade em que nasci. Não sei por onde anda agora (nem mesmo se está viva) ou de quem ela era parente naquela época. Não era sequer uma pessoa que visitasse nossa casa. E até hoje eu não poderia descrevê-la de forma a fazê-la reconhecível numa fotografia, e eu mesmo não a reconheceria se ela entrasse agora mesmo nesta sala. Mas tenho uma memória dela, que é assim: a cor de sua pele — seu tom mate. Uma aura púrpura rondava sua figura. E os olhos não completamente abertos. Dela emanava certo alheamento que me parecia de natureza bondosa. Mas lembro sobretudo de seu nome — ou do modo como as pessoas o pronunciavam. Nunca Hannah ou srta. Peace. Sempre Hannah Peace — e algo mais. Algo secreto — certa admiração talvez. E uma dose de perdão, sem dúvida. Quando pronunciavam seu nome, todos (as mulheres e os homens) a perdoavam por alguma coisa.

Não é muito, eu sei: os olhos semicerrados, a ausência de hostilidade, a pele salpicada de uma poeira lilás. Mas é mais do que suficiente para evocar um personagem — na verdade, qualquer detalhe a mais teria impedido (para mim) o surgimento de um personagem ficcional. O que é útil — definitivo — é a galáxia de emoções que acompanhava essa mulher quando persigo a memória que tenho dela, não a mulher em si. (Continuo admirada com a habilidade — mesmo com o desejo — de "usar" conhecidos, amigos ou inimigos como personagens ficcionais. Uma pessoa real para mim não tem fermento, ou melhor, tem fermento demais, a ponto de não ser útil — é pão feito, já assado.)

Os pedaços (e apenas os pedaços) são o que começa o processo criativo para mim. E o processo pelo qual junto esses pedaços até que eles formem uma parte (e sabendo a diferença entre um pedaço e uma parte) é criação. Memória, então, não importa quão diminuto seja o pedaço lembrado, exige meu respeito, minha atenção e minha confiança.

Dependo bastante da astúcia da memória (e de um modo em que ela de fato funciona como uma astúcia do escritor criativo) por duas razões. Uma, porque ela acende algum processo de invenção, e outra, porque eu não posso confiar na literatura e na sociologia alheias para me ajudar a conhecer a verdade sobre minhas próprias fontes culturais. Isso também impede que minhas preocupações enveredem pela sociologia. Já que a discussão sobre literatura negra em termos críticos é geralmente sociologia e quase nunca crítica de arte, é importante para mim afastar tais considerações do meu trabalho já no ponto de partida.

No exemplo de Hannah Peace era o ter-sido-facilmente--perdoada que me chamava a atenção, e essa qualidade, o "ser facilmente perdoada", que acredito recordar em conexão com uma sombra de uma mulher que minha mãe conhecia, é o tema de *Sula*. As mulheres se perdoam — ou aprendem a se perdoar.

Uma vez que essa peça da constelação se tornou aparente, passou a dominar as outras peças. O próximo passo era descobrir o que havia para ser perdoado entre mulheres. Coisas assim agora precisam ser postas e inventadas, pois vou contar uma história sobre perdão feminino. As coisas a serem perdoadas são erros graves e contravenções violentas, mas o ponto era menos a coisa a ser perdoada do que a natureza e a qualidade do perdão entre mulheres — que é o mesmo que dizer: a amizade entre mulheres. O que se tolera numa amizade é determinado pelo valor emocional do relacionamento. Mas *Sula* não é (simplesmente) sobre amizade entre mulheres, mas entre mulheres negras — termo qualificativo cujas responsabilidades artísticas implicadas sempre se me apresentam antes de encarar a página. Antes do ato da escrita, antes do bloco amarelo ou da folha em branco, vêm os princípios que informam a ideia de escrever. Tratarei deles num instante.

O que quero que minha ficção faça é estimular o leitor à participação ativa na experiência não narrativa, não literária do texto, o que lhe dificulta se confinar a uma aceitação fria e distanciada dos dados. Quando se olha para um quadro muito bom, a experiência de olhar é mais profunda do que os dados acumulados ao observar o quadro. O mesmo, creio, é verdade no que diz respeito à audição da boa música. Assim como o valor literário de um quadro ou de uma composição musical é limitado, também o valor literário da literatura é limitado. Às vezes penso como deve ter sido glorioso ter escrito drama no século XVI na Inglaterra, ou poesia na Grécia antes de Cristo, ou narrativas religiosas na Idade Média, quando a literatura era uma necessidade e não existia uma história crítica que restringisse ou diminuísse a imaginação do escritor. Como deve ser maravilhoso não depender das associações literárias do leitor — sua experiência livresca, que pode ser um empobrecimento tanto de sua imaginação quanto da imaginação do escritor. É importante que o que eu escreva não seja meramente literário. E é sendo muito cuidadosa para não cair em imposturas literárias que me mostro mais autoconsciente em minha escrita. Evito, talvez de forma demasiadamente estudada, mencionar nomes ilustres, listas, referências literárias, a não ser que oblíquas e baseadas no folclore escrito. A escolha de um conto popular ou de uma lenda folclórica é feita sempre sob medida para as ações e os pensamentos do personagem de uma forma que o assinala, oferecendo uma camada de ironia, por vezes de humor. Milkman, prestes a conhecer a negra mais velha do mundo, a mãe das mães que passou a vida cuidando dos necessitados, entra em sua casa pensando num conto europeu, "João e Maria", uma história sobre pais que abandonam os filhos numa floresta e sobre uma bruxa que pensa em se alimentar deles. Sua confusão naquele ponto, sua confusão e sua ignorância cultural e racial, é sinalizada. Outro sinal é a cama de Hagar sendo descrita como a cama escolhida pela Cachinhos Dourados. Em parte pela preocupação de Hagar com o cabelo e em parte porque, como a Cachinhos Dourados, uma gatuna como poucos, ela sente grande desejo por coisas materiais, despreza direitos de propriedade e a intimidade das outras pessoas. É também emocionalmente egoísta e confusa.

Essa fuga deliberada de referências literárias se tornou, no meu caso, um hábito arraigado, ainda que talvez um pouquinho aborrecido, não apenas porque as referências levam a imposturas, não apenas porque recuso as credenciais que elas oferecem, mas também porque são inapropriadas para o tipo de literatura que desejo escrever, para os propósitos dessa literatura e para a disciplina da cultura específica que me interessa. (Ênfase no *me*.) Referências literárias nas mãos dos escritores que amo podem ser extremamente reveladoras, mas também podem oferecer um conforto que não quero que o leitor tenha, pois quero que ele reaja da mesma forma que um leitor iletrado ou pré-letrado reagiria. Quero subverter seu conforto tradicional, de modo que ele vivencie outra espécie de conforto, menos ortodoxa: o conforto de estar na companhia de sua própria imaginação solitária.

Meus começos enquanto escritora se concentravam bastante no estabelecimento desse desconforto, dessa intranquilidade, com o intuito de insistir que o leitor se apoiasse em outro conjunto de conhecimentos. Por mais fracos que fossem aqueles começos em 1965, eles, não obstante, apontavam na direção do processo em que estou hoje, em 1982: confiar na memória e por meio dela escolher tema e estrutura. Em *O olho mais azul* a recordação do que senti ao ouvir uma criança da minha idade dizer que rezava para ter olhos azuis me deu o primeiro pedaço. Tentei então distinguir entre um pedaço e uma parte (do mesmo modo que um pedaço de um corpo humano é diferente de uma parte de um corpo humano).

À medida que comecei a desenvolver partes a partir de pedaços, descobri que as preferia desconectadas — que se relacionassem, mas que não se tocassem; que girassem em torno umas das outras, mas não se enfileirassem —, pois a história dessa oração era a história de uma percepção fraturada, estilhaçada, resultado de uma vida estilhaçada e dispersa. O romance terminou sendo uma composição de partes que giravam em torno umas das outras, como a galáxia que acompanha a memória. Ressalto o aspecto fragmentário da memória porque frequentemente queremos a coisa inteira. Quando acordamos de um sonho queremos lembrá-lo por completo, embora o fragmento do qual nos lembramos possa ser — muito provavelmente é — a parte mais importante do sonho. As designações de parte e capítulo, como convencionalmente aplicadas aos romances, nunca me valeram de grande coisa ao escrever. Nem o resumo. (Tolero seu uso por causa do trabalho do designer e para facilitar as conversas sobre o livro. Geralmente faço o resumo no último minuto.)

Pode haver jogo e arbitrariedade no modo como a memória emerge, mas não no modo como a composição se organiza, especialmente quando desejo recriar o jogo e a arbitrariedade da maneira como os eventos narrativos se desenrolam. A forma se torna a interpretação exata da ideia que a história pretende expressar. Nada mais tradicional do que isso — mas as fontes das imagens não são tradicionalmente romanescas ou literárias. A imagem visual de um espelho fragmentado, ou do corredor de espelhos partidos refletidos em olhos azuis, é tanto a forma quanto o contexto de *O olho mais azul*.

A narração é um dos modos como organizamos o conhecimento. Sempre achei que era a forma mais importante de transmitir e receber conhecimento. Estou menos certa disso agora — mas a fome por ela continua tão intensa quanto o era no monte Sinai, no Calvário ou entre os pântanos. Mesmo quando os romancistas abandonam a forma narrativa ou se cansam dela, tratando-a como mimetismo fora de moda, os historiadores, os jornalistas e os artistas mantêm-na viva. Ainda assim, a narrativa não é nem nunca foi suficiente, tal como o objeto desenhado numa tela ou numa caverna nunca é simplesmente mimético.

Meu pacto com o leitor não é o de revelar uma realidade já estabelecida (literária ou histórica) sobre a qual concordamos de antemão. Não quero pressupor nem exercer esse tipo de autoridade. Considero uma atitude condescendente, embora muitas pessoas a considerem confortável e tranquilizadora. E porque meu campo de ação é a comunidade negra, as demandas artísticas da cultura negra são de tal ordem que não posso ser condescendente, não posso controlar ou pontificar. Na cosmologia do Terceiro Mundo tal como a entendo, a realidade não se encontra já constituída por predecessores literários pertencentes à cultura ocidental. Se meu trabalho é confrontar uma realidade diferente daquela recebida do Ocidente, devo centralizar e animar um conjunto de informações desacreditadas pelo Ocidente — desacreditadas não porque não sejam verdadeiras ou úteis ou mesmo de algum valor racial, mas porque são informações pertencentes a um povo desacreditado, informação desprezada como "lenda" ou "fofoca" ou "mágica" ou "sentimento".

Se minha obra deve refletir fielmente a tradição estética da cultura afro-americana, preciso fazer uso de suas formas artísticas, traduzindo-as para o papel impresso: o caráter antifônico, a natureza grupal da arte, sua funcionalidade, a dimensão improvisacional, a relação com a performance que se realiza perante um público, a voz crítica que sustenta a tradição e os valores comunais, mas que também engendra uma ocasião para o indivíduo transcender ou desafiar as restrições do grupo.

Operando com essas regras, o texto, se levar em conta a improvisação e a participação do público, não pode ser uma autoridade — deve ser o mapa. Deve abrir caminhos para que o leitor (a plateia) participe da história. A linguagem, se deve permitir a crítica tanto da rebelião quanto da tradição, deve ser tanto índice quanto máscara, e a tensão entre os dois tipos de linguagem é sua libertação e seu poder. Para que minha obra seja funcional em relação ao grupo (à aldeia, por assim dizer), deve testemunhar e identificar perigos, bem como possíveis refúgios; deve discernir aquilo que é útil no passado e aquilo que deve ser descartado; deve tornar possível a preparação para o presente bem como sua vivência; e deve fazê-lo não evitando problemas e contradições, mas examinando-os; por fim, não deve sequer tentar resolver problemas sociais, mas deve certamente procurar clarificá-los.

Antes de me valer de *Tar Baby* para tentar ilustrar alguns desses pontos, deixem-me dizer de pronto que há escritores negros eminentes e poderosos, inteligentes e talentosos, que não apenas reconhecem a literatura ocidental como parte de sua própria herança, mas que a têm empregado com muito proveito, de forma a iluminar ambas as culturas. Nem me oponho nem sou indiferente a suas obras e pontos de vista. Pelo contrário: muito os aprecio, precisamente como aprecio um mundo de literaturas das mais variadas culturas. A questão não é a legitimidade ou a "correção" de um ponto de vista, mas a diferença entre o meu ponto de vista e o deles. Nada me seria mais odioso do que uma prescrição monolítica que decrete o que a literatura negra é ou deve ser. De minha parte, eu apenas queria escrever uma literatura que fosse irrevogável, inegavelmente negra, não porque seus personagens fossem negros, ou porque eu sou negra, mas por tomar como meta criativa e por reivindicar como credenciais aqueles princípios reconhecíveis e verificáveis da arte negra.

Na escrita de Tar Baby, memória significava relembrar a história contada. Recusei-me a ler uma versão moderna ou ocidentalizada da história contada. Em vez disso, selecionei os pedaços que eram perturbadores ou simplesmente memoráveis: medo, piche, a indignação do coelho diante de uma falha nas tradicionais boas maneiras (a boneca de piche não fala). Por que a boneca de piche foi criada, com que propósito, o que o fazendeiro pretendia proteger e por que ele pensou que a boneca seria atraente para o coelho (o que ele sabia e qual foi seu grande erro)? Por que a boneca de piche coopera com o fazendeiro, as coisas que o fazendeiro pretende proteger querem ser protegidas? O que faz seu trabalho ser mais importante do que o do coelho, por que o fazendeiro acredita que uma moita de roseira-brava é punição suficiente, o que a moita de roseira-brava representa para o coelho, para a Boneca de Piche e para o fazendeiro?

Criação significava agrupar as peças acima em partes. Primeiro de tudo, concentrar-se no piche como uma parte. O que é e de onde vem? Quais são seus usos sagrados e seus usos profanos — uma consideração que conduz a um motivo orientador:

terra a-histórica e terra histórica. Esse tema se traduziu na estrutura de acordo com os seguintes passos:

1. Do mar (aquilo que existia antes da terra) emerge tanto o começo quanto o final do livro — em ambos o Filho emerge do mar numa seção que não é numerada como capítulo.

2. A terra que emergiu do mar e sua conquista pelo homem moderno; essa conquista tal como vista por pescadores e nuvens. A dor que causou às formas de vida conquistadas.

3. Movimento da terra para a casa: seus espaços, sua qualidade de abrigo. A atividade pela qual os espaços foram projetados: comer, dormir, assear-se, divertir-se etc.

4. As casas afetadas precisamente como a terra foi afetada. O caos da terra duplicada na casa projetada para a ordem. A perturbação é causada pelo homem nascido do ventre do mar acompanhado pelos odores de amônia do nascimento.

5. O conflito que se segue é entre as forças a-históricas (puras) e históricas (sociais) inerentes ao uso do piche.

6. Além disso, o conflito se dá entre dois tipos de caos: o civilizado e o natural.

7. A revelação, portanto, é a revelação de segredos. Todo mundo, salvo esta ou aquela exceção, tem segredos: atos cometidos (como é o caso com Margaret e o Filho) e pensamentos não ditos, mas influentes (como com Valerian e Jadine). E, por fim, o segredo mais profundo e mais antigo de todos: *quando observamos outra vida, outra vida também nos observa.*

Adeus a tudo aquilo: Raça, barriga de aluguel e adeus

Alguns anos atrás, quando fui convidada para uma entrevista em um programa de televisão, perguntei se seria possível que nossa conversa evitasse qualquer questão ou tópico sobre raça. Eu suspeitava que, caso essa exclusão voluntária ocorresse, outros temas igualmente interessantes poderiam emergir, produzindo um raro encontro midiático — um encontro livre das frases feitas às quais você se sente forçada a recorrer nesses espaços, quando indagada sobre esse tópico. Pensei que o experimento seria inédito para mim e traria à baila meus pontos de vista sobre o que constitui minha vida de escritora, ou a relação entre lecionar e escrever, entre editar e lecionar, como o prazer e o desespero de ser mãe influenciaram meu trabalho — se o impulsionou ou limitou; meus pontos de vista sobre o problema da transcrição e dos dados orais em narrativas de escravizados, a mescla instigante entre linguagem falada, normativa, dialetos de rua e linguagem lírica para uma escritora americana, a importância de Gerard Manley Hopkins e Jean Toomer na minha vida; como a pobreza, por certo tempo uma figuração romantizada, sentimentalizada na literatura americana, retornou a seu predecessor do século XIX como metáfora para doença, crime e pecado; sobre meu trabalho a propósito das cartas dos abolicionistas James McCune Smith e Gerrit Smith. Todos esses são tópicos, ou retalhos de tópicos, que têm algo a ver com minha vida de pensadora e escritora. O entrevistador concordou, mas, quando nos encontramos, alguns minutos antes do programa, ele mudou de ideia, dizendo que o aspecto racial era interessante demais para ser abandonado. Não tenho certeza de que o bate-papo que eu desejava despertaria o interesse de alguém. Provavelmente não. O julgamento do entrevistador foi certeiro, ainda que previsível: diferenças raciais vendem bem. Meu ponto, contudo, é que nem o entrevistador nem o público estavam interessados em nenhum aspecto da minha vida que não os raciais. Desapontada e aborrecida, saquei meu kit com a versão midiática de diálogos raciais: tataraneta de africanos, tataraneta de escravizados; bisneta de meeiros; neta de migrantes; beneficiária do Sonho Americano — nisso, acabei atravessando sonambulamente um diálogo pálido, incoerente, profundamente desinteressante.

Eu ansiava muito por um ambiente em que pudesse falar e escrever sem que cada sentença fosse entendida como mero protesto ou mero proselitismo. No entanto, esse desejo não pode ser entendido de modo algum como um endosso à desracialização, ou, para citar a expressão da moda, à "transcendência da raça", nem como um exemplo do impacto minguante das políticas raciais. Mesmo um rápido vislumbre dos dados do censo americano do ano 2000, em que identificações raciais mais refinadas se mostram mais pronunciadas; mesmo uma leve curiosidade em relação às recomendações para moratórias envolvendo penas de morte; uma vaga consciência da violenta marginalização dos afro-americanos na última eleição presidencial; os números recordes de casos de discriminação e preconceito racial — nenhum desses vetores levaria alguém a concluir que as políticas raciais são benignas. Não prevejo, nem quero, um ambiente que "não vê cor", racialmente neutro. O século XIX era a época para isso. Agora é tarde demais. Nossa cultura modificada pela raça não apenas existe, mas prospera. A questão é se prospera como um vírus ou como uma farta colheita de possibilidades.

Desde o começo, reivindiquei um território insistindo em ser identificada como uma escritora negra interessada exclusivamente nas facetas da cultura afro-americana. Fiz essas afirmações nada ambíguas para impor a todos os leitores a visibilidade e a necessidade da cultura afro-americana em minha obra precisamente para encorajar um vocabulário crítico mais abrangente do que aquele no qual fui educada. Eu queria que esse vocabulário se estendesse até as margens em busca da riqueza que lá reside, não abandonando, mas reconfigurando o que ocupava o centro. Parecia-me uma forma de enriquecer o diálogo entre as culturas. Eu queria tornar impossível o papel do escritor branco temporário ou honorário e frustrar o rótulo do escritor inconsequentemente negro. O escritor "que apenas acontece de ser negro". Meu projeto era descobrir o que o tópico negro fazia e poderia fazer para as práticas da linguagem. Buscava uma linguagem que pudesse existir ao menos em dois níveis: a identidade claramente racializada bem ao lado da identidade não racial que não obstante precisava funcionar dentro de um discurso já racialmente codificado. Mas nunca fui muito boa com manifestos, então minhas tentativas se provaram uma corda bamba, uma busca por equilíbrio que confundia alguns leitores, deleitava outros, desapontava mais alguns, mas que provocava um número suficiente a ponto de eu saber que meu trabalho não era sempre em vão. Isso me levou a experimentar estratégias e a empregar técnicas e estruturas que emanavam de uma cultura afro-americana que convivia lado a lado com outras culturas e que a elas reagia.

Esse esforço para equilibrar as demandas da especificidade cultural com as da abrangência artística é uma condição da minha escrita, não um problema. Um desafio, não uma preocupação. Um refúgio, jamais um campo de refugiados. Terra natal, não terra estrangeira. Habitar e manipular essa esfera é algo que me estimula como nada mais. É evidente que escritores afro-americanos já contemplaram, descreveram, debateram e tomaram posição nesse debate entre política e arte, raça e/ou estética, desde que Phillis Wheatley sugeriu que a escravidão lhe fez um favor. Jean Toomer tentou escapar desses grilhões inventando uma raça americana. Langston Hughes, Zora Neale Hurston, James Baldwin, Ralph Ellison, Richard Wright, acadêmicos afro-americanos e vários escritores posteriores ao movimento pelos direitos civis ponderaram sobre a questão. E esse tema tem sido, desde o século XIX, uma preocupação intensamente debatida de cada grupo de escritores imigrantes nos Estados Unidos. De Henry James a Chang--rae Lee; de William Faulkner a Maxine Hong Kingston; de Isaac Bashevis Singer a Frank McCourt; de Herman Melville a Paula Marshall. Ainda assim, é difícil acreditar que a necessidade de responder a um status visto como "marginal" tenha sido lembrada tão insistentemente e tão ruidosamente a qualquer grupo quanto aos artistas afro-americanos. Para mim, a pergunta implícita, por vezes até enunciada, "Você é uma escritora negra ou uma escritora americana?" significa não apenas "Você está subvertendo arte em política?". Também significa "Você é uma escritora negra ou uma escritora universal?", sugerindo que as duas categorias são claramente incompatíveis. Consciência de raça aparentemente jamais pode ser separada da política. É o resultado de um casamento feito às pressas e sob pressão dos brancos, mas são os artistas afro-americanos (nos domínios público e acadêmico) que terminam criticados e malhados por lidarem com as consequências desse casamento. Forçados a gritar eternamente para a crítica branca: "Essa política racial não é minha — é sua". Essas batalhas são exaustivas e especialmente debilitantes dado que aqueles que iniciaram a refrega só precisam observá-la, sem tomar parte. Precisam apenas descaracterizar as demandas por especificidade cultural, rotulando-as como identitarismo político ou guerra ao cânone, ou pleito por tratamento especial, ou algum outro gesto ameaçador. Além disso, as pessoas mais engajadas na discussão em geral são aquelas que já colheram todos os benefícios.

Suponho que, inicialmente, abordei o debate sobre arte versus política, ou raça versus estética, do modo como um alquimista o faria: buscando aquela combinação de ingredientes que transformam impurezas em ouro. Mas tal fórmula não existe. Meu projeto, então, passou a ser tornar o mundo historicamente racializado inextricável da visão artística que o contempla e, ao fazê-lo, encorajar leituras que examinem os dois. Isto é: reivindiquei o direito e o alcance da autoria. Para interromper a história jornalística com uma história metafórica; para impor sobre uma história retórica uma história imagística; para ler o mundo e deslê-lo; escrevê-lo e apagá--lo. Para encenar o silêncio e a liberdade de expressão. Em suma, para fazer o que todos os escritores desejam. Eu queria que minha obra implicasse o trabalho de desabilitar a discussão entre arte e política e que efetuasse a união entre estética e ética.

Impressiona-me como são frutíferos e importantes os desafios acadêmicos e literários que buscam tanto sinalizar quanto desarmar a questão racial, tanto reconhecer seu aporte quanto limitar seu efeito corrosivo na linguagem. Isto é, trabalhos que evitam o cisma antinatural entre o reino político onde a raça importa e o domínio artístico onde se presume que não.

A pesquisa acadêmica que abandona as propriedades restritivas do falso debate e acolhe os desafios das propriedades libertadoras escondidas em seu centro tem se sensibilizado em relação ao fato de que as coisas mudaram. A linguagem que requer a mútua exclusão de x e y, ou o domínio de x sobre y, tem perdido cada vez mais seu feitiço, sua força. Mas é a literatura que ensaia e encena essa mudança por meios muito mais avançados e mais elucidativos do que a linguagem crítica que lhe vem a reboque. Talvez por causa do meu próprio adeus a toda essa querela entre arte e política, cultura e estética, considero as despedidas literárias (certos momentos em que o adeus guarda uma carga racial) um espaço enormemente promissor para o exame da mudança radical que a linguagem que retrata os encontros raciais tem atravessado — mudança que tem oferecido oportunidades para explorações mais ricas e mais repletas de nuances. Com o tempo, os ritos de despedida entre raças tal como representados em certos exemplos extraídos da literatura americana passaram drasticamente das pressuposições flagrantes de hierarquia racial para pressuposições menos explícitas; depois, para representações codificadas, chegando, então, às sutis decodificações daquelas primeiras pressuposições; do controle ao menosprezo, à ansiedade, a uma espécie de tranquilidade informada. Mas insisto em não ser mal compreendida neste ponto. Não pretendo sugerir que neutralizar a questão racial seja a razão de ser da literatura, sua missão, por assim dizer. Não é. No entanto, a forma do discurso racial pode ser discernida na literatura. Uma forma que ronda a literatura e que se move por dentro dela e, portanto, por dentro de nossa imaginação quando lemos. Embora mesmo esta breve reflexão possa e deva ser alargada, limitarei minhas observações a escritoras, pois, entre mulheres, questões de intimidade, alienação e separação se mostram mais frequentemente intocadas pela competição sexual, que está quase sempre implícita entre escritores homens que abordam o mesmo tema. Convém, portanto, limitar nossa abordagem, dado que as ansiedades relacionadas à superioridade sexual podem turvar bem como exacerbar a equação racial (como Shakespeare e Hollywood bem sabiam).

O momento do adeus é perfeito para o histrionismo literário, para as profundas revelações emocionais carregadas de significado. De minha parte, estou interessada na despedida entre pessoas estranhas — de pele branca e de pele negra — que compartilharam ou podem ter compartilhado algo significativo; ou que representam o fim de algo maior do que elas, em que a separação simboliza perda ou renovação, por exemplo. Há as despedidas entre mulheres brancas e negras cujas histórias estarão permanentemente entrelaçadas. Muitas dessas relações, se não a maior parte, são de substituição: mães substitutas no domínio da babá e do bebê; mães substitutas, tias e outras parentas na categoria criada-senhora; irmãs substitutas em que as amizades se tornam substitutas, clandestinas, precisamente porque a dinâmica de poder entre empregadora e empregada é inescapavelmente racializada; e por vezes, embora raramente, há a despedida entre uma mulher branca e uma negra em que a equidade não se baseia na raça. *Meridiano*, de Alice Walker, é um dos primeiros exemplos disso.

Quero começar com uma cena de despedida em uma escritora que não é americana, mas que era ela própria uma estrangeira longe de casa e que se encontrava numa posição favorável para formar opiniões sobre relações raciais: Isak Dinesen. Há uma cena assombrosa em *A fazenda africana* que expõe o discurso racial tradicional, bem como as presunções do lar do estrangeiro. É a cena em que a autora está indo embora de um lugar, o Quênia, que foi seu lar pela maior parte da vida adulta. A necessidade de partir da África e sua melancolia emergem em cada momento da despedida.

Uma passagem ao final diz o seguinte:

> Agora as velhas lamentavam que eu as deixasse. Dessa última ocasião, guardo a fotografia de uma mulher kikuyu, de quem não sei o nome, pois não a conhecia bem, originária, creio, da vila de Kathe-

gu, e que era esposa ou viúva de um de seus muitos filhos. Ela veio ao meu encontro numa estrada que cruzava a planície, carregando nas costas uma pilha das longas e delgadas varas com que os kikuyu constroem os telhados de suas cabanas — entre eles isso é trabalho de mulher. Essas varas podem chegar a quatro metros e meio; quando as mulheres as carregam, elas as amarram nas pontas, e aqueles fardos altos e cônicos conferem às pessoas embaixo deles, quando você as avista viajando pelo campo, a silhueta de um animal pré--histórico, ou de uma girafa. As estacas que essa mulher carregava eram todas pretas, como carbonizadas, cobertas da fuligem das fogueiras de muitos anos dentro da cabana; isso significava que ela desmontara sua casa e agora viajava com seus materiais de construção, tais como estavam, para novos domínios. Quando nos encontramos, ela empacou, bloqueou o caminho para mim e me olhou exatamente como o faria uma girafa numa manada que você encontra na planície aberta e que vive e sente e pensa de um jeito que nos é inteiramente desconhecido. Depois de um breve instante ela rompeu num choro, as lágrimas escorrendo pelo rosto, como uma vaca que urina na planície bem na sua frente. Não trocamos nenhuma palavra, e, depois de alguns poucos minutos, ela me cedeu passagem, e nós partimos em direções opostas. Pensei que, ao fim e ao cabo, ela ao menos tinha alguns materiais com os quais construir uma nova casa, e imaginei como ela logo se lançaria ao trabalho, amarrando suas varas, a fim de pôr um teto sobre a própria cabeça.

Muitas outras quenianas choraram e deploraram a partida de Dinesen: pela afeição por ela, ou talvez pela perda do emprego remunerado e da proteção, o desespero de ter de encontrar outro abrigo. Mas a lembrança acima me atormenta por outras razões. O que significa a frase "bloqueou o caminho para mim"? Não bloqueou o caminho, ou bloqueou-me no caminho, mas bloqueou o caminho para mim. O caminho é apenas para Dinesen? A mulher está fora de lugar? A sintaxe é curiosa. Além disso, há a especulação sobre as diligências da mulher — carregar madeira para construir, reconstruir, ou consertar o telhado. Para fazer uma casa para si mesma numa terra que é seu lar, mas em que fazem com que ela (a mulher kikuyu) se sinta uma forasteira. Enquanto a verdadeira forasteira, a autora, abandona um falso lar sobre o qual ela tem certas preocupações. A descrição da mulher africana por Dinesen é instrutiva. As varas sobre a cabeça dela fazem Dinesen pensar em um "animal pré-histórico". Além disso, a mulher silenciosa a fita com emoções que não podemos conhecer, pois ela é relegada ao reino animal, onde emoções e pensamentos e a própria vida não nos são acessíveis. A mulher é como uma girafa na manada, incapaz de falar, incognoscível, e quando evidencia alguma emoção poderosa, como a tristeza, a raiva, o nojo, ou a solidão, ou mesmo a alegria, nada podemos saber disso, pois suas lágrimas são como uma vaca se aliviando da urina em público. É uma imagem, Dinesen diz, que ela guarda consigo, essa desconhecida sem nome. Sem dúvida uma substituta, um símbolo, do Quênia e do que ela pensa do mundo que está abandonando. Nessas passagens, a linguagem "estética" bela serve para solapar os termos — o nativo, o estrangeiro, o lar, a falta de lar — num banho de imagens preemptivas que legitimam e obscurecem suas pressuposições racistas, oferecendo também um disfarce protetor contra um insight possivelmente mais nocivo.

Se deixarmos a África dos anos 1930 e passarmos à América dos anos 1940, centrando-nos sobre outra escritora que pode alegar certas relações íntimas com a comunidade negra, encontraremos outro exemplo instrutivo.

Numa clássica história sobre a condição da mulher americana, ...*E o vento levou*, a relação entre mulher branca e mulher negra é aquela que aprendemos em Harriet Beecher Stowe e outros: uma mãezinha onipresente cuja devoção e habilidades acalentadoras são tão ferozes quanto leais. Essas mães substitutas são mais úteis do que as mães de verdade não apenas por causa de sua constância, mas também porque, ao contrário das mães biológicas, é possível convocá-las e dispensá-las sem consequências severas. Não obstante a presença delas no texto, haverá sempre o momento em que essas substitutas podem sair de cena, retirando-se ou da própria narrativa, posto que já não são relevantes, ou da vida de suas senhoras, quando seu valor como professoras se reduz, dado que o infante que é o objeto de seus cuidados está crescido, ou quando as circunstâncias mudam: temos então partida para outro lugar, insubordinação ou morte. O que me interessa é como essa separação é encenada. Convoca-se uma linguagem protetora que torne palatável o desaparecimento da mulher negra? Há alguma dependência de uma equação metafórica com o mundo animal destituído de sentimentos e pensamentos? Há silêncios profundos e incômodos que acompanham sua dispensa? Constatam-se lágrimas, uma insistência tenaz pela conexão permanente?

A despeito da diferença bastante real em termos de realização literária, a mãezinha de Mitchell é semelhante à kikuyu de Dinesen em muitos aspectos relevantes. Os símiles escolhidos para representá-las são retirados do reino animal; as duas — ambas mulheres negras — emudecem de dor quando a partida é iminente; a separação nos dois casos é vista como trauma, uma privação devastadora para a mulher negra e, no caso de Mitchell, também para a mulher branca. A "nenhuma palavra" da mulher queniana se torna o balbucio truncado da mulher negra (que em sessenta anos de diálogo com sua patroa nunca aprendeu a pronunciar a palavra "branco") e o silêncio relutante enquanto chora a jovem senhorita de quem cuidou.

Essas relações clássicas, primevas, entre mulheres de diferentes raças, frequentemente maternais, fraternais, amorosas, ecoam em *Safira e a menina escrava*, de Willa Cather, numa impactante cena de leito de morte com outra figura substituta, uma mulher chamada Jezebel com quem a patroa tinha uma relação próxima e mutuamente satisfatória.

"Você precisa comer pra ter forças."
"Num quero nada, menininha."
"Não consegue pensar em nada que você acharia gostoso? Pare um minuto e me diga. Tem alguma coisa?"
A velha soltou uma risadinha marota; uma pálpebra piscou, e seus olhos emitiram um brilho de humor sombrio. "Não, num cunsigo pensar nada que me desse gosto, a num ser se fosse a mãozinha de um negrinho."
Ela se voltou de novo para a cama, segurou a garra cinza e fria de Jezebel e lhe deu uma palmadinha. "Até depois, titia. Agora você se vire e tire um cochilo."

Por mais evocativa que essa cena seja, repleta de memórias agradáveis e de uma visão de mundo compartilhada, sua serenidade explode com as fagulhas de uma linguagem útil mas sinistra de antagonismo racial. A sugestão de canibalismo (entendido como "natural" aos africanos) e a palmadinha não numa mão, mas numa "garra fria e cinza".

No entanto, outra coisa começa a se encenar na ficção: mudanças que geralmente são atribuídas à atmosfera social; o sinal dos tempos. Em todo caso, o que era discurso permissível no século XIX e no começo do XX se torna demasiado cru mais adiante. Mas talvez isso não seja a história toda. Sem dúvida a introdução de vozes minoritárias na paisagem política e literária, seguindo-se ao movimento artístico conhecido como Renascimento do Harlem, teve seu papel nessa transformação. Talvez um público leitor e uma comunidade crítica que se mostram cada vez mais intolerantes ao fácil menosprezo de outras populações. De qualquer forma, há menos instâncias de descasos irrefletidos, e surgem análises mais profundas e observações mais exigentes sobre essas saídas de cena e essas perturbações nos relacionamentos. Em 1946, Carson McCullers publicou *The Member of the Wedding*. Antes disso, *O coração é um caçador solitário*.

Nos dois romances, mulheres negras se retiram da vida da protagonista. A cena entre Berenice e Frankie em *The Member of the Wedding* é de luta por controle em que testemunhamos o ciúme da mãe substituta diante do voo da criança. Depois, temos *O sol é para todos*, de Harper Lee, onde resta nítido que Lee procura se afastar de certas pressuposições de incognoscibilidade. Embora Calpurnia tenha conversas revelatórias apenas com outros negros e crianças — nunca com adultos brancos —, a luta com a linguagem para lidar com essas complicadas questões é aparente. Não há momentos de despedida no romance, nem na obra autobiográfica de Lillian Hellman, que guarda várias lembranças de sua criada, Caroline Ducky. No entanto, o ponto se sustenta pela busca, por parte dessas escritoras, de uma seriedade ausente em autoras anteriores. Parece haver uma suspeita crescente entre essas escritoras brancas de que pensamento complexo, ambiguidade e nuance são, de fato, possíveis em personagens negros, e que a fala desses personagens não demanda a ortografia estranha e criativa de que nenhum outro personagem necessita.

Lucille Clifton abre seu adorável livro de memórias, *Gerações*, de 1976, com uma conversa entre duas estranhas de raças diferentes — uma conversa repleta do dizível e do não dito.

Mas dois anos antes disso Diane Johnson preenche as lacunas que encontramos nas memórias de Clifton e em outras obras. Seu *The Shadow Knows*, de 1974, aprofunda-se nessas relações. A narradora conta com duas domésticas essenciais à sua vida: uma delas é conflituosa, vingativa e grotesca; a outra, benevolente, acolhedora e alegre. A qualidade reflexiva da prosa vale a citação:

"Mas estou tentando confessar que não acho que percebo Osella como uma pessoa humana, não de verdade." "E ela parecera morta ao chegar, entregue ao nosso zoológico solitária e enlutada e longe de casa, como algum animal comum insignificante que o vigia quase não nota, no caso, eu, que me encontrava mais preocupada com a miséria da delicada gazela — eu mesma." Aqui, as características animais são distribuídas igualmente, e a mais lírica delas, "gazela", é mencionada com ironia. Mais tarde, a personagem volta a refletir: "Percebo que sempre que descrevo Osella ou penso nela, é por meio de metáforas de coisas, não de pessoas, ou de animais gordos. É como se eu não a considerasse humana, essa camarada com quem compartilho meus filhos e minha casa e muitas horas do meu dia. [...] Não há nada nela que não se sentaria comigo fraternalmente compartilhando uma receita, mas há em mim". Aqui não temos uma linguagem casual, preguiçosa (Margaret Mitchell): Osella é intratavelmente lunática, ainda que de maneira justificável. Já a morte de Ev, que substitui Osella, é motivo de uma dor profunda e pessoal para a narradora.

A linguagem ricocheteia nessas cenas de despedidas racialmente modificadas. Em *Amada*, por sua vez, há também uma cena de despedida entre uma menina branca e uma negra. A cena avança para a separação que deve ocorrer entre elas, sim, mas o objetivo da cena é também encenar um adeus aos impedimentos de raça bem em meio a um diálogo enormemente racializado.

Cada uma começa falando na linguagem do período. As relações de poder se manifestam nos comentários casualmente racistas de Amy e na aquiescência enganosa de Sethe. Seguindo-se à ação conjunta das duas durante o nascimento de Denver, elas falam, finalmente, não de despedidas, mas de memória; como consertar a memória de uma pessoa na mente de outra — ou, como é o caso de Sethe, como imortalizar o encontro para além de sua existência temporal. Enquanto a ação é a separação, o despedir-se, o propósito da linguagem é deslocá-la e estimular a reflexão sobre sua necessidade. O que emerge às margens do rio Ohio é nossa consciência de que se as duas mulheres fossem da mesma raça (ambas brancas ou negras), elas poderiam ter permanecido juntas, compartilhando da mesma sorte. Nenhuma das duas sentia que pertencia a algum lugar. Ambas estão viajando por um território estranho, desconhecido, procurando um lar. Então a linguagem, nesse caso, é calculada para sugerir que a solidão daquele adeus é de certa forma vergonhosa.

Nas últimas décadas do século XX, a dissolução das restrições impostas pela consciência de raça na linguagem expressiva começa a erodir, como em *The Poisonwood Bible*, de Barbara Kingsoler. Em vez de suprimir ou de ignorar as possibilidades dessas relações, em vez do conforto do estereótipo e da segurança de uma imaginação indolente, começa-se a ouvir não o silêncio de Dinesen ou os balbucios de Mitchell, mas a esgrima verbal; não a devoção incontestável ou a desobediência das criadas, mas o conflito sobre o que é o lar; a análise de invejas sutis, formas complicadas de resistência, ódio, amor, raiva; a troca aprendida e conquistada de percepções mútuas.

Acho que sei por que as escritoras afro-americanas ignoraram a tentação de alargar a divisão social e optaram por compreendê-la. Mas não sei bem dizer por que escritoras brancas se sentiram compelidas a fazer o mesmo. Não pode ter sido apenas uma simples escolha entre estetizar a política e politizar a estética. Nem pode ter sido um anseio juvenil de merecer os termos "pessoa humanitária" ou "universal". Esses termos, tão marcados pelo apagamento da raça, já não são adequados. Deixo para outros nomearem o equilíbrio que reside agora na literatura (especialmente a literatura sobre/de mulheres), ainda que não no discurso público que busca compreendê-la.

Já existe o material a partir do qual um novo paradigma para ler e escrever sobre literatura pode emergir. Escritores e escritoras já deram adeus ao antigo. À âncora racial que prendia a linguagem e suas possibilidades imaginativas. Que curioso seria se, nesse caso, a vida imitasse a arte. Se aquela entrevista tivesse refletido a verdadeira obra da minha vida. Se, de fato, eu não fosse uma estrangeira (racializada), mas uma garota que está em casa, que já pertence à raça humana.

Tinta invisível: Ler a escrita e escrever a leitura

Uma vez escrevi um artigo para uma revista popular que contava com uma seção pequena e irregular sobre "artes". Queriam algo elogioso sobre o valor ou talvez o prazer da leitura. Esse substantivo, "prazer", me irritava, pois era rotineiramente associado à emoção: deleite acompanhado de suspense. Ler é fundamental (ênfase em "*fun*" — diversão). No mínimo, claro, entende-se, no discurso popular, que ler é edificante, instrutivo; no melhor dos casos, encoraja a reflexão profunda.

Pensamentos sobre a prática da leitura me rondaram desde cedo enquanto escritora/imaginadora — e também como leitora atenta. Comecei a ler aos três anos de idade, mas foi sempre complicado para mim. Não complicado porque era uma coisa difícil, mas porque eu gastava muita energia procurando significado nas palavras e além delas. A típica frase do primeiro ano escolar — "Corra, Jip, corra" — me levava a perguntar: por que ele está correndo? É uma ordem? Se sim, correr para onde? O cachorro está sendo perseguido? Ou está perseguindo alguém? Mais tarde, quando encarei

"João e Maria", fui tomada por questões mais sérias. Como acontecia também com os versinhos infantis e os jogos: "*ring around the rosie, pocket full of posies*". Isso bem antes de eu entender que essa rima, o jogo, era sobre a morte durante a peste bubônica. Então decidi escrever para essa revista um artigo em que procurava distinguir entre a leitura enquanto habilidade e a leitura enquanto arte.

Eis um trecho do que escrevi:

"O sr. Head acordou e descobriu que o quarto estava cheio de luar. Ele sentou e olhou fixamente a madeira do assoalho — cor de prata — e depois para o riscado do travesseiro, que podia bem ser um brocado, e depois de um segundo ele viu a lua a alguns metros, no espelho de barbear, paradinha, como se esperando permissão para entrar. Ela se adiantou e lançou uma luz dignificante sobre tudo. A cadeira contra a parede parecia rígida e atenta como se esperasse uma ordem, e as calças do sr. Head, penduradas no encosto, emanavam um ar quase nobre, como as vestes que um grande homem acabasse de atirar para um criado."

Nessas frases de abertura de Flannery O'Connor, ela escolheu dirigir os leitores para a fantasia do sr. Head, suas esperanças. O riscado do travesseiro, sem fronha, é como um brocado, rico, elaborado. A luz da lua transforma o assoalho de madeira em prata e "lança uma luz dignificante" em toda parte. A cadeira é "rígida e atenta" e parece esperar uma ordem. Até as calças pendendo no encosto da cadeira tinham "um ar quase nobre", como as vestes que algum grande homem lançou a seu criado. Logo, o sr. Head parece ter sonhos intensos, talvez intratáveis, de majestade, de controlar os criados sob seu jugo, sonhos de autoridade legítima. Mesmo a lua em seu espelho de barbear estaca, "como se esperando permissão para entrar". Não precisamos esperar muito (algumas frases apenas) para avistar seu despertador posto sobre um balde virado ou para imaginar por que seu espelho de barbear fica a alguns metros da cama, isto é, para saber um bom bocado sobre ele — sua pretensão, sua insegurança, seus anseios patéticos — e para antecipar seu comportamento na história que se desenrolará.

No meu ensaio, eu procurava identificar características de uma escrita impecável que possibilitava ler ficção inúmeras vezes, adentrando seu mundo confiante de que a atenção sempre renderá maravilhas. Como fazer a obra funcionar enquanto ela faz o mesmo por mim.

Pensei que minha ilustração era boa tanto quanto possível, mas o que eu não conseguia articular claramente era o modo como a leitora participa do texto — não como ela o interpreta, mas como ela auxilia sua escrita. (Muito como cantar: há a letra, a partitura, e então a performance — que é a contribuição individual para a peça.)

Tinta invisível é o que reside por baixo, entre, fora das linhas, escondida até que o leitor certo a descubra. Por leitor "certo", quero sugerir que alguns livros claramente não são feitos para qualquer leitor. É possível admirar, mas não se tornar emocional ou intelectualmente envolvido com Proust. Mesmo um leitor que ame o livro pode não ser o melhor amante — ou o amante certo. O leitor que "foi feito" para o livro é aquele afinado com a tinta invisível.

A díade usual na crítica literária é o texto estável versus o leitor real. O leitor e suas leituras podem mudar, mas o texto não. O texto é estável. Como o texto não pode mudar, segue-se que uma relação bem-sucedida entre texto e leitor só pode nascer pelas mudanças nas projeções do leitor. Parece-me então que a questão é se essas projeções latentes são produtos do leitor ou do escritor. O que quero sugerir é que o caso pode nem sempre ser esse. Embora entenda que a responsabilidade da interpretação é transferida para o leitor, o texto nem sempre é um paciente silencioso que o leitor traz à vida. Quero introduzir um terceiro membro nessa equação — o autor.

Alguns escritores de ficção projetam seus textos para perturbar — não apenas com tramas suspensas, temas provocativos, personagens interessantes ou mesmo caos e desordem. Eles projetam a ficção para perturbar, aturdir e envolver todo o ambiente da experiência de leitura.

Retirar metáforas e símiles é tão importante quanto escolhê-los. Certas frases essenciais podem ser escritas para conter informações ocultas que completam, invadem e manipulam a leitura. O não escrito é tão significativo quanto o escrito. E as lacunas que são deliberadas, e deliberadamente sedutoras, quando preenchidas pelo leitor "certo", produzem o texto em sua inteireza e atestam sua vida ativa.

Considere-se "Benito Cereno" nesse aspecto, em que o autor escolhe o ponto de vista do narrador para deliberadamente manipular a experiência de leitura.

Há certas pressuposições a respeito de categorias que são regularmente empregadas para provocar essa perturbação. Eu gostaria de ver um livro escrito em que o gênero do narrador não é especificado. O gênero, como a raça, carrega consigo uma panóplia de certezas — todas empregadas pelo escritor para obter certas reações e para, talvez, desafiar outras.

Raça, como demonstram os exemplos de O'Connor, Coetzee e Melville, contém e produz mais certezas. Escrevi em outra ocasião sobre os usos metafóricos a que servem os códigos raciais — por vezes para clarificar, por vezes para solidificar pressuposições que os leitores podem ter. Virginia Woolf e suas lacunas, Faulkner com seus adiamentos — ambos controlam a leitora e a levam a operar dentro do texto. Mas é verdade que o texto não formula expectativas ou modificações de expectativas? Ou que tais formulações são a província do leitor, possibilitando ao texto ser traduzido e transferido para sua própria mente? Confesso que me valho desse tipo de implementação deliberada em quase todos os meus livros. Demandas explícitas para que o leitor não apenas participe da narrativa, mas especificamente auxilie em sua escrita. Por vezes com uma pergunta. Quem morre ao final de *A canção de Solomon*? E isso importa? Outras vezes com uma ocultação calculada do gênero. De quem é a voz de abertura em *Love*? É um homem ou uma mulher que diz "Mulheres escancaram as pernas e eu cantarolo"? Ou, em *Jazz*, é um homem ou uma mulher que declara "eu amo essa cidade"? Para o leitor que não é o leitor certo essas estratégias são irritantes, como a ausência de manteiga na torrada. Já para outros é uma porta parcialmente aberta, implorando que alguém entre.

Não estou sozinha em focar a raça como um não significante. John Coetzee o fez de forma bastante magistral na *Vida e época de Michael K*. Nesse livro fazemos uma série de suposições baseadas nos fatos de que o cenário é a África do Sul, o personagem é um trabalhador pobre e por vezes itinerante; que as pessoas tendem a se esquivar dele. Mas ele sofre de um caso severo de lábio leporino que pode ser a razão de sua má sorte. Em nenhum lugar no livro a raça de Michael é mencionada. Enquanto leitores, pressupomos ou não. E se lermos a tinta invisível no livro e depois descobrirmos que se trata de outra coisa — como as provações de sul-africanos brancos e pobres (que são legião)?

Claramente, a frase de abertura de *Paraíso* é um exemplo flagrante de tinta invisível. "Eles atiraram na menina branca primeiro, depois se demoraram com as outras."

Em que medida a imaginação do leitor se ocupará de descobrir quem é a menina branca? Quando o leitor acreditará que já a identificou? Quando ficará evidente que, embora ter essa informação seja vital para os vigilantes da cidade, talvez não o seja para o leitor? E se o for, qualquer que seja a escolha, é o leitor que forço a auxiliar na escrita do livro; é o leitor que convoco em tinta invisível, desestabilizando o texto e reorientando o leitor.

Do "Você está com medo?", a frase de abertura de *A Mercy*, acalmando o leitor, jurando não fazer mal, para o "Você está com medo? Deveria estar" do penúltimo capítulo.

Escrever a leitura envolve sedução — atrair o leitor para ambientes que estão fora das páginas. Desqualificar a noção de um texto estável em favor de um texto que depende de um leitor ativo e ativado que está escrevendo a leitura — em tinta invisível.

Encerro com algumas palavras de um livro que penso servir como outro exemplo.

"Eles se ergueram como homens. Nós os vimos. Como homens esperaram."

Fontes

"Riscos": Apontamentos sobre a aceitação do PEN/Borders Literary Service Award, em 2008. Nova York, 28 abr. 2008.

"Os mortos do Onze de Setembro": Memorial. Princeton, NJ: Princeton University, 13 set. 2001.

"O lar do estrangeiro": Alexander Lecture Series, Toronto: University of Toronto, 27 maio 2002.

"Racismo e fascismo": The Nation, 29 maio 1995. Excerto do Charter Day Speech, "The First Solution": Howard University, Washington, DC, 3 mar. 1995.

"Nosso lar": Convocação, Oberlin: Oberlin College, 23 abr. 2009.

"Papo de guerra": Oxford University, Oxford, 15 jun. 2002.

"Guerra ao erro": Anistia Internacional, Edimburgo, 29 ago. 2004.

"Com uma raça em mente: Newspaper Association of America, San Francisco, Califórnia, 27 abr. 1994.

"Habitantes morais": Resposta a "In Search of a Basis for Mutual Understanding and Racial Harmony", de James Baldwin, The Nature of a Humane Society: A Symposium on the Bicentennial of the United States of America, Lutheran Church of America, Pennsylvania Southeast Synod, University of Pennsylvania, 29-30 out. 1976.

"O preço da riqueza, o custo da assistência": Nichols-Chancellor's Award, Nashville: Vanderbilt University, 9 maio 2013.

"O hábito da arte": Introdução a Toby Devan Lewis, the ArtTable Award, Nova York, 6 abr. 2010.

"O artista singular": National Council on the Arts, Washington, DC, 14 fev. 1981.

"Defesa das artes": Arquivo pessoal da autora.

"Um discurso de formatura": Sarah Lawrence College, Bronxville, Nova York, 27 maio 1988.

"O corpo escravizado e o corpo negro": America's Black Holocaust Museum, Milwaukee, Wisconsin, 25 ago. 2000.

"Harlem on My Mind": Museu do Louvre, Paris, 15 nov. 2006.

"Mulheres, raça e memória": Queens College, Queens, Nova York, 8 maio 1989.

"Literatura e vida pública": Cornell University, Ithaca, Nova York, 17 nov. 1998.

"O discurso do Nobel de literatura": Discurso de aceitação do prêmio Nobel, Estocolmo, 7 dez. 1993.

"As meias-irmãs de Cinderela": Barnard College Commencement Address, Nova York, 13 maio 1979.

"O futuro do tempo": The Twenty-Fifth Jefferson Lecture in the Humanities, Washington, DC, 25 mar. 1996.

"Tributo a Martin Luther King Jr.": 75º aniversário de gala da revista *Time*, Nova York, 3 mar. 1998.

"Questão de raça": caderno de notas da Race Matters Conference, Princeton: Princeton University, 28 abr. 1994.

"Black Matter(s)": *Grand Street* 40 (1991): 204-25. Clark Lectures, 1990. Massey Lectures, 1990.

"Coisas indizíveis não ditas": The Tanner Lectures on Human Values, Ann Arbor: University of Michigan, 7 out. 1988.

"Sussurros acadêmicos": Johns Hopkins University, Baltimore, Maryland, 10 mar. 2004.

"Gertrude Stein e a diferença que ela faz": Studies in American Africanism, Charter Lecture, Athens: University of Georgia, 14 nov. 1990.

"Difícil, verdadeiro e duradouro": Robert and Judi Prokop Newman Lecture, Miami: University of Miami, 20 ago. 2005.

"Eulógia para James Baldwin": Cathedral of St. John the Divine, Nova York, 8 dez. 1987.

"O sítio da memória": *Inventing the Truth: The Art and Craft of Memoir*, org. de William Zinsser (Boston: Houghton Mifflin, 1987).

"A linguagem de Deus": Moody Lecture, Chicago: University of Chicago, 10 maio 1996.

"Grendel e sua mãe": Alexander Lecture Series, Toronto: University of Toronto, 28 maio 2002.

"A escritora diante da página": Generoso Pope Writers' Conference, Purchase: Manhattanville College, 25 jun. 1983.

"O problema com *Paraíso*": Moffitt Lecture, Princeton: Princeton University, 23 abr. 1998.

"Sobre *Amada*": Arquivo pessoal da autora.

"Chinua Achebe": Africa America Institute Award, Nova York, 22 set. 2000.

"Apresentação de Peter Sellars": Belknap Lecture, Princeton: Princeton University, 14 mar. 1996.

"Tributo a Romare Bearden": The World of Romare Bearden Symposium, Nova York: Columbia University, 16 out. 2004.

"Faulkner e as mulheres": *Faulkner and Women*, org. de Doreen Fowler e Ann J. Abadie, Faulkner and Yoknapatawpha Series, Oxford: University Press of Mississippi, 1986.

"A fonte da autoestima": Portland Arts: Lecture Series, Portland, Oregon, 19 mar. 1992.

"Rememória": Arquivo pessoal da autora.

"Memória, criação e ficção": Gannon Lecture, Bronx: Fordham University, 31 mar. 1982.

"Adeus a tudo aquilo": Radcliffe Inaugural Lecture Series, Radcliffe Institute for Advanced Study, Cambridge, Massachusetts, 3 abr. 2001.

"Tinta invisível": Wilson College Signature Lecture Series, Princeton: Princeton University, 1 mar. 2011.

ESTA OBRA FOI COMPOSTA EM MINION PELO ESTÚDIO O.L.M. / FLAVIO PERALTA E IMPRESSA EM OFSETE PELA LIS GRÁFICA SOBRE PAPEL PÓLEN SOFT DA SUZANO PAPEL E CELULOSE PARA A EDITORA SCHWARCZ EM MARÇO DE 2020

MISTO
Papel produzido a partir de fontes responsáveis
FSC® C112738

A marca FSC® é a garantia de que a madeira utilizada na fabricação do papel deste livro provém de florestas que foram gerenciadas de maneira ambientalmente correta, socialmente justa e economicamente viável, além de outras fontes de origem controlada.